多维度视角下的体育消费结构及消费行为研究

白 震 王幸新 侯志远 著

哈尔滨工程大学出版社

Harbin Engineering University Press

内容简介

中国体育消费的爆发发端于 21 世纪初,北京奥运会的成功举办,不仅展示了我国竞技体育的巨大成就,也对我国政治、经济和社会生活产生了深远影响。以此为拐点,我国体育消费渐成时尚,出现井喷式发展态势。

本书立足于多维度视角,从不同方面研究阐释了体育消费结构及消费行为,在著写过程中体现了理论的前沿性、学科的交叉性及行业的特殊性,可供对本研究感兴趣的专家学者阅读,也可为研究相关内容的人员作参考。

图书在版编目(CIP)数据

多维度视角下的体育消费结构及消费行为研究/白震,王幸新,侯志远著. ——哈尔滨:哈尔滨工程大学出版社,2024.1
ISBN 978-7-5661-3900-9

Ⅰ.①多… Ⅱ.①白…②王…③侯… Ⅲ.①体育消费-研究-中国 Ⅳ.①G80-052

中国国家版本馆 CIP 数据核字(2023)第 243507 号

多维度视角下的体育消费结构及消费行为研究
DUOWEIDU SHIJIAOXIA DE TIYU XIAOFEI JIEGOU JI XIAOFEI XINGWEI YANJIU

选题策划	马佳佳
责任编辑	张 彦 刘思凡
封面设计	李海波

出版发行	哈尔滨工程大学出版社
社 址	哈尔滨市南岗区南通大街 145 号
邮政编码	150001
发行电话	0451-82519328
传 真	0451-82519699
经 销	新华书店
印 刷	哈尔滨午阳印刷有限公司
开 本	787 mm×1 092 mm 1/16
印 张	17.5
字 数	447 千字
版 次	2024 年 1 月第 1 版
印 次	2024 年 1 月第 1 次印刷
书 号	ISBN 978-7-5661-3900-9
定 价	54.00 元

http://www.hrbeupress.com
E-mail:heupress@hrbeu.edu.cn

前　言

随着经济与社会的发展,以及人们收入水平的不断提高,体育消费已经成为中国消费者日常生活消费中重要的组成部分。但是,关于体育消费,无论是国内还是国外相关研究,主要是基于消费经济学范式、传统社会学范式以及消费文化学范式这三种研究范式进行论述的,没有充分考虑到现阶段中国社会正进入一个非常重要的社会转型时期,各种结构变动、利益调整以及观念转换正不断地汇聚其中,逐渐形成了一种以结构性变动为特征的社会结构力量,这种力量正在悄然地改变着人们的行为方式、生活方式以及价值体系。因此,如果只是单一地使用一种范式进行解读显然是不够的。所以,有必要在这些范式的基础上,对消费结构以及消费行为进行深入分析,这样才能在深层次上把握人们的消费行为变化。

中国体育消费的爆发大抵发端于 2008 年的北京奥运会。北京奥运会的成功举办,不仅展示了我国竞技体育的巨大成就,同时对我国政治、经济和社会生活产生了深远影响。以此为拐点,我国体育消费渐成时尚,出现井喷式发展态势。2014 年,《国务院关于加快发展体育产业促进体育消费的若干意见》(国发〔2014〕46 号)的发布,标志着我国体育消费进入快车道。可以预见,随着消费从生存型向发展型转变,未来体育消费潜力将得到更大程度的释放。

基于以上背景,本书在著写过程中主要体现以下特点:

一是理论的前沿性。著者吸收国内外最新研究成果,尽可能使内容涵盖消费者行为学所涉及的各个领域,以便能充分反映这一学科的发展全貌。

二是学科的交叉性。体育消费者行为学,是建立在心理学、社会学、社会心理学、文化人类学、经济学、体育学等基础上的交叉学科,研究体育消费者行为必须从这些学科中寻求理论依据。著者通过梳理学科的交叉、融合来把握彼此之间的关系及支撑,使得体育消费者行为学有强大的学科理论基石。

三是行业的特殊性。体育有明显的行业性特点,因此体育消费行为与一般消费行为有较大的差异性。著者在撰写过程中,力图彰显体育元素,凸显体育特色。在内容安排和取舍上尽力浓墨重彩地体现体育特色,使之能充分反映中国体育消费者行为的实际。

本书首先对体育消费的相关概念以及消费结构要素和形成机理进行了介绍;其次将体育消费决策、质量感知等内容与体育产业发展和消费市场的营销特点相联系,进行了一系列探讨,并以职业体育为例对体育消费结构进行了细致研究;接着以现阶段我国体育消费的特点作为切入点,对未来的演化趋势及影响机制进行了论证,并立足于多维度视角,从三个大方向对体育消费行为、体育服务与体育消费者行为的关联性、体育消费与良性供给环境之间的关系进行了详细分析;最后以目前我国体育消费供给环境在现阶段的实际情况为基础,对存在的问题进行剖析,并有针对性地提出了改善策略。

本书由白震负责统筹全稿,经反复修改,最后集体定稿。具体分工为:河南大学的曾庆涛负责第八章、第九章和第十章;河南大学的冯艳丽负责第六章和第五章第三节;郑州商学院的王幸新负责第四章第一节和第二节;郑州商学院侯志远负责第三章的第一节和第二节;河南大学的樊腾负责第二章第二节和第三节;河南大学的符世晓负责第一章第一节、第二节、第二章第一节、第四章第三节和第五章第一节;河南大学的张杰负责第一章第三节、第三章第三节、第五章第二节和第七章。

由于著者水平有限,不足及疏漏之处在所难免,恳请广大读者批评指正。

著　者

2023 年 11 月

目　　录

第一章　体育消费概念

第一节　体育消费概念及分类

一、消费者行为基本理论

(一)消费者

狭义的消费者,是指购买、使用各种产品和服务的个人或家庭。本书主要从狭义消费者的角度来研究消费者行为。消费者对产品的消费,有些是基于人们生理的需求,即人们维持自身的"简单再生产"所必需的;有些是基于人们较高层次的需要而做出的决定,如不断地学习,不断地更新知识,不断地购买各种参考资料,不断地进修、深造等。这两种消费既有区别又有联系。前者是人们的一种本能性消费,它是人类全部消费的基础;后者是一种社会性消费,它源于本能性消费又高于本能性消费。随着社会经济和科学技术的发展,无论是本能性消费还是社会性消费,其消费对象都越来越丰富多彩,由此使消费者在消费过程中得以更充分地体现自己的个性。在现实生活中,同一消费用品的购买决策者、购买者、使用者可能是同一个人,也可能是不同的人。例如,大多数成年人的东西很可能是由使用者自己决策和购买的,当然也不排除他人为其购买的可能。而大多数未成年人用品的使用者、购买者和决策者则很有可能是分离的。如果把产品的购买决策、实际购买、使用视为一个统一的过程,那么,处于上述过程任一阶段的人,都可称其为消费者。

(二)消费者行为

1.关于消费者行为的定义

美国市场学会把消费者行为定义为:"感知、认知、行为以及环境因素的动态互动过程,是人类履行生活中交易职能的行为基础。"这一定义可以做如下解释。

首先,这个定义强调消费者行为是动态的。这意味着作为个体的消费者和作为群体的消费者以及整个社会都随着时间的推移在不断地发展和变化。例如,在我国,人们对于广告最初的认识是很模糊的,甚至是偏激、逆反的。而现在,更多的人已能从不同的角度去认识广告、接受广告了。同样,对消费者行为的研究也是对特定历史时期、特定历史环境的分析。

从企业制定营销战略的角度出发,消费者行为的动态属性表明,企业不能期望同一个营销战略在所有的时期对所有的产品、市场和产业都适用,企业必须根据自身的经营战略、资源状况、市场环境和消费者的需求反应变化来制定目标市场营销战略。

其次,消费者行为包含感知、认知、行为以及环境因素的互动作用。也就是说,企业要想了解消费者并制定适宜的营销战略,就必须了解消费者在想什么(认知)、感觉如何(感知)、要做什么(行为),以及消费者的想法、感觉和行为相互影响的事情和环境(环境心理因素)。

最后,消费者行为涉及交易行为,即消费者行为包含人类之间的交易行为。这一点使消费者行为的定义与市场营销的定义保持了一致性,后者在当前的定义中也强调交易。事实上,市场营销的作用就是通过系统地制定和实施营销战略来与消费者做交易。

在现代市场经济条件下,企业研究消费者行为是为了与消费者建立和发展长期的交换关系。为此,它需要了解消费者消费活动的全过程。在获取阶段,它需要了解消费者是如何获取产品和服务信息的,需要分析影响消费者选择产品和服务的因素有哪些;在使用阶段,企业也需要了解消费者是如何消费产品的,以及产品在消费之后是如何被处置的。因为消费者的消费体验、消费者处置旧产品的方式和感受均会影响消费者的下一轮购买。和获取阶段相比,专家、学者、营销工作者对销售阶段和处置阶段的关注较少。事实上,在研究消费阶段时,人们关注消费者如何真正获得一种产品和服务,消费者从使用中得到了什么体验,这是十分重要的,特别是对服务行业极具典型意义。例如,对旅游者而言,一次愉快的旅途生活,包括沿途见闻、热情周到的服务会让他们流连忘返;反之,一次糟糕的旅游经历,或者说,消费者所期望的旅游目标没有兑现,那么他们会表现出失望、沮丧、不满,甚至当矛盾不可调和的时候,他们还会诉诸法律。因此,随着对消费者行为研究的深入,人们越来越深刻地认识到,消费者行为是一个整体过程,获取或者购买只是过程的一个阶段。所以,研究消费者行为既应调查、了解消费者在获取产品、服务之前的评价与选择活动,也应重视其在获取产品后对产品的使用和处置等活动。只有这样,对消费者行为的理解才会趋于完整。

2. 消费者行为的特点

(1)消费者行为具有多样性和复杂性

多样性表现为消费者在需求、偏好以及选择产品的方式等方面各有侧重,互不相同。同一消费者,在不同时期、不同环境、不同产品的选择上,其行为表现出很大的差异。例如,在购买手机时,同一位消费者,其认识、认知程度是在不断提升的。从开始只是考虑手机通信功能,到现在综合考虑手机上网、摄像、全球定位系统(GPS)等功能。手机的"单功能—多功能—全功能"的发展让消费者的消费决策变得复杂了。这种消费者行为的复杂性,一方面可以通过它的多样性、多变性表现出来;另一方面,它受很多内、外部因素的影响,而且其中很多因素既难识别又难把握。对消费者行为的研究结果已经证明,人们的消费行为均受动机的驱使,但每一行为背后的动机往往又是隐蔽和复杂的。同一动机可以产生多种行为,同样,同一行为也可以是由多种动机驱使的。不仅如此,消费者行为还受各种文化、社会、经济、个体的因素的影响,而且这些因素对消费者行为的影响有的是直接的,有的是间接的,有的是单独的,有的是交叉的或交互的。正是这些影响因素的多样性、复杂性,决定了消费者行为的多样性和复杂性。

(2)消费者行为具有可诱导性

消费者有时并不能清楚地意识到自己的需要,因此企业可以通过提供合适的产品来激发消费者的需要,也可以通过有效的广告宣传、营业推广等促销手段来刺激消费者,使之产生购买欲望,甚至影响他们的消费需求,改变他们的消费习惯,更新他们的消费观念,从而形成全新的消费文化。自20世纪70年代以来,人类的生存环境发生了巨大的变化,尤其是气候变暖、白色污染严重、人口爆炸、资源匮乏等,这一切都为人类敲响了警钟——任何企业无视环境,都必将走向衰落。近年来,很多国家制定了生态标志标准,批准使用的生态产品(绿色食品)越来越多。绿色浪潮开始席卷全球,这是人类消费和社会经济的巨大变革,体现了21世纪消费发展的大趋势。

今天,消费者在大多数情况下对商品有选择的自由,企业可以在法律和社会规范的框架内对消费者予以劝导,施加影响。但是如果采取欺骗、垄断等手段来影响消费者,则将构成对消费者的侵权。此时,就会引发严重的伦理问题,同时会受到法律和政府的干预。例如,在岁尾之际,许多商场会紧锣密鼓地做有奖促销,但几乎所有的返券行为都附有一定的限制条件,即每个商家都拥有对当次有奖促销活动的最终解释权。这在一定意义上促进了商品的销售,增加了商家的客流量,但同时也给人们的消费带来了许多限制。返券的限制消费让人们费尽心思,消费者对买什么并不能做到随心所欲,许多楼层及柜台限制使用返券,这样的促销活动能为消费者带来什么实际利益,是否涉及虚假宣传和欺诈行为,恐怕商家并没有认真思考。

3.影响消费者行为的因素

影响消费者行为的因素主要有三大类:消费者自身因素、环境因素和企业市场营销因素。

(1)消费者自身因素

消费者自身因素包括消费者的生理因素,如消费者的性别、年龄、健康状况和生理特点等;心理因素,如消费者的意识、感觉、知觉、情绪、情感、意志等;行为因素,即消费者已经发生或正在发生的外在行为对其后续行为的影响,如购买耐用品后的使用成本、维修、保养、保险等。

(2)环境因素

环境因素是指消费者外部世界的所有物质和社会要素的总和,包括有形的物体,如商品和商店;空间关系,如消费者与商店的空间距离、商店的位置及商品在商店中的位置;消费者的社会行为,如在商店里购物的消费者的职业是什么,他们在想什么、目标商品的类型等。环境因素是影响消费者心理和行为的主要因素,如商店的装潢,商店所经营商品的档次、品位,售货员的服务及态度等,这一切都会影响消费者的购买决策。许多营销人员比较重视可视环境,因为它直接影响消费者的行为。但是对非可视环境的研究也不容忽视,如企业文化的建设问题。怎样形成独特的企业文化,特别是品牌文化,是需要每个企业认真考虑的问题。

环境因素可分为微观环境因素和宏观环境因素两个层次。微观环境因素是指消费者直接接触到的具体的物质因素和社会因素的总和。宏观环境因素是指大规模的、具有普遍性的、影响广泛的物质环境和社会环境的总和。

(3)企业市场营销因素

企业市场营销因素包括企业营销战略、产品策略、价格策略、渠道策略和促销策略等。

①企业营销战略

企业营销战略是指企业在激烈的市场竞争中为进一步占领市场、扩大收益并谋求长期生存和发展而对市场营销发展进行的总体设想和规划。为制定务实且有效的营销战略,企业应对宏观环境、市场特性、行业动向及本企业状况有充分的了解和把握,并在此基础上对本企业的市场竞争因素及市场机会进行分析,对企业自身的优劣势进行反思,对客户需求和可能存在的问题做出预测,对企业文化和团队素质进行提升,最终确定一系列企业营销战略,服务企业经营,帮助企业塑造品牌形象,保障企业获得最大利益。

②产品策略

现代营销学之父菲利普·科特勒将产品定义为留意、获取、使用或消费以满足某种欲望和需要而提供给市场的一切东西。企业在其产品营销战略确定后,在实施中需要采取一系列有关产品本身的具体营销策略,如商标、品牌、包装、产品定位、产品组合策略、产品差异化策略、新产品开发策略以及产品的生命周期运用策略等。产品策略是企业市场营销的核心,同时还是价格策略、渠道策略和促销策略的基础。产品策略是企业在激烈的市场竞争中占据优势、获取利润的重要手段。

③价格策略

针对企业产品在市场中定位、竞争环境、市场地位的不同,产品的价格策略也有所不同。在市场营销活动中,企业为了实现自身的营销战略,常常根据消费者对价值的理解和需求程度来制定产品价格,使得价格与市场营销中其他因素更好地结合,以促进和扩大销售,提高企业的整体效益。

④渠道策略

渠道策略是指为消费对象提供尽可能便捷的消费通道,使顾客能更迅速地接触到产品,更便捷地使用服务设施,更快速地购物消费。企业应从消费者的角度出发,实施注重"顾客、成本、沟通"的渠道策略。其中,供销路线、人员销售、陈列、实体分配等要素都是渠道策略中重要的研究因素。近年来,以互联网为基础,利用网络媒体辅助营销的网络营销渠道成为新型的、具有强大竞争力的营销手段。

⑤促销策略

促销策略是指企业通过人员推销、广告、公共关系和营业推广等促销方式,让消费者有更多的途径接触产品、获得产品信息以及进行产品试用,在此过程中激发消费者产生购买产品的兴趣、欲望及实际的购买行为。而这种以激发购买欲望、扩大产品需求、突出产品特点、建立产品形象、维持市场份额、巩固市场地位为目的的促销都属于促销策略。促销通常有两种方式:一是以推销员为核心的人员推销,二是以大众传播媒介为核心的非人员推销。

4. 消费者行为研究的内容

(1)消费者行为与市场营销

市场营销学与消费者行为学是与市场营销管理联系最密切的两门学科。市场营销学包括两大板块,即目标市场的分析和选择以及市场营销组合。市场营销学对于组合策略中的许多问题并没有解决,如在产品策略中产品的规格、形状、特点、包装方式,对消费者而言哪方面服务最重要,应该向消费者提供什么服务保证和计划,提供哪些类型的附属或相关产品等问题。在定价策略中,消费者对相关产品的价格是怎样认识的,对不同品牌之间价格差异的敏感度如何,在产品推介和促销中,多大的减价幅度有助于消费者的购买,给消费者以多大的折扣等问题;在渠道策略中,零售商应该经营企业的哪些产品,在哪些地区设立零售商,数目是多少,企业为了分销产品应与零售商做何种安排,企业在何种程度下必须拥有自己的分销渠道,零售商应树立什么样的企业形象等问题;在促销策略中,应思考如何引起消费者的注意,什么促销手段最为有效,什么方法最能有效地预设信息,已播放的广告应多长时间重播等问题。这些问题,市场营销学显然是难以回答的。只有运用消费者行为学,研究消费者行为,才能对上述问题做出圆满的回答。

(2)消费者的心理过程和行为

消费者的心理过程是每个人所共有的心理活动,包括认知过程、情感过程和意志过程三个方面。对于消费者来说，认知活动是意志的基础，认知离不开意志的努力，对待商品的情感可以左右意志，可以推动或阻碍购买的意志和行为，意志又能控制情感，从而促使消费者进行客观、冷静的分析。

消费者的购买行为一般分为5个阶段：确定需要、收集信息、分析评价、购买决策、购后行为。消费者购买目标的选定程度、消费者购买态度与要求、消费者在购买现场的情感反应、消费者行为的复杂程度和所购商品本身的差异、消费者对商品的认识程度，都是消费者行为学研究的对象。

（3）外在因素对消费者行为的影响

从社会整体范围考察，消费者行为与心理是一种复杂的社会现象。它不仅受消费者自身的需要、动机等心理因素的影响，而且受消费者生活的外界环境影响。经济环境是影响消费者行为的最基本因素。社会文化属于深层次影响因素，而家庭是消费者行为形成的基础，社会流行与习俗是两种最具影响力的消费行为影响因素。消费者行为本身是一个社会化行为，受到个体所处外在环境的综合影响。

（4）消费者购买过程分析

消费者购买过程不仅是一个用货币交换商品和服务的简单过程，而且是一个既包括购买中的心理活动又包括购买行为的复杂过程。这个过程在具体购买行动之前就已经开始，并且包括购买后的行为。

（5）企业营销组合因素对消费者行为的影响

企业营销组合因素包含产品环境、产品特征、定价策略、分销渠道、终端销售点、促销沟通等一系列组合因素。这些因素综合起来会对消费者的购买行为产生影响。

5. 消费者行为学的研究意义

（1）从消费者的角度分析

从消费者的角度分析，研究消费者行为学有利于更好地认识自己和保护自己，进而做到科学消费。它能使消费者更好地了解、认识自身的心理及行为过程，使其具备现代消费者基本的知识和能力等素质，掌握科学决策的方法和程序，学会从庞杂的信息中筛选有用的成分，懂得如何更科学地确立消费观念和消费方式。

（2）从企业的角度分析

从企业的角度分析，研究消费者行为学有利于企业树立"消费者是上帝"的理念，科学开展企业营销活动，高速、有效地制定营销决策。企业一切活动的开展都要以消费者为中心，帮助消费者树立健康、文明、科学的消费观和消费方式，达到消费者和企业的双赢。

（3）从社会的角度分析

从社会的角度分析，研究消费者行为学有利于国家制定宏观的经济政策和法律，增强我国的国际竞争力，对我国进一步开拓国际市场，增强企业及产品的国际竞争力具有十分重要的现实意义。

二、体育消费的概念及分类

体育消费是指人们在体育活动方面的个人消费支出。体育消费可分为狭义的体育消费和广义的体育消费。

狭义的体育消费，主要指那些直接从事体育活动的个人消费行为，即消费者参与体育活动或与体育直接有关的实物产品、精神产品的消费，如买票观看体育比赛、体育表演，或参加武术、健美、健身等学习班的学费，以及个人购置运动器材、健身器材、运动服装等。

广义的体育消费，则包括人们为了取得身心健康、陶冶高尚情操、获得美的享受、欢度余暇时间、提高生活质量、促进体力和智力的全面发展而采取的一切与体育活动有直接或间接联系的个人消费行为，即消费者通过支付货币所得到的各种与体育有关的效用。如为参加体育活动或观赏运动竞赛表演而外出旅行所产生的交通费、住宿费及购买食品饮料等费用，或者为观看体育比赛及节目而购买的电视、录像、光盘、报刊、书籍，以及集投资与娱乐于一体的购买体育彩票等多方面的支出。

对体育消费概念的认识不同，其消费分类也不同。一种观点认为，体育消费应分成体育实物消费、体育劳务消费（也称参与型体育消费）和体育信息消费（也称体育精神消费）三大类。另一种观点认为，体育消费按照消费的功能应分成观赏型体育消费和参与型体育消费，并把体育信息消费资料形式分成服务形式、实物形式和精神产品形式。还有一种观点认为，体育消费应分成有形的实物消费（体育产品消费）和无形的劳务消费（或称非实物消费）两大类，这种观点同时把体育信息消费定位成介于有形与无形之间。

目前，对体育消费分类的认识仍是从现实的体育消费角度予以分类，而不是从三次产业划分的角度予以分类。若按照三次产业的划分标准，因体育产业属于服务业，则体育消费理应属于服务消费。

除了以上分类外，还可根据体育消费主体、消费层次、消费形态及体育消费品的功能等的不同将体育消费划分为不同的类型，为体育市场研究提供科学的依据。

（一）按体育消费主体分类

消费主体一般可分为个人消费、家庭消费和集体消费。由于体育活动主要是一种个人的活动，体育消费按消费主体通常可划分为个人体育消费和家庭体育消费。

1. 个人体育消费

个人体育消费是指为满足个人生活需求而引发的产品消费，是满足个性全面发展需求的消费，是为了提高人们的文化素质，陶冶情操，提高劳动者的智力、体力，从而达到劳动力扩大再生产的目的而进行的消费。因此，体育消费包括人们在体育活动中所获得的满足其发展与享受的物质产品、精神产品和体育服务三个方面的消费，是一种满足体育参与者个性全面发展需求的高层次消费。

2. 家庭体育消费

家庭体育消费是指以家庭为单位的体育消费。家庭是补偿劳动力消耗、再生产劳动力、提高劳动力素质的重要场所，也是进行体育消费的基本经济单位。它的消费包括物质消费与精神消费两个方面。因此，搞好家庭体育活动、积极引导家庭体育消费，正确开展各种类型的体育活动，对于促进体育产业的发展和精神文明建设都具有十分重要的意义。

（二）按体育消费层次分类

体育消费是社会生产力发展到一定阶段的产物，是个人在满足基本的生存消费之后追求发展和享受等方面需要的个体消费行为。

1. 生存消费

生存消费是通过对各种生存资料，包括衣、食、住等基本生活资料的消费而实现的。它是恢复体力和脑力、维持劳动力再生产的必要条件。

2. 享受消费

享受消费是通过对各种享受资料的消费来实现的。它是保证人们生活更加舒适、愉快、增进身心健康、获取美的享受的必要条件,是体育活动的主要内容,也是体育消费的主体部分。

3. 发展消费

发展消费是通过对各种发展资料消费来实现的。它是发展人的体力和智力、开发体力和智力资源的必要条件。

上述三种层次的体育消费,在体育活动中是相互交错、密切联系的,很难划分它们之间的界限。一般来讲,在满足体育参与者生存消费需要的同时必须满足其享受和发展的消费需要,而在满足体育参与者享受与发展的消费需要中又往往包含对其生存消费需要的满足。

(三)按体育消费的形态分类

1. 体育实物消费

所谓体育实物消费,是指体育参与者在体育消费过程中所消耗的有形物质产品。如各种运动器材、运动服装、运动食品、运动饮料及体育图书、报刊等,这类消费以实物的形态表现出来。

2. 体育服务消费

体育服务消费则是由体育产业部门提供的以流动形态存在的体育消费资料,它以一定的服务活动方式来满足消费者的体育需要,如在各种健康咨询、体育表演、体育比赛等项目中的消费。体育服务消费主要是满足体育参与者的精神需求。这类消费相对实物消费而言层次较高,在物质生活水平日益提高的情况下才有可能实现。

(四)按体育消费品的不同功能分类

1. 观赏型体育消费

观赏型体育消费是指以满足人们视觉为主的观赏型体育消费行为,如各种体育比赛、体育表演、体育展览等。

2. 实物型体育消费

实物型体育消费就是指人们用货币购买各种和体育活动有关的体育实物消费资料的消费行为。实物型体育消费者可分为两部分:一部分是为了直接参与各种体育活动而购买各种体育运动器材、运动服装等体育实物消费资料;另一部分是为获得体育知识和掌握运动技巧而订阅各种体育报刊等体育实物消费资料。

3. 参与型体育消费

参与型体育消费就是指人们参与各种和体育活动有关的体育服务的消费行为,如为参加各种各样的体育活动、健美训练、健康咨询等而支付的各项费用。

第二节　体育消费的需求及动机

一、体育消费者的需求

(一)体育消费需求的产生

随着改革开放和经济的快速发展,人们的生活水平从温饱过渡到了小康。城镇中人们的生活变化尤为明显,然而,虽然这些人的经济收入得到了提高,但是生活节奏的加快,使他们很少去参加体育活动,导致他们感到生活的压抑和身心的不适。这时体育的需求就产生了,他们需要通过参与体育活动来调节情绪和锻炼身体,使自已能够有更好的状态来生活和工作。

人们对体育消费的需求主要表现在以下几个方面。

1. 生理需求

生理需求是指人们为了达到某种生理稳态(即正常的新陈代谢)而产生起的基本需求。人们对体育的生理需求主要表现在人们的体育康复训练、健身和减肥等方面。

(1)体育康复训练需求

体育康复训练是指通过体育与医学手段相结合,达到治愈疾病目的的训练。例如,肘关节周围炎的康复训练,按照医生的要求,合理地活动肘关节可以改善肩关节局部的血液循环,加强新陈代谢,缓解肌肉痉挛,达到消炎止痛的效果。同时,可松解肩关节周围肌肉、韧带及关节囊的粘连,恢复肩关节的运动功能。相关研究表明,放松与牵拉练习可以消除劳损部位肌肉粘连,使人体深层稳定肌(多裂肌)及表层运动肌(竖脊肌、髂腰肌)的力量得到提高。运动后能感觉到腰部酸痛减弱,腰椎活动度加大,腰肌力量得到提升。

(2)健身需求

健身需求是成年人产生体育消费需求的主要原因之一。相关研究表明,促使成年人运动的前四位动机都与健康有关,包括改善整体健康(89%)、维持整体健康(88%)、提高体能(88%)、保持体能(86%)。

(3)减肥需求

随着人们生活水平的提高,生活习惯的不合理,肥胖人群不断增多。相关研究表明,体育锻炼通过一系列复杂的新陈代谢来影响人体的组成、体重,是消除多余脂肪和降低体重的最经济有效的办法。这使得人们产生了通过体育锻炼达到减肥目的的需求,进而产生了体育消费。

2. 心理需求

心理需求是指个体在生活中感到某种欠缺而力求获得满足的一种内心状态,它是人脑对生理和社会要求的反应。人们对体育消费的需求的产生,来源于心理需求的因素主要有以下几点。

(1)缓解心理压力的需求

现在很多普通白领面临生活节奏快、工作和生活压力大的问题,往往长时间情绪紧张得不到放松。而参与体育活动可以释放工作和生活中的压力,缓解心理疲劳。因此,人们愿意花钱来参与体育活动。户外运动有着接近大自然、有助于放松心情的特点,人们的参与意愿很高。据国内相关统计,2005—2019 年,尽管其中经历了国际金融危机,许多行业受到波及,户外休闲经济却能以每年约 5% 的速度保持增长。

（2）对形体美的需求

有些女性为了身材性感健美而参与体育消费,例如,许多女性参加瑜伽培训班、体育舞蹈班、艺术体操培训班等。一些男性为了使身材健壮、肌肉分明而去消费健身。这是很多人去体育健身俱乐部锻炼的原因之一。

（3）社会交往需求

社会交往是指在一定的历史条件下,人与人之间相互往来,进行物质、精神交流的社会活动。现在网络在人们生活中的普及,高楼之间的阻碍,人与人之间面对面的交往变得越来越少。人有合群需求,不愿意独处,因此加强人与人之间的沟通、加强感情联络、改善人际交往对于同事、朋友,甚至是亲人之间都是必要的,而参与体育集体活动能更好地进行情感交流,改善人际关系。

（二）体育消费需求的特征

1. 体育消费的对象性

体育消费总是针对体育的某种需求而产生的。有人是为了健身娱乐而消费,有人是为了参与体育观赏而消费,总之人们有各种各样的体育消费需求,但每一种消费都有它的对象性。人们只有拥有了体育消费的对象,才会产生某种需求,不会盲目地消费。

2. 体育消费的伸缩性

体育消费者的需求在一定条件下表现出一定的伸缩性。体育消费者在产生某种需求后,由于受到客观条件的限制,他可能选择暂时不购买该产品,等时机成熟后再购买。例如,某位消费者想购买一双运动鞋,但由于当前阶段钱不够,会选择过一段时间再购买。

3. 体育消费的层次性

根据经济条件的不同,居民形成不同的阶层,即较低收入阶层、中等收入阶层和较高收入阶层。相关研究表明:不同收入阶层居民体育消费结构呈现出非常鲜明的特点,较低收入阶层主要以相对便宜的运动服、运动鞋和运动器械等实物性消费品作为主要消费内容,并表现出较强的博弈性消费心理;中等收入阶层的消费结构与较低收入阶层基本类似,但在体育消费过程中表现出更加多元化的倾向,除运动服装、运动鞋和运动器械外,在比赛门票、体育培训、体育俱乐部和消费性锻炼方面都有所消费;较高收入阶层表现出更广泛的参与度和更强的消费实力,在比赛门票、体育培训、体育俱乐部和消费性锻炼中消费金额所占比重大,年消费金额与另外两个阶层具有非常显著的差异。

4. 体育消费的可变性

体育消费者的需求可能会随着年龄、兴趣、经济条件、文化背景等的变化而发生改变。吸引儿童参加体育运动的主要动机是趣味性,据 2019 年美国大众体育参与研究:对儿童和青少年来说,有趣是最重要的动机,92% 的儿童是因为有趣才开始参与某种运动,青少年相应的比例是 88%。有趣也是坚持下去的动因,90% 的儿童和 84% 的青少年认为有趣是让他们坚持运动的首要原因。随着年龄的增长,兴趣的改变,他们有可能放弃体育运动,选择其他感兴趣的事情,例如选择音乐。此外,经济条件是制约体育消费的一个重要的方面,它是是否参加体育运动的物质因素。

5. 体育消费的互补性和替换性

互补性主要是指两种或多种事物之间具有依赖和补充的作用。例如,当人们在购买网球拍时,他会买吸汗带、球包、球线等。替换性是指两者或更多事物之间可以相互取代。例如,某人想选择高尔夫运动项目时,可能因为经济收入不高而放弃,转而选择网球、羽毛球等其他运动项目。

6. 体育消费的发展性

体育消费随着经济进步和人们文化程度的提高而不断发展。随着人们生活水平的不断提高,人们对物质消费品需求的增势将会降低,而对服务消费品的需求将会上升。体育作为第三产业与人的健康和生活质量提高有极强的相关性,它是提高居民生活质量的产业,它是能给人们带来健康、欢愉、享受的消费。由于人们对健康的需求和对生活质量提高的需求是无限制的,人们对体育的消费需求也是无限制的。研究表明,当一座城市人均GDP处于5 000美元时,发展竞技体育将成为必然选择;当人均GDP达到6 000美元时,人们对自身健康的追求开始显现;当人均GDP达到8 000美元时,体育成为生活质量、人格完善、城市文明程度的重要标志,并融入市民的日常生活。除此之外,随着人们社会文化程度的提高,对体育的认识更加深刻,人们参与体育消费的需求也会增加。

7. 体育消费的可诱导性

体育消费的可诱导性主要受到外界商家的刺激和群众规则性刺激两个方面的影响。例如某店最近两天推出打折促销活动,人们听说后会抢着去买相关产品,这属于外界商家的刺激。而某女性看到她的朋友练习瑜伽一段时间后,身材更加苗条了,便也报瑜伽班了,或某位同学看到他的舍友买了一双运动鞋,自己也非常喜欢,便也买了一双,这属于群众规则性刺激。

8. 体育消费的周期性

体育消费的周期性是指参与体育消费的人群成周期性的变化。造成体育消费的周期性主要是外界环境和消费者本身的原因。例如,人们参加户外运动一般选择春天、夏天和秋天,冬天参加的人数很少;人们只有在夏季才能参加水上运动;滑雪项目一般在冬季展开,人们也常常在冬季才会参与此项运动。这些都是由外界的客观环境造成的。而有些现象是由消费者本身的原因造成的,例如,某位儿童由于兴趣的原因选择了某项运动,随着年龄的增长兴趣发生了变化而放弃该项运动,长大后由于工作的需求,又不得不再次学习该项运动,这也属于体育消费的周期性。

(三)体育消费需求的内容

1. 体育实物性消费的需求

(1)体育实物基本功能的需求

体育实物基本功能的需求是消费者购买体育用品的最低标准,它直接决定着消费者是否购买此产品。人们之所以购买某一体育产品,归根结底就是该商品的基本价值能够满足他们的需求,其次才是它的附带价值。例如,一双篮球鞋即使外观和造型再好,但不适合打篮球,那它就失去了价值性,它就不是篮球鞋了,人们便不会因打篮球的需要而购买此鞋。又如一个健身器材即使材料再好,外观再美,但不能健身,那么它就不是健身器材了,人们也不会因有健身的需要而购买它。

（2）质量性能的需求

质量性能是吸引体育消费者的主要因素之一，良好的质量性能能够让消费者更加信赖此产品，进而对此产品产生持续性消费。体育消费者在购买体育实物性商品时，考虑最多的就是该商品的质量性能。把体育实物产品创造成某个品牌的主要前提之一就是它的质量性能够好。例如，耐克（Nike）的成功很大一部分来自它的质量性能。耐克设计师肯·林克在研究了勒布朗·詹姆斯以前穿过的所有招牌球鞋后，设计出了穿着舒适至极，轻质和弹性尤为出色的运动鞋。这大大加强了体育运动员对此款运动鞋的需求。

（3）体育物品审美功能的需求

体育物品审美功能的需求是指该物品的色彩、造型等具有审美的价值。当某件体育实物商品的基本功能和质量性能使人们感到满意后，体育实物商品的外表就成为人们决定是否购买该实物商品的主要因素之一。这就是体育实物商品公司不断对产品的外形进行创新，综合不同人们的喜好、审美观点来完善产品的外观的原因。例如，在耐克球星营销策略中，Zoom LBJ V 中国版延续了该系列的概念，鞋款的设计继续将勒布朗的"帝王气质"与中国最为精粹的"紫禁城文化"相融合，取得了较好的销售效果。

（4）体育物品社会象征性的需求

体育物品社会象征性的需求应该属于人们的符号消费的一种，符号消费是指通过某种运动能够将某人的身份、地位、声望等联系起来。某些体育运动项目能够表现出社会的某些特征，如身份、地位、声望等。例如，高尔夫运动可以显示个人或群体身份、地位，象征财富、成就。

（5）体育实物销售服务的需求

人们在购买体育实物产品时，希望享受到良好的销售服务，购买商品后还希望享受到更好的售后服务。这促使了商家们在对体育实物产品做营销推广时，将相关服务纳入主要因素之一。国际知名品牌阿迪达斯的成功很大一部分来自它的销售服务体系。例如，在比赛场上，阿迪达斯总是让公司服务员工候场，一旦有运动员感到鞋子不舒服，阿迪达斯的人就会立即为其解决问题。其中，在一次世界杯比赛场中，其代言人的腿受伤，公司立即为其连夜特制了一双的鞋子，使其能够重新回到球场。

2. 体育参与性消费的需求

体育的参与性是指由体育产品经销商提供相关的活动设施和技术指导，消费者以完成体育活动的形式来达到满足消费需求的目的。群众参与体育消费的目的主要是健身、缓解压力，其次是娱乐消遣和社会交往。体育参与性的需求应该归属于马斯洛的需求层次论中的归属动机的需求。因此，此部分消费人群大部分是中等收入阶层和高阶层的人群。

（1）科学性需求

科学性需求主要是指人们按照自身的身体特点，选择合理的方式进行体育参与性活动。人们参加体育健身活动时，是否科学是人们是否进行体育健身消费的关键问题。科学合理地进行体育活动可让人们在运动的过程中感到愉悦，增强人们的意志力，提高人们的社会适应力，进而增进人们的身心健康；相反，未遵循科学的方法进行身体锻炼，不但起不到所预期的健身效果，还会降低人们参与体育运动的积极性，甚至给身体造成伤害。例如，人们在学习网球时，由于动作不到位会出现"网球肘"的现象。

（2）生理性需求

生理性需求主要是指人们为了健身和康复训练而参与体育活动。康复训练主要表现在为使病人的疾病得到尽早的康复,如运动员受伤后为尽早地参加比赛而做的康复训练。

(3)心理性需求

现在大多数经济收入为中等或中等偏上阶层的人群都有着工作和生活的界限相对模糊、出差多、应酬多、压力大的典型特点。因此,此类人群参与体育运动的主要原因是缓解心理压力,增添生活的趣味性。

(4)社会交往性需求

通过参与体育运动来进行人际交往是人们参与体育运动的主要原因之一,相关调查表明,体育参与中的人际关系与体育参与的坚持性和依赖感有密切的关系。机关人员、公司人员、医务人员等,他们一般有较为固定的休息时间,这样就为开展有规律的体育锻炼提供了客观条件。在体育锻炼中,当两人的技术、技能水平、性格特征都很相近时,便能产生一致的吸引力,心理相容以达成一种默契,可以提高人的积极性与创造性,使人保持良好而愉快的心境,有利于发挥人的主观能动性。这样既锻炼了身体,又提高了自身的社会交往能力。

(5)与自然环境的亲近性需求

在当今社会,学习和工作的压力,紧张的生活节奏,使人们整天面对着的都是高楼大厦,仿佛和大自然完全隔离了,生活得很压抑,而参与体育活动可以让人们有更多亲近大自然的机会。例如,越来越多的人喜欢户外运动,就是因为可以亲近大自然、放松心情。

3.体育观赏性的消费需求

体育观赏性的消费需求应该属于马斯洛需求层次论中归属动机的需求,因而这一部分的消费者在各地区经济收入人群中属于中上层的消费人群。体育观赏性产品主要由运动员、裁判员、教练员、赛事制作和执行人员等共同提供的赛事表演和一些具有体育元素的建筑(鸟巢、奥林匹克公园等)等组成,消费者通过观赏来满足他们的消费需求。具体表现在以下五个方面。

(1)体育赛事过程的感官体验性需求

感官体验是人的最基本体验,是由人体的耳、鼻、眼、嘴、手乃至整个身体与外界环境接触的过程中形成的知觉刺激。感官刺激是人们观看体育赛事的很大一部分原因和动力,例如,人们从在赛场上对手之间的激烈对抗和竞技战术的完美发挥中得到美的享受。又如,篮球赛场上队员之间激烈的身体对抗性,美式橄榄球在赛场上迅猛的身体对抗性,这在日常生活中是看不到的,这些都给处于日常生活中的人们带来了视觉上的冲击和其他感官上的刺激。

(2)体育赛事结果的戏剧性需求

戏剧性是指比赛的结果充满了悬念,明明快要输的球队,可能最后反败为胜了,因而不到比赛结束,你永远不知道比赛的结果。充满戏剧性的比赛更能够吸引观众,也更具有观赏性。例如篮球比赛当两队旗鼓相当时,两只球队的激烈争斗最能给观众带来精神上的冲击和快感,并使比赛的结果充满悬念及戏剧性。例如 NBA 作为一个高度商业化的职业联赛,对各球队实力上的均衡发展向来十分重视。为了保证场面的激烈和比赛的悬念以吸引观众,NBA 采取了种种措施以使各球队实力之间尽量保持均衡。

(3)体育赛事的情感宣泄性需求

随着信息化社会的日益发展,人们生活节奏的不断加快,工作竞争的不断加剧,人们日益强烈地感受到来自各方面的压力。人们观看体育赛事,会疯狂地为自己喜欢的队伍呐喊、助威和加油。这样可以释放人们在生活中的一些负面情绪,使自己的情感趋于稳定。富有激烈的战斗性和高对抗性的体育比赛为人们提供了压力宣泄的直接场所。

（4）体育赛事的社会认同性需求

社会认同性是指个体认识到自身属于特定的社会群体,同时也认识到其他群体成员带给他的情感和价值意义。社会认同性主要体现在一些运动员的粉丝人群中。他们观看赛事时会和自己偶像的情感达到高度的融合,他们会随着自己偶像的兴奋而兴奋、随着他的愤怒而愤怒,从而获得群体的认同。

（5）体育赛事的审美性需求

审美性是人们在观看体育赛事时所感受到的美的享受。还有人观看比赛就是为了欣赏运动员高超的技艺和完美的体型结合所带来的美的享受,例如,艺术体操、花样滑冰、花样游泳都会给人带来美的享受。例如2013年的全运会上,东道主辽宁队队员的艺术体操表演动作优美,协调突出,给人一种形体美的享受。又如2013年中国杯花样滑冰大奖赛上,中国17岁的小将闫涵完美地结合《小调华尔兹与毒蛇漫步组曲》这个前后节奏鲜明的乐曲,出色地完成了后外点冰四周跳、阿克塞尔三周跳等高难度动作,带给人们一种惊艳的美感。

（四）体育消费需求的发展趋势

1. 体育消费需求不断增长

人们对体育消费需求的不断增长可以从以下三个方面考虑。

第一,经济学理论表明,社会经济的发展必将使人们可支配收入不断提高,收入水平的提高必然引起消费结构的变化,即从生存性消费向发展和享受性消费转变。随着经济和文化的不断发展,人们的生活水平不断提高,人们越来越认识到健康的重要性,在各地区经济收入处于中上等的人群中“花钱买健康”已经逐渐成为一种生活理念。

第二,人们的生活结构发生了变化,休闲时间的不断增多,为人们参与体育消费提供了客观条件。人们可以从高强度的工作压力下解脱出来,放松心情,亲近大自然。

第三,近年来重大体育赛事的举办(例如2008年北京奥运会、2010年广东亚运会、2022年北京冬奥会的成功举办)使人们对体育的认识和了解更加深入透彻,这极大地刺激了人们对体育的消费。

2. 体育消费需求的结构趋向高级化

随着人们生活水平的不断提高,体育也越来越融入生活,体育的需求也不断向高级化和个性化发展。首先,体育消费的高级化体现在经济收入较高的人群中。进入21世纪后,部分经济发达地区及收入较高居民群体的体育消费动机发生了转移,消费需求发生了三个方面的重要转向:一是基本体育消费逐渐向高档化、贵族化项目扩展(如打高尔夫球、自驾出游等);二是用品类消费进入更新换代时期(如名牌服装、鞋帽、器材等);三是体育相关产品的消费比重明显增加(如体育保健食品、药品、体育保险等)而是不再满足了穿上一身运动服、蹬上一双运动鞋就可以参与的简单运动,而是对参与性和观赏性的体育消费需求日益加大。现如今,户外运动的参与者越来越多。

3. 体育消费需求日益多样化

人们的兴趣不同、消费目的的不同以及经济条件的不同造成体育消费的多样性。体育消费的多样化主要表现在以下几个方面。

一是体育是我国大力发展的第三产业,即朝阳产业,近年来,除了健身俱乐部得到了快速的发展,我国还陆续建设了很多体育场馆,体育设备也不断增加,这为满足人们的体育消费需求提供了多种选择。

二是体育消费的个性化。如有些人可能喜欢羽毛球而选择羽毛球运动方面的消费,有些人可能喜欢激烈的身体对抗性运动而选择篮球运动方面的消费,也有人可能喜欢探险而选择户外运动方面的消费等。

三是体育消费目的的针对性。同样是参与体育,人们的目的可能是不同的。一些人参与体育健身是为了减肥,防止出现肥胖型疾病;一些人参与体育运动是为了缓解工作中的压力,使身心得到放松;一些人参与体育运动是为了休闲娱乐,给生活增添情趣;一些人参与体育运动是为了塑造形体,使自己变得更有魅力;一些人参与体育运动就是为了健身,防止某些疾病的产生,例如老年人练习太极拳来预防关节炎;还有一些人参与体育活动是为了某些疾病的康复,例如腰肌劳损的康复训练。

四是消费方式和制度的市场化改革不断深化。从20世纪80年代中期起,部分城市的体育场所取消了福利消费制度,改为营业性消费体制,使得消费门槛迅速降低,人人都有体育消费的权利,与此同时,以营利为目的的经营型体育消费项目也不断走向市场。21世纪以来,更多的体育消费项目加快了市场化改革的步伐。最突出的是体育健身培训辅导消费、体育彩票消费和极限运动消费(蹦极、攀岩、滑翔伞等)等各种消费制度的市场化改革已全面展开。

二、体育消费动机

(一)体育消费动机的定义和产生

1. 体育消费动机的定义

动机是行为的原因,是刺激和诱发行为反应并为这种反应指明具体方向的内在力量,动机是个体为什么会做某事的原因。由此,我们可以将体育消费者的动机定义为推动体育消费者去从事体育消费活动,以满足其对体育消费需求的意图、愿望、信念等,或者说是体育消费者针对特定的消费目标而发出的一种内驱力或冲动。

2. 体育消费动机的产生

需求是动机产生的基础,没有需求就不会有动机,只有需求而没有满足需求的目标和诱因也难以形成动机。因此,当外界出现能够满足需求的对象时,需求就进一步转化成行为的动机,并推动人们进行有目的的体育消费行为。

用公式表示即为

$$体育消费的动机=需求+目标$$

需求是动机产生的基础,如果没有需求就不会产生动机,只有需求而没有满足需求的目标和客观条件,也无法形成动机。

用公式表示即为

$$体育消费的动机=需求+目标+实现目标的可能性$$

例如,一个人想参与体育活动,但是不知道参加哪个运动项目,因而他不可能产生参加体育活动的动机。后来这个人决定参加网球运动,但是他居住地附近没有网球培训机构和场所,那么他也不会产生参加体育活动的动机。

（二）体育动机的作用与特点

1. 体育动机的始发作用

始发作用是指具有引发和驱使体育消费者产生体育消费行为的作用。我们所看到的人们去观看体育赛事、参加户外运动，或伤病者参加的体育康复训练等的体育消费行为都是受到体育消费动机的驱使和引而发产生的。人们即使有体育消费的需求，如果没有体育消费的始发作用，也不可能产生消费的行为。现在的体育营销运用的各种手段就是要刺激体育消费者的动机始发作用，来达到产生实际消费的目的。

2. 体育动机的指向和选择功能

指向和选择功能使体育消费者的消费行为指向一定的方向，选择一定的消费目标。体育消费的需求会产生多种消费动机，有些是动机一致的，可强化某一行为；而有些动机是不一致的，会减弱某一行为。如果不能同时满足，哪种动机最强烈，就会先产生哪种体育消费行为。

3. 体育动机的调整和反馈功能

调整和反馈功能是指动机能保护和巩固行为，并贯穿于行为的发动、加强、维持，直到行为终止的全部过程。另外，体育消费者的行为结果对动机也有很大影响，良好的行为结果会强化动机，不好的行为结果会使动机削弱并降低行为的内在驱动力。例如，现在的户外运动越来越受到人们的欢迎，主要是因为参与户外运动能够让人们亲近大自然和放松心情。而这一结果对人们参加户外运动起到了正面强化的作用，加强了人们再次参与户外运动的内在驱动力。

4. 体育动机的维持性

体育动机的维持性是指动机贯穿于某一具体行动的始终，不断激励着人们，直到目标实现。动机产生后会不断地激励人们直到目标实现，这就是动机的维持性。

5. 体育动机的可诱导性

前面已经讲到一种体育消费行为可能是很多种消费动机引起的。有些方向一致的可以起到强化的作用，方向不一致的就会相互抵触。当相互抵触的动机总和作用平衡时，外力的加入就会决定体育消费者的购买行为。例如，有些人想去健身，但因为工作忙，又有其他的兴趣爱好不想去锻炼，而近期如果有盛大的体育赛事，他们就会选择体育消费。英国体育理事会发布的调查结果显示，英国每周至少锻炼一次的成年人数量在 2018 年较上一条增加了 85 万人。

（三）体育消费者购买动机的类型

1. 生理性购买动机

生理性购买动机主要表现在一些体育实物性消费和体育健身消费上。首先是体育实物性消费。这部分动机主要是源自人们对体育实物性消费的需求。体育实物性的装备是人们参与体育运动的基础。目前，我国体育实物性消费在体育消费中占到了 80% 左右，是体育消费中比重最大的。其次是体育健身消费，这是成年人进行体育消费最主要的因素。最后是体育的康复训练方面，这也是产生购买动机的一个重要因素。

2. 心理性购买动机

心理性购买动机是大部分体育消费者的购买动机。例如某位学生想通过打篮球来达到健身、交际的目的,在选择球服和鞋子时参照群众性规则和自身的需求(他人的态度、实际使用价值、时尚性、价格等)而产生的购买动机,属于体育心理性购买动机;某人选择高尔夫运动是为了交际和彰显自己的身份、地位、财富,这属于体育心理性购买动机;一些人喜欢亲近大自然而参加户外运动也属于体育心理性购买动机。体育心理性购买动机在体育物品、体育健身和体育娱乐的消费方面都有所体现。

第三节 社会消费结构中的体育消费性质及特点

一、人们生活消费的分类和层次

消费是社会生产总过程的一个重要环节,它同生产、交换、分配一起构成互相联系、互相制约的社会生产总过程,使社会生活得以正常进行。马克思说:"没有生产,就没有消费,但是没有消费,也就没有生产,因为如果这样生产就没有目的。"生产决定消费,消费又反作用于生产,这是马克思主义经济学的基本常识。

社会消费关系是社会生产关系的一个重要方面。因为消费在任何时候都是在一定的生产关系的制约下,在人们相互之间的经济关系中进行的社会行为和过程,也是一定阶级的经济利益的集中体现。并且,一定社会里个人消费的方式、消费的结构、消费的水平、消费的需求是受一定社会生产力发展水平和经济发展速度制约的。一般来说,两者大体是作同方向变动的。社会生产力发展水平比较高、经济发展速度比较快,人们的消费需求、消费方式、消费结构、消费水平等的增长、变化和提高就相应较快。

生活消费,作为人们对消费资料的使用和消耗,是人和物之间、主体和客体之间的物质变换过程。生活消费可分为社会公共生活消费和个人生活消费两大类。社会公共生活消费又称社会集体消费,它指的是众多的消费者在社会或一个集体范围内所进行的消费活动。个人生活消费指的是由消费者分散进行的,直接满足个人需要的各种消费活动、消费行为的总和。

个人生活消费可以从不同的角度进行分类。从满足人们需要的角度看,可分为生存消费、发展消费和享受消费;从满足人们需要的不同效能的角度看,可分为吃、穿、住、用、行等消费;从满足人们需要的消费品的价值角度看,可分为低档、中档和高档等消费;从满足人们需要的性质看,可分为物质的、精神的和服务的消费。

一般来说,满足个人生活消费的层次和序列由低到高依次为生存消费、发展消费和享受消费。生存消费是通过对各种生存资料,包括衣、食、住等基本生活资料的消费而获得实现的,它是恢复体力和脑力、维持劳动力再生产的必要条件,属于低层次的消费。发展消费是通过对各种发展资料的消费来实现的,它是发展人的体力和智力、开发体力和智力资源的必要条件,属于中高层次的消费;享受消费则是通过对各种享受资料的消费来实现的,它是保证人们生活消费更加舒适愉快、增进身心健康并获取美的享受的必要条件,属于高层次的消费。当然这三者难以截然分开,其界限是相对的、发展变化的。随着社会生产力的发展和人民生活水平的提高,目前属于享受消费的部分今后可能成为生存消费。但是,从一个既定的时期来看,它们之间还是有明显区别的。

二、体育消费是属于发展及享受消费

体育消费是社会生产力发展到一定阶段的产物,因为体育消费是个人在满足基本的生存消费之后以满足发展和享受等方面需要的个人消费行为,也是个人在完成正常的工作和必要的家务劳动等时间之外的闲暇时间里的个人消费行为。体育消费作为社会消遣和娱乐消费的重要组成部分,在个人闲暇消费(休闲消费)中占有重要的位置,也是社会大消费结构中不可缺少的分支。因此,体育消费在个人生活消费中属于发展消费和享受消费的一个重要的有机组成部分。随着当今社会经济发展、余暇时间增加,运动休闲已成为一种时尚与潮流。美国在评价 20 世纪社会消费观念时说:50 年代是烟酒,60 年代是跑步。法国某社会学家在概括法国妇女 20 世纪的消费理念时说:60 年代是化妆,70 年代是香水,80 年代是健美。因此,体育消费是为了追求一种文明、健康、有意义的生活方式,是为了提高生活质量而进行的一种休闲、健身娱乐消费。体育消费的兴起和不断增长,是社会文明进步的表现。

三、体育消费的性质和特点

(一)体育消费的性质

马克思主义经济学的基本原理告诉我们,社会经济制度的性质和特点决定了社会消费的性质和特点。也就是说,生产资料所有制的性质和特点决定了消费资料所有制的性质和特点。消费资料所有制是反映消费关系的最基本的经济范畴。所谓消费资料所有制,就是通过消费资料的关系所反映的人与人之间的相互关系,包括消费资料的归属、占有和使用关系。消费资料所有制是决定整个消费活动性质和特点的根本性的经济条件,消费资料所有制直接决定消费关系的性质。人们是否拥有消费资料以及拥有的消费资料数量的多寡和质量的好坏,直接决定消费的水平和消费的结构,体现着消费的社会性质。

社会主义生产资料公有制和社会主义消费资料所有制,决定了社会主义消费关系的性质和特点,同时也决定了社会主义条件下体育消费关系的性质和特点。由于在社会主义公有制条件下,体育消费资料是由全体劳动人民共同占有,劳动者在体育消费中处于平等的地位,所以体育消费关系所体现的是社会主义的生产关系和消费关系。因此,体育消费是满足人民群众不断增长的物质和文化生活需要、实现社会主义生产目的、提高生活质量、促进人的全面发展的重要手段,同时也是普及全民体育意识,提高全民身体素质和国民体育运动水平的重要途径。

(二)体育消费的特点

在社会主义市场经济条件下,体育消费的基本特征表现为以下几个方面。

1. 社会主义体育消费是文明、健康、科学的体育消费

社会主义体育消费坚持科学社会主义的人生观、价值观和幸福娱乐观。体育消费要有利于人们德、智、体、美全面发展,使人们在闲暇时间里过上真正有意义的幸福生活。在全社会形成一种文明、健康、科学的体育消费方式和风尚,从而促进社会主义精神文明建设。因此,社会主义体育消费既要坚持反对腐朽庸俗、低级趣味的生活方式,同时也禁止那些损

害人们身心健康的、违背社会主义原则的体育消费方式。社会主义国家采取经济、行政和舆论等各种手段对体育消费行为加以科学引导和指导，从而使体育消费能够体现社会主义精神文明的特点，成为一种促进人们健康成长、丰富人民生活、让人民欢度余暇的、科学的、积极的消费方式。

2. 体育消费与经济增长的同步性

体育消费与经济同步增长是实现社会主义生产目的的需要，也是社会主义基本经济规律发生作用的重要体现。按社会主义基本经济规律的要求组织经济活动，最主要的就是要正确处理好积累与消费、生产与生活的相互关系。努力做到在生产发展的基础上，有计划、有步骤地提高全体社会成员的消费水平。同时，社会主义生产的根本目的在于最大限度地满足全体人民日益增长的物质文化生活的需要。而体育消费能满足人的发展和享受的需要，因此体育消费是实现社会主义生产目的的重要途径。所以，体育消费与经济同步增长的过程就是社会主义生产目的的实现过程，也就是人们物质文化娱乐生活不断被满足和提高的过程。因此，体育消费的增加与经济增长同步进行是社会主义体育消费的一个重要特征。

3. 体育消费需求的价格弹性较大

由于体育消费不属于生存消费，从人类生存需要的紧迫程度来看，对于体育消费的需求远远不如维持生存消费的食品等消费资料那样必不可少，也不如医疗卫生、教育消费那样迫切，因此体育消费需求的价格弹性较大。

4. 体育消费项目具有流行周期

体育消费项目的流行周期比较短，一般为 3～5 年。在某类体育项目流行时，社会对此类体育项目的消费需求比较大，流行周期过后，社会对此类体育项目的消费需求会逐渐降低。

5. 不同地区体育消费水平差异明显

由于受经济发展水平的影响，一般来说，沿海经济发达地区、大中型城市，体育消费水平相对比较高；农村地区、偏远山区，体育消费水平相对较低。同一地区，体育消费也表现出一定的层次性。经济条件好的体育消费者常常参与较高级的体育消费项目，如高尔夫球、射击、马术、帆船等；经济条件较差的体育消费者可能选择收费较低廉的体育消费项目，如跑步、足球等。

6. 体育消费主要表现为商品性体育消费

商品经济条件下的各种消费行为，主要是通过对商品的消费获取实现的。商品经济是社会主义市场经济内在的固有属性，无论生产资料还是消费资料都是商品，都必须通过市场交换才能进入消费领域。从体育部门的角度来说也是这样，体育部门的改革要引进市场经济的竞争机制。体育场馆从行政型管理向经营型管理的转变，其实质就是要求人们承认和接受体育部门的产出是商品而不是产品，也就是说，不仅和体育有关的产业部门提供的体育消费品是商品，而且体育产业部门所提供的体育服务也越来越多的以商品地形式在市场上出现。目前，我国商品性体育消费的比重还比较低。这是因为长期以来我们把体育事业单纯看作社会福利事业，长期实行行政型管理方式。因此，体育部门的产出、体育部门所提供的各种体育服务，通常是无偿向社会提供的。随着经济体制改革的不断深化，这种局面已经开始打破。但就目前来说，还是有相当一部分体育服务是无偿或部分有偿地向社会提供的，这就造成体育服务的商品率还比较低。随着我国以及体育产业改革的不断深化，我国体育产业化进程不断积极推进,我国商品性体育消费的比重将不断提高。

7.体育消费品市场对体育消费需求具有重要影响作用

我们知道,商品最终深入消费领域,社会再生产过程才算最后完成。商品进入消费领域,必然经过市场这一环节。市场是联结生产与消费的纽带和桥梁。因此,在社会主义市场经济条件下,一切消费资料都只能通过市场才能深入消费领域,社会主义生产目的才能真正实现。同样,体育消费品也只有通过体育消费品市场才能被体育消费者消费,体育消费者也只有通过市场购买到各种体育消费资料,才有现实的体育消费过程。因此,市场在满足体育消费者的消费需要中起着重要的影响作用。体育消费品市场的供应状况,制约着体育消费者体育消费水平的提高和改善。当体育消费品市场供应充裕、内容丰富、品种齐全、价格合理,体育消费者就有充分的挑选余地,这样就可以满足不同层次的体育消费需求;反之,如果体育消费品市场供应紧张、内容单调、品种又少,且价格昂贵,则会极大地影响甚至打消体育消费者的积极性和热情。

四、体育消费效益

(一)体育消费是一种健康投资

我们知道,衣食住行方面的消费支出得到的效益是看得见摸得着的,能马上见效的,因此人们往往会不惜重金,"慷慨解囊"。而在体育活动方面的消费支出,有些人也许会觉得不合算,认为这是"无偿"支出。其实不然,体育消费也是一种投资,是增强人的身体素质、调节生活节奏、获取美的享受、维持并强化脑力劳动和体力劳动的一种必不可少的有偿投资,亦可称"健康投资""发展投资"或"享受投资"。因为在体育方面的各种支出,也可以得到相应的补偿。例如,观赏型体育消费支出,使消费者视觉感官得到了美的享受;参与型体育消费支出,使消费者体质得到增强,闲暇时间过得充实、愉快,从而满足了劳动者不断增长的精神文化生活的需要。因此,体育消费是一种积极的、有偿的消费投资。

(二)体育消费的效益分析

体育消费作为一种健康投资,必然有它的消费效益。所谓体育消费效益,就是指人们通过消费一定的体育消费资料而实际得到的体育消费需求的满足程度。体育消费效益可以从经济效益的角度来考察,也可以从社会效益的角度来考察。而且,在许多场合体育消费的经济效益和社会效益是相互交融、很难严格区分的,因此我们把它归为社会经济效益。同时,体育消费的效益及体育本身的功能和作用具有千丝万缕的联系,但又有所不同。本书主要从以下六点着重考察分析体育消费的社会经济效益。

第一,体育消费有助于人们通过参加各种各样的体育活动,来增强和提高劳动者的身体素质并进行智力的开发,防止各种疾病和职业病的发生,提高劳动者的出勤率和工作效率,从而提高整个社会的劳动生产率,创造更多的社会财富,推动整个社会 GDP 的加速增长。

第二,体育消费有助于增加对各种运动器材、运动服装、运动饮料、运动食品、体育娱乐、体育旅游、健美训练、健康咨询、体育报纸、杂志、图书、画册等体育实物消费资料和体育服务消费资料的社会需求,并为生产部门提供各种体育消费资料的需求信息,从而促进我国体育产业以及相关产业的发展。

第三,体育消费有助于体育场馆设施向全社会开放,为社会提供各类体育服务,从而增加体育场馆的运营收入,提高体育场馆的经济效益和社会效益。

第四,体育消费有助于满足人的发展和享受等方面的需求,陶冶人的高尚情操,激发人们进取、拼搏的精神,培养人们的竞争意识和团队协作精神,促进人的全面发展,实现社会主义生产目的。

第五,体育消费有助于增强人们的体育意识,提高整个社会体育运动水平和人民群众参加体育活动的积极性,扩大我国的体育人口规模,从而推动群众性体育运动的蓬勃开展和体育社会化的进程以及全民健身战略的实施。

第六,体育消费有助于社会主义精神文明建设,激发人们的爱国主义热情,增强民族自豪感和自信心,增强振兴中华的决心和信心,从而推动社会文化的建设和发展,加速社会主义物质文明和精神文明建设的进程。

第二章 体育消费结构要素及形成机理

第一节 体育消费类型及结构

一、体育消费资料的分类

人们进行体育消费,就必须消耗一定的体育消费资料。不同的体育消费资料具有不同的形态和功能。从满足体育消费者消费需要的不同功能出发,体育消费资料可进行如下分类:以满足人们视觉为主的观赏型体育消费资料,如各种体育比赛、体育表演、体育影视录像、体育展览等;满足人们参加体育活动的需要,且在其中起防护作用或工具器材等的实物型体育消费资料,如各种运动服装、运动器材等。体育消费资料的功能一般是不能相互替代的,因而它们之间的功能界限是比较明显的,如台球、乒乓球、羽毛球、网球等。但有些体育消费资料的功能,则和一般生活消费资料的功能没有什么两样,如运动服装、运动鞋等,在体育活动时能发挥其保护和工具性的功能,但在平时也能够穿着使用,因而这些体育消费资料的功能和一般生活消费资料的功能可以相互替代。

从体育消费资料的自然形态看,它可分为体育实物消费资料和体育服务消费资料两大类。所谓体育实物消费资料,是由和体育有关的产业部门生产的,以物质产品形态存在的体育消费资料,如各种运动器材、运动服装、运动食品及饮料、体育图书报纸杂志等。体育服务消费资料,则是由体育产业部门提供的以流动形态存在的体育消费资料,它是以一定的服务活动方式来满足消费者的体育消费需求的,如各种健康咨询、体育表演、体育比赛等。一般来说,在生产力水平不高的情况下,体育实物消费资料的消费比重较大,而体育服务消费资料所占的比重则比较小,这是因为有些体育实物消费资料的功能可以代替一般生活消费资料的功能。随着社会经济的发展、生产力水平的提高、人们收入水平的增加、体育意识的增强,体育服务消费的比重有日益增大的趋势。

二、体育消费的分类

(一)有关体育消费分类的研究综述

关于体育消费的分类,不同的学者从不同的角度给出了不同的意见。国内学者在研究体育消费的类型时,主要有两大类意见。

第一类将体育消费形式分成三类,即体育实物消费、体育劳务消费(体育健身消费或参与型消费)和体育信息消费(体育精神消费或观赏型体育消费)。徐钟仁把体育消费分成体育实物消费、体育劳务消费和体育信息消费三大类。白杉把体育消费分为体育实物消费、体育信息消费(也称体育精神消费)和体育劳务消费(也称参与型体育消费)。

第二类把体育消费的内容形式分为两类,即体育实物消费(体育产品消费)和体育劳务消费。李寅等认为体育消费应分成有形的实物消费和无形的劳务消费两大类,但同时把体育信息消费定位为介于有形与无形之间的体育消费。张岩从体育消费的功能角度把体育消费分成观赏型体育消费和参与型体育消费,并把体育消费资料形式分成服务形式、实物形式和精神产品形式。蔡军在分析中国体育消费现状时把体育消费按体育劳务消费和体育实物消费两种形式来分析。于振峰等从消费的物质属性来划分,把体育消费分为物质性消费和非物质性消费两大类。

(二)体育消费的三种类型

根据体育消费者通过支付货币而获得的体育消费品的不同功能,体育消费者的体育消费行为可分为以下三大类。

1. 观赏型体育消费

观赏型体育消费,就是指人们用货币购买各种入场券、门票,以观看、欣赏并达到满足视觉神经等目的的各种消费行为,如买票观看各种体育比赛、体育表演以及各种和体育有关的影视录像、展览等。这种观赏型体育消费者大部分属于各种各样的"体育迷",如足球、篮球等"球迷",F1赛车等"车迷"。

2. 实物型体育消费

实物型体育消费,就是指人们用货币购买各种和体育活动有关的体育实物消费资料的消费行为,如购买运动器材、运动服装、运动饮料以及各种体育报刊、图书、画册等。这种实物型体育消费者可分为两部分:一部分是为了直接参与各种体育活动而购买各种体育运动器材、运动服装等体育实物消费资料;另一部分则是为了增加"交流的素材",了解体育的动态而订阅各种体育报纸杂志。也有的是为了显示对体育的偏爱而购买各种体育实物消费资料,这部分人一般不直接参与体育活动,但也属于"体育消费者"。

3. 参与型体育消费

参与型体育消费,就是指人们用货币购买各种和体育活动有关的体育服务消费资料的消费行为,如为参加各种各样的体育活动、健美训练、健康咨询等所支付的各项费用。参与型体育消费者,一般来说在其参与过程中直接消费了有关部门所提供的各种体育服务消费资料。因此,参与型体育消费者其参与过程就是消费过程。

此外,体育彩票消费也属于参与型体育消费行为。因为,体育彩票消费者通过货币支付方式而获得的是一张能够证明其拥有按照特定规则获取奖励权利的有价凭证。因此,体育彩票消费者参与购买—兑奖的过程就是消费过程。

三、体育消费结构

(一)体育消费结构的含义

1. 消费结构的一般含义与分类

(1)消费结构的一般含义

消费结构(consumption structure)是指在一定的社会经济条件下,人们(包括各种不同类型的消费者和社会集团)在消费过程中所消费的各种不同类型的消费资料(包括服务)的比例关系。它有实物和价值两种表现形式。实物形式是指人们在消费中消费了一些什么样的消费资料,以及它们各自的数量。价值形式是指以货币表示的人们在消费过程中消费的各种不同类型的消费资料的比例关系,在现实生活中具体地表现为各项生活支出。

（2）消费结构的分类

①实物消费结构和价值消费结构

实物消费结构由一系列消费资料和消费服务的实物名称和数量来表示,价值消费结构则通过人们收入中各项货币支出的数量和比例来表示。在我国,当前实际消费的实物结构中还包括一定量的自给性实物消费,这部分一般不通过价值结构表示。

②宏观消费结构与微观消费结构

宏观消费结构是指整个社会的消费结构,表明总体的消费数量和比例关系,从总体上反映一个国家或一个地区的消费结构状况。微观消费结构是指某一家庭或个人的消费结构,它从一个消费单元上反映消费结构状况,并成为宏观消费结构的基础。宏观消费结构与国民经济状况及国民收入水平相适应,微观消费结构与消费者收入及消费对象的价格变化相适应。

③不同社会集团的消费结构

不同社会集团的消费结构就是指社会上不同社会人群的消费结构,如农民家庭的消费结构和城市职工家庭的消费结构等。

2. 体育消费结构的含义以及研究体育消费结构的意义

（1）体育消费结构的含义

所谓体育消费结构,就是指在一定的社会经济条件下,人们在体育消费过程中所消费的各种不同类型的体育消费资料(包括服务)的比例关系。体育消费结构是指一个社会或一个家庭的各种体育消费支出在其体育消费总支出中所占的比重。它有实物(或服务)和价值两种表现形式。实物(或服务)形式是指人们在体育消费过程中,消费了一些什么样的体育实物(或服务)消费资料,以及它们各自的数量。价值形式是指以货币表示的人们在体育消费过程中消费的各种不同类型的体育消费资料的比例关系,在现实生活中它具体地表现为各项体育消费支出。

（2）研究体育消费结构的意义

研究体育消费结构的目的在于掌握和探索体育消费的变动趋势,及时调整体育产业结构和体育产品结构,衔接好产需关系。同时,可以借此剖析和评价体育产业的经济效益以及衡量并检验人们的体育消费需求获得满足的状况。

合理的体育消费结构是一定的需求结构和供给结构相互作用的产物。同时,一定的体育消费结构又反过来给需求结构和供给结构以积极的影响——或促进供给的改善与需求的满足,或延缓着供给的改善与需求的满足。建立一个合理的体育消费结构模式是建立社会主义市场经济体制、实现体育产业发展战略的需要。

（二）影响体育消费结构的因素

体育消费结构是随着需求与供给的矛盾运动而不断变动的。体育消费结构的变动受多种因素影响,如社会生产力发展水平、体育产业结构、体育消费者的收入水平、体育消费品价格、体育消费意识、体育消费者的兴趣爱好等。

1. 经济因素

（1）居民收入水平对居民体育消费水平的影响

经济学上的消费是指有支付能力的消费,任何一种消费都必须以有足够收入即支付能力为前提。体育消费作为人们享受和发展需要的生活消费,也只有在人们收入水平足以支付生存资料,并有一定的剩余后才有可能产生和发展。因此,居民收入水平的高低决定了其体育消费水平的高低。

(2)居民收入增长的波动性对居民体育消费水平的影响

居民个人收入增长是具有波动性的,居民消费直接受到可支配收入的制约。当居民的收入增长率大幅增加时,其可支配收入就会随之增加,相对用于体育消费的比例也会增加,居民的体育消费水平就有所上升;反之,居民的体育消费水平也会跟着降低。

(3)体育消费品价格水平对居民体育消费水平的影响

价格因素也是制约居民体育消费水平的重要因素。体育消费品的价格越高,居民购买能力就越低,相应地用于体育方面的消费支出就越低。倘若将消费支出分为生活必需品支出和奢侈品支出的话,体育消费属于奢侈品支出。由于奢侈品具有较大的需求价格弹性,加之预期收入的不稳定,将加剧降低居民对这类奢侈品的消费倾向,从而进一步导致市场有效需求不足,制约体育消费水平。

2.非经济因素

(1)居民消费倾向性对居民体育消费水平的影响

消费倾向对整个国民经济的健康发展具有十分重要的意义,它充分反映了在一定收入水平下消费者消费意愿的强弱。个人的兴趣爱好是促使其进行体育消费的首要影响因素。个体只有对体育有了持久稳固的兴趣,才能真正推动其积极主动地参加体育活动、观赏体育赛事,才会有效地提高体育消费水平。

(2)居民的消费素质对居民体育消费水平的影响

居民在体育消费过程中表现出了很大的个人特征,其个性、爱好决定了体育消费的种类及形式。除此之外,消费者受教育程度也体现了其对体育消费的态度与观点。受教育程度与体育消费态度构成之间存在明显的正相关关系,即随着受教育程度的提高,消费者倾向购买休闲体育消费产品或服务的比例也增高,体育消费必须要求消费者具备相应的知识技能和经验。

(3)居民闲暇时间比例对居民体育消费水平的影响

有效的体育消费不仅包括可支配的收入、休闲体育需求的欲望,还必须拥有一定的闲暇时间。体育消费实质上也是一种时间消费。闲暇时间的缺乏是制约居民进行体育消费的关键因素,闲暇时间增多能为体育消费提供时间上的保障。

(三)我国体育消费结构的现状与特点

1.我国体育消费结构的现状

我国体育消费结构目前虽然没有官方的统计数据,但是根据有关专家学者对我国部分省市居民体育消费结构的研究成果,我们还是可以了解一个大概的状况。

谢荣华、陈海燕、李崇生对广东省21个地、市、城镇居民体育消费结构的调查结果表明:被调查者的体育消费中,体育用品消费占41.95%,体育服务消费占26.75%,竞赛表演消费占17.4%,体育资料消费占7.79%,体育彩票消费占3.38%,其他体育消费占2.73%。蒋东升、魏曙光对河南郑州、开封、商丘、三门峡、新乡、许昌、驻马店、周口等8个城市居民体育消费结构的调查结果表明:被调查者的体育消费中,实物型体育消费占68.9%,参与型体育消费占21.5%,观赏型体育消费占9.6%。

白耀东等对四川省成都市居民体育消费结构的调查结果表明:被调查者体育实物型年均消费为 731 元,占体育消费总支出的 58.2%;劳务型年均消费为 265 元,占 21.9%;体育实物型消费与劳务型消费之比接近 3∶1,实物型消费远远大于劳务型消费;体育信息型年均消费为 189 元,占 15.8%(其他体育消费占 4.1%)。在各种家庭体育消费中,消费均值最大的一项是购买运动服装及鞋袜,排在第二位、第三位的分别是购买体育器材和去场馆参加健身娱乐,观看体育比赛门票的消费最低。从三大体育消费类型的对比来看,成都市的体育服务型消费所占比例还很少。从场地租赁、培训、医保几项指标来看,人们投入的费用极少,说明人们参与体育活动的次数少;从观赏体育比赛方面来看,人们可接受的门票价格一般在 20 元左右。

魏佐涛、包涛对四川省乐山市居民体育消费结构的调查结果表明:被调查者的实物型体育消费占体育总消费的 75%,参与型体育消费占 18%,观赏型体育消费占 7%。

雍明、赵胜国、邰崇禧对苏州太湖周边 8 个城镇 16 岁及以上居民体育消费结构的调查结果表明:被调查者的体育服装、器材等消费占体育总消费的 51.5%,体育书报杂志消费占 38.8%,体育彩票消费占 33.5%,体育旅游消费的人数占总人数的 29.3%,健身娱乐消费占 14.2%,通过网络了解和欣赏体育占 13.5%,现场观看体育比赛占 5.4%,参加体育项目培训占 5.0%(含多选统计)。

张瑛玮、王东、李颖对辽宁省沈阳市、大连市、锦州市、朝阳市等 4 个城市居民体育消费结构的调查结果表明:被调查者的体育实物消费占体育总消费的 54.57%,体育劳务消费占 30.17%,体育信息消费占 13.77%,其他体育消费占 1.49%。

黄家宏、席玉宝、陆邦慧对安徽省阜阳市、淮南市、合肥市、芜湖市、池州市 5 个城市居民体育消费结构的调查结果表明:被调查者的体育服装鞋帽消费占体育总消费的 41.09%,健身器材消费占 23.28%,体育彩票消费占 17.27%,体育书报杂志消费占 9.29%,健身培训消费占 5.79%,体育比赛门票消费占 3.28%。

诸文兵对重庆市 40 个区、县的各年龄段城乡居民体育消费结构的调查结果表明:被调查者的实物型体育消费占体育总消费的 81.10%,参与型体育消费占 11.21%,观赏型体育消费占 7.70%,信息型体育消费占 7.56%。

冯玉蓉对吉林省城镇的工人、教师、职员、医务人员、研究生、个体工商业业户、离退休人员、下岗人员等各个层次人员体育消费结构的调查结果表明:被调查者的实物型体育消费占体育总消费的 49.3%,参与型体育消费占 36.1%,观赏型体育消费占 14.6%。

周洪珍、常允涛对粤东的潮州市、汕头市、揭阳市、汕尾市 4 个城市居民体育消费结构的调查结果表明:被调查者的实物型体育消费占体育总消费的 72.96%,参与型体育消费占 24.19%,观赏型体育消费占 2.85%。

何启安、胡乐举对山东省枣庄市、济宁市、菏泽市 3 个城市居民(其他体育消费占 4.4)体育消费结构的调查结果表明:被调查者的实物型体育消费占体育总消费的 65.45%,观赏型体育消费占 25.95%,参与型体育消费占 8.6%。

王超英等对武汉市 7 个市区中不同阶层的 16 岁以上居民体育消费结构的调查结果表明:被调查者的实物型体育消费占体育总消费的 85.33%,参与型体育消费占 10.53%,观赏型体育消费占 4.14%。

郭强、张国强、赵丽对山西省忻州市居民体育消费结构的调查结果表明:被调查者的实物型体育消费占体育总消费的 53.4%,参与型体育消费占 29.7%,观赏型体育消费占 12.

5%(其他体育消费占4.4%)。

殷家鸿、马永欣、宋继凤对云南省昭通市所辖各县区部分街道办事处的不同性别、年龄、职业及不同文化程度的长住城镇居民体育消费结构的调查结果表明:被调查者的实物型体育消费占体育总消费的89.4%,参与型体育消费占7.8%,观赏型体育消费占2.8%。

韩敬全、康建敏、鲍志宏对河北省石家庄市、唐山市、秦皇岛市、承德市、潍坊市、保定市、沧州市、衡水市、邢台市、邯郸市等10个城市居民体育消费结构的调查结果表明:被调查者的实物型体育消费占体育总消费的51.0%,观赏型体育消费占25.7%,信息接受型体育消费占23.3%。

汪明旗、饶爱蓉对江西省南昌市、九江市、景德镇市、赣州市、宜春市、吉安市、萍乡市、抚州市、鹰潭市、上饶市等10个城市居民体育消费结构的调查结果表明:被调查者的实物型体育消费占体育总消费的73.2%,参与型体育消费占19.9%,观赏型体育消费占6.9%。

李国泰、谭宏对三峡库区内的巫山县、奉节县、云阳县、万州区、丰都县、忠县6个区县的2 000名城市居民体育消费结构的调查结果表明:被调查者的实物型体育消费占体育总消费的85.9%,参与型体育消费占10.6%,观赏型体育消费占3.5%。

王乔君、童莹娟对浙江省杭州市、宁波市、温州市等地的城镇居民体育消费结构的调查结果表明:被调查者的实物型体育消费占体育总消费的56.8%,参与型体育消费占15.8%,观赏型体育消费占12.8%,其他体育消费占14.6%。

康帆对甘肃省兰州市及周边的嘉峪关市、金昌市、酒泉市、定西市、庆阳市、临夏市等8个城市居民体育消费结构的调查结果表明:被调查者体育实物消费占体育总消费的39.1%,体育信息消费占16.37%,体育劳务消费占15.52%,体育服务消费占16.95%,其他消费占12.06%。

黄强、倪金福对福建省龙岩市、三明市、南平市所属的县、市(县级市)、区18岁以上居民体育消费结构的调查结果表明:被调查者的运动服装鞋帽消费占体育总消费的40.01%,健身器材消费占25.18%,体育书刊、音像制品消费占22.87%,健身活动消费占8.12%,体育彩票消费占3.82%。

李凤新对内蒙古城市居民体育消费结构的调查结果表明:被调查者的体育实物消费占体育总消费的67.34%,体育劳务消费占22.41%,体育信息消费占10.25%。

2.我国体育消费结构的特点

(1)实物型体育消费占较大比重

实物型体育消费主要是指运动服装及运动鞋、小型运动器材及家庭多功能健身器等体育实物消费资料。运动服装、运动鞋这类实物型体育消费资料兼有运动和日常生活两方面的效用,加上新型的款式、流畅的线条、丰富的色彩、强烈的现代意识及时代感和个性感等特点,使这类消费品受到越来越多的体育消费者,特别是青少年体育消费者的青睐。另外,这些小型运动器材价格相对低廉,一般个人完全有能力支付,加上全民健身战略的实施,这些小型运动健身器材对经常参加体育活动、健身活动的人来说,也是必备和常备的"工具"。因此,随着我国体育社会化程度的提高,全民健身活动的推进,体育人口的增加,社会对各种类型的实物型体育品的消费需求越来越大,实物型的体育消费需求要明显大于服务型体育消费需求和观赏型体育消费需求,这个观点也可以从上面列举的相关省市(地区)体育消费结构的调研数据中得到证实。

（2）参与型体育消费需求的比重不断提高

体育消费在个人生活消费中属于发展消费和享受消费的一个重要的有机组成部分，随着当今社会经济发展、生产力水平提高、居民收入增加，社会对体育的消费需求也不断增加。与此同时，随着我国体育产业化进程的加快，社会上提供的各种类型的健身休闲娱乐、咨询辅导培训等参与型体育服务产品也越来越多，这也极大地吸引了参与型体育消费者的关注，提高其消费兴趣，满足其消费欲望，拓宽其消费途径成了必然选择。另外，体育的功能、体育消费的效益也已被越来越多的普通百姓所认识，这也促使更多的普通百姓加入全民健身行列，成为体育人口。参与型体育消费者队伍日趋壮大，其消费需求在体育消费中所占的比重也不断提高。例如，根据笔者对上海市民体育消费的调研表明，1998 年被调查的上海市民人均年体育消费支出为 183.23 元，其中参与型体育消费 32.45 元，占年体育消费总额的 17.71%。2018 年被调查的上海市民人均年体育消费支出为 1 922.49 元，其中人均参与型体育消费为 1 308.10 元，占年体育消费总额的 33.40%。

（3）不同人群的体育消费结构存在较明显的差异

由于体育消费结构与体育消费者的性别、年龄、收入、文化程度等有关，因此不同人群的体育消费结构存在较明显的差异。雍明等对苏州太湖周边 8 个城镇 16 岁及以上居民的体育消费结构调研表明：不同性别、年龄、收入、文化程度的人群在体育消费内容上存在着不同程度的差异。从性别来看，男性居民订购体育报纸杂志、购买体育彩票、通过网络进行体育欣赏的人数比例明显高于女性居民，说明男性居民更关心体育动态发展；女性居民参与户外体育旅游消费的人数比例较高，说明其更喜欢通过体育旅游放松和调节自己。从年龄来看，在购买体育服装、器材上，不同年龄段居民的差异更显著，随着年龄的增大消费人数比例有所降低，这也显示出不同年龄段居民的消费理念不同，年轻人更喜欢购买时尚的体育服装、器材。在购买体育彩票方面，不同年龄段居民的差异性十分显著，26～35 岁居民消费人数比例最大，而 36 岁以上各年龄段居民的消费人数比例相差不大，反映出其在购买体育彩票上的理性思考。在体育健身消费上，不同年龄段居民的差异显著，这可能与不同年龄段居民的消费观念有关，年轻人的体育运动意识更强，对体育项目的选择更加倾向时尚化，且通常是在收费场所练习，而中、老年居民则相反。

在参与体育旅游消费上，不同年龄段居民也存在显著差异，其中 26～35 岁居民的参与率最高，占 37.6%。在购买门票观看体育比赛和参加体育项目培训的消费上，消费人数比例最高的都是大于 65 岁的居民。从收入水平来看，除订购体育报纸杂志和参与体育项目培训这两项消费内容外，不同的年收入等级对城镇居民其他体育消费内容均有影响且存在不同程度的差异。在体育健身、体育旅游和观看体育比赛这 3 项消费内容上，年收入水平在 80 001～120 000 元的居民消费人数比例最大。统计表明，这一收入水平的居民大多数是教科医人员及管理人员，普遍学历较高，拥有较稳定的年收入，相对其他职业的居民闲暇时间也较多。从文化程度来看，不同文化程度的城镇居民，除订购体育报刊、购买体育彩票和观看体育比赛这 3 项消费内容无显著差异外，其他消费内容均存在显著差异。购买体育服装、器材和参与体育健身、体育旅游、体育项目培训等 4 项内容中，消费人数比例最高的都是大学及以上学历的居民，消费人数比例最低的都是初中及以下学历的居民。可见，不同文化水平对居民的消费观念及体育消费内容具有不同程度的影响，随着居民文化程度的提高，参与消费的人数比例也会变大。

第二节　体育消费范围界定及构成

产业、市场与消费之间的协调互动是特定区域经济平稳运行的重要基础,这种互动并不仅仅需要能够在总量上相互满足,更重要的是实现构成上的相互适应,即产业构成、市场构成与消费构成三者之间的吻合,片面突出任何一方面的构成变化都可能引起区域产业或经济的失衡发展。在这种条件下:产业低水平重复投资,缺乏持久竞争力;市场是非出清的,导致资源使用的浪费;消费是低迷的,消费者持币待购或大量购买进口产品;整体经济是缺乏活力的。所以,产业构成的调整和消费构成的升级关系密切,消费构成主导着产业构成,两者之间的互动实现了市场构成,彼此间组成双向动态的平衡过程。实现以上三者之间的构成合理发展,首先必须对它们之间的关系有清晰的认识。

一、产业构成及其影响因素

产业构成是产业经济研究的三大领域之一(其他两个领域是产业组织和产业布局/产业分布)。产业构成的演进具有主动和被动两种趋势,对其进行研究不仅是产业经济的依托,更是整个经济理论中的主要研究内容之一。

(一)产业的定义

在研究产业构成及相关问题之前必须对产业有明确的认识。产业作为社会分工的产物,是作为介于微观经济和宏观经济之间的"中观"概念出现的。它特指具有某种同类属性的企业的集合,这一同类属性需随研究问题的变化而变化,这也使得产业的范围非常不确定:既可以是国民经济的某一部类,也可以以区域范围为准,还可以是生产某种特定产品的生产者集合。我们认为,产业作为一个可分析的经济客体必须从质和量上满足以下要求:

①产业是从事同类物质生产或提供相近服务的经济群体;

②产业是与社会发展相适应的经济分工的表现形式,是一个有层次的经济系统,包括不同的部门、行业和业态等;

③产业的演进是在内部和外部两种力量的作用下进行的,因此具有自发性和可引导性;

④产业间存在直接或间接的经济联系,整个经济系统由不同产业间的关系构成;产业的运行具有明显的投入产出特征。

因此,从整体形态和运行方式的角度分析,体育产业除了主体和客体特征上的差异外,与上述产业的定义是没有差异的。

(二)产业构成的定义和内涵

由于产业构成研究的内涵和外延的不同,对产业构成的研究也有广义和狭义之分:广义的产业构成是指产业间的技术经济联系与联系方式,狭义的产业构成是指国民经济各个产业之间以及产业内部各种比例关系和结合状况。广义的产业构成可以从以下两个方面来考察:一是从质的角度,动态地揭示产业间技术经济联系与联系方式不断变化的趋势,揭示国民经济各产业部门中,起主导或支柱地位的产业不断演进和替代的规律及相应的构成效应,从而进一步形成狭义的产业构成理论;二是从量的角度,静态地研究和分析一定时期特定区域内产业之间联系与联系方式的技术数量比例关系。所以,狭义的产业构成具体研究的是构成产业总体的产业类型、组合方式,包括各产业间的本质联系,和各产业的技术基础、发展程度及其在国民经济中的地位和作用。

产业分类在研究产业构成问题中具有非常重要的作用。根据研究和分析的目的不同,产业分类的方法包括三次产业分类法、国际标准产业分类法、农轻重产业分类法、两大部类产业分类法等。其中三次产业分类是以经济活动与自然界的关系为划分标准的:直接从自然界获取产品的物质生产部门为第一产业;对取自自然界的物质进行生产加工的部门为第二产业;从第一、二产业的物质生产活动中衍生出来的非物质生产部门为第三产业。三次产业分类法目前在整个产业经济研究中占有非常重要的地位,世界银行等国际组织及许多国家的政府部门和产业研究部门广泛采用这一分类方法,同时这也是产业子类划分的基础。根据现有的认识,属于第三次产业的体育产业内部分类主要采用两种分类:功能分类和属性分类。

(三)影响产业构成演进的因素分析

产业构成演进是一个由多因素综合作用所决定的经济过程,一切影响经济发展的因素都会影响产业构成的变化,例如需求构成、资源供给、技术进步以及国际贸易和投资等,并且这些因素在发挥作用时主次地位是随时间和空间的变化而变化的。

1. 需求构成

需求构成是制约产业构成需求中最主要、最直接的因素,需求构成的变化促使生产构成和供给构成都发生变化,导致产业构成变化。需求构成包括消费构成、投资构成、消费与投资比例构成三个方面。其中,消费构成对产业构成的影响最大,这主要是因为其本身受经济发展程度、收入水平、人口构成和消费物价水平等因素的影响,中国不同区域产业构成的总体差别状态就是最显著的例子。作为一种以消费性为主的服务业,体育产业的需求构成理所当然地与消费者所在区域的经济发展程度有着密切的关系。

2. 资源供给

资源供给主要包括三个方面:自然条件和禀赋、资本供应以及人力资源。在气候条件优越、水资源丰富、土地广阔肥沃的国家和地区,农业在产业构成中处于重要地位;旅游资源丰富的国家和地区更适合发展旅游服务业;石油、煤炭和矿产丰富的国家和地区资源开发型产业会占相当大的比重;而自然资源匮乏的国家和地区往往只能建立以加工制造业、知识密集型产业或服务业为主体的产业构成。但是,自然资源状况对工业部门构成的影响是相对的,例如技术进步和国际贸易可以缓解或弥补自然资源对一国产业构成的制约。在资本方面,资本供应的总量、充足程度、增长速度、价格水平等,直接影响产业的形成和发展。在人力资本方面,劳动力资源丰富、廉价的国家更适于优先发展劳动密集型产业,而劳动力素质高的国家和地区在发展知识技术密集型产业方面拥有优势;劳动力价格昂贵的国家和地区最好以资本和技术密集型产业为主导。客观地讲,体育产业的资源供给也包括了上述资源的供给要求,虽然形态是有差别的。其中,由地区差异所导致的人力资源的差异(如体型和机能的差异)和体育投资的差异又是根本性的差异。

3. 技术进步

技术进步是影响一个国家产业构成变化的最主要的因素之一,是产业演进的根本动力。一个国家的产业构成表现为一定的生产技术构成,生产技术构成的进步与变动都会引起产业构成的相应变动。一旦技术发生变革,产业构成将会随之发生变化。科技现代化促使各个产业部门发生变革,并通过主导产业扩散效应的作用推动相关部门不断改进技术。技术进步不断拓宽劳动对象,使产业部门不断细化、新的产业部门不断产生;技术进步不断引发人们的新需求,使新需求成为新产业部门成长的动力。其中,体育产业的技术进步表现较为特别,既有体育运动的技术进步,也包括体育用品的技术进步(如游泳衣的技术进步),无论哪一种技术进步,最终都会带来体育产业发展阶段的调整。

4. 国际贸易和投资

产业构成不仅受到国内因素的影响,还受到许多国际因素的制约。影响一国产业构成状况及其变动的国际因素主要是国际贸易和国际投资。国际贸易是通过本国产品出口刺激本国需求增长和外国产品的进口以增加国内供给来影响本国产业构成的,即国际贸易对产业构成的影响是通过资源、商品、劳务的出口,对国内相关产业的发展起推动作用的。国内紧缺资源和劳务的进口可以弥补本国生产该类商品的产业不足,同时进口新产品、新技术还对开拓本国市场、为本国发展同类产业创造有利条件,有助于推动本国产业构成的变化。国际投资也是影响产业构成变动的重要因素。对外投资会使本国产业对外转移,而外国企业对内投资则会促使国外产业对内转移,二者均会引起国内产业构成的变化。特别是外国直接投资会对国内产业构成的变动产生深远影响:首先,外资企业产品品种和数量的变化会直接改变原有的产业构成;其次,外资企业中间产品的供应构成和最终产品的销售构成的变化会直接影响国内产业构成的变化;最后,外资企业的技术创新会间接地影响一国或地区的产业构成。作为服务业,体育产业的"国际贸易和投资"效应主要表现在各种相关技术的引进和人员的交流上,进而影响本国的体育产业结构。

二、市场构成与消费构成

对影响产业构成的诸多因素进行分类,根据来源不同大体可以分为两类:产业外因素和产业自身的因素。在产业外因素中,影响力最大的是需求因素中的消费构成;在产业内因素中,对产业构成影响最大的则是产业组织。产业组织对产业构成的影响主要是通过市场构成、市场行为以及市场绩效等一系列机制来实现的,其中决定产业组织竞争性的最本质因素是市场构成。

(一)市场构成

市场构成是指市场或产业构成涉及影响竞争过程性质的市场属性。市场构成包括企业规模和规模的分布、壁垒和深入条件、产品差异、企业成本构成以及政府规制的实施情况。市场构成可分为完全竞争市场、完全垄断市场和不完全竞争市场三类,其中完全竞争和完全垄断是两种"极端"的市场构成,在现实经济中只有个别市场是接近这种状态的,与之形成对比的是绝大多数市场构成是不完全竞争的。垄断竞争市场和寡占是两种主要的不完全竞争市场类型:前者更靠近完全竞争市场;后者更靠近完全垄断市场。影响市场构成的因素很多,主要包括市场集中度、产品差别化、进入退出壁垒、市场需求增长率、纵向一体化、多元化程度、政府介入强度、市场需求价格弹性、成本构成。这些因素对市场构成的作用并不是独立的,而是相互关联的,某些因素的变动会导致其他因素的变化。

(二) 消费构成

消费是作为生产的实现而出现的,是对生产价值的最终评价指标。从消费客体来看可以分为两大类,即物质消费和精神消费;从消费主体来看可以分为居民消费和政府消费两种,其中城市居民消费是本书讨论的重点。消费可以定义为消费者"为满足物质、文化和精神生活的需要,从本国经济领土和国外购买的货物和服务的支出"。在消费过程中,同一消费者或消费群体在消费不同消费品(即消费内容与对象)的过程中会形成一定的比例关系,也就是消费构成。

经济学家董辅礽在《关于消费问题的探讨》一文中指出,"社会主义社会劳动者的消费构成,一方面是由他们的需求结构决定的,另一方面是由消费基金的物质构成决定的"。可以认为,这里的消费构成等同于消费结构。消费构成有广义和狭义之分:狭义的消费构成是指人们在物质和文化生活消费中各种消费资料数量的比例关系以及消费理念差异带来的消费内容与对象上的比例关系;广义的消费构成是指人们在生活消费中各要素之间按一定顺序建立起来的消费关系之和,既包括人们所消费的各种产品和劳务之间以及两者内部的比例关系,也包括个人消费与社会消费之间的比例关系、各种消费者群体之间的比例关系以及主导这些比例关系的消费理念等。这里所讨论的主要是广义的消费构成。

(三) 消费构成与市场构成之间的关系

广义的消费构成是一个多层次、多角度、复杂的经济范畴。目前比较统一的观点是将消费构成划分为消费主体构成和消费客体构成。消费主体构成是指各种不同类型消费者或消费群体之间的消费活动的构成关系。消费客体构成是指作为消费活动对象的各种消费品和劳务之间的比例关系。某类消费活动能够持续进行的前提条件是这两类消费构成达到统一,如果长期存在某种分歧,那么两个构成的其一或全部就会发生调整。由于消费是在市场中进行的,市场构成和消费构成势必相互作用、相互影响。市场构成可以通过直接影响消费客体构成和消费主体构成对消费构成产生影响,其中对消费客体构成的影响最终还是可以传递到消费主体构成上的。市场构成对消费主体构成的直接影响最典型的就是垄断厂商的价格歧视,通过制定不同的歧视标准,垄断厂商可以控制消费者数量,控制消费者构成,降低消费者剩余。这类直接影响的另外一个例子就是广告,与价格歧视不同的是广告在实施影响的时候不带有强制性。

三、市场构成与产业构成

市场构成与产业构成之间的关系就是产业链中点与面的关系,这里的"点"是产业链的最终产品环节,"面"则是整个产业链的连接构成。处于产业链末端的最终产品生产厂商通常要面对消费者和产业链上游的产品供应商,产业链上游的产品供应商为其提供一类或几类要素。在与要素供应商联系的过程中,最终产品生产厂商在不完全竞争的市场构成中大体可以分为三类:最终产品市场上的垄断方、要素市场上的垄断方以及在两个市场上均处在垄断地位的厂商。在第一种情况下,最终产品生产厂商在要素市场上处在完全竞争状态,或者说在产业链中不具有支配作用,对产业构成的影响不大。后两种情况由于最终产品生产厂商在要素市场上需求的垄断地位,其经营模式和规模的变化都会很快影响整个产业构成的变化。由于最终产品环节市场构成的变化所导致的产业构成变化会产生"产业波及效应"。

产业构成的变化对市场构成的影响主要体现为企业在产业链上竞争力的变化,换句话说就是对市场占有率的变化,结果就是企业是否继续在产业链的某个环节上从事经营活动,即深入或退出原来的经营领域。然而,产业构成对市场构成的影响有的时候是非常不明显的,原因在于产业构成形成和调整所依靠的机制非常复杂,例如依靠市场机制进行调整的产业构成,在执行中往往由于信息不对称、垄断力量的阻碍以及产业链自身的某些特征而导致市场构成不发生相应的变化或变化非常缓慢。

四、产业构成与消费构成

产业构成与消费构成之间的变动关系在很大程度上反映了市场上供给和需求之间的变化。产业构成合理化实质上是有效供给与有效需求相互契合的问题。历史经验证明,在产业发展的过程中,各产业之间必须适应社会再生产所要求的一定比例,而产业构成和社会需求构成之间的适应问题,实际上是一种自身的逻辑循环。合理的产业构成一定是处在与当期消费构成变化相互适应的动态的调整过程中;反过来,消费构成的变化趋势在很大程度上受到产业构成调整的引导。

(一)消费构成的变化规律

消费构成升级的一般规律主要分为:消费层次构成升级、消费支出构成升级、消费形态构成升级和消费主体构成升级。

随着经济的发展、收入的增加,居民消费层次构成升级的一般规律是基本性消费品比重逐步下降,享受消费品和发展消费品比重逐步上升。消费构成中项目变动的规律是新消费项目逐步加入,传统消费项目比重下降,新兴消费项目比重上升,新兴消费项目替代传统消费项目,部分传统消费项目逐步退出居民消费领域。消费支出构成升级会出现以下规律:食物消费在消费总量中的比重将逐步下降;居民衣着消费在增加过程中会逐步追求品位,尽管支出总量增加,但衣着支出比重总体趋于下滑,尔后再趋向平稳;住房消费日益成为居民消费构成中的重要组成部分;机动车的消费会以较快的速度增长。

消费形态构成升级规律表现为劳务消费呈强劲的发展态势,成为居民生活消费的重要组成部分。

消费主体构成升级的演变规律是:

第一,高收入阶层的消费总量与中低收入阶层的消费总量差距逐步缩小;

第二,高收入阶层的消费总量及其在全部消费总量中所占比重明显降低,中低收入阶层的消费总量及其在全部消费总量中所占比重逐步上升。

高收入阶层在消费支出总量中有三个特征:一是享受性消费品和发展性消费品比例较大;二是中高档的食、衣、住、行用品消费的比例较大;三是劳务消费比例较大。与此相比,中低收入阶层消费支出总量中的基本性消费品消费比例较大;中低档的食、衣、住、行、用品消费的比例较大;物质消费比例较大,劳务消费比例较小。

(二)产业构成变化的规律

按照生产要素的密集度不同,产业可以划分为劳动密集型产业、资本密集型产业、知识技术密集型产业等三种类型。产业构成先是以劳动密集型产业为主,然后转向以资本密集型产业为主,最后变为以知识技术密集型产业为主。结合三次产业划分:以农业为主、以劳动密集型产业为主、以低加工度和低附加值产业为主的产业构成,都属于初级构成;以工业为主、以资本密集型产业为主、较高加工度和较高附加值产业为主的产业构成,都属于中级构成;以知识技术密集型产业为主、以高加工度和高附加值产业为主的产业构成,都属于高级构成。这些产业构成演变的规律,集中表现为产业构成由低级向高级演进的规律:在三次产业变化中,第一产业比重不断下降,第二、三产业比重上升。但到一定阶段后,第二产业比重呈下降趋势,而第三产业则呈上升趋势。

(三)消费构成与产业构成间的相互作用

在对消费构成与产业构成相互关系的分析方面,一般从二者之间相互影响、相互适应的角度来了解。由于消费的满足是以消费资料生产的市场适应性或消费需求构成(即消费构成)的市场平衡为标志的,所以,基本可以归纳为以下两个方面。

第一,在整个国民经济构成中,生产与消费的关系表现为生产构成、产业构成对消费构成的支配和决定作用;

第二,消费构成影响并决定产业构成、消费构成的变化,还会引起消费资料生产构成的变化,消费资料生产构成的变化会影响到生产资料生产部门的变化,从而引起两大部类生产的变化。这个分析逻辑是建立在马克思主义政治经济学理论体系之上的。

中国20世纪90年代有许多学者对这个问题进行了详细的论证,其中尹世杰明确指出,一方面,需求构成变化引起产业构成变化、引起消费构成变化、引起消费需要层次上升、引起需求构成进一步变化;另一方面,产业构成变化引起消费构成改变、引起消费需要层次上升、引起需求构成变化、引起产业构成进一步变化。马伯钧认为,消费构成优化是衡量产业构成优化的标准,消费构成优化决定了产业构成优化,这在买方经济中表现得尤为明显。

在受到消费构成的巨大作用的同时,由产业构成决定的供给构成也并不是对需求毫无"作为",供给可以对需求施加一定的反作用,特别是对那些在"社会意识"下形成的、不完全受消费者本人所控制的需求,例如对手机、电脑、汽车以及文创产品等的消费。这类消费属于潜在需求,完全可以通过事先调整产业构成来引导。供给的变化在潜在需求存在的条件下,带动和决定需求范围及规模。即使是对生活必需品的消费需求,在一定程度上也可以通过产业构成的调整加以改变。因为,长期处于一种生活方式或价值标准下,人们容易形成思维定式,产生稳定的购买意识和标准,因而很难察觉到自己存在未被满足的隐藏需求。由此,通过改变消费者的认知与经验这种方式,促使消费者放弃原有消费习惯,接受新的价值标准,通过学习实现需求的满足和改变。此外,产业构成的变化,特别是产业构成的升级,往往带来大幅度收入的上升,收入增加的替代效应和收入效应会引起市场需求弹性的变化,从而引起吸纳产出的市场范围和容量的扩大,这种扩大会进一步推动产业构成的调整。

五、消费结构

根据国家统计局的统计分类,中国目前的居民消费结构分为食品、衣着、家庭设备用品及服务、医疗保健、交通通信、文教娱乐用品及服务、居住、其他商品与服务八大类。这个分类表明:消费结构反映的是人们在生活中消费什么、消费多少以及怎样消费的问题,或者说是指各种生活要素在消费总体上所占有的份额或比重的问题。尹世杰认为,消费结构是指在一定社会经济条件下,人们在消费过程中所消费的各种不同类型的消费资料的比例关系,它反映人们消费的具体内容,反映消费水平和消费质量,反映人们消费需要的满足状况。

陈启杰、田圣炳对居民消费结构的定义是:居民各种具体消费内容和形式及其互相配合、互相作用的方式。同时就居民消费对象而言,其消费结构既表现为居民在一定时间内消费的一定数量的各种各样的消费资料(包括产品和服务)结构,又表现为消费主体在市场上各项消费的货币支出的结构。消费结构十分复杂,可以从不同的维度分为消费主体结构、消费支出结构、消费形态结构、消费层次结构等。

李江帆对消费结构与需求结构的关系作了区分,将消费结构界定为一种与购买、生产、交换相联系的实际行为,消费结构可以被认为是需求结构的"影子",而需求结构则是可能产生的购买数量和相应的动机之间的关系。20世纪80年代中期到90年代末,我国出版了几部研究消费结构的专著,其中有中国社会科学院杨圣明教授所著的《中国消费结构研究》,山东大学林白鹏教授所著的《中国消费结构学》和《中国消费结构和产业结构关联研究》,尹世杰教授所著的《中国消费结构研究》和《中国消费结构合理化研究》。这些专著的出版对开展中国消费结构问题的研究提供了较为理想的思维切入点。

(一)体育消费界定

体育消费是"消费构成中用于改善社会健康状况、优化个人生活方式、提高生活质量的重要手段,是实现劳动力内含扩大再生产的要素之一"。骆秉全把居民的体育消费分为狭义的体育消费和广义的体育消费。狭义的体育消费指那些直接从事体育活动的个人消费行为,如参加武术、健美、网球、游泳、溜冰等培训班的学费和到体育场馆去健身所需的费用等;而广义的体育消费则包括一切和参与体育活动有直接或间接联系的个人及其家庭的消费行为。因此,我们认为,要在目前的统计环境中仔细地区分出体育消费的构成是非常困难的。由此,在一个开放的环境中通过问卷调查的方式所能够取得的数据,也只能是对体育消费构成这一体系范围的基本涵盖。毫无疑问,虽然产生于"草根",但是体育消费确实是社会生产力发展到一定阶段的产物,是现代生活消费的一个重要组成部分,具有十分美好的发展前景。它是人们在物质生活条件满足基本生活需要的前提下,为追求个体的发展与享受,为适应更高层次需要而做出的选择,是一种伴随着对体育功能主观再认识的体验式消费类型。它也是个人在完成日常工作和必要的休息及家务劳动以外的闲暇时间里的个人消费行为。由此可以看出,体育消费不仅包含实物消费,而且包含对服务和信息的消费。

笔者认为,不管从什么角度划分,从消费的角度去认识,普遍认可的体育消费概念就是指观赏型消费、参与型消费和实物型消费。所谓观赏型体育消费,是指为了观看各种体育比赛、表演、展览等所进行的消费。这类消费在物质生活水平日益提高的情况下,属于较高层次的精神享受。观赏型体育消费是体育产业的一个重要组成部分,其消费主体是体育观众,他们是体育消费市场中最典型、最具影响力的群体。体育观众既是指观看体育赛事的购买者,也是从中获得利益的消费者,其消费的主要途径是现场和媒体(或媒介)。此外,参与型体育消费是指为了娱乐、健身而参加各种各样的体育活动、健身训练、体育健康医疗等所进行的消费。随着人们闲暇时间的逐渐增加,为了追求更高的生活质量,必将更加积极地投入体育运动的实践中来,因此,这类体育消费具有很大的市场发展潜力。实物型体育消费是指个人用于购买体育服装、鞋帽以及运动器材、杂志书报等体育物品的消费支出。随着中国体育社会化的拓展及体育人口的增加,实物型体育消费将会迅速增长。就目前的消费量来看,中国消费者的体育消费形式还是以实物型体育消费为主。

体育消费概念的界定引申出对体育产品的界定和分类。陈华对体育产品、体育实物产品、体育服务进行了界定。体育产品指由与体育有关的产业部门生产的满足人们健身、娱乐健美、康复、社交等各种体育需求的产品。从自然形态分,可分为体育实物产品和体育服务产品两类。体育实物产品是以物质产品形态存在的体育产品,如运动服装、器材、运动食品、体育图书画册、报纸杂志等,这些体育实物一部分是为消费者直接参与各种体育活动使用,一部分是为消费者获得体育知识和掌握运动技巧使用。体育服务产品是以活动形态存在的体育产品,如体育竞赛、表演、体育活动、技术培训、健康咨询等。

就其功能来看,体育服务产品又可分为三种类型。第一类是观赏型体育服务产品,即由运动员、教练员及其他竞赛工作人员提供的供消费者观赏的各种运动竞赛和体育表演。第二类是指导型体育服务产品,即举办培训、训练和辅导,开展咨询等。第三类是自娱型体育服务产品,即提供游泳池、健身房、球场等各种体育运动设施和器材供消费者使用,同时也提供相应的服务。体育服务产品能满足人们的健康、娱乐和精神文化需要,具有可消费性和有用性。陈华又按照体育产品的不同功能将此体育消费行为分为实物型、观赏型和参与型三类。实物型对应体育实物产品,观赏型对应观赏型体育服务产品,参与型对应指导型体育服务产品和自娱型体育服务产品。所以,按照体育产品的外在表现形式可分为体育实物消费行为和体育服务消费行为。

弄清楚体育消费和体育产品这些概念有助于我们更好地理解体育消费构成和体育消费动机。

(二)体育消费构成

体育消费构成是指人们在体育消费过程中各种体育物品消费和体育劳务消费的数量与比例。它指一个社会或者一个家庭、居民个人的各类体育消费在他们各自总的体育消费中所占的比重,即社会体育消费构成、家庭体育消费构成和居民体育消费构成。马果毅和欧阳柳青认为,体育消费构成有狭义和广义之分。狭义的体育消费构成指居民在体育消费过程中形成不同种类、不同项目体育消费资料量的比例关系。广义的体育消费构成指居民体育消费过程中各种因素之间按一定方式、一定顺序建立起来的相互关系的总和,它包括各种体育消费资料与体育劳务的比例关系,也包括各种体育消费之间的比例关系,及个体体育消费和社会集体体育消费之间的比例关系。

居民体育消费构成以家庭体育消费构成为主,是家庭每位成员不同项目类的体育消费占全家总的体育消费的比例。体育支出是消费构成中用于改善社会健康状况、优化生活方式、提高生活质量的重要部分和主要的结构评价指标。体育支出的增长,促进了居民整个消费构成的优化和支出的增长,促进了居民整个消费构成的优化。体育消费支出在总消费中的比例直接反映出消费水平的高低,也可以反映出居民个人、居民家庭和社会的文明程度,并直接真实地反映了居民的现实体育消费水平。居民体育消费存在着几对对偶消费:居民个人体育消费和社会体育消费、精确性和模糊性体育消费、基本体育消费和享受性体育消费、现实性体育消费和未来性体育消费、外向性体育消费和内向性体育消费、希望性体育消费和实在性体育消费。

体育消费构成还可分为消费主体构成和消费客体构成。消费主体构成是指各种不同类型体育消费者或体育消费群体之间活动的构成关系,具体分为:社会群体体育消费和居民个人(或家庭)体育消费,城镇居民体育消费和农村居民体育消费,脑力劳动者体育消费和体力劳动者体育消费。按不同地区居民体育消费和体育劳务之间的比例关系,具体分为:生存性体育消费、享受性体育消费和发展性体育消费,耐用性体育消费和非耐用体育消费,商品性体育消费和自给性体育消费,物品性体育消费和服务性体育消费,物质性体育消费和精神性体育消费。

体育消费构成与体育产品构成关系十分密切,或者说体育消费构成实际上可以直接体现在体育产品构成之上(这里的体育产品按实体产品和精神产品两类划分)。目前中国体育产品呈买方市场,居民体育消费市场实际上蕴含着"无效供给过剩"和"有效性供给不足"并存的构成性矛盾。一方面由于体育产业自身的发展问题,体育生产构成与体育新产品构成不合理,重复建设多;另一方面是体育生产布局不合理,缺乏宏观调控,区域性体育消费构成严重趋同。特别是不少体育组织或企业对体育消费市场需求变化缺乏了解,对居民体育消费需求变化不适应。当然,居民体育消费"有效需求不足"也是造成近几年体育产品买方市场的重要原因。城镇居民收入增长幅度相对减慢,加之对今后的个人社会福利预期不强,导致消费力低、消费动机弱,而目前体育消费需求的实现受到抑制。同时,投资需求受到市场容量的约束,需求增长大大落后于体育产品供给的增长速度,致使体育产品积压问题越来越突出。知识经济的出现使得买方市场成为必然。现行体育消费市场也有许多不尽如人意的地方,这也抑制和削弱了居民体育消费需求和市场需求,农村体育市场尤其明显(所以本项目的研究对象仅是城市的体育消费构成)。因而城市居民体育消费构成、消费行为存在着不合理的现象,需要加强引导。

魏玮和刘东升对上海、北京、天津、重庆四个直辖市的城市居民体育消费构成进行了调查,发现足球、篮球、乒乓球是其体育消费者参加体育活动人数最多的运动。而这三类项目也是其体育消费者观赏体育项目时的首选。这些运动项目多属传统体育、普及率高,反映出中国竞赛表演市场经营内容单一,多集中于足球、篮球、排球、乒乓球等传统项目或发展较好的项目。这从侧面反映了体育消费中的缺陷——很多娱乐性强、发展潜力巨大的弱势项目有待于进一步挖掘,结构的整合成为体育市场扩展的重要途径。大城市体育消费者的实物型消费主要种类还是运动服饰(包括服装、运动鞋及其他配饰)和运动器械等体育用品,体育图书与音像制品、体育纪念品则很少。质量、价格、功能对体育消费者对于体育服装、运动器材的消费行为影响最大。调查显示,36.4%消费者每周参加体育运动的时间为1~2小时,34.2%的消费者每周参加体育运动的时间为2~4小时,只有5.7%的消费者不参加体育锻炼。整体上,四个直辖市居民具有体育运动的习惯,时间主要集中在1小时/周。其居民每周参加体育运动次数与每周参加体育运动时间成正比,46%的居民每周参加体育运动1~2次。调查对象每月体育消费占家庭总消费的比例约为5%,仅有10.7%的居民每月的体育消费支出超过家庭总消费的10%,消费比例略低。

综合分析四个直辖市居民体育消费现状,东部地区的三个直辖市的体育实物型消费发展已达到一定程度,体育服务型消费也已达到相当水平。体育场馆的租赁、健身娱乐、体育参与等服务型消费业已形成了一个较为完善的庞大的体育消费产业体系。东部三个直辖市的居民在追求体育实物消费的同时,其体育消费中投入在精神上的享受费用占比也是相当大的。重庆市与东部三个直辖市相比相对落后。

(三)体育消费动机理论

体育消费动机研究表明:人们参加体育活动主要是为了保持身体健康、掌握技能技巧、满足兴趣和爱好、娱乐和消遣、消除疲劳、参与社会交往、改善体型外貌等。

关于体育消费的动机理论有许多,Sloan 把他们概括为以下几种:有益健康的理论、减压寻求刺激理论、发泄攻击理论、娱乐理论以及自我实现理论。有益健康理论认为,参与体育活动会感到愉悦,并得到身心健康。减压寻求刺激理论认为,当风险、压力处于一定水平时,机体就要寻找机会提高反应水平。发泄攻击理论认为,参与或观看攻击行为会降低或提高攻击倾向。娱乐理论认为,体育活动能给人带来精神和审美上的享受。自我实现理论认为,通过体育竞争可以获得成就感。这些动机理论往往用来解释参与型消费者的消费动机,但 Sloan 认为动机理论也可以用来解释观赏型消费者的消费动机。

马斯洛把人的需要分为五个层次,由低到高分别为生理需要、安全需要、社交需要、尊重需要和自我实现需要。这五个层次的需要可以分为两类:匮乏需要和发展需要。在体育研究中学者认为,生理需要、社交需要、尊重需要和自我实现需要是人们参与体育活动和观赏体育活动的主要动因。McDonald 等在前人研究的基础上,根据马斯洛动机理论,把参与型消费和观赏型消费分为 13 种动机类型。

①增强体质。增强体质是体育消费最明显的目的。研究证明消费者参与体育活动的首要动机是健体强身。

②冒风险。冒风险指通过参与跳伞、攀岩、悬空滑行等这些惊险的活动使机体处于紧张状态,从而产生刺激。这种风险和紧张状态在日常生活中是不可能产生的。一些挑战极限的项目能够带来高度兴奋,战胜自我极限能产生成就感。

③减轻压力。减轻压力指减轻恐慌、害怕和焦虑情绪。激烈的身体运动如跑步、骑自行车、滑雪、游泳都可以降低心理压力。观赏体育比赛也能得到情感发泄。

④攻击。参与或观看攻击性项目也是一种娱乐活动。

⑤交往。交往指和他人保持联系,参与或观赏体育活动使人们可以有更多的时间和家人、朋友、业务伙伴在一起,从而增进友谊和感情。

⑥促进社交。参与和观赏体育活动往往受强烈的归属感驱使,观看体育活动可以让互不相识的人聚集在一起分享共同经历,也可以增强民族认同感。

⑦自我尊重。自我尊重指参加体育活动能够提高积极的自我态度,自我尊重感高的人倾向参加体育活动。研究者认为,体育消费者会不断地过滤与他们自我形象有关的体育产品信息,以求体育产品形象和体育消费者形象的统一。理解体育活动对于自我态度的影响对于理解体育活动动机相当重要。

⑧竞争。从体育参与者角度而言,竞争的最基本目标就是证明其能力超过他人。体育参与者有很强的内在动力,通过参加比赛来证明自己的实力。

⑨成就。体育活动是成就导向型活动,体育心理学家注意到运动员有很强的获胜愿望,而观赏者则沉浸在获胜队的荣耀之中,体育迷们总习惯于把他们自己和获胜的运动员或团队联系在一起。

⑩掌握技艺。参加体育活动展示高超技艺,以及观看高超技艺被技艺折服都是自我驱动行为。

⑪审美。花样滑冰、跳水、体操这些运动本身就是美的展示,能够吸引女性参与。

⑫价值开发。个人发展促进团体和组织发展。当人们通过体育活动成为团体一分子的时候,他们就会表现得更好,体育活动有利于培养团队协作能力。

⑬自我实现。体育运动给人们提供了超越自我、展现自己的机会,以满足自我实现的需要。研究证明,自我实现是参与体育活动的强烈动机。

(四)影响体育消费需求的主要因素

王小娟、夏晓陵就前人对影响体育消费因素的研究成果进行了概括,把前人的研究角度分为两类:微观角度研究和宏观角度研究。其中微观角度研究集中认为,影响体育消费需求的因素包括居民的爱好与收入、消费价格、消费构成、政府政策;宏观角度研究表明,影响因素主要包括人口学因素、城市化进程、边际消费倾向等。

微观研究方面,张贵敏认为消费者偏好、消费者收入、体育消费品价格以及同类其他消费品价格是影响体育消费需求的主要因素,他把体育消费需求与各因素之间的关系用下列公式表示:

$$Q=(T,Y,P,Px)$$

其中,Q 代表对体育某种需求的数量,T 表示消费者的偏好(爱好),Y 表示消费者的收入,P 表示该种体育消费品的价格,Px 表示其他体育消费品的价格。Q 与 T、Y、P、Px 四个变量之间存在着函数关系,Q 是因变量,其余四个是自变量。体育消费品的需求量因人们的爱好、收入、价格和同类其他消费品价格的大小而变化。

张贵敏指出人们的偏好不同,对体育产品和服务的选择就不同,但偏好可随产品整体的创新和发展而变化。只有不断推出新体育用具才能保有一定的消费群体。人们的偏好受多种因素影响,如经济环境、社会环境、文化环境和自然环境等,人们的不同社会背景、职业、年龄、性别等都可以形成和改变人的偏好,人们的行为习惯方式也是确定体育消费偏好的原因。对体育消费某些客体的偏好人群增大,该客体的需求量增加。体育消费存在有明显偏好的人群,不只是局限于观赏体育比赛的"球迷",还存在于各类体育消费中。"追星族"偏好于辉煌时的体育明星;追求时尚者对物的偏好不断升级。偏好是可变的、有时限的,它随创新和发展而变化。就运动习惯而言,一些偏爱于某一项目的人,可能终生爱好这个项目,但他们采用的体育用具并非始终如一,不断推陈出新的体育用具是保持他们热爱的手段。

消费者收入增加会引起体育消费需求增加,但也可能使某些体育客体需求量减小。对某种体育产品的需求量,除了取决于自身价格外,还受与它相联系的其他体育产品价格的影响。

商品的价值升降对消费量的升降有直接影响,即商品价格下降,消费的需求增加,商品价格上升,消费需求降低。体育消费的客体遵循着这个基本规律。体育消费另一个价格影响因素是消费人群的增减。价格提升,消费需求量减少,可能会导致参与体育的人数降低,进而在公共消费品不足的情况下,剥夺了部分人满足需要的权利。此外,同类体育消费品的价格会互相影响。当某一体育消费品价格不变时,它因另一种体育同类消费品价格下降而消费需求量减少,随其价格提高而增加。可见,人们对某一种体育产品的需求量,除了取决于自身价格外,还受到与它有联系的其他体育产品价格的影响。包括劳务在内的体育商品价格变化对市场的影响很大。其原因在于,第一,体育商品尽管可以满足人们各种层次需要,但它绝不可与衣、食、住相提并论,人们对体育的需要滞后于对衣、食、住的需求。在人们支付能力有限时,对体育消费的倾向是选择低价或是放弃消费。第二,当价格变化时,人们为满足需要,可以改变消费的方式,即以公共消费为主和个人消费为辅(或相反)。只有在价格与个人支付能力相适应时,人们出于对质量的要求才会更多选择个人消费,以达到最大效用。

张西平等研究表明,影响体育消费需求的因素除了消费者收入、消费者偏好、体育商品价格和相关商品价格外,还受政府政策因素的影响。其指出,全民健身计划和国家刺激内需的各项政策在一定程度上提高了体育商品需求的总量。政府政策对刺激体育商品需求增加的作用是比较明显的,刺激的方式也是多方面的,但是政府的政策对需求增加也有制约作用,对部分体育商品市场(竞赛表演)的限制可能造成有需求而无供给的局面。

宏观研究方面,王秀霞等认为城市化进程中,城镇人口的增多为中国体育消费水平的提高和农村居民体育消费的发展提供了广阔空间。其指出,农民收入低、消费观念落后、消费意识陈旧、政府投入少与组织措施不完善等因素制约农民的体育需求,随着城市化的发展,农村人口向城市人口转化,将有利于农村居民体育消费增长。城市人口是中国体育消费人口的主体,城镇人口增多,将扩大体育消费水平。郭献中等研究认为,影响体育消费的主要因素有人口总数、人口的构成、人口的变动等,研究指出了家庭人口规模和构成的变动影响家庭成员的体育消费观念和构成,家庭小型化提高了个人的体育消费支出,改善了人们的体育消费构成,使消费支出朝多元化发展;人口的年龄构成变动形成了不同层次的体育消费市场需求,性别构成的变动形成了不同性别的消费需求;城镇人口的增加,促进了体育消费的增长。刘卫等认为,中国体育消费增长主要受居民经济行为的一般倾向、预期的不确定性、社会保障制度、收入分配差距等因素影响。其指出中国城镇居民经济行为中,保守、忍耐的倾向以及讲求实际的倾向抑制了体育消费;居民生活的经济环境和社会环境的不确定性,限制了在消费支出中并不占主导地位的体育需求;传统福利体制被打破、社会保障制度不健全的情况限制了边际体育消费倾向的提高;可支配收入的提高是保证居民体育消费的最基本因素,转型期中国体育消费呈每年增长的趋势,主要由高收入一族的拉动引起,而低收入者的体育消费水平变化不大。

戴超平等认为,体育兴趣、消费价格、消费环境、空闲时间、家庭收入、动机、性别、年龄、社会阶层以及受教育程度等都是影响体育消费增长的表面因素,而信息不对称和流动性约束才是影响体育消费增长的深层次因素(我们认为,信息不对称对体育消费的影响因素研究尚未展开,但是信息不对称在体育消费中却是客观存在的)。例如,人们在参加健身、健美与减肥等俱乐部培训前难以确定消费后的效果,人们购买体育运动服装器材及信息产品时对其质量安全性、真实性等信息都难以确定,而经营者对这些信息是完全确知的,从而造成交易双方在信息拥有方面出现不对称。流动性约束又称信贷约束,是指居民从金融机构以及非金融机构和个人取得贷款以满足消费时所受到的限制。流动性约束主要表现在主观流动性约束,在收入信息不确定与收入低下的情况下,人们对当前的消费就比较谨慎,以增加"预防性储蓄"预防将来的消费,从而造成流动性约束的加剧,减少当前的体育消费。

综上所述,影响体育消费的因素可以概括为内部因素、外部因素和情景因素。内部因素包括个性、动机、学习、知觉、态度等;外部因素包括文化、社会阶层、家庭、参考群体等;情景因素包括自然环境、社会环境、任务限定、时间、先前状态等。在这些影响因素中,有的是直接因素,有的却是间接因素。

在众多因素中,社会阶层因素已引起众多学者的注意。陈芳以中国会社科学院当代中国社会构成变迁课题组所划分的中国十大社会阶层为依据,分别在浙江、湖南和陕西三省选取十大阶层各100名居民,调查各个阶层人群的体育消费的来源、体育消费水平以及体育消费构成,分析并比较中国不同阶层人群体育消费行为。她发现不同阶层人群之间体育消费水平存在很大差异。而这种差异的主要原因是,由于决定体育消费的因素除了经济因素外还有社会因素,而往往掌握着大量经济资源的人群相应地掌握着大量的社会资源,因此社会上的资源分配不均等更加剧了体育消费的不均等。经济收入未达到一定水平之前,人们在体育消费上往往为零支出。中国不同阶层人群体育消费水平存在差别还体现在不同区域上,几乎所有阶层体育消费水平都呈现浙江大于湖南,湖南大于陕西的情况(表2-1),这主要是不同省份经济发展水平不同造成的。这也说明经济收入是决定人们体育消费最基本的因素。但三个省份不同阶层人群之间体育消费的差距显然小于三个省份经济收入的差距,这说明经济收入并不是影响人们体育消费的唯一因素,社会资源以及文化资源都在很大程度上制约着体育消费水平。

表2-1 不同阶层人群体育消费水平   单位:元/年

社会阶层	浙江	湖南	陕西	平均
国家与社会管理阶层	2 567	2 053	1 642	2 088
经理人员阶层	2 982	2 321	1 872	2 392
私营企业主阶层	2 156	1 984	1 132	1 727
专业技术人员阶层	1 283	842	631	919
办事人员阶层	942	673	531	718
个体工商户阶层	612	113	132	285
商业服务业员工阶层	713	213	211	394
产业工人阶层	739	221	219	396
农业劳动者阶层	204	68	22	98
城乡无业、失业、半失业阶层	12	2	2	6

从以上研究中我们很难看出体育消费与社会阶层之间的直接关系,只能说明体育消费与职业之间的关系,因为社会阶层是一个多维度概念,职业只是其中的一个维度。

而申亮、肖焕禹对上海不同社会阶层居民体育消费行为的研究中采用多元分层标准来划分社会阶层,即教育程度、家庭成员月平均收入、职业,把社会成员分为五个阶层,分别为:上层、中上层、中层、中下层、下层,从而研究社会阶层与体育消费之间的关系。他们发现目前上海居民体育消费整体水平仍然不高,但与全国水平相比,体育消费群体的阶层构成更显合理,上海的中层体育消费群体比例要明显高于全国水平;经济条件仍是影响居民体育消费决策和消费分层的主要因素,而消费项目的文化内涵或消费品味则成为影响体育消费分层的另一重要因素;实物型体育消费在目前上海居民的体育消费中仍占据重要地位,但参与型体育消费支出增长明显,且表现出随社会阶层的提高,消费比例逐渐增大的特点。

申亮、肖焕禹对不同社会阶层居民的体育消费构成进行了比较,从消费水平看,下层和中下层居民的体育消费在 50 元/年以下的比例分别占到了 45.2%、25.3%,50~100 元/年的比例分别占了 32.8%、29.7%。两者合计,下层和中下层居民的体育消费在 100 元/年以下的比例都超过了 50%。而上层和中上层居民的体育消费在 100 元/年以下比例分别为 20.5%、18.2%,远远小于下层和中下层的比例。而在 700 元/年以上的上层和中上层的体育消费占比却明显超过其他阶层。由此可以看出,在总体消费水平上,随着社会阶层的升高,居民体育消费的水平呈现逐步增大的特点,高消费的人群比例明显增加。同时,申亮、肖焕禹将体育消费的级别分为三个层次,500 元/年以下的为低消费水平,500~1 200 元/年为中等消费水平,1 200~2 000 元/年以上为高消费水平,并列出了不同消费群体中各社会阶层的比例。在低层消费群体中,下层和中下层人数所占比例明显较高,分别达到 20.9% 和 29.8%;在中层消费群体中,中间社会阶层占到了 44.7%,即接近一半的比例,而在高层消费群体中,社会中上层、上层消费者的比例则明显增大。总而言之,上层和中上层在高消费中占有绝对优势,中间社会阶层在中层消费中的比重偏大,而下层和中下层则在低层消费中占比例较大。因此从不同消费层次群体中的各阶层的比例看,居民的群体消费构成是比较合理的。

第三节　体育消费的形成机理

一、不同锻炼行为阶段的体育消费心理

(一)理论和假设

随着中国社会主义经济的发展和体育事业的蒸蒸日上,体育运动消费群体在中国的迅速成长,社会休闲体育的兴起正在把体育产业培育成最有潜力的阳光产业,以体育消费需求为基础的体育产业已成为我国新的经济增长点。然而,与西方发达国家相比,我国的体育产业起步较晚,体育经济尚处于低水平的发展时期,与发达国家相比还存在巨大差距。目前,制约我国体育经济发展的主要因素是我国体育人群的体育消费意识不强,4 亿多的体育人口并没有形成有效的经济性体育需求,体育消费的能量并未完全释放出来。因此,关于体育消费心理的研究对发展我国体育产业,推动经济健康增长有着重要的理论意义。伴随体育产业的迅速成长,近年出现大量关于体育消费的研究,并提出了体育消费者认知决策模式。同时,随着国内学者对跨理论模型的引进,锻炼行为转变阶段的相关研究正逐渐成为我国体育锻炼行为研究领域的热点。但目前还没有发现有学者基于不同锻炼行为阶段来研究体育消费者心理。体育消费是发生在体育活动中的消费,与锻炼者的体育行为有密切的关系。结合跨理论模型和体育消费者认知决策模式,对不同锻炼行为阶段的体育消费心理进行研究,了解不同锻炼行为阶段的体育消费者心理特征和变化,既有利于针对性地提供满意的体育产品和服务,培育体育消费者的忠诚度,又有利于从体育消费服务的角度进行行为干预,有效地促进锻炼者行为转变并坚持锻炼。

(二)体育锻炼行为变化阶段

1990 年萨利斯等提出体育锻炼的结构模型。这个模型用以研究个体锻炼行为的决定因素,认为锻炼行为的决定因素存在于习惯久坐阶段、锻炼参与阶段、维持或退出阶段,以

及重新参与阶段之间的三个行为转变过程,锻炼行为的不同阶段的动机和影响因素是不同的,并强调应重点研究锻炼行为过程中三个行为转变过程。这一理论模型对行为阶段和转变过程分类比较详细,但却忽略了个体在习惯久坐阶段的行为动机变化过程。比较而言,跨理论模型(the Transtheoretical model,TTM)对行为产生前的过程进行了更仔细的划分。跨理论模型是由美国罗德岛大学心理学教授 James Prochaska 等于 20 世纪 70 年代末创立的行为改变理论模型。20 世纪 80 年代后期 Sonstroem 将跨理论模型应用于锻炼行为改变的相关研究。

跨理论模型把锻炼行为变化分为五个主要阶段,这五个变化阶段包括:前意向阶段、意向阶段、准备阶段、行动阶段和坚持阶段。前意向阶段(pre-contemplation stage)是指人们尚未意识到自己行为的问题,在可预见的未来还没有想要采取行动的阶段。意向阶段(contemplation stage)是指人们在未来六个月想要有所改变的阶段。准备阶段(preparation stage)是指人们在不久的将来想要采取行动的阶段。行动阶段(action stage)是指人们在过去的 6 个月内在生活方式上已经有了显著改变,但是行为改变仍然是新的、尚未稳定的变化。坚持阶段(maintenance stage)是指人们的行为改变至少持续了 6 个月以上的时间,行为变化已经变成一种习惯。

跨理论模型一定程度上揭示了被其他的行为改变理论忽略了的关键环节,但跨理论模型所提出的五种阶段尚不清晰,在概念上尚存在含糊不明确之处,特别是意向阶段和准备阶段,都是指有了行为意向却没有进行有规律的体育锻炼,两个行为阶段没有发生本质的变化,仅仅从时间量上进行了区别。为了更好地反映个体在锻炼行为转变过程中行为和心理的实质性转变,同时也为了明确地测量,应该将准备阶段和意向阶段合二为一,并确定不同阶段转变过程最主要的行为和心理变化。个体从前意向阶段向意向阶段转变是因为参与体育锻炼的需要和动机被激活;从意向阶段到行动阶段转变是在条件成熟时,个体的锻炼行为意向转变为实际的锻炼行为;从行动阶段到坚持阶段转变是个体在体育锻炼中体验到体育锻炼的好处,锻炼自我效能和锻炼承诺得以增强,养成了体育锻炼习惯。

从调查结果来看,虽然锻炼动机和锻炼行为的变化不仅限于相应的行为阶段,但最显著的变化还是发生在如图 2-1 标注的行为变化过程中。

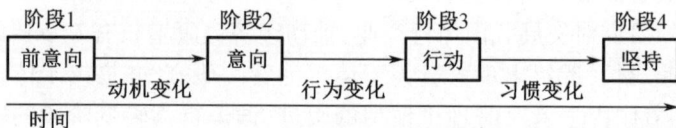

图 2-1 体育锻炼行为变化阶段

(三)体育消费认知决策模式

体育消费是指人们在体育活动方面的个人消费支出,包括参与型体育消费、实物型体育消费和观赏型体育消费。体育消费意愿是个体多大程度上愿意购买体育产品和服务的行为意向。行为意向模型(合理行为理论)认为,行为是某种特定意向的结果,体育消费意愿决定着个体的体育消费行为和实际的体育消费支出。体育消费认知决策模式是针对体育消费行为建立的一个消费者决策结构模型,该模型表达了体育消费者的消费意愿形成的心理决策机制,主要用于分析体育消费和体育消费意愿的决定因素。体育消费的心理决策包括需要分析、效果评价、可行性预测三个认知过程,即认知和评估自身参与体育活动有关的消费需要,回答"我需要哪些体育产品和服务、多大程度上需要"的问题,当认知到需要就会产生体育消费动机,作为决策过程就类似于"需求分析"阶段。认知和评价体育产品和服务对自身参与体育活动的作用和帮助,回答"我对这些体育产品和服务是否满意、多大程度上满意"的问题,作为决策过程就类似于"成本/效益分析";(认知和评价体育产品及服务的花费和自己的经济基础,回答"自己多大可能支付体育消费"的问题,作为决策过程就类似于"方案的可行性评估"。这三个认知过程对体育消费意愿产生调节,从而决定个体体育消费水平。

由于体育消费行为和体育锻炼行为的密切关联,在模型最初的实证分析中,为了探讨体育锻炼行为和心理与体育消费的关系,需求分析采用的是体育锻炼动机,效果评价采用的是感知到的体育锻炼效果,直接分析了锻炼动机和锻炼效果,并分析了锻炼动机和锻炼效果对体育消费意愿的影响作用。事实上,驱动个体体育消费涉及体育消费和体育活动两个层次的动机。初始动机是因为要参加体育活动,所以需要购买相应的体育产品,因此,购买体育产品和服务的需要是体育锻炼动机和体育消费意愿的中介变量,也是体育消费最直接的前因变量。同理,体育消费满意度是锻炼效果体验和体育消费意愿的中介变量,是体育消费的直接前因变量。为更直接理解消费者对体育产品和服务的心理状况,本研究的体育消费心理变量为体育消费需要、体育消费满意度和体育消费意愿。

(四)体育行为变化阶段和体育消费心理因素的关系

根据体育行为变化阶段和体育消费认知决策模式,我们认为,处于不同锻炼行为阶段的个体具有不同的锻炼行为。体育消费是发生在体育活动中的消费,与锻炼者的体育行为有密切的关系,因此,处于不同锻炼行为阶段的个体的体育消费行为和心理是不同的。随着体育锻炼行为阶段向前发展(前意向—意向—行动—坚持),个体有了锻炼的打算,产生了规律的锻炼行为和习惯,参与体育活动的增多促使体育消费需要增加。另外,锻炼者之所以坚持体育锻炼很大程度上是因为对其参与的体育锻炼活动的效果具有较高评价,好的体育产品和服务有助于产生良好体育锻炼活动的效果,因此,处于高体育行为阶段的个体的体育消费满意度更高。体育消费认知决策模式表明体育消费需求和体育消费满意度增强了体育消费意愿,所以,处于高体育锻炼行为阶段的个体体育消费意愿更强。综上,我们假设如下:

假设1:体育锻炼行为产生体育消费需要,随着锻炼行为阶段向前发展(前意向—意向—行动—坚持),锻炼者在体育方面的消费需要增加。

假设2:体育消费满意度高有利于锻炼者向高一级锻炼行为阶段转变,随着锻炼行为阶段向前发展(前意向—意向—行动—坚持),锻炼者的体育消费满意度在提高。

假设3:随着锻炼行为阶段向前发展(前意向—意向—行动—坚持),体育消费的意愿加强,锻炼者更愿意在体育锻炼上花钱。本项研究的主要目的是通过比较分析不同锻炼行为阶段的体育消费需要、体育消费满意度和体育消费意愿来验证上述假设,理解随锻炼行为阶段发展的锻炼参与者的体育消费心理变化,为促进锻炼参与者行为阶段转变、培育体育消费者提供参考。

（五）研究方法

1. 研究对象

研究对象为西安地区的科研院所、企事业单位中具有副高级及以上职称的科研管理人员，以及高校的正、副教授或有博士学位的青年教师、在读博士生，共 587 人，平均年龄 40.38 岁（SD=10.098），其中教师 36.6%，管理人员 23.4%，科研人员 18.8%，在读博士生 21.2%。男性 401 人，女性 186 人。

2. 研究变量和测量工具

体育消费满意度测量量表的引导语是："请判断您对下列体育产品和服务的满意程度"，题目包括参与型、实物型和观赏型 3 类体育消费中常见的 10 个产品和服务人员，例如"体育活动的组织者和管理者""现场体育比赛"和"市场上销售的运动服装"等，题目答案采用 Likert5 级量度，从"满意"到"不满意"。分别测量了个体对 3 类体育消费的满意程度。各分量表的 a 信度系数分别为 0.874、0.821、0.826。

体育消费意愿的测量包括 7 个题目，例如"你愿意参加付费的体育锻炼活动吗？""你愿意付费学习和咨询体育锻炼方法吗？""你愿意购买体育书籍和体育音像资料吗？"等，题目答案采用 Likert5 级量度，从"愿意"到"不愿意"。分别测量了个体在参与型、实物型和观赏型 3 种体育消费的消费意愿。各分量表的 a 信度系数为别分 0.859、0.819、0.757。

在体育消费需要、体育消费满意度、体育消费意愿量表编制过程中，经过了体育学、心理学和社会学方面的专家与学者的认真评价和修改，他们认为量表具有良好的内容效度，能够较完整地测量体育消费需要、体育消费满意度、体育消费意愿三个构想概念。

为检验量表的结构效度，采用本次调查数据进行了验证性因子分析。体育消费需要测量模型的拟合指数为：NFI=092，NNFI=090，CFI=093 和 IFI=0.93，表示潜变量和指标之间关系的因子负荷值均高于 0.7，一阶因子与二阶因子的相关系数介于 0.70~0.89，一阶因子之间的相关系数介于 0.53~0.67。体育消费满意度测量模型的拟合指数为：NFI=0.95，NNFI=094，CFI=095 和 IFI=0.95，表示潜变量和指标之间关系的因子负荷值均高于 0.5，一阶因子与二阶因子的相关系数介于 0.68~0.91，一阶因子之间的相关系数介于 0.54~0.72。体育消费满意度测量模型的拟合指数为：NFI=097，NNFI=0.95，CFI=098 和 IFI=0.98，表示潜变量和指标之间关系的因子负荷值均高于 0.7，一阶因子与二阶因子的相关系数介于 0.83~0.95，一阶因子之间的相关系数介于 0.74~0.87，验证性因子分析结果说明分量表的测量项目有好的汇聚效度。为了检验量表的区分效度，还考察了每两个构想概念之间，假设相关度设为 1 和假设相关度为自由估计量的情况，结果显示：假设相关度为自由估计量的情况对数据的拟合程度明显优于假设相关度为 1 的情况，说明体育动机和体育效果量表之间有好的区分效度。

3. 数据分析方法

数据统计使用 SPSS for Windows 11.5 版和 LISREL8.53 版。数据分析包括：预备性分析，采用 SPSS 进行数据转换信度分析和单变量描述统计，并采用 LISREL 对测量模型进行验证性因子分析；采用 SPSS 的单因素方差分析（One-way ANOVA），比较了处于 4 个不同锻炼行为阶段的人群之间在体育消费需要、体育消费满意度、体育消费意愿 3 个方面的差异。

4.结果与分析

(1)样本在不同锻炼行为阶段的分布

587名调查对象不均等地分布在锻炼行为转变的4个阶段上。前意向阶段(没有进行规律体育锻炼)有70人,占总人数的11.9%;意向阶段(没有进行规律体育锻炼,但打算开始)有214人,占总人数的36.5%;行动阶段(进行规律体育锻炼,但还没有超过6个月)有91人,占总人数的15.5%;坚持阶段(坚持规律体育锻炼已经超过6个月)有212人,占总人数的36.1%。本次调查的对象属于具有高级职称或高学历的知识分子,他们中进行规律体育锻炼者占总人数的51.6%(包括行动阶段和坚持阶段),远远大于其他职业或学历的城市居民进行规律体育锻炼者的比例(39.8%)。

(2)不同锻炼行为阶段体育消费需要比较分析

方差检验结果表明三类体育消费需要在不同锻炼行为阶段具有显著性的差别($P<0.001$)。在相邻阶段之间的两两比较中,三种体育消费需要最大的差距都出现在前意向阶段向意向阶段转变过程,在转变过程中,参与型体育消费需要($P<0.001$)、实物型体育消费需要($P<0.01$)和观赏型体育消费需要($P<0.05$)都显著增强。总的来看,随着锻炼行为阶段的变化,体育消费需要程度在前三个阶段逐渐增强,在行动—坚持阶段有减弱。前三个阶段阶段变化趋势与理论假设1一致,而行动-坚持阶段变化与理论假设1有一定的出入。

值得注意的是,三类体育消费需要在相邻锻炼行为阶段变化的比率是不一样的,其中参与型体育消费需要变化几乎完全集中在前意向—意向转变阶段,在前意向—意向转变阶段的增强幅度(0.55)是在意向—行动转变阶段(0.06)的9倍;实物型体育消费需要和观赏型体育消费需要在前意向—意向转变阶段差值较大,但在意向—行动转变阶段的增强幅度与前意向—意向转变阶段比较接近。实物型体育消费需要和观赏型体育消费需要在意向—行动转变阶段的增强幅度(0.23,0.30)分别是参与型体育消费需要在意向—行动转变阶段(0.06)的4倍和5倍。实物型体育消费需要在行动-坚持转变阶段的下降幅度(0.15)是三种消费需要在本阶段下降幅度最大的。

(3)不同锻炼行为阶段体育消费满意度比较分析

方差检验结果表明体育消费满意度在不同锻炼行为阶段的差别具有显著性(满意总分<0.001,参与满意度$=0.01$,实物满意度<0.05,观赏满意度<0.001)。总的来看,随着锻炼行为阶段向前发展(前意向—意向—行动—坚持),个体的体育消费满意度呈现出逐渐提高的趋势,全程变化具有显著性,与理论假设2一致。

从相邻阶段之间的差值来看,参与型体育消费满意度的变化主要分布在前意向—意向和意向—行动转变阶段,意向—行动转变阶段变化最大;实物型体育消费满意度的变化主要分布在前意向—意向和行动—坚持转变阶段及行动—坚持转变阶段变化最大;观赏型体育消费满意度的变化主要分布在前意向—意向和行动—坚持转变阶段前意向—意向转变阶段变化($P<0.01$)最大。在前意向—意向转变阶段,观赏型体育消费满意度的变化最大;在意向—行动转变阶段,参与型体育消费满意度的变化最大;在行动—坚持转变阶段,实物型体育消费满意度的变化最大。

(4)不同锻炼行为阶段体育消费意愿比较分析

方差检验结果表明,三类体育消费意愿在不同锻炼行为阶段的差别具有显著性($P<0.001$)。总的来看,随着锻炼行为阶段向前转变(前意向—意向—行动—坚持),锻炼者的体育消费意愿逐渐加强,全程变化具有显著性,与理论假设3完全一致。

5. 讨论

（1）体育消费心理阶段变化规律和实质

总体上，调查结果正如我们假设的一样，随着个体的锻炼行为阶段由前意向阶段向坚持阶段发展，以及其体育消费需要、体育消费满意度和体育消费意向等心理因素增强或提高，这三个心理因素对体育消费行为和消费水平的重要影响作用也越来越大，因此，促进个体锻炼行为向坚持阶段发展有利于体育产业发展。与体育行为转变的其他心理因素一样，消费心理因素并不是在每个行为阶段转变时都存在显著性差异，这也从侧面反映了锻炼行为变化阶段的划分不是绝对的，锻炼行为及其心理的变化是一个渐变的变化趋势。

体育消费需要随锻炼行为阶段发展的变化趋势与理论假设存在局部的不一致，这可能是因为在锻炼坚持阶段体育消费需要得到了较大程度的满足。在体育锻炼行为的意向阶段和行动阶段，个体准备或刚刚参与体育锻炼，需要学习体育锻炼相关的知识、技能并添加必要的体育器材设备，相应的体育消费需要大幅提高，产生了体育消费需要高峰；随着体育锻炼行为参与时期延续，个体进入锻炼行为坚持阶段，体育锻炼行为形成了习惯，个体具备了相当的知识、技能和体育器材设备，大多数体育消费需要已经得到了满足，新产生的体育消费需要多是出于更新和维持，相对于参与体育锻炼开始阶段的需要较少，因此，在锻炼行为坚持阶段体育消费需要出现一定的降低。

在锻炼行为坚持阶段体育消费需要的略微下降，并不一定会导致个体体育消费的降低。根据体育消费认知决策模式，体育消费直接受体育消费意向决定，体育消费意向是依赖需要分析、效果评价、可行性预测三个认知过程共同决定的，因此，体育消费需要和体育消费满意度是体育消费意向的重要前因变量。根据体育锻炼坚持认知决策理论模型的研究，在行为坚持阶段，效果评价对行为决定作用最大。因此，在锻炼行为坚持阶段，体育消费意愿没有因为体育消费需要降低而减弱，而是随体育消费满意度增加呈现正相关趋势，这一定程度上表明在体育锻炼坚持阶段，体育消费满意度对体育消费意愿的作用更大，更重要。

（2）个体锻炼行为阶段变化和体育消费的互动关系

体育消费是指人们在体育活动方面的个人消费支出，体育消费总是伴随体育活动产生。然而，锻炼行为的阶段转变可以是向前发展，也可能退回到前阶段。个体行为阶段的变化方向决定了他的体育消费的类型，如果个体锻炼行为发展到行动阶段，其后又退出，那么体育消费就表现为尝试型，是一种短期行为；而如果个体发展为坚持阶段，锻炼行为形成习惯，那么体育消费就表现为稳定型，即便是消费水平很低，该个体也可以构成体育产业稳定的消费群体，以他们为营销对象可以获得长期的、稳定的收益，这样的产业是可持续发展的。

通过体育消费获得的体育产品和服务对锻炼行为阶段转变有着推动作用，一方面，锻炼行为意向转变为锻炼行为提供必要的条件，另一方面，良好的体育产品和服务可提高体育锻炼的效果，从而提高个体对锻炼效果的认知评价，强化个体对锻炼行为的承诺，促进个体锻炼习惯的形成，并向锻炼坚持阶段转化。然而，体育消费在体育锻炼行为转变过程中并不一定总发挥推动作用。个体的经济实力总是有限的，收入水平影响体育消费者的支付能力和体育消费的取向，是体育消费的主要约束因子。体育产品和服务价格过高是个体参与某些体育项目的壁垒，一些锻炼者因不具备条件往往放弃参与某种体育锻炼。同时，过高价格的体育产品和服务使消费者进行同样的体育消费却得到较低效果，削弱了消费者对体育消费和体育活动的满意度,对个体坚持体育锻炼会产生不良影响。

（3）不同锻炼行为阶段的体育营销和服务策略

发展体育产业是实现我国体育事业与社会经济可持续发展的战略举措。尽管我国近年大力发展体育产业和体育经济,但目前我国的体育产业与发达国家相比仍有较大差距。有学者提出"体育人口的多少决定了体育市场中买方市场的大小,体育产业的发展必须注重体育人口的培育"。也有调查指出,"总体上人们的体育消费意识依然薄弱,体育消费水平依然不高"。所以,我国体育产业发展需要培育的是具有体育消费意识的体育人口。

个体在前三个锻炼行为阶段的体育消费是尝试性的,而锻炼坚持阶段的体育消费意愿最强,且具有长期稳定性,这一锻炼行为阶段的个体是体育产业最稳定的消费者。如图2-2所示,体育营销应该把前三个锻炼行为阶段作为体育消费者培育阶段,在消费者培育阶段不要急于挣钱,要放弃在这些阶段的一些谋取短期暴利的行为,通过薄利的产品和满意的服务消除个体锻炼行为阶段向前发展的壁垒,培养他们的体育消费满意度和消费意识,促进更多的体育消费者更快地发展到锻炼行为坚持阶段成为忠诚的体育消费者,追求在锻炼坚持阶段产生长期可持续发展的收益。这类型营销策略在其他消费领域有很多成功的案例,值得体育产业领域的企业学习,例如,低价销售和免费赠送照相机,从消费者购买胶卷中获取利润,低价和免费赠送喷墨打印机,从打印耗材中获取利润。

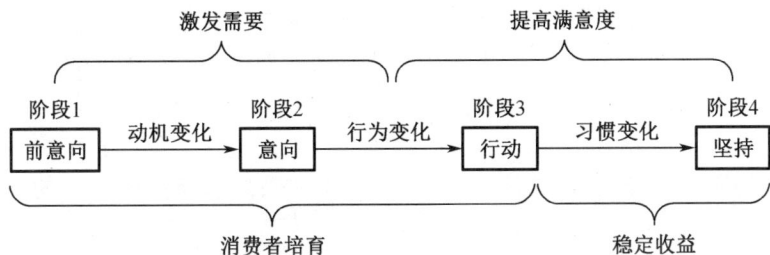

图 2-2 不同锻炼行为阶段的体育营销策略

体育消费需要和消费满意度是决定消费者意向的两个重要变量,因此,在体育营销过程中,不仅要激发消费者的需求,更要注重满足消费需求的质量,提高消费者满意度。由于在不同的锻炼行为阶段,行为转变发生的实质分别是动机、行为和习惯,体育消费需要和满意度在不同阶段的重要性是不一样的,在前两个阶段激发动机和需要,对产生锻炼行为和体育消费是必要的,而在后两个阶段,个体已经产生了锻炼行为和体育消费,则更需要保证体育产品和服务的质量,提高消费者满意度,促进锻炼行为向坚持阶段变化和体育消费向稳定型发展。

（4）研究的理论贡献局限性

跨理论模型是普罗查斯卡博士对有关心理治疗和行为变化的18种主要理论进行了比较分析(包括来源于弗洛伊德学派思想中的意识唤起(consciousness raising),来自斯金纳传统理论中的突变管理(contingency management)和来自罗杰斯理论中的协作关系(helping relationships)等),采用行为变化阶段理论为框架将这些理论有机地结合成一个完整的理论体系,其基本内容分为4大部分,即变化阶段、变化程序、自我效能、决策平衡。本研究从锻炼行为和体育消费伴随发生的角度出发,将体育消费认知决策模型与锻炼行为变化阶段有机结合进行研究,探讨了体育消费心理阶段变化规律,以及和体育行为阶段变化的关系,是跨理论模型研究没有涉及的新内容,丰富了相关领域的知识。作为一个新的尝试,本研究为跨理论模型和体育消费研究打开了一个新的理论视角。

体育消费心理随锻炼行为阶段变化规律的验证是基于知识分子样本的数据进行的,该研究对象属于社会中的特定群体,具有知识丰富和经济基础好的特征。知识和经济基础是体育锻炼行为和体育消费行为的重要影响因素,因此,基于这一样本验证的体育消费心理阶段变化的规律和特点并不一定适用于其他社会人群,本研究结论的外部效果还需要用其他特征的群体进一步检验。同时,本次研究使用的是一次调查的数据,发现的变化规律是基于处于不同锻炼行为阶段的不同个体之间的体育消费心理差别进行的推断,不能完全替代对调查对象连续追踪研究,还不能证实锻炼行为阶段变化和体育消费心理的因果关系。为了更深层次地理解体育消费心理的阶段变化,以及其与锻炼行为阶段变化的互动关系,开发有价值的干预方法和手段,还需要追踪调查和实验研究。

6. 结论与建议

一是体育锻炼行为产生体育消费需要。在锻炼行为发展的前三个阶段(前意向—意向—行动),体育消费需要呈现上升趋势;在锻炼坚持阶段,体育消费需要已经得到一定程度的满足,处于维持状态。

二是随着锻炼行为阶段向前发展(前意向—意向—行动—坚持),体育消费满意度呈现出逐渐提高的趋势;提高体育消费满意度有利于锻炼者向高一级锻炼行为阶段转变。

三是在锻炼行为阶段向前发展过程中(前意向—意向—行动—坚持),体育消费意愿呈现出逐渐增强的趋势,处于高锻炼行为阶段的体育消费者更愿意在体育锻炼上花钱。

四是体育营销应该把前三个锻炼行为阶段作为体育消费者培育阶段,通过薄利的产品和满意的服务消除个体锻炼行为阶段向前发展的壁垒,促进更多的体育消费者更快地发展到锻炼行为坚持阶段,培养忠诚的体育消费者,追求在锻炼坚持阶段产生的长期可持续发展的收益。

二、不同锻炼行为阶段的体育消费水平

(一)研究对象

研究对象为科研院所、企事业单位中具有副高级及以上职称的科研管理人员,以及高校的正、副教授或有博士学位的青年教师、在读博士生,共 587 人,平均年龄 40.38 岁(SD=10.098),其中教师数量占比为 36.6%,管理人员为 23.4%,科研人员为 18.8%,在读博士生为 21.2%。男性 401 人,女性 186 人。

(二)测量工具

锻炼行为阶段的测量参考卡迪约尔提出的锻炼阶段量表,根据本项研究的操作定义调整,量表为:"有规律的锻炼是指为了促进健康而进行的有计划的身体活动,如散步、慢跑、球类等。有效的锻炼应该是坚持每周 3~5 次、每次 20 分钟以上、能使您出汗的运动。据此定义,您是否进行了有规律的锻炼。"选项为下列 4 类:

①是,我坚持这样的身体锻炼已经超过六个月了;

②是,我坚持这样的身体锻炼还没有超过六个月;

③否,但我打算开始这样的锻炼。

④否,并且我没有打算开始这样的锻炼。

体育消费采用调查问卷的形式,调查了研究对象在体育器材、运动服装、体育书籍和体育音像资料等方面的消费金额,和近一个月在租用场地器材、观看体育比赛门票、培训费用及参加社团体育活动等方面的费用,包括拥有的体育器材和体育报刊杂志的数量。

(三)数据分析方法

数据统计使用 SPSS for Windows 10.0 版,主要采用单因素方差分析(One-way ANOVA)比较了处于 4 个不同锻炼行为阶段的人群之间在各项体育消费方面的差异,分析了体育消费随行为阶段发展的变化趋势。

(四)结果与分析

1. 样本在不同行为阶段的分布

根据跨理论模型"及其相关研究,本次研究把锻炼行为变化分为四个主要阶段,这四个变化阶段包括:前意向阶段、意向阶段、行动阶段和坚持阶段。前意向阶段是指人们尚未意识到自己行为的问题,在可预见的未来还没有想要采取行动的阶段。意向阶段是指人们在未来六个月想要有所改变的阶段。行动阶段是指人们在过去的六个月内在生活方式上已经有了显著的改变,但是行为改变仍然是新的、尚未稳定的变化。坚持阶段是指人们的行为改变至少持续了六个月以上的时间,行为变化已经变成一种习惯。

调查对象不均等地分布在锻炼行为转变的四个阶段上。前意向阶段有 70 人,占总人数的 11.9%;意向阶段有 214 人,占总人数的 36.5%;行动阶段有 91 人,占总人数的 15.5%;坚持阶段有 212 人,占总人数的 36.1%。本次调查的对象属于具有高级职称或高学历的知识分子,他们中进行规律体育锻炼者占总人数的 51.6%(包括行动阶段和坚持阶段),远远大于城市居民进行规律体育锻炼者的比例(39.8%)。

2. 不同锻炼行为阶段体育消费水平比较分析

对于体育消费水平的调查,我们设计了 4 个题目:

①你拥有的体育器材价值(单位:元);

②你拥有的运动服装价值(单位:元);

③你拥有的体育书籍和体育音像资料价值(单位:元);

④近一个月在体育方面的其他消费支出(如租用场地器材、观看体育比赛门票、培训费用、参加社团体育活动费用等,单位:元)。不同行为阶段之间比较的单因素方差检验结果见表 2-2。

表2-2 不同锻炼行为阶段体育消费水平的方差检验

	前意向(P)	意向(C)	行动(A)	坚持(M)	Total	F	图基归因					
							P-C	C-A	A-M	P-A	C-M	P-M
体育器材	261.42±512.6	516.72±1128.7	641.80±962.82	1296.00±4158.2	787.24±2645.7	4.26	-255.31	-125.07	-654.20	-380.38	-799.27	-1034.58
运动服装	295.23±374.87	379.52±822.31	399.09±534.75	614.45±1134.4	456.59±1884.85	3.56	-84.29	-19.57	-215.36	-103.86	-234.92	-319.22
体育资料	25.31±55.62	71.44±178.60	153.17±368.12	176.33±379.25	116.12±295.59	7.00	-46.14	-81.73	-23.16	-127.86	-104.89	-151.20
近期支出	20.62±44.72	61.10±362.94	106.55±309.59	104.58±313.20	78.91±315.05	1.62	-40.48	-45.15	1.97	-85.93	-43.48	-83.96

从表2-1可以看出,方差检验结果表明不同锻炼行为阶段的知识分子在体育器材、运动服装和体育资料方面消费的差异具有显著性,近一个月在体育方面的其他消费支出的差异不显著。从平均消费金额来看,随着锻炼行为阶段的发展,知识分子体育器材、运动服装和体育资料方面消费的金额大幅度增加,呈现逐步上升的趋势;近期其他体育消费支出在前前三个阶段逐渐增多,在行动—坚持阶段略有减少。表明处于不同锻炼阶段的知识分子有着不同的体育消费水平,体育消费水平伴随锻炼行为发展而大幅度增长。从标准差来看,标准差的值非常大,说明样本数据分布比较分散,每一锻炼行为阶段的知识分子体育消费在组内也有较大的差异,这与本次调查对象有关,尽管都属于高级知识分子,但有一定的年龄跨度,且收入分布比较分散。

从不同锻炼行为阶段体育消费金额的变化幅度来看,体育器材和运动服装消费金额增长幅度最大的是在发展阶段,意向—行动阶段的变化幅度最小;体育器材消费金额在行动—坚持阶段的增长幅度(654.2)是在前意向—意向阶段(255.31)的2.5倍,是在意向—行动阶段(125.7)的5.2倍;运动服装消费金额在行动—坚持阶段的增长幅度(215.36)是在前意向—意向阶段(19.57)的11倍,是在意向—行动阶段(84.2)的2.6倍。而对于体育资料消费和近期其他体育消费支出的金额来说,增长幅度最大是在意向—行动阶段,而在行动—坚持阶段变化幅度最小,体育资料消费金额在意向—行动阶段的增长幅度(81.73)是在行动—坚持阶段(23.16)的3.5倍。这说明在不同的锻炼行为阶段,锻炼者的体育消费侧重点是不一样的,同时也反映出不同的体育消费情况在促进锻炼者的锻炼行为发展中发挥着不同的作用。

3. 不同锻炼行为阶段拥有体育产品数量比较分析

问卷包括了解研究对象拥有的部分体育产品数量的题目。如下所示。

问题①您或您家拥有体育类报纸杂志的情况是:

a. 没有,b. 较少,c. 一般,d. 较多,e 很多。

问题②您或您家拥有的体育器材是:

a. 没有,b. 一件/套,c. 二件/套,d. 三件/套,e. 四件/套以上

不同行为阶段之间体育产品数量比较的单因素方差检验结果见表2-3。

表2-3 不同锻炼行为阶段拥有体育产品数量的方差检验

	前意向(P)	意向(C)	行动(A)	坚持(M)	Total	F	图基归因					
							P-C	C-A	A-M	P-A	C-M	P-M
报纸杂志	1.90±0.84	2.08±0.79	2.40±0.79	2.35±0.90	2.21±0.85	8.83	-0.18	-0.31	0.04	-0.50	-0.27	0.45
体育器材	2.23±1.04	2.49±0.98	2.77±0.96	2.69±1.09	2.52±1.03	4.06	-0.26	0.05	-0.21	-0.20	-0.2	-0.46

从表2-3的统计数据来看,知识分子拥有的体育器材和体育报纸杂志并不多,大多数人拥有的体育器材是1~2件/套,报纸杂志介于较少和一般之间。不同锻炼行为阶段的知识分子拥有的报纸杂志和体育器材数量存在显著性差异,但变化幅度不如体育消费金额变化幅度大。从不同锻炼行为阶段的变化幅度来看,报纸杂志数量主要变化在意向—行动阶段(0.31),是前意向—意向阶段(0.18)的2倍,行动—坚持阶段(0.04)的8倍;器材数量的变化主要在前意向—意向阶段(0.26)和行动—坚持阶段(0.25),是意向—行动阶段(0.05)的5倍。表明处于不同锻炼阶段的知识分子购拥有不同数量的体育产品,购买不同体育产品通常发生在需要这些产品的锻炼行为阶段。

4. 讨论

(1)知识分子体育消费水平

从总体上看,知识分子在体育实物产品(体育器材、运动服装、体育资料)上消费合计为1 359.95元/月,服务性体育消费为78.91元/月,与社区居民的平均水平相比较,知识分子的体育消费水平较高。消费结构也比较合理,在体育实物产品和体育服务消费两方面表现出一定的合理分配,与我国城市居民体育消费以体育实物消费为主的特点有明显的区别。知识分子拥有的体育产品在数量上较少,但价值较高,因此,他们的体育实物产品消费有追求高质量、高档次的特点。影响居民消费的因素主要有国家经济发展整体环境、个人收入水平及消费水平等经济因素,也受居民消费心理、消费习惯、闲暇时间、体育场馆设施以及政府投入等因素的制约。知识分子体育消费的特点与他们的社会地位和自身的特点有着紧密的关系。当今社会,科学技术是第一生产力,因此,知识分子属于社会中较高收入人群,他们有一定的经济能力来支付高层次的文化娱乐消费,这与体育消费的文化娱乐属性是一致的。同时,由于他们对知识的掌握程度很高,他们从事一项活动,非常重视相关的知识和理论的学习,因此,他们在体育书籍和体育音像资料方面的投入有相当大的比重。

(2)不同锻炼行为阶段体育消费的特点

调查结果表明,体育消费水平随锻炼行为向高级阶段发展而升高。一方面,这种消费增长表现在数量上,随着锻炼行为阶段发展,锻炼者参与锻炼活动的频率提高,锻炼的时间增加,在体育锻炼活动中对体育产品的需求相应增加。另一方面,消费增长还表现在体育消费的品质上,从统计数据可以看到,随着锻炼行为发展,消费者拥有的体育产品价值金额成倍增加,而拥有体育产品的数量上增长却不大,可以推断出处于锻炼行为高级阶段的体育消费者拥有的单件体育用品的价值较高,这反映了他们拥有的体育产品更高档。在锻炼行为处于初期阶段时,体育消费是一种尝试性消费,消费的是普通体育产品,而当形成锻炼行为习惯,准备长期坚持时,消费者更加愿意在体育活动中进行一些长期投入,倾向于选择高质量、高档次的体育产品,因此,处于锻炼行为高级阶段的消费者更舍得在体育活动中投入资金。在体育消费水平随锻炼行为发展的增长过程中,不同类型的体育消费在不同锻炼行为转变阶段的变化是不均衡的。例如,我们前面提到体育器材和运动服装消费增长幅度最大是在行动—坚持阶段;体育资料消费和近期其他体育消费增长幅度最大是在意向—行动阶段。这些变化中体现出的特点一方面与不同类型体育消费在体育锻炼活动中作用不同有关,又与不同锻炼行为阶段的体育消费需求有关。当知识分子由前意向—意向阶段转变后,他们开始为参与锻炼进行物质准备和知识准备,这些都是前意向阶段非常缺乏的内容,同时锻炼者开始了一些不规律的体育锻炼,这个阶段中体育锻炼需要的实物性消费品(体育器材和运动服装)、信息类消费品和其他服务性消费都出现了比较大的增加;在意向阶段向行动阶段变化后,他们开始了有规律的锻炼,锻炼行为的次数和时间增加了,服务性消费和进一步学习的消费相应增加,但作为在意向阶段有所准备的体育器材和运动服装在短期内还不会有太多的更换,相应的实物性消费增加较小;在行动阶段向坚持阶段变化后,他们已经坚持了一段时间的体育锻炼,锻炼所用的装备因陈旧和损坏需要更换的可能性增加,同时坚持较久的人倾向于使用高品质的体育用品,因此,实物性消费大幅度增加,这一阶段的人们对体育锻炼已经具有较丰富的知识和经验,在信息类体育消费上不会有太多新的投入,同时这一阶段的锻炼频率已经趋向稳定,与锻炼频率相关较大的服务性体育消费也并不会明显增加。针对这些阶段性的体育消费特点,提升不同锻炼行为阶段对应的体育产品质量和服务水平有利于体育锻炼行为向高级阶段发展。

(3)锻炼行为阶段变化和体育消费的互动关系

调查结果表明,体育消费水平伴随锻炼行为发展而大幅度提高,是体育行为产生了体育消费?还是体育消费影响了锻炼行为发展?根据界定,体育消费是指人们在体育活动方面的个人消费支出,体育消费总是伴随体育活动产生。然而,锻炼行为的阶段转变可以是向前发展,也可能退回到前阶段。个体行为阶段的变化方向决定了他的体育消费的类型,如果个体锻炼行为发展到行动阶段而又退出,他的体育消费就表现为尝试型,是一种短期行为;如果个体发展为坚持阶段,锻炼行为形成习惯,那么个体的体育消费就表现为稳定型,即便是消费水平很低,个体也可以构成体育产业稳定的消费群体,以他们为营销对象可以获得长期的、稳定的收益,这样的产业是可持续发展的。

通过体育消费获得的体育产品和服务对锻炼行为阶段转变有着推动作用,一方面,锻炼行为意向转变为锻炼行为提供必要的条件,另一方面,良好的体育产品和服务可提高体育锻炼的效果,从而提高个体对锻炼效果的认知评价,强化个体参加锻炼的动机,促进个体锻炼习惯的形成,并向锻炼坚持阶段转化。然而,体育消费在体育锻炼行为转变过程中并不一定总发挥推动作用,个体的经济实力总是有限的。收入水平影响体育消费者的支付能力,影响体育消费的取向,是体育消费的主要约束因子。

(五)结论

知识分子体育消费水平较高,有追求高质量高档次的特点;他们的体育消费结构比较合理,在体育实物产品和体育服务消费两方面有着合理的分配。

不同锻炼阶段的知识分子有着不同的体育消费水平,体育消费水平伴随锻炼行为的发展大幅度增长。

随着锻炼行为的发展,消费者拥有的体育产品在数量上增加并不多,但体育消费水平上升幅度很大。处于锻炼行为高级阶段的消费者更愿意在体育活动中投入资金,倾向于消费高质量、高档次的体育产品。

体育器材和运动服装消费增长幅度最大的是在行动—坚持阶段;体育资料消费和其他体育消费增长幅度最大是在意向—行动阶段。在这些变化阶段提升对应的体育产品质量和服务水平有利于体育锻炼行为向高级阶段发展。

三、不同锻炼行为阶段的特点和锻炼动机

缺乏运动是一项影响到世界各国人民的主要公共健康问题。在健康管理和健康促进项目的实践和研究中,多数被调查者进行体育锻炼是"参与容易,坚持难"。在美国,只有

8%~20%的人有规律地参加体育运动;50%的人参加一段时间的体育锻炼,在6个月后几乎都退出锻炼。国内的一些研究也指出由于学生没有形成自觉锻炼的习惯和终身体育意识,在体育课结束后,大多数学生退出了体育锻炼,身体素质急速下滑,体育课程所取得的效果没有得到可持续发展。探索锻炼者体育锻炼行为发展过程和影响因素,有利于有效促进锻炼者行为发展和坚持,对推动全民健身有着重要的理论和现实意义。

随着国内学者对跨理论模型的引进,锻炼行为转变阶段的相关研究正逐渐成为我国体育锻炼行为研究领域的热点。已经有不少学者对跨理论模型提出的锻炼行为阶段及心理因素进行了研究,但还没有发现有学者结合体育人口和锻炼动机理论,来定量分析锻炼行为阶段变化过程中体育人口指标和锻炼动机发生的变化。了解这些指标与锻炼行为阶段变化的关系,有利于我们从多个理论视角对锻炼行为阶段转变进行理解,进而有效地对锻炼者行为转变进行干预和促进。

(一)研究方法

1.研究对象

研究对象为西安地区的科研院所、企事业单位中具有副高级及以上职称的科研管理人员,以及高校的正、副教授或有博士学位的青年教师、在读博士生,共587人,平均年龄40.38岁(SD=10.098),其中教师占比为36.6%,管理人员为23.4%,科研人员为18.8%,在读博士生为21.2%。男性401人,女性186人。

2.测量工具

锻炼行为的测量使用体育人口的三项指标:时间(每次锻炼时间)、频率(周锻炼次数)和强度。测量题目如下。

问题①你首次参加体育活动时间?

a.15分钟内,b.15~30分钟,c.30分钟~1小时,d.1~1.5小时,e.1.5小时以上。

问题②你参加的体育锻炼的频率。

a.三次以上,b.三次,b.二次,d.一次,e.不到一次。

问题③每次体育锻炼后身体变化。

a.无感觉,b.全身微微发热,c.微微出汗,d.中等出汗,e.出大汗。

另外,问卷还附加了体育锻炼的内容,即参加了哪些体育锻炼项目。锻炼动机采用弗雷德里克和莱恩修订的《身体活动动机测量》(MPAM-R)量表。量表测量了5类动机,即乐趣动机、能力动机、外貌动机、健康动机、社交动机。所有题目采用Likert5级量度,从"非常强烈"到"没有这种愿望"。各分量表的a信度系数为0.81~0.91,量表具有很好的内容效度和结构效度。

3.分析法

数据统计使用SPSS for Windows 10.0版,主要采用单因素方差分析(One-way ANOVA),比较了处于四个不同锻炼行为阶段的人群之间在体育锻炼时间频率、强度、参与体育项目数,以及锻炼动机等方面的差异。

(二)结果与分析

1.样本在不同行为阶段的分布

587名调查对象不均等地分布在锻炼行为转变的四个阶段上。前意向阶段(没有进行规律体育锻炼)有 70 人,占总人数的 11.9%;意向阶段(没有进行规律体育锻炼,但打算开始)有 214 人,占总人数的 36.5%;行动阶段(进行规律体育锻炼,但还没有超过 6 个月)有 91 人,占总人数的 15.5%;坚持阶段(坚持规律体育锻炼已经超过 6 个月)有 212 人,占总人数的 36.1%。本次调查的对象属于具有高级职称或高学历的知识分子,他们中进行规律体育锻炼者占总人数的 51.6%(包括行动阶段和坚持阶段),远远大于城市居民进行规律体育锻炼者的比例(39.8%)。

2. 不同锻炼行为阶段锻炼行为指标比较分析

从表 2-4 可以看出,方差检验结果表明不同锻炼行为阶段锻炼者的每次锻炼时间、每周锻炼次数和参与的体育锻炼项目数量的差别具有显著性,而不同锻炼行为阶段的锻炼者的锻炼强度差异不显著。处于锻炼坚持阶段的锻炼者每次锻炼时间最长、每周锻炼次数最多;处于行动阶段的锻炼者参与的体育锻炼项目数量最多。

表 2-4 不同锻炼行为阶段拥有体育产品数量的方差检验

	前意向(P)	意向(C)	行动(A)	坚持(M)	Total	F	图基归因					
							P-C	C-A	A-M	P-A	C-M	P-M
锻炼时间	2.91±1.23	2.79±1.13	3.01±0.97	3.40±0.99	3.06±01.10	12.09	0.12	−0.22	−0.39	−0.10	−0.61	−0.48
锻炼次数	0.49±1.11	3.56±1.12	2.44±1.01	1.96±1.00	2.87±1.34	118.32	0.52	1.12	0.48	1.65	1.60	2.13
锻炼强度	3.46±1.25	2.29±1.03	3.34±0.99	3.33±0.97	3.33±1.03	0.50	0.17	−0.06	0.01	0.12	−0.05	0.13
锻炼项数	1.60±1.11	2.27±1.27	2.44±1.36	2.38±1.48	2.26±1.37	6.74	−0.67	−0.18	0.06	−0.84	−0.11	−0.78

在不同阶段之间的两两比较中,锻炼坚持阶段的锻炼者比其他三个阶段锻炼者每次锻炼时间要长,差异存在显著性,前意向阶段、意向阶段和行动阶段之间的差异不显著。每周锻炼次数随锻炼行为阶段发展呈递增的趋势,不同阶段的差异具有显著性,最大的变化发生在意向—行动阶段;锻炼者参与的体育锻炼项目数量的变化主要体现在前意向阶段和其

他三个阶段之间,前意向阶段的群体参与的体育锻炼项目数明显要少,意向阶段、行动阶段和坚持阶段之间的差异不具有显著性。

3. 不同锻炼行为阶段锻炼动机比较分析

不同锻炼行为阶段锻炼动机的方差检验如表 2-5 所示。

表 2-5　不同锻炼行为阶段锻炼动机的方差检验

	前意向(P)	意向(C)	行动(A)	坚持(M)	Total	F	图基归因					
							P-C	C-A	A-M	P-A	C-M	P-M
健康动机	2.48±0.92	2.12±0.82	1.96±0.83	2.05±0.87	2.11±0.86	5.62	0.36	0.15	-0.08	0.51	0.07	0.43
外貌动机	3.44±1.16	2.98±1.29	2.17±1.26	2.86±1.26	2.95±1.27	4.91	0.46	0.26	-0.15	0.72	0.12	0.57
乐趣动机	2.71±0.94	2.44±0.94	2.30±0.82	2.34±0.90	2.41±0.91	3.51	0.17	0.14	-0.04	0.41	0.10	0.37
能力动机	3.68±0.97	3.45±1.01	3.18±1.07	3.34±0.15	2.41±1.97	5.77	0.23	0.27	0.00	0.50	0.27	0.50
社交动机	3.16±1.07	3.06±1.13	2.92±1.09	2.91±1.03	2.99±1.08	1.37	0.10	0.13	0.02	0.23	0.15	0.25
总分动机	15.46±3.74	14.04±3.93	13.08±3.56	13.33±3.96	13.81±3.92	6.68	1.42	0.96	-0.25	2.38	0.71	2.13

从表 2-5 的统计数据来看,方差检验结果表明处于不同锻炼行为阶段的锻炼者在锻炼动机总分上的差异非常显著。从锻炼动机分别来看,除社交动机外,其余四项锻炼动机在不同锻炼行为阶段之间的差异具有显著性。锻炼动机中的健康动机、外貌动机、乐趣动机和能力动机在行动阶段最强烈。

从不同阶段之间的两两比较中可以看出,锻炼动机的差异主要存在于前意向阶段和其他行为阶段之间,在意向阶段、行动阶段和坚持阶段之间的差异不具有显著性。从锻炼动机变化趋势来看,在前意向—意向—行动的阶段变化过程中,5个锻炼动机都呈现出增强的趋势,一定程度上表明锻炼动机是这些阶段锻炼行为变化的动力,但在行动—坚持的变化阶段,锻炼动机变化非常小,且有减弱的趋势,在一定程度上表明锻炼动机已经不是这一阶段变化的主要心理动力。

(三)讨论

在一般的心理学书籍与研究中,动机是指引起个体活动,维持已引起的活动并使该活动朝向某一目标发展的内在作用。锻炼动机则是指可以通过体育锻炼来满足的需要或需求,是人们参与和维持锻炼行为的心理动力。因此,在锻炼行为发展过程中,锻炼动机发挥着重要的推动作用,然而从调查结果来看,在锻炼行为的不同发展阶段,锻炼动机的重要性是不同的。在前意向—意向—行动的阶段变化过程中,锻炼动机呈现出增强的趋势,最大差异出现在前意向—意向阶段的变化之间,这一结果说明锻炼动机的确是锻炼者参与体育活动的心理动力。强烈的锻炼动机有利于推动锻炼者行为向高一阶段发展,在前意向阶段激发锻炼动机可以有效地促进人们产生参与锻炼的意向和计划,在意向阶段增强锻炼动机可以有效地使人们将锻炼的意向转变为有规律的锻炼行为。

然而在行动阶段和坚持阶段的比较中,锻炼坚持阶段的锻炼动机不仅没有明显强于行动阶段,反而有下降的趋势。这一结果似乎与我们通常的认知有了偏离,单独用锻炼动机理论是无法解释的。根据驱力理论,行为的努力程度或执着程度将取决于个体由于匮乏状态而产生的内驱力,以及由观察、学习或亲身经历所获得的关于这一活动的或行为的效果体验。过去的行为导致好的结果,人们有反复进行这种行为的趋向;过去的行为如果导致不好的结果,人们有回避这种行为的倾向。也就是说,锻炼动机和锻炼效果体验对锻炼行为的坚持共同产生影响。在锻炼行为坚持阶段,锻炼者已经进行了一段时间的有规律的体育锻炼,在这一过程中或多或少体验到体育锻炼带来的效果。作为锻炼者,其锻炼动机的需要得到一定的满足,因此对锻炼效果有更好体验的锻炼者更容易继续坚持锻炼。锻炼坚持机制的研究发现,"在对锻炼坚持的影响中,锻炼效果评价的作用比锻炼动机作用更大"。因此,在行动阶段向坚持阶段的变化过程中,锻炼动机不是主要的心理动力,在这一转变阶段锻炼动机只是锻炼行为存在的最根本原因和理由,而推动锻炼者坚持锻炼行为的心理动力则是他们对锻炼效果的体验和评价。在行为坚持阶段,锻炼动机的激发已经退居其次。怎样提高锻炼行为的效果,改善个体对锻炼效果的评价,才是促进锻炼坚持的最重要的途径。

(四)结论

一是不同锻炼行为阶段锻炼者在锻炼时间、频率和项目数量上的差别具有显著性,在锻炼强度上的差异不显著;处于锻炼坚持阶段的锻炼者每次锻炼时间最长,每周锻炼次数最多,处于行动阶段的锻炼者参与的体育锻炼项目数量最多。

二是随着锻炼行为阶段向前发展(前意向—意向—行动—坚持),锻炼频率呈现持续递增的趋势,最大的变化发生在意向—行动变化阶段,而锻炼时间和项目数量没有表现出线性变化趋势,锻炼时间最大的变化发生在前行动—坚持变化阶段,项目数量最大的变化发生在前意向—意向变化阶段。

三是不同锻炼行为阶段锻炼者在健康动机外貌动机、乐趣动机能力动机上的差别具有显著性,在社交动机上的差异不显著,而处于行动阶段的锻炼者锻炼动机最强。

四是在前意向—意向—行动的变化阶段,锻炼动机都呈现出增强的趋势,但在行动—坚持的变化阶段变化非常小,且有减弱的趋势,而锻炼动机最大的变化发生在前意向—意向变化阶段。锻炼动机对锻炼行为发展的推动作用主要表现在前3个阶段。

四、不同锻炼行为阶段的锻炼效果认知

一项来自世界卫生组织(WHO)的调查结果显示:缺少身体活动是世界十大致死和致残原因之一,全世界每年大约有2 000万人的死因可归为缺少身体活动。尽管人们越来越意识到体育锻炼对健康的重要性,但在健康促进项目的实践和研究中依然发现体育锻炼"参与容易,坚持难"。在美国,只有8%~20%的人有规律地参加体育运动;50%的人参加一段时间的体育锻炼,在6个月后都退出锻炼。中国群众体育现状调查报告也指出,"大多数人口进入青年时期后中断体育活动的现象依然存在,并出现逐渐加剧的趋势"。探索锻炼者体育锻炼行为发展过程和影响因素,有利于有效促进锻炼者行为发展和坚持,对推动全民健身有着重要的理论和现实意义。

关于锻炼者行为发展过程的一个重要理论是以锻炼行为转变阶段为主要内容的跨理论模型。随着国内学者对跨理论模型的引进,相关研究正逐渐成为我国体育锻炼行为研究领域的热点。已经有不少学者对跨理论模型提出的锻炼行为阶段及影响因素进行了研究,但还没有发现有学者定量分析锻炼行为阶段变化过程中个体对锻炼效果认知的变化。体育锻炼具有多种功能,通过体育锻炼能达到健身、教育、娱乐等目的,这也正是人们参与体育锻炼的动机,然而,只有当人们认识到体育锻炼的作用才有可能激发其参与体育锻炼的动机,也只有在锻炼过程中体验到体育锻炼的效果才可能继续坚持锻炼。因此,了解锻炼效果认知与锻炼行为阶段变化的关系,有利于我们对锻炼行为阶段转变进行理解,从而有效地对锻炼者行为转变进行干预和促进。

(一)研究方法

1.研究对象

研究对象为西安地区的科研院所、企事业单位中具有副高级及以上职称的科研管理人员,以及高校的正、副教授或有博士学位的青年教师、在读博士生,共587人,平均年龄40.38岁(SD=10.098),其中教师占比为36.6%,管理人员为23.4%,科研人员为18.8%,在读博士生为21.2%。男性401人,女性186人。

2.量具

锻炼行为阶段的测量参考卡迪纳尔提出的锻炼阶段量表,根据本项研究的操作定义调整,量表为:"有规律的锻炼是指为了促进健康而进行的有计划的身体活动,如散步、慢跑、球类等。有效的锻炼应该是坚持每周3~5次、每次20分钟以上能使您出汗的运动。据此定义,您是否进行了有规律的锻炼:

①是,我坚持这样的身体锻炼已经超过六个月了;

②是,我坚持这样的身体锻炼还没有超过六个月;

③否,但我打算开始这样的锻炼;

④否,并且我没有打算开始这样的锻炼。"

锻炼效果认知采用锻炼效果自评量表,测量题目分别测量被试在体育锻炼中认知和体验到的乐趣、健康、能力、外貌和社交 5 个方面的效果。量表共 10 个题目,例如,测量乐趣效果的"在身体锻炼中我感到很快乐"、测量健康效果的"我通过体育锻炼增强了体质"。题目采用 Likert5 级量度,从"同意."到"不同意"。各分量表的信度系数为 0.65～0.78。

健康状况、肥胖程度和是否患慢性疾病采用自评。问卷中健康状况评价分为:优秀、良好、中等、较差和差 5 级。肥胖程度参照国家体质健康标准对身体形态的分类分为:肥胖、较胖、正常、较瘦和很瘦 5 级。是否患有慢性疾病的可选答案依次为:a. 严重的、b. 较严重的、c. 不严重、d. 轻微的、e. 根本没有。

3. 数分方法

数据统计使用 SPSS for Windows 10.0 版,主要采用单因素方差分析(One-way ANOVA)比较了处于四个不同锻炼行为阶段的人群之间在健康状况和锻炼效果认知评价等方面的差异。

(二)结果与分析

1. 样本在不同行为阶段的分布

跨理论模型把锻炼行为变化分为前意向、意向、准备、行动和坚持五个阶段。国内学者认为跨理论所提出的五个阶段尚不清晰,在概念上尚存在含糊不明确之处,特别是意向阶段和准备阶段,都是指有了行为意向却没有进行有规律的体育锻炼,没有本质区别,他们认为锻炼行为阶段可以根据锻炼行为发展过程中动机行为习惯的变化划分为四个阶段。

本次研究采用的是四阶段划分。前意向阶段是指人们尚未意识到自己行为的问题,在可预见的未来还没有想要采取行动的阶段。意向阶段是指人们在未来六个月想要有所改变的阶段。行动阶段是指人们在过去的六个月内在生活方式上已经有了显著改变,但是行为改变仍然是新的、尚未稳定的变化。坚持阶段是指人们的行为改变至少持续了六个月以上,行为已经变成一种习惯。

本次调查的 587 名调查对象不均等地分布在锻炼行为转变的四个阶段上。前意向阶段有 70 人,占总人数的 11.9%;意向阶段有 214 人,占总人数的 36.5%;行动阶段有 91 人,占总人数的 15.5%;坚持阶段有 212 人,占总人数的 36.1%。本次调查的对象属于具有高级职称或高学历的知识分子,他们中进行规律体育锻炼者占总人数的 51.6%(包括行动阶段和坚持阶段),远远大于城市居民进行规律体育锻炼者的比例(39.8%)。

2. 不同锻炼行为阶段健康状况的比较分析

随着锻炼行为阶段的发展变化(前意向—意向—行动—坚持),健康状况得分呈现出逐渐变好的趋势,方差检验结果表明,不同锻炼行为阶段的锻炼者健康状况自评得分的差异具有显著性,在不同阶段之间的两两比较中,相邻阶段之间差异不显著,而坚持阶段与前意向阶段、坚持阶段与意向阶段之间存在显著差异。这一结果一定程度上反映出体育锻炼对改善健康的作用在短期内不会太明显,但长期坚持体育锻炼对改善健康状况有显著的作用。在治疗慢性疾病和改善肥胖程度方面,随着锻炼行为阶段的发展并没有出现有规律的变化,不同阶段之间的差别不显著;但在治疗慢性疾病方面,前意向阶段的状况是最差的。

(三)不同锻炼行为阶段体育效果认知的比较分析

在不同阶段之间的两两比较中可以看出,对健康效果认知评价的差异主要表现在前意向阶段和其他行为阶段之间,在意向阶段、行动阶段和坚持阶段相邻之间的差异不具有显著性。在技能效果、形象效果和社交效果上,相邻阶段之间不存在显著差异,但在非相邻阶段存在较大的差异,这种跨越一些中间阶段后锻炼效果评价出现显著差异说明体育锻炼在这三方面的效果也需要较长时间参与才能获得。娱乐效果的变化主要集中在进入锻炼坚持阶段,表现为坚持阶段与前三个阶段均存在显著性差异,而前三个阶段之间差异不具有显著性。

结合上面各种锻炼效果的变化特征我们也可以发现:在个体刚开始参加体育锻炼时最容易认知到的是体育锻炼的健康效果,这也是许多人开始参与体育锻炼的动机;而娱乐效果在长期的体育锻炼参与后才能有更深刻的体验,当然这也是那些处于锻炼坚持阶段的个体坚持体育锻炼的重要原因。

(四)讨论

1. 锻炼行为与锻炼效果的互动关系

体育锻炼对参与者的身心健康的良好作用在众多的研究中得到反复证实,从本次结合跨理论的锻炼行为阶段划分进行研究的结果来看,随着锻炼行为阶段向前发展(前意向—意向—行动—坚持),健康状况呈现持续变好的趋势,越长期坚持规律体育锻炼的锻炼者拥有越好的健康状态,再次证明了坚持锻炼行为对健康的促进作用。在锻炼效果认知的不同阶段比较中,在健康、技能、形象、社交和娱乐5个方面也都表现出随着锻炼行为阶段向前发展呈现持续变好的趋势,这进一步表明坚持体育锻炼不仅能够促进健康,而且可以获得其他更多的好处。

谈到锻炼效果,人们会很自然地把它看作体育锻炼的结果,很少有人会关注到锻炼效果对锻炼行为产生的影响。锻炼效果认知是国内关于锻炼坚持机制的研究中提出的一个关于锻炼行为心理决策的构想概念,是指个体体验到或认知到的通过体育锻炼获得的积极效果和作用,它是锻炼坚持机制解释结构模型三个认知决策过程(动机定向、锻炼效果评价、坚持锻炼行为可能性预测)中对锻炼承诺和锻炼坚持决定作用最大的一个心理因素,在锻炼行为坚持阶段,怎样提高锻炼的效果,改善个体对锻炼的评价,才是保持锻炼行为的最重要的途径。

一些学者的研究也表明,认知到的体育锻炼的价值与作用和坚持体育锻炼的长期性呈现高度相关,对体育自身价值与作用的认识是影响个体坚持体育锻炼的重要因素。这些结论是针对锻炼坚持研究得出的,本研究首次结合锻炼行为发展过程进一步分析论证,研究结果(不同锻炼行为阶段的锻炼者锻炼效果认知差异具有显著性,越高锻炼行为阶段,锻炼效果认知越好)反映锻炼效果认知越好的个体越能发展到高一级的锻炼行为阶段,一定程度上证实了对锻炼效果的认知推动锻炼行为向高级阶段发展。

从上述分析来看,锻炼行为和锻炼效果是一个相互影响的互动关系。当我们以整体思考的方式,系统考察锻炼动机、锻炼行为、锻炼效果和认知,可以发现它们构成了一个反复增强的环路(图2-3):动机(追求锻炼的好处)—行为(参加体育锻炼)—效果(获得锻炼带来的好处)—认知(强化对锻炼好处的评价)—进一步坚持锻炼—产生更多的锻炼效果。这种行为效果对后继行为产生调节作用在驱力理论中也有相关的论述:"个体进行某项活动或行为的努力程度或执着程度将取决于个体由于匮乏状态而产生的内驱力,以及由观察、学习或亲身经历所获得的关于这一活动的或行为的效果体验,如果过去的行为导致好的结果,人们有反复进行这种行为的趋向,过去的行为如果导致不好的结果,人们有回避这种行为的倾向。"因此,帮助个体认识和体验体育锻炼的好处,可以促进形成一个良性循环,有利于个体坚持体育锻炼,形成良好的锻炼习惯。

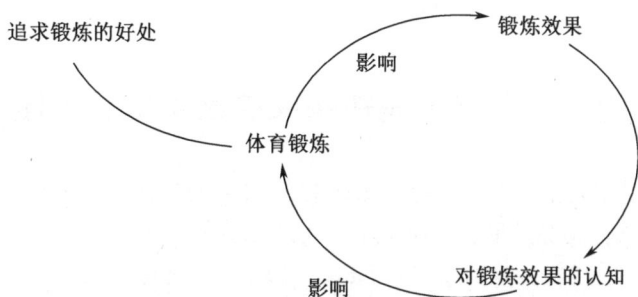

图 2-3 由锻炼效果认知促进体育锻炼行为的反复增强环路

2. 知识分子对效果的认知情况

就本次测量结果而言,知识分子锻炼效果自评得分由好到差依次为:健康效果(1.65±0.70)、娱乐效果(1.82±0.78)、技能效果(2.14±0.89)、形象效果(2.22±0.89)、社交效果(2.34±0.92)。他们在技能效果、形象效果、社交效果方面的认知评价不如对健康效果和娱乐效果的认知评价好。一方面,这个结果说明他们参与的体育锻炼在健康和娱乐方面效果较好,而在技能、形象和社交方面的效果较差;另一方面,也说明知识分子对体育锻炼的效果认知还不够全面。从本次单因素方差分析的两两比较结果来看,相邻阶段锻炼效果的差异并不显著,而非相邻阶段存在较大的差异,这种跨越一些中间阶段后锻炼效果评价出现显著差异的现象说明体育锻炼的效果常常需要较长时间参与才能获得。因此,人们参与一段时间锻炼后,常常会因效果不明显而退出体育锻炼,在这种情况下,需要采取一定措施帮助锻炼者认知和体验到锻炼的效果,从而坚定他们坚持锻炼的信心,例如,设定易于评价的阶段性目标、进行阶段性的总结评估。对知识分子来讲,在技能、形象和社交方面的锻炼效果还有较大的提升空间,通过加强他们对这几个方面锻炼效果的认知可以进一步促进他们的体育锻炼行为向坚持阶段发展。

五、结论

随着锻炼行为阶段向前发展(前意向—意向—行动—坚持),健康状况呈现持续变好的趋势,坚持锻炼对改善健康有显著作用。

随着锻炼行为阶段向前发展,个体对娱乐、健康、技能、形象和社交 5 个方面的锻炼效果认知评价越来越好。提高个体锻炼效果认知可以促使个体坚持锻炼。

个体刚开始参加体育锻炼时最容易认知到的是体育锻炼的健康效果;娱乐效果在长期的体育锻炼参与后才能有更深刻的体验。

知识分子认知到的锻炼效果由好到差依次为:健康、娱乐、技能、形象。

第三章 体育消费决策及质量感知

第一节 体育消费购买决策类型及过程

1985 年乔丹刚刚以选秀第 3 位的身份成为芝加哥公牛队的一员。当乔丹穿着红黑色的 Air Jordan 在球场上比赛的时候,NBA 还不允许球员如此个性张扬,管理层强调球衣和球鞋的统一性。为此,乔丹每一次穿着 Air Jordan 篮球鞋出场比赛,就会被联盟处以 5 000 美元的罚款,而 Nike 公司不仅替乔丹支付了所有罚款,还利用这个机会进行了成功的危机营销。NBA 总裁斯特恩回忆说:"当我们意识到不能让这些球员穿着花花绿绿的球鞋满场跑的时候,Nike 把我们的禁令当作广告广为宣传。我们可能会被认为是开创了真正意义上的现代体育营销的参与者。"再加上此时,乔丹在比赛中表现出色,45 万双乔丹篮球鞋很快就销售一空,而一年后,乔丹本人在 1986 年当选为 NBA 最佳新秀,Air Jordan 篮球鞋的销售额达到了 3 000 万美元。

勒布朗·詹姆斯在 Nike 的宣传广告片中鼓励年轻的球迷不是要成为第二个勒布朗·詹姆斯,而是要超越他。同时,Nike 的宣传片中着重渲染了勒布朗·詹姆斯的个人成名史以及他对家乡的热爱。为此,设计师肯·林克在鞋底上加入了詹姆斯的家乡阿克伦城的地图。同时配上一个感人的故事——詹姆斯小时候曾经看着俄亥俄州地图问他的母亲:"为什么地图上没有阿克伦城?"之后他就决心要把他的故乡俄亥俄州的阿克伦城标注在地图上。

Zoom LBJ V 中国版延续了概念鞋款的设计,将詹姆斯的"王者气质"与中国最为精粹的"紫禁城文化"相融合。这也是 Zoom LBJ 系列第三次生产中国版本。Zoom LBJ V 借用了紫禁城的特色,就连鞋盒上的色彩和花纹设计也将中国文化体现得淋漓尽致。Zoom LBJ V 中国配色版鞋盒的外表以金色为底色,就像紫禁城的黄瓦,坚实且稳固,奠定了这双球鞋"帝王"的权威地位;鞋盒上图案设计的理念重复利用了鞋款的线条艺术。用半透明的灰色油墨将两种图案压印于现有的鞋盒之上;以抽屉式拉开鞋盒,醒目的中国红加上压印的麒麟图案,使整个鞋盒充满了王者的霸气。

Nike 公司给我们的启示不仅仅是卖鞋这么简单,体坛上表现完美的运动员虽然不多,但绝不止乔丹和詹姆斯二人。几乎所有人都认识飞人乔丹著名商标,惊叹其设计精美、栩栩如生。乔丹能够成为"篮球之神",并且在商业上能够获得与在篮球场上相当的成功,当然离不开耐克近乎完美的营销策略和设计师的完美设计。

一、体育消费者购买决策的类型

(一)什么是体育消费者购买决策

消费者购买决策(the buyer decision process)是指消费者谨慎地评价某一产品品牌或服务的属性并进行选择、购买能满足某一特定需要的产品的过程。广义的消费者购买决策是指消费者为了满足某种需求,在一定的购买动机的支配下,在可供选择的两个或者两个以上的购买方案中,经过分析、评价、选择并且实施最佳的购买方案,以及进行购后评价的活动过程。它是一个系统的决策活动过程,包括需求的确定、购买动机的形成、购买方案的抉择和实施、购后评价等环节。广义的消费者购买决策如图3-1所示。

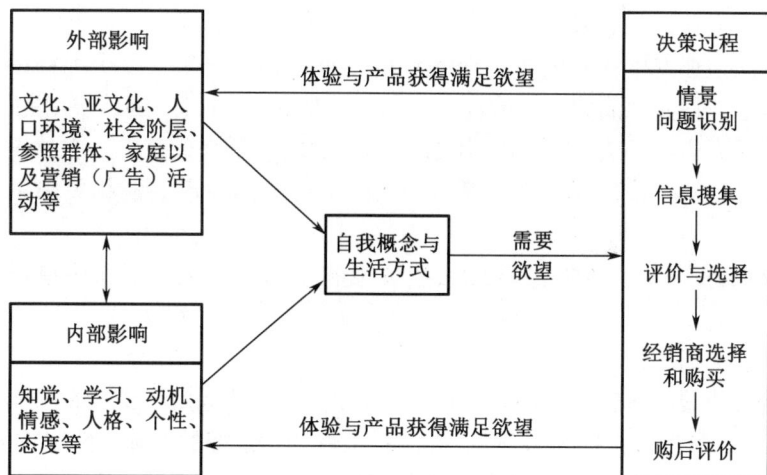

图3-1 广义的消费者购买决策模型

根据广义的消费者决策购买模型,可将体育消费者购买决策定义为:消费者谨慎地评价体育产品、品牌或服务的属性,并进行选择、购买能满足特定运动需要的产品的过程。

(二)体育消费者购买决策的类型

决策是人类大脑复杂思维活动的产物。体育消费者在做决策时不仅要开展感觉、知觉、注意、记忆等一系列心理活动,还必须进行分析、推理、判断等一系列思维活动,并且要计算费用支出与可能带来的各种利益。体育消费者的购买决策受到多方面因素的影响和制约,具体包括个人的运动兴趣、性格、气质、生活习惯与收入水平等主体相关因素;所处的空间环境、社会文化环境和经济环境等各种刺激因素,如体育产品本身的属性、价格、企业的信誉和服务水平,以及各种促销形式等。这些因素之间存在着复杂的交互作用,它们会对体育消费者的决策内容、方式及结果产生不确定影响。有的消费者在购买体育商品时甚至并不注重体育产品和服务属性,而是更多地关注购买或使用体育产品和服务时的感受、情绪和环境。此时,选择某个体育品牌并非因其独特的属性(价格、样式、功能、特点),而仅仅因为"它使我感觉很舒服""这样使我很有存在感"或"我的朋友们会喜欢它"等。

当体育消费者在做购买决策的时候,随着体育消费者的购买介入程度由低到高变化,其决策过程也随之复杂化。据此可以将体育消费者购买决策概括为名义型、有限型、扩展型3种类型。需要指出的是,这3种类型之间并非泾渭分明,而是相互交叉的。

在描述某一体育消费者购买决策类型之前,有必要界定"购买介入"的概念。我们把购买介入程度定义为:消费者由某一特定购买需要而产生的对决策过程关心或感兴趣的程度。有些人可能会非常钟情于某一体育品牌(例如 Nike 或 Adidas)或某类体育产品和服务(篮球或足球),但由于品牌忠诚、时间压力或其他原因购买该体育产品的介入程度却很低。

如个体可能对某体育品牌非常忠诚,觉得它胜过其他任何品牌,从而对其形成强烈的偏好。当购买体育产品时,无须多加思考,总会毫不犹豫地选择所喜爱的体育品牌。

1. 名义型决策

名义型决策,有时也称习惯型购买决策,实际上就其本身而言并未涉及决策。当一个问题被认知后,经内部搜索(长期记忆)浮现出一个偏爱的体育品牌,该体育品牌随之被选择和购买。只有当被选产品未能像预期那样运转或表现,购后评价才会产生。

名义型决策往往发生在对购买的介入程度很低的情况之下。一个纯粹的名义型决策甚至丝毫不考虑选择其他品牌的可能性。比如某消费者的 Dunlop 网球快用完了,于是决定下次去体育用品商店时再买几个,而根本没想到用别的牌子来代替它。在体育用品商店里浏览货架寻找 Dunlop 网球,对其他品牌和它们的价格或其他潜在的相关因素都不会给予考虑。

名义型决策通常分为两种:品牌忠诚型决策和习惯型决策。下面简单地介绍这两种决策。

(1)品牌忠诚型决策

某消费者可能曾经对选择网球有着很高的介入程度,并运用了扩大型决策过程。作为这一过程的结果,在选定了 Dunlop 牌网球之后,虽然选择最好的网球仍然很重要,但可能会不加思考地一再选择此品牌。此时,你已对 Dunlop 牌生产了忠诚和信赖,因为该消费者认为它能最有效地满足需要。一旦形成了情感上的依赖(喜欢这个牌子),该消费者就成了 Dunlop 牌网球的忠诚顾客,其他竞争者很难赢得惠顾。

在这个例子里,由于对品牌忠诚,该消费者对体育产品的介入程度相当高,但对购买的介入程度则很低。假如 Dunlop 牌网球的优越性受到挑战,比如从新闻报道中了解到更好的网球的出现,也许会更换品牌,但很可能要经历一次高介入度的决策过程。

(2)习惯型决策

与前面例子形成对照的是,该消费者可能会认定所有的网球都是一样的,因而对网球这类产品及其购买关心甚少。在试了 Wilson 牌网球并感到满意之后,该消费者就会一再选择该品牌。于是成了 Wilson 牌网球的重复购买者,但并不忠诚于这一品牌。当下次需要网球时,假如遇到了买 Wilson 牌网球是否明智的困惑(比如别的牌子在打折),可能会转换品牌且不需更多斟酌和思考。

2. 有限型决策

有限型决策是介于名义型决策和扩展型决策之间的一种决策类型。从最为简单的情形看(购买介入最低时),它与名义型决策相似。比如,在体育用品商店里某消费者注意到了陈列在货架上的 Head 牌网球,并顺手拿了两盒。此时凭借的只是印象中的"Head 牌网球还不错"或"我已经好久没用 Head 牌网球了",此外并未搜集更多的信息。最多会为买不买略为犹豫,而不会再考虑选择其他体育品牌。还有一种情况是,该消费者可能遵循某一条决策规则,比如选择最好的网球品牌。当网球用完时,该消费者若置身于体育商店,就会查看一下各种网球品牌,挑选品牌最响亮的产品购买。

有限型决策有时会因情感性需要或环境性需要而产生。比如决定买一个新的体育产品,此时并不是对目前使用的产品和品牌不满,而是因为对它们产生了厌倦感。这类决策可能只涉及对现有备选品新奇性或新颖程度的评价,而不涉及其他方面。也可能会根据别人实际的或预期的行为对购买进行评价。

总的来说,有限型决策涉及对一个有着几种选择方案的问题的认知。信息的搜集主要来自内部,外部信息搜集比较有限,备选产品不太多,而且运用简单的选择规则对相对较少的几个层面进行评价。

3.扩展型决策

扩展型决策发生在购买介入程度很高的情况下。这种类型的决策涉及广泛的内、外部信息搜集,并伴随对多种备选品的复杂比较和评价。体育消费者在购买体育产品之后,很容易对购买决策的正确性产生怀疑,从而引发对购买的全面评价。相对来说,达到如此复杂程度的决策并不多。然而,在诸如户外运动品牌(如背包、帐篷)等体育产品的购买上,扩展型决策比较多见。即使带有强烈情感色彩的体育消费者决策也可能涉及相当程度的认知努力。例如当我们在做出是否外出徒步运动的决定时,被满足的需要和被评价的标准均是情感因素而非属性特征,而且,由于外部信息的缺乏,所采用的评价标准也比较少。即使这样,在做决定时我们仍然会左思右想、举棋不定。

(1)不同购买行为类型的体育营销策略

复杂型购买行为是指消费者面对不常购买的贵重物品,由于产品品牌差异大,购买风险大,消费者需要有一个学习过程,广泛了解产品的性能、特点,从而对产品产生某种看法,最后决定购买的消费者购买行为类型。相应的营销策略:体育营销者应采取有效措施帮助消费者了解体育产品性能及其相对重要性,并介绍体育产品优势及其给购买者带来的利益,从而影响购买者的最终选择。

协调型购买行为是指那些品牌差异不大的产品,消费者不经常购买,而购买时又有一定的购买风险,所以,消费者一般要比较、看货,只要价格公道、购买方便、机会合适,消费者就会决定购买。购买之后,消费者也许会感到不协调或不够满意,在使用过程中,会了解更多情况,并寻求种种理由来减轻、化解这种不协调,以证明自己的购买决定是正确的消费者购买行为类型。相应的营销策略:针对这种购买行为类型,体育营销者应注意运用价格策略和人员推销策略,选择最佳销售地点,并向体育消费者提供有关体育产品评价的信息,使其在购买后相信自己做出了正确的选择。

变换型购买行为是指对于品牌差异明显的产品,消费者不愿花长时间来选择和评估,而是不断变换所购买产品的品牌的消费者购买行为类型。相应的营销策略:消费者这样做并不是因为对体育产品不满意,而是为了寻求多样化,体育营销者可采取销售促销和占据有利货架位置等办法,保障供应,鼓励消费者购买体育产品。

习惯型购买行为指对于价格低廉、经常购买、品牌差异小的产品,消费者不需要化时间选择,也不需要经过搜集信息、评价产品特点等复杂过程的最简单的消费行为类型。相应的营销策略:利用价格与销售促进、吸引体育消费者使用;投放大量重复性广告,加深体育消费者印象;增加购买参与程度和体育品牌差异。

(2)体育消费购买行为的形成过程

人类社会出现以后,体育就成为与人类长期相伴的活动之一。人们根据自身的各种需要,从事着各式各样的体育运动,当人们的消费领域逐步扩大时,又逐步把体育作为自己消费的对象。这样,在人类社会产生后不久,就逐步出现了一定程度和形式的个人体育消费需求。目前仍没有足够的证据来证实早期人们采取何种具体形式来消费体育,当早期人类社会中各种体育比赛和表演的活动雏形开始出现的时候,当地的居民利用其闲暇和资金(或其替代物)烘托着这些体育壮举的产生。当然,它们在其水平和规模上不能与现如今同日而语,但仍可找出具有与当今的居民体育消费相似的特点。比如,学者们在描述古代奥运会时曾指出:"(古代)奥运会除体育竞技外,还有政治、经济、文化等活动。"到了后期,"运动竞技逐渐失去原来的意义,而成为人们追求财富的手段"。据考证,到公元前4世纪中期,战车赛优胜者被奖赏的橄榄油的价值,相当于一个熟练手工业者1 186~1 680个劳动日的价值。既然从事竞技运动可以取得财富,可以获得物质奖赏,就必然伴随着社会公众的资金投入和有人把它作为消费对象等现象。

在早期人类的体育比赛和表演活动逐步扩大,或其他原因引发了人们对体育的向往时,当这种向往又以一定的资金(或其替代物)得以保障时,人们就开始产生了以体育为对象的消费需求,最早的体育消费需求出现了。比如,我们甚至可以做出这样的假设,在最初的农业社会里,也会出现诸如以物易物式的体育消费,人们通过出卖自己的劳动力,或是出卖家中某些农产品,或是以家里的一些可以使用的劳动工具等,以兑换的方式来换取参加体育活动、观摩体育文化比赛活动的报偿。在那些商品贸易不太发达的国家,用这种以物易物的交换方式从事体育消费会延续很长的时期。

到了工业社会,货币和商品交换成为人们和社会组织之间经济往来的主要形式。人们通过劳动获得以货币方式为等价物的收入,又通过支出货币的方式来获取自己所需要的商品,真正意义上的消费时代开始到来。这时,人们开始以货币支出的方式购买门票,像观赏各种文化娱乐活动一样来欣赏体育表演或比赛,或购置各种体育物品直接参与到体育活动中来。特别是到了近代,在大型体育场地设施逐步兴起、大型体育比赛逐步兴盛以后,人们把体育活动作为消费对象,已经是司空见惯的事情了。

到了今天,不仅各种形式的有形体育消费特别活跃,而且,伴随着人们价值观念的多元化、现代技术手段和传媒工具的多样化,虚拟体育消费已经为人们所关注。比如,网上体育消费(如购买体育彩票等)、体育信息消费也成为许多人追逐的新时尚。可以说,在现代社会里,体育消费已经成为人们生活中不可缺少的消费内容之一,体育消费需求正在成为人们的基本需求之一。这种情况,在经济发达国家里表现得更为明显。

4. 从赛百味(Subway)的营销看体育消费者决策

赛百味(Subway)是一家起源于美国的跨国快餐连锁店,创立于1965年,主要贩售三明治和沙拉,由Doctor7's Associates,Inc(DAI)持有,是世界上扩张最快及最大的单一品牌连锁店。其在2007年是全球第三大速食餐厅,次于百胜(34 000间分店)和麦当劳(31 000间分店)。到2011年3月7日已经超越百胜及麦当劳,成为全球分店最多的快餐店,有34 218间。目前,赛百味已经分布于世界上100多个国家,店面接近40 000家。在快餐品牌中,人们更多关注的是麦当劳与肯德基之争,却往往忽略了赛百味。殊不知,近年来赛百味已成为快餐品类的明星品牌。而在品牌发展的背后,赛百味的体育营销也做得游刃有余,结结实实地成了体育营销的大咖。

(1)多点开花式营销

签约体坛巨星,是赛百味重要的体育营销策略。而赛百味明星代言活动中,则体现了多点开花的现象。赛百味旗下签约的运动员,涵盖了众多世界顶级体育赛事与联赛中的运动员,有的是奥运明星,有的是来自NBA、NFL、MLB等的巨星,还有的来自WWE、全美汽车赛等赛事。在NBA中,赛百味选择了帕克和格里芬作为品牌代言人,尝试着打造"赢家都吃赛百味"的卖点。即使帕克和格里芬都是关注度极高的NBA球员,赛百味依然不遗余力地通过社交媒体和数字媒体对两名球员进行推广,这其中暗藏的深意则非常明显,即通过提高球星影响力来为自己的品牌宣传做铺垫。

在 NFL 联赛里,赛百味也与多名巨星有合作关系,通过他们"站台"来吸引消费者。其中,赛百味曾在超级碗期间,邀请 NFL 巨星贾斯丁·塔克在赛百味的一家门店里乔装成店里的服务员,为消费者服务。当然,这样做之前,他们会有意向媒体放风,除此之外,社交媒体上也会大量地转发塔克在某某赛百味店的消息。这样与巨星近距离接触的机会,粉丝自然不会放过。

此外,在游泳领域,他们有"飞鱼"菲尔普斯;在足球领域,他们有球王贝利;在棒球领域,赛百味则有瑞恩·霍华德。这些大牌运动员,使得赛百味在体育领域有了广泛的覆盖,在重大赛事期间,这些球员为赛百味带来了价值极高的曝光与宣传。

(2)足球营销与全球化

虽然赛百味在美国与很多球队、巨星建立了合作关系,但是这样的"本土化"程度过高的体育营销有明显的局限性,即相关的营销活动只能在球队当地方圆 90 英里(约 144.8 千米)以内展开。这样的局限对于一个着眼全球化的品牌来说,"开源"势在必行。于是,赛百味开始与足球结缘,开启了全球营销战略。

经过多番考察与权衡后,赛百味决定与球王贝利以及英超传统豪门利物浦队合作。签约贝利后,赛百味可以在全球范围内的广告、海报中使用贝利的肖像,同时,贝利也会随赛百味参加一些线下活动。鉴于贝利职业生涯取得的丰功伟绩,在世界范围内享负盛名,赛百味在与贝利合作开展的全球营销活动中尝到了甜头,开始了在足球领域更多的探索。

在对英超考察了一段时间后,赛百味选择了利物浦队。赛百味之所以选择利物浦队,除了看重利物浦队的品牌价值外,还格外看重其在全球市场的自主营销权利,因为与利物浦队展开合作,赛百味可以在全球市场上进行市场推广。在利物浦队的亚洲行中,赛百味会有针对性地在新加坡、马来西亚甚至是印度等地组织一些观赛团。通过与利物浦队的合作,赛百味可以进一步深入英国,乃至亚洲地区的市场。

(3)奥运会与伏击营销

虽然奥运会的快餐赞助品牌席位被麦当劳牢牢占据,但赛百味并不会对这样的世界顶级体育赛事"袖手旁观"。他们的策略是,与游泳名将菲尔普斯、短道速滑名将阿波罗·大野、体操运动员娜斯佳·柳金等展开合作,并展开"伏击营销"。在为这些体坛明星拍摄的宣传广告中,并不会出现奥运会的图标、影音或者文字,但却无时不在暗示这些运动员与奥运会的联系。通过这样的策略,赛百味既不用支付奥组委昂贵的赞助费,也不用担心竞品和法律来找自己的麻烦。更重要的是,这些奥运明星的广告,让赛百味的品牌进一步有效曝光,起到了相当好的宣传效果。在 2010 年温哥华冬奥会时,赛百味通过为其旗下形象代言人菲尔普斯拍摄的广告,玩起了伏击营销。在广告中,菲尔普斯"游遍北美",终点则选择了温哥华,难免让关注冬奥会的人"浮想联翩"。为此,麦当劳公开对赛百味这样的做法表达了不满。不过,赛百味并不以为意,相反他们对自己的冬奥伏击营销相当自豪,在回应麦当劳的抱怨时,他们的营销总监引用了麦当劳的广告语"I'm loving it",表示他们很满意营销策略,并且享受这样的营销带来的效果。

在体育营销专家看来,赛百味这样做的确是有意为之。英国考文垂大学一名长期研究伏击营销的体育商业学教授表示,"赛百味的做法,正是想暗示他们与冬奥会的联系"。从效果来看,赛百味可以算是"无中生有"的体育营销高手。

二、体育消费者购买决策过程

当一个人遇到问题有所需求或需要时,才会购买某一产品或者服务,试想当你刚刚购买了一台 Icon 牌跑步机后,你可能考虑的不是再去购买跑步机,而可能考虑的是购买与跑步机配套的其他产品。

借用 CDP 模型可以将体育消费决策过程模型定义为:体育商品或者管理人员用来帮助规划体育产品组合、交流沟通和体育销售策略的体育消费者思维图。通过创建体育消费者决策过程模型来分析体育消费者是如何根据情境和影响因素做出富有逻辑性和一致性的决策。根据定义,图 3-2 给出了简明的体育消费者决策过程模型。

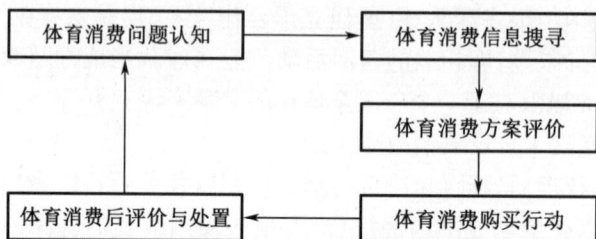

图 3-2　体育消费者决策过程模型

(一)体育消费问题认知

体育运动消费者认识到自己有某种运动需要是其决策过程的开始,这种需要可能是由内在的生理活动引起的,也可能是受到外界的某种刺激引起的,或者是内外两方面因素共同作用的结果。例如,看到别人打篮球,自己也想打篮球。因此,体育营销者应注意不失时机地采取适当措施,唤起和强化体育消费者的需要。

几乎每一天,我们都要面对各种体育消费问题。日常性的购买问题,比如游泳卡快用完了需要充值,这时候你需要购买游泳卡,一旦意识到,很快就会解决。某些使用次数较多的体育用品(比如跑步机)突然出了毛病这样意料之外的问题则是容易认知却不易解决。对其他问题的认知,比如对新跑步机的需求则要多费点时间,因为此类问题通常较复杂,且决策缓慢。

随着时间的推移,各种情绪(如厌烦、焦躁或抑郁)会或快或慢地产生。这些情绪常被作为支配体育消费购买行为的问题而被认知(如"我心情不好,所以我要去跑步")。有时,这些情绪会引发未经认真思考的细分行为,如一个感到焦躁不安的人会下意识地决定去健身房。在这种情形下,"问题"并未真正被认知(在有意识的层次上),其尝试的解决方法通常也并不奏效。

体育营销者不仅通过发展各种体育产品来帮助体育消费者解决问题,他们也常常试图帮助体育消费者认识各种体育消费问题,有时甚至是在这些问题尚未萌芽之时。

1.问题认知的性质

问题认知是体育消费者决策过程的第一步,它是指体育消费者意识到理想状态与实际状态存在差距,从而需要采取进一步行动。比如,你也许不想让星期五晚上沉闷无聊,当你发觉自己在周末孤孤单单、心情烦躁时,你会把它作为一个问题看待,因为你的实际状态

(心情烦躁)与理想状态(快乐而充实)之间有差距。怎么办?你可以踢足球或打篮球。作为对问题认知的反应,体育消费者采取何种行动取决于问题对于体育消费者的重要性、当时的情境、该问题引起的不满或不便的程度等多种因素。

2. 消费者问题的类型

体育消费者问题可分为主动型与被动型。主动型问题是指体育消费者在正常情况下就会意识到或将要意识到的问题。被动型问题则是体育消费者尚未意识到的问题。下面这个案例清楚地说明了主动型问题与被动型问题的区别。

Adidas公司开发出防晒衣,这种衣服在夏天运动的时候可以避免紫外线的伤害。在将该产品推向市场之前,Adidas公司进行了一项市场调查以预测需求和以此指导其营销策略的制定。两组潜在消费者接受了调查。第一组被访者被询问如何防止被紫外线晒伤,以及在此过程中遇到了哪些问题。几乎所有的被试都回答用衣服,很少有人认为这有什么问题。接着Adidas公司向他们介绍了防晒衣这种新产品,并询问他们购买该产品的可能性。结果只有很小一部分人表示有购买兴趣。

然而,富有戏剧性的是,在这些人实际使用该产品几个星期后,竟纷纷感到它是对现有防晒方法的极大改进,并表示了继续使用该产品的强烈愿望。由此清楚地表明,问题是存在的(因为试用者均感到它大大优于旧产品),只是大多数消费者没有意识到这一点,这就是被动型问题。在体育产品能够成功销售之前,体育产品公司必须唤起消费者对问题的认知。

3. 影响问题认知的不可控因素

体育消费者的理想状态与实际状态之间的差距是产生问题认知的必要条件。导致体育消费差异存在的因素很多。这些因素有的与消费者的欲望有关,有的与体育消费者对现在状况的认识有关,而且它们远非营销人员所能直接控制的。比如,当你决定去尼泊尔徒步安纳普尔纳大环线的时候,这时候8.1级地震发生了,这样你就不能去尼泊尔徒步,这些不可控因素有时也决定着体育消费决策。

4. 问题认知与营销策略

体育营销管理者通常关注4个与问题认知相关的问题。

第一,他们需要弄清楚体育消费者面临的问题是什么;

第二,他们要知道如何运用营销组合解决这些问题;

第三,他们有时需要激发体育消费者的问题认知;

第四,有些情况下他们需要压制体育消费者的问题认知。

(二)体育消费信息搜寻

体育消费者购买信息来源主要有5个方面:过去积累,如个人经验及低介入度学习形成的记忆;个人来源,如家庭、亲友、邻居、同事等;商业来源,如广告、推销员、分销商等;公共来源,如体育频道、消费者组织等;经验来源,如操作、实验和使用体育产品的经验等。

例如,一位坐在电脑前的游戏者正置身于秦岭国家公园,游戏的目标是在限定时间内在崎岖的山路上驾车行驶并拍摄沿途野生动植物。游戏者有一架照相机、一张地图、一个蜂窝式电话和一辆豪华切诺基吉普车。然而,这张光盘负载的不仅仅是这个游戏,实际上它还是一项高科技的销售手册。它让体育消费者浏览各种运动型的吉普车、获得各种运动车型的具体规格、进行功能和颜色的选择、与竞争者的车型进行比较、做出分期付款安排等。吉普车广告铺天盖地地出现在体育频道、新闻周刊和商业出版物上,用户还可拨打免费电话购买游戏盘。和其他利用运动游戏光盘与潜在体育消费者沟通的营销者一样的"吉普"车营销者也在争取年轻、富裕、追随科技潮流的男性群体。正如奔驰公司的一位经理所说:"购买我们汽车的客户多半受过良好的教育,并热衷于深入搜集各种信息。他们中的很多人正在积极寻找各种获得信息的途径。"

体育消费者不断地认识问题,于是旨在解决这些问题时的内部和外部信息搜集就成为一个不断进行的过程。然而,体育信息的搜集是要付出代价的,体育消费者不仅要付出体力,还要付出脑力。除了花费时间、精力、金钱,他们常常还要放弃一些更想做的事情。体育消费者的大量信息是通过无意识的搜集——低介入度学习获得的。

1. 信息搜集的性质

有意识的外部搜寻(和低介入时的学习一样),同样可以在缺乏对问题的认识时发生。即时搜寻(ongoing search)既是为了今后使用获取信息,也是因为这个过程本身就充满乐趣。比方说,对某项运动(比如网球)有着很高介入的人总是倾向于搜集与网球相关的产品信息,尽管他们并非对自己现有的网球用品有任何不满。这种搜寻涉及看网球杂志上的广告、逛网球用品商店、收看电视上的职业网球比赛,或谈论、观看本地的网球比赛。这些活动既使个体觉得乐趣无穷,又为将来积累了不少可用的信息。他们经常性地搜集体育信息以便更多地了解体育市场,更深层的原因是他们喜欢这项工作,并享受与别人共享搜寻结果所带来的社会回报。

2. 被搜寻信息的类型

体育消费者决策通常需要如下的信息:解决某个问题的合适评价标准;各种备选方案或办法的存在;每一备选办法在每一评价标准上的表现或特征。

(1)评价标准

假如有人给你一笔钱买跑步机,也许是作为礼物赠送给你,而你最近好长时间没有运动,你的第一个想法可能是:"我希望这台跑步机有什么样的特点?"接下来你会进行内部信息搜寻来确定什么样的特点能满足你的需要。这些希望拥有的特点就是你的评价标准。如果你对跑步机了解较少,你或许还需要进行外部搜寻以弄清一台跑步机应具备哪些特点。你会和朋友商量、看体育杂志上的评论、请教跑步机销售人员,或亲自去售卖跑步机的商店体验。因此,无论是内部还是外部搜寻,其潜在目标是决定恰当的评价标准。

(2)合适的备选方案

在选择合适的评价标准之后,你也许要找合适的备选方案,此时,你会再一次从内部信息搜寻开始,你考虑作为潜在备选品的某些品牌,而它们被称为意识域或考虑域。如果一开始你就对激活域感到满意,信息搜寻将集中于激活域中的跑步机品牌在特定评价标准上的表现。可见,激活域对于随后的信息搜寻和购买行动具有特殊的重要性。那些你认为完全不值得进一步考虑的跑步机品牌构成了所谓的排除域。排除域中的品牌是消费者所不喜欢和不予考虑的。即使有关这些跑步机品牌的信息唾手可得,它们也会被置之一旁。总之,体育消费者既进行内部搜寻也进行外部搜寻,其目的是:

①确定合适的评价标准;

②确定存在哪些潜在解决方案;

③确定潜在方案的特征。

（3）信息来源

再回到前面关于买跑步机的有趣例子。为了获得相关信息，你可能回忆你所了解的跑步机知识，就此与朋友或网上用户进行讨论、查询体育周刊、阅读杂志上有关跑步机的文章、向跑步机销售人员咨询，或者亲自对几台跑步机的性能进行检测。这些包括了体育消费者获得信息的主要来源。

（4）外部信息搜集量

体育营销经理对外部信息搜集特别感兴趣，因为这使得他们可以直接接近体育消费者。由于大多数的购买都是名义型或有限型决策的结果，因此在购买之前只涉及很少或几乎没有外部信息搜集。对于低价体育用品如乒乓球的购买，情况尤其是这样。

大多数体育消费者在进行耐用体育消费品的购买之前只进行很少的外部信息搜集。所购体育商品的重要性越小，信息搜集水平就越低。有限的信息搜集并不意味着体育消费者没有采取明智的购买策略，也不意味着他们没有运用大量的内部信息。

（5）外部信息搜集的收益与成本

大多数体育消费者都能在成本—收益分析或估计的基础上做出是否搜集和在多大程度上搜集外部信息的决定。外部信息搜集的利益可以是有形的，如更优惠的价格、更偏爱的样式或更高的产品质量。这种利益也可以是无形的，如风险的减小，对购买信心的增加，甚至是增添乐趣。消费者对这些利益的认识会随体育消费者的市场经验、媒体使用习惯、消费者与他人相互影响的程度或所属的参考群体的不同而存在差别。

另一方面，外部信息的获取并非不需要成本。体育消费者只进行有限的外部体育信息搜集可能是因为搜寻成本超过预期收益。搜寻成本可以是货币成本（monetary costs）也可以是非货币成本（non-monetary costs）。货币成本包括与搜寻活动相关的费用支出，如交通费、停车费和与时间有关的成本，包括损失的工资、放弃的机会、照顾孩子的花费等。搜寻的非货币成本相比之下不太明显，但可能比货币成本影响更大。几乎每一种外部搜寻活动都涉及某种体力和心力的损耗。除了疲劳外，搜寻中的挫折，搜寻活动与其他更想做的事情之间的冲突也可能削减搜寻努力。

（三）体育消费方案评价

体育消费者得到的各种有关信息可能是重复的，甚至是互相矛盾的，比如 Nike 和 Adidas 到底谁更好的问题，因此还要进行分析、评估和选择，这是决策过程中的决定性环节。

我们将重点讨论 3 个方面。首先是体育产品与服务的评价标准（即体育产品与服务应提供的利益）的性质和特征。由于体育消费者是按各产品基于所持评价标准的表现来进行选择，所以评价标准十分重要。其次，在考察了体育消费者的评价标准之后，我们将重点考虑体育消费者根据评价标准判断产品功效的能力。最后，我们将分析体育消费者从所考虑的各种体育产品与服务中进行选择时所采用的决策规则。

评价标准是体育消费者针对某一特定类型问题而寻求的一些特性或利益。如在购买跑步机之前，你会关心价格、速度、智能化、操作及售后保障。这些因素可能成为你选择跑步机的评价标准。同样是购买跑步机，其他的人可能会应用一套完全不同的评价标准。

1.评价标准的性质

典型的评价标准常是与体育消费者期望获得的利益或必须付出的代价有关的产品特

征或属性。评价标准和欲获取的利益是不同的,而在另外的情况下它们可能完全相同。例如,价格作为评价标准与成本在某一层面是统一的。

评价标准可能在类型、数量和重要性上有差异。某一消费者在一次购买决定中采用的评价标准类型可能很多,从显性的成本、功能特性到无形因素如样式、品牌形象等方面不等。在很多体育消费购买决策中,具有同等重要性的是我们对某一体育品牌的感觉。对某一体育品牌所产生的情感或情绪,消费者很难用语言表达出来,体育营销管理者也很难衡量和操纵。然而,无论是购买 Adidas 品牌还是购买 Nike 品牌,各种决策中情感因素确实扮演着重要角色。

市场营销者之所以必须理解消费者使用或可能用来评价其品牌的评价标准,其原因有二:

第一,了解这些标准对发展合适的品牌特征并把这些特征传达给目标市场至关重要;

第二,市场营销者常常企图影响顾客所采用的评价标准。

2. 评价标准的衡量

当体育营销经理准备采用一个可靠的策略去影响顾客的选择时,就必须了解:体育消费者采用了什么评价标准;在每一评价标准上,顾客如何看待不同的备选品;每一体育产品标准的相对重要性。

体育消费者有时不会或无力说出其对某一体育产品的评价标准,要知道他们在某一特定的购买选择中所采用的标准往往是很困难的。在涉及情感或情绪因素时尤其如此。比如说,选择周末踢球或者打篮球时,正好晚上国足在某一比赛中赢球了,这样心情很好,周末就很有可能选择去踢足球。

要判定某一具体体育消费购买决策中消费者采用了什么评价标准,体育市场营销研究人员可采用直接方法或间接方法。直接方法包括询问体育消费者在特定体育产品购买决策中使用了何种信息,或者在某一特定环境中或集中小组访谈中观察体育消费者的言行。当然,直接方法是建立在体育消费者能够并且愿意提供有关体育产品属性信息的假设之上。

3. 个体判断与评价标准

如果消费者准备买一台质量较好的跑步机,他很可能对不同品牌在价格、质量、智能化等属性方面进行比较。其他诸如重量等不能直接进行比较的属性,可能要依赖品牌名称或价格来判断了。直接比较的准确性和应用一个属性来判断另一属性的好坏,对营销者来说是很关键的问题。

(1)个体判断的准确性

普通体育消费者并未接受足够的训练来判断各体育品牌在诸如质量、耐用性等复杂评价标准上的表现。然而,对大多数较为直接的标准而言,多数体育消费者能够做出判断。

有研究指出,大体而言,体育消费者一般不能辨识体育品牌之间相对很小的差异或体育品牌属性相对较小的变化。另外,许多产品和服务十分复杂,有些方面的产品表现只有在大量使用之后才能做出判断,使得在体育品牌之间做出精确比较变得困难。体育消费者不能准确评价许多现代化产品,这使他们产生了很多不合适或不明智的购买(如超出所需、以较高的价格购买了较低质量的体育产品)。立法和管制管理机构、体育组织以及高价值品牌营销者对此十分关注。

（2）评价标准、个体判断和营销策略

体育市场营销者已开始认识到体育消费者判断评价标准的能力,这使得体育市场营销者能评估体育产品的功能特征,并判定在没有受体育品牌偏好和体育产品厂商偏好影响的条件下,新体育产品是否较竞争产品具有可行性。营销者需要了解体育消费者所使用的与其体育产品相关的评价标准,并且设计出超越这些标准的体育产品。

4. 决策规则

假设你已经从价格、重量、智能化、售后服务和操作的便利性等方面对你即将购买的跑步机品牌做出了评价。我们还进一步假设每一品牌在某一属性上的表现特别突出而在其他某个或多个属性上表现稍差,你会选择哪个品牌呢?答案在于你所采用的决策规则。

根据霍金斯、贝斯特和科尼出版的《消费者行为学》中提出的连接式、析取式、编纂式、排除式和补偿式5种决策规则,体育消费者在5种决策规则的引导下常常单独或同时应用5种决策规则或模式,连接式规则和析取式规则可能产生几个可接受的选项,而其他3种规则通常只产生一个"最佳"选项。

（1）连接式决策规则

在连接式决策规则下,体育消费者对每一评价标准设置最低可接受的表现水平,然后选择所有超出了这些最低标准的体育品牌。简言之,你会说:"我将考虑所有(或我将首先购买)符合我认为重要的属性标准的品牌。"

（2）析取式决策规则

析取式决策规则对每一个重要属性建立一个最低可接受的表现水平(它通常比较高)。任一体育品牌只要有一个属性超出了最低标准都在可接受之列。可以用一句话来概括析取式规则,即"我将考虑所有(或首先购买)在任一我认为重要的属性上表现确实好的体育品牌"。

（3）编纂式决策规则

编纂式决策规则要求体育消费者将评价标准按重要程度排序,然后他将选择最重要属性中表现最好的体育品牌。如果有两个或两个以上的体育品牌等序,它们将再按次重要属性被评价,直到只剩下一个体育品牌。体育消费者的思想可以这样表述:"我将选择在对我而言最重要的属性上表现最好的体育品牌,如果有两个等序,我将根据次重要属性选择表现最好的一个。"

（4）排除式决策规则

排除式决策规则要求体育消费者对评价标准的重要程度先进行排序,对每一标准都设立排除点,然后从体育产品最重要的属性开始对所有体育品牌进行考察。根据排除式决策规则,体育消费者将按照"我将购买那个其他品牌所不具有的重要属性的体育品牌"。将排除式决策规则用于体育营销时,需要重点考虑的是体育产品超出消费者要求的重要标准能比竞争对手多出一项。这个与竞争对手相比的优势,应该在体育营销时加以强调,最好能够在广告中明显地体现出来。

（5）补偿式决策规则

前4种决策规则都是非补偿性的,因为某一属性的优秀表现并不能补偿其他属性的拙劣表现。有时消费者希望在决定对某一体育品牌偏好的时候,能够在一些表现极好的属性与较不吸引人的属性之间做某种程度的平衡。补偿式决策规则陈述的是消费者将选中在有关评价标准的判断上总体表现最好的品牌。

5. 决策规则在体育市场营销中的应用

实际上，体育消费者并不真的对每个重要属性赋予详尽的数值型权重，他们也不会对不同体育品牌的表现水平打一个数值分数。这些决策规则仅仅是代表体育消费者在品牌选择常用到的模糊的决策规则。迄今为止，我们并不能回答体育消费者在何种场合下会应用何种决策规则。但特定环境下所做的研究表明，人们的确用到了这些规则。低复杂度的购买涉及相对简单的决策规则(连接式、排除式或编纂式)，因为体育消费者会试图减少做出这类决策所付出的精神"代价"。高复杂度的体育消费者购买决策和购买行为涉及相当高的知觉风险，人们会趋于更仔细地评价：不仅会应用更复杂的决策规则(补偿式决策规则)，而且有决策的阶段性，每一阶段中，应用不同决策规则评价不同属性。当然，体育消费者个体特征、产品特征和环境特征也会影响到所采用的决策规则。

(四)体育消费购买行动

买还是不买？这是体育消费者决策过程第四阶段所要回答的问题。我们将体育消费者决策购买行动提炼为"5W"：买什么(What to buy)？买多少(How much to buy)？在哪里买(Where to buy)？何时买(When to buy)？如何买(How to buy)？"5W"受很多因素的影响，其中包括店内促销、商店氛围和整洁程度、服务水平、价格、后勤供货保障和总体零售体验等。体育产品供应商通过在这些方面的相互竞争来赢得体育消费者的惠顾。此外，体育消费者必须在可以选择的范围内进行筛选，不仅要决定购买什么产品，而且要决定到哪里以及如何购买。特别是移动互联网时代的到来，给体育消费者提供了更多的消费选择。

1. 买什么(What to buy)

体育消费者购买决策的核心和首要问题就是买什么体育产品。不确定买什么，当然就谈不上有任何购买活动的产生。决定购买目标不只停留在一般的类别上，而且要明确具体的对象。比如，冬季到了，你会选择什么样的运动，你可能会在滑雪和度假中做出选择。如果是选择了滑雪，那么买什么体育产品的环节就结束了，这是体育消费者购买决策的第一步。移动互联网时代的到来给体育消费者购买什么产品提供了更大的可选择空间，体育消费者的购买力和消费需求并没有发生质的改变，但在更民主、更分散、更自我的大环境下，借助新技术的推动，体育消费者对体育产品的信息获取途径、体育品牌的评价标准、购买方式的自由化及民主化倾向程度，已完全不同于以往。

2. 买多少(How much to buy)

买多少是决定购买的数量。购买数量取决于体育消费者的实际需要及体育市场的供求情况等因素。如果体育产品在市场上供不应求，消费者即使目前并不急需，也会去购买；反之，如果体育产品市场供给充裕或供过于求，体育消费者既不会急于购买，也不会购买太多。以选择滑雪为例，选择了滑雪以后，可能考虑的问题就是，滑雪要多少天呢？消费者就会根据自己假期情况、支付能力以及滑雪门票等综合考虑。滑雪要多久呢？如果消费者的假期有20天，但预算可能有限，滑雪门票比较难买而且比较贵，那么消费者可能选择花5天时间去滑雪。

3. 在哪里买(Where to buy)

消费地点的决定受多种因素的影响，诸如路途的远近，可挑选的体育产品的品种、数量、价格以及服务态度等。一般说来，各个不同的体育产品都可能会有不同的吸引力。体育消费者决定在哪里购买与其买什么关系十分密切。延续滑雪的例子，当消费者选择花5

天去滑雪后,你可能考虑的就是去哪里滑雪。某滑雪场品质一般,但很便宜,离家很近;而东北的滑雪场品质很好、服务周到,但各项费用都比较高,且离家很远。当消费者很久没有出去,且很想去比较远的地方运动一下放松心情,那么消费者肯定会选择东北的滑雪场,但是东北很大,比较知名的滑雪场有很多,最终消费者确定了亚布力滑雪场,这样体育消费者购买决策的第三步完成了。

4. 何时买(When to buy)

决定何时购买受下述因素影响:体育消费者对某体育产品需要的急迫性、市场的供应情况、营业时间、交通情况和消费者自己的空闲时间等。此外,体育产品本身的季节性、时令性也影响购买时间。还是上面的选择滑雪的案例,当决定去亚布力滑雪场后你必须要尽快预定门票和住宿,这样就把何时买的问题完成了,此时完成了体育消费者决策购买的第四步。

5. 如何买(How to buy)

如何买涉及的是购买方式的确定。在移动互联网时代之前,体育产品的购买方式都比较单一,但是随着移动互联网时代的来临,体育产品的购买方式产生了翻天覆地的变化。还是上面冬天选择滑雪的案例,当消费者前面四步都已经决策之后,该如何购买呢? 在移动互联网时代之前的方式就是打电话预定,但是打电话预定存在很多不确定性,没有预付的情况下,亚布力滑雪场很难预留住宿和门票,如果去亚布力滑雪的人非常多可能会发生到了亚布力滑雪场没有住宿和一票难求的情况。而移动互联网时代的到来,把这些问题都解决了,消费者可能通过去各类 App 把亚布力滑雪场的门票、住宿、餐饮全部预定好,那么如何买的问题也解决了,剩下的就是准备出发了,整个体育消费者购买决策过程就结束了。

(五)体育消费后评价与处置

体育消费后评价与处置是体育消费者购买决策的最后步骤,包括体育消费者购后的满意程度和体育消费者购后的活动。体育消费者购后的满意程度取决于体育消费者对体育产品的预期性能与体育产品使用中的实际性能之间的对比。体育消费者购买后的满意程度决定了体育消费者的购后活动,决定了体育消费者是否重复购买该产品,和体育消费者对该体育品牌的态度,甚至会影响到其他体育消费者,形成连锁效应。例如,Nike 公司通过观察球场上的篮球运动员,获得了球员所希望的关于运动鞋的功能与样式方面的特征信息。观察中发现,比赛前穿上运动鞋和系上带子的过程充满了象征意义,从某种意义上,这一过程类似于骑士在比武或战斗之前戴上头盔。Nike 公司在设计运动鞋时,好几个方面都运用了这方面的知识。使用创新是指消费者用一种新的方式使用产品。发现产品新用途的营销者能极大地扩大产品的销售。弄清楚产品是以功能性方式还是以象征性方式被使用,有助于改进产品设计。几年前还不多见的顾客满意部现在在我国公司中已十分普遍,顾客满意部的目标是跟踪顾客满意情况并协调企业的所有活动以保持或提高顾客满意水平。

在某些购买后会产生一种称为购买后冲突的现象,这种现象发生于体育消费者对购买行为的明智性产生怀疑时。另外一些购买则伴随不采用现象,即体育消费者将产品退还或保存而不加使用。对大多数体育消费者来说,即使存在购后冲突或不和谐,仍会伴随产品使用。在体育产品使用过程中和使用后,体育消费会对购买过程和产品进行评价。不满意的评价会使顾客产生抱怨,而体育产品厂商做出的合适反应会减少顾客的不满情绪。购后的满意与不满,要么导致体育消费者的重复购买与忠诚,要么导致转换体育品牌或不再使用此类产品。

1. 购买后冲突

由于提供品属性的不同,消费者需要在多个体育产品中间做出选择。一旦做出决定,消费者可能就想知道自己是否做出了最佳选择。在相对较难下决心且具有长期影响的决定做出之后,这类反应是很常见的,这种对购买的怀疑和焦虑就叫购买后冲突。虽然不是所有的体育消费者购买后都会产生购买后冲突,但确实有一部分消费者会产生购买后冲突。

2. 购买评价

体育消费者的购买评价受购买本身、购买后冲突和体育产品使用的影响。不是所有的购买都受其中每一过程的影响,可能这些过程只是对某一特定购买产生影响的潜在因素。体育消费者可能对购买的各个方面进行评价,如体育信息的可获取性、价格、店面服务、体育产品性能等。对一项购买的整体满意既包括体育产品购买过程的满意,如决策信息可获取性和实际的购买体验,也包括对体育产品本身的满意。对于名义型决策和许多有限型决策而言,只有当某些因素如明显的体育产品功能失灵才会导致购买者对购买的关注,从而引起主动的购买评价。

3. 消费者满意

在体育产品使用过程中或者产品使用之后,体育消费者会对体育产品的功效或表现形成比较和感知。这一感知水平如果明显高于期望水平,那么就形成了消费者满意与忠诚;如果与期望相一致,那么就仅仅形成消费者满意;如果明显低于期望,那么消费者非满意就发生了。可见创造满意的顾客对体育产品绩效和促销诉求的确定具有重要意义。既然非满意从某种意义上是由期望水平与实际感知的差别所决定,那么夸大和不实际的广告宣传应当尽量避免,因为它会促进消费者期望水平的上升,最终导致不满。关系营销的应用使得体育品牌保持高水平的消费者满意成为可能,体育产品与服务的关系营销逐渐成为知名体育品牌的有效营销手段。

4. 相关理论

在激烈的商战中,谁能真正了解消费者,破解消费者购买行为的密码,谁就是商战的赢家。根据观察分析,从消费者购买行为过程中的心理变化,我们提出破译消费者购买行为心理密码的密匙,它就是"SMILE",即"微笑"。微笑是人际交往的第一步,也是把厂商与消费者联系起来的纽带。那么,这个密匙(SMILE)包含哪些具体含义呢?

(1)"S"就是指"serve",即服务

营销就是服务,优质的服务可以取得消费者的支持,使商家从老客户那里像滚雪球似的得到更多新客户。为此,要注意服务的心态、素质与技巧。一个成功的营销人员要具有良好的工作态度,要树立"顾客永远是对的"的意识。而良好的服务态度来自他对客观营销环境和顾客需要的感知程度,当这种感知程度比他人高一点时,其工作就会显得比他人自觉、主动。在与顾客交谈时,他会注意观察发现顾客与众不同的特征、特点,适度地赞美顾客;在顾客购物后,他也会适时地感谢顾客。这种礼貌性行为对顾客后续的购买行为会有重大影响。

(2)"M"就是指"mind",即理智、智能

现在的消费者已进入成熟状态,这表现在:从"量的消费"发展到"质的消费";从关心产

品的功能到关心产品的品质及服务；从产品的实用性到给生活带来的品味、充实、美感；从对产品做出好与坏的判断到做出满意与否的判断。这要求厂商认真了解顾客的购买心理，理智地分析顾客的需要，以产品对顾客的真正效用为导向与顾客进行交谈，真诚地满足消费者不断变化的需求，根据其要求创造新产品，持续提高服务质量，以行动消除消费者的疑虑和不信任感。

（3）"I"就是指"information"，即信息

在营销过程中要收集并筛选顾客的信息，不管是开发新产品，还是改进服务方式都要以顾客的信息为基础。厂商开发的新产品是给顾客使用的，顾客是检验新产品质量和效用的最终检验员。

（4）"L"就是指"learn"，即学习

我们提倡厂商与消费者之间的相互学习，前面讲到厂商与消费者之间有不同的价值标准和文化差异，这成为影响消费者购买行为的重要障碍，这种障碍只有通过相互学习与沟通才能解决。主要是厂商要主动向消费者学习，一是学习顾客的立场、观点、思维方式，因为要站在顾客的立场，用顾客的思维方式去思考问题。二是学习顾客与众不同的观察力和灵敏的分析能力。通过学习，厂商能够用消费者眼光去发现自己存在的问题，从而改进工作，弥补拓展新业务时的不足，提高顾客稳定性。三是引导消费者学习，即采用某种方式，使消费者接受信息、改变观念使其行为持续地产生转变，消费者购买行为实际上是一种接受信息、调节适应的行为。消费者会经常评价个人的购买决策及购买策略，然后重复使用或加以修正。

（5）"E"就是"evaluate effect"，即评估效果

厂商要站在消费者立场评估产品对消费者的真正效用，并且在整理对产品效果的陈述的基础上，按消费者认为重要和满意的指标来评估产品效果，不做自以为是的估计和分析。

我们把体育业按运动种类分成三大类别：第一是竞技赛事类的运动，像足球、篮球、赛车、搏击，主要是一大群人看一小群人的表演；第二类是大众运动类的运动，比如乒羽、骑行、游泳、桌球、网球、户外、极限，明星赛事的注意力没有竞技类那么高，更多是一种体验式的消费和关注；第三类是基础训练类，比如健身、瑜伽，旨在构筑自律、自爱、健康的以个人为中心的世界观。

相对特殊的是跑步，它既是大众赛事，又是基础训练。因为既可以在自己家小区短跑、长跑，也可以跑马拉松。

纵轴上，我们把体育的事情分成 5 个维度：赛事、球队、媒体、场地、装备。从欧美传统的职业体育发展路径看，体育的核心价值构建体现在赛事层的赛事 IP 或运营和媒体层的转播权上，和体育相关的大公司多是运动装备公司，就国内现在投资情况来看，竞技体育是巨头的战场，大众赛事、基础训练是创业公司的领域，也是创业投资比较多的地方。

这样梳理后，可以看出体育是不同运动及服务类别拼成的一个人行业，很容易看化眼，觉得这里市场大、热度高。但同时，也对我们做创业和做投资提出了更高的要求，要选对战场才能抓住体育行业大升级的好机会。IDC 资本作为在国内体育相关领域布局最早的创业投资，竞技体育中投资了新英体育、瑞士盈方、昆仑决，基础训练中投资了乐刻健身房，运动装备中投资了 700Bike。

我们观察到体育行业有几个趋势：第一是"去监管化"，把市场的还给市场，比如 2014年，国家取消了商业性和群众性体育赛事审批，放宽了赛事转播权限制，这样创业者可以更

多参与进来;第二是"娱乐化";第三是"去中心化"。

这里重点阐述去中心化,去中心化主要表现在以下三个方面。

第一是运动种类的去中心化。消费者往往需要更有个性的运动标签来显示存在感,原本小众的运动,价值挖掘空间更大,有很好的变现手段。因为跟消费者有直接联系,跟消费者距离越近关注度越高,这是去中心化很核心的地方。第二是人群的去中心化。初创团队最大的挑战是,利用有限时间、有限资金,去搏足够大的业务量。一开始怎么切入很重要,不同运动的人群重合性很大,跑步的人也可能骑自行车,但是怎么定义和抓取核心用户群体是很重要的。第三是运动装备的去中心化。原来买个跑鞋可能就很好,但现在需要的装备种类多了,选择的品牌也越来越高端化、小众化。

综合以上的行业趋势、产业结构以及产业特性的分析,我们认为大体育行业可能存在的新机会有以下6个:传统产业的升级、改造,例如体育赛事的娱乐化运作;足球、篮球的业余赛事、高校赛事、青训、经纪等;跑步、健身的线上社区,跟往后的线上、线下垂直整合;体育品牌的升级,运动垂直电商等;科技在装备、场馆、游戏等领域的体验升级;体育与周边领域的融合,如游学、彩票、场地等。

如果将整个体育创业方向分为3类,互联网和体育结合的项目是第一类,本质上说还是互联网公司;体育的核心行业——赛事运营、竞技俱乐部等是第二类;第三类是体育附属产业。其实这本身是三个并不太相同的领域。

对于第一类,我们倾向投资具有做成大平台机会的项目。比如现在聚焦年轻用户的电竞直播平台,有一定运动基数和商业化可扩展性的新兴体育社区,随着市场成熟可能成为垂直营养品、保健品电商等,都有一定机会。

在第二类核心体育产业领域,主要是新形态的赛事IP,体育加娱乐化是其重要的标签。这类赛事更吸引年轻受众,对创业者来说,需要对娱乐、文化传播产业本身有更深理解,要有互联网背景,同时拥有社区和游戏运营的经验。具体到运动种类来说,跑步、健身等头部运动是重点关注对象。不管是打造新形态的IP,还是线上向线下的结合,都有一定机会。在健身领域,传统线下健身房的改造,线上视频和健身社区,有的转型去做线下健身房,有的转型去做线上的保健品电商等,都会有机会。

此外,个性化的小众运动需求在不断上升,比如赛车、骑行、冰球、滑雪等。而围绕这类小众运动的,可能是个综合类的社区,创业者既可能要运营一个赛事IP,又可能要搭建一个爱好者的群体,甚至是一个装备电商以及场地和培训等,都有一定价值。

至于第三类体育附属产业,作为传统行业成长性稍微有限,除了体育装备外,别的细分行业相对体量较小,哪怕体育营销和体育经纪公司上市案例也不是很多,我们的态度比较中性。

可以看到的是,从2015年年中开始,体育创业有一系列模式出来。如为业余球队做工具、将不同运动人群放到一个平台约运动等,基本是把不同人群凑在一起,把多种运动框在一起,但互相不产生很强的关系,每个人群都不太活跃,同时运营投放的成本又极大。这类体育创业的热度也在下降。

而另一个方向,如果服务形态稍微改变一下,还是有机会的。体育就本质而言,也是某种形态的服务业,它的特性更偏重于娱乐产业,但有服务的部分,因此借助SaaS工具和现代管理系统,就存在把原来小生意规模化扩张的机会。

如体育经纪,属于典型的小规模,单体很小,市场集中度很低,过往更多是熟人关系在维系。局限在于，只有能力做一个人或几个人的生意。但现在因为有了信息工具，能够通过手机有效抓取和管理用户，产生更强的黏性，这就意味着，服务业态有规模效应的可能性。

目前走到B轮的体育创业项目里，绝大多数是互联网公司，而他们大都面临着用户增长和商业变现的压力。归结起来，抓一段时间的注意力是简单的，但大部分项目核心用户少，泛用户多，关注度在，但变现较难。

如果按纯线上模式做，并不能把用户基数再做大，持续融资较难；按线下的方式做，与核心场馆交易的用户并没有增长多少，会遇到估值和业务增长取舍的难题。所以核心问题是：到底沿着哪种方式去做业务，这也决定了公司的融资模式。这一点，大部分线上为主的团队，需要做取舍。

其实除了竞技类运动，基础训练类运动到了一定程度，线上能做的空间较少，返回线下特别重要。同样，往线下走，不一定是向传统靠拢，而是让用户人群与运动发生实际交互。

与核心用户人群购买渠道的电商平台打通，也是必须的。未来的电商方向是场景电商、人群电商，体育的线上社区在这方面有优势。核心用户认同，愿意消费，只要能保证体验，通道开了就会有用户过来。

所以不管是资讯、视频还是社区，最后生态要丰富一些。这样资本市场冷的时候，运营出一些新的东西，其中一到两个方向有效果的时候，单个用户价值就能提升，融资也会更顺利一些。运动这件事情，还是得从核心群体往外扩张，不会像资本想象得那么快，但趋势在。所以，对创业者来说，你得把核心群体的商业收入模式做出来，跑出一定运营效果。

（六）案例

1.互联网时代的营销如何影响体育消费者购买决策过程

（1）赛事直播直接连接互联网

事实上，各门户网站、娱乐以及体育频道是可以最直接连接观众的，体育赛事直播是每个体育平台所必不可少的内容。赛事直播的逻辑在于可以通过各种体育赛事来吸引观众，有了体育内容，自然就有了观众的聚合。如果体育平台有自己的App，则可以尝试转化。基本上，喜欢运动的用户都可以转化到与体育相关的其他子频道与活动中去。赛事直播已经成为当前各体育平台争相竞购的内容，如腾讯视频就购买了NBA的独家直播版权，其他视频平台也相继购买了很多体育赛事的独家直播权，同时每个平台也都有自己的赛事运营。赛事直播从过去的赛事转播演变为独家直播，很显然是各平台想通过这些内容来吸引并聚合更多的用户，每一个用户同时也是其他体育产品的潜在用户。其实，这种通过赛事直播内容聚拢用户的方式同样也可以做成现场，在做赛事内容的同时，也可以产生更多的内容。对于这些平台而言，赛事直播已经超越了形式的存在，背后是一整套社群化运营的东西，这也是"互联网+"体育简单而直接的体现。

社群以及O2O模式连接带动用户：社群可谓当前最热的创业形式，其实社群并不是多么新鲜的存在。无论是海星模式，还是部落联盟，乃至为很多人所不齿的乌合之众，说到底这些都是对人的运营。互联网产品从早期的BBS，到功能更完善的社区，再到当前的社群，本质上都是兴趣与人群的运营。体育产品是一个离不开线下的东西，因此不管是哪个时代的产品都离不开线下活动的配合。"互联网+"体育在当前对于大众而言，主要还是体现在全民健身方面。

社区激发的全民健身运动。从2008年北京奥运会前后开始,一股全民健身热潮席卷了全国各地,老人与年轻人都开始健身。以社区为单位的健身活动到处都是,社区健身的发展提高了大众健身意识,也间接地加速了"全民广场舞"的出现。事实上,这个部分若是能与互联网结合,是一个非常大的市场。线下活动是另一种互联网体育的形式。每个篮球场、网球场、乒乓球场等都能看到志趣相投的人在一起运动,在以前这些人大部分都是相互认识的人。在运动场地的这些人被社交应用打了一个名为运动的标签,这是基于兴趣的聚合。每个社交软件都有数不尽的健身运动小组及聊天群,约跑运动更是被媒体和商家推到了一个前所未有的高度。这里我们又看到另一种"互联网+"体育的形式,即通过社交平台来连接互联网。因为门槛很低,约跑受到了大众的追捧,甚至已经出现了很多主打约跑的App。当然约跑只是其中的一种运动形式,还有约健身房、教练、瑜伽、肚皮舞等更多的App,这种形式都是线上预约线下运动,即是当前业内所谓的健身O2O。在O2O挺进各领域的当前,体育圈内出现O2O模式并不鲜见。O2O是"互联网+"落地的途径之一,自然也是互联网体育落地的一个途径。

(2)智能运动硬件连接互联网的最佳模式

之所以研究"互联网+"行动政策,是为了更好地探索互联网与各行业融合的可能性。在这其中,很多传统行业与互联网的结合,已经从移动互联网兴起之后的"App时代"进入"硬件时代"。简单地说,之前某个企业通过微信或者App就能连接互联网,但是更多的企业不是通过一个App就能实现互联网化的,尤其是生产硬件以及工业设备的商家。因为极客的存在,各种硬件连接互联网都成为可能。于是,手表、眼镜、鞋子、水杯、头盔等各种你能想到的东西都能开始联网。

至于汽车、自行车等出行工具就更不用说。汽车单独催生了一个车联网出来,自行车则成为当前全民健康意识提高之后的一个"最有搞头"的工具。各种骑车组织诞生,由此诞生了骑行圈,智能自行车开始被商家们提上日程。体育领域的智能硬件产品从智能手环开始蔓延,目前已经到了智能自行车,作为同时关联着智能硬件与体育领域的大型智能硬件,智能自行车备受关注。

(3)生态更好的"互联网+"体育落地模式

前文所述的赛事直播、线下活动、健身O2O以及智能运动硬件,正好构成了"互联网+"体育的生态。通过引进赛事、自制比赛等形式不断输出内容,吸引并汇聚更多的用户构成群进行线下活动,然后再通过各种兴趣引导用户通过O2O模式购买各种智能运动装备,再通过智能运动装备获取海量的运动、兴趣爱好、行为癖好及健康等大数据,进一步为用户提供从运动健身到健康医疗的增值服务。基本上,每一个互联网体育平台要走生态路线,都会是这个模式。腾讯视频一直在为引进独家版权而四处奔波,围绕运动、健身、医疗等领域的布局正在进行中。大部分智能硬件都是因为连接了人与服务而产生的。

2. 怡冠梦断世界杯

怡冠公司成立于2001年,主要产品是一种"怡神醒脑、补充体能"的神奇功能饮料,当时旗下招揽了不少优秀人才。这样一个万事俱备的新兴企业,却因为希望借2002年世界杯东风,而陷入一场水深火热的劫难之中。噩梦醒来,已是元气大伤、风光不再。作为一家刚刚上市的功能型饮料企业,怡冠面对的行业市场大约10个亿左右,而红牛一家就占据了约一半的市场份额。为了实现迅速提升品牌影响力并达到市场爆发的目标,怡冠找来全球最大的广告公司日本电通作为营销智囊。在电通的建议下,怡冠决定利用当年世界杯的契机打一场漂亮的营销战,具体举措是聘请米卢作为产品的形象代言人,充分挖掘米卢及世界杯的商业价值。

怡冠方面当时认为,这不仅仅是一次概念炒作,"借用米卢是一个借势的过程,关键是在产品以及营销通路上的运作,以及以后的系列性,米卢是一位像狐狸一样狡猾、多变的人,这在球场上可以看到,而怡冠饮料所要面对的消费者则是一些在脑力上要与他人博弈,从而善于思考的一个群体,在这个定位上,米卢与怡冠是相通的"。

一场围绕世界杯的商业秀风风火火地开始了。"喝怡冠,与米卢同行世界杯!""怡冠,来一罐!"短短的时间内,刚刚上市的怡冠饮料借米卢的威风在成都、北京、上海、广州、江苏、浙江等地建立了20多家分公司,而3月份的西安糖酒交易会因米卢的到场更让怡冠大出风头。怡冠对市场预期的保守估计是1个亿,而投入在米卢身上的费用大约在100万元左右。

看起来似乎一切顺利。但当世界杯小组赛开始后,怡冠方面的人却一直在冒冷汗——在世界杯3场比赛中,米卢率领的中国队净丢9球,可谓颜面扫地。而所有米卢代言的产品,也因对米卢铺天盖地的批评而美誉度尽失。

怡冠公司对米卢的世界杯成绩事先是有心理准备的:一旦米卢在韩国兵败,则立即撤下米卢系列广告,换上以功能诉求为主的广告。同时,为了救市,怡冠高层还准备了2 000万元的应急资金。然而,令怡冠高层始料未及的是,怡冠的功能诉求篇广告由于涉及保健品方面的功能,需报请国家有关部门批准。然而直到世界杯结束之后,有关的保健批文仍迟迟没有下文,而此时其他广告尚未制作出来,万般无奈之下,怡冠不得不停止广告播出。

广告停播带来的连锁反应是全国各地的经销商要求退货的呼声连绵不断,没有广告的强力拉动,新产品如何迅速卖掉?在已经投资了2 000万元之后,不如人意的市场业绩也让投资方的信心产生了动摇,原本准备拿来救市的2 000万元没了下文。而这又直接导致怡冠管理团队的人心涣散,国内市场土崩瓦解,原本的21个分公司大都或停或转,此时公司实现的销售收入不过2 000万元,远远低于预期的销售目标。

回过头来看,当时赞助米卢的企业并非一家,但像怡冠这样把自身前途寄于一人身上的却没有第二个。像我们熟悉的金六福,也同样面临了米卢危机,可因为应对得当,基本没什么损失。按市场规律,世界杯的商机集中在比赛当月和前后各一个月。因为中国的特殊情况,世界杯前两个月都是黄金期,如果抓住了前面的时机,即使后面表现平平,企业也能在品牌和市场上获益良多。金六福在中国队一进入世界杯就开始操作,又将这个时间提前了更多。从这个意义上说,金六福前期已经赚够了。而怡冠是2002年3月份才开始在央视播放米卢广告,虽然也因此提升了知名度并建立起营销网络,但与投入相比,所得远远没能达到预期。

另外,尽管怡冠事先也考虑到了风险防范,比如用功能诉求广告代替名人广告、预备2 000万救市资金,可事到临头,却发现自己根本掌控不了全局,最终导致引发连锁危机让企业濒临崩溃。实际上,这也暴露出一个新兴企业在通盘谋划和细节执行上的先天缺陷。再者,在捆绑米卢的营销推广中,怡冠的品牌核心价值缺位、品牌核心价值与世界杯没能有效对接、推广活动没特色……总之,在耗费巨资提升知名度的同时却没有告诉人们怡冠究竟是什么,与消费者有什么关系,这自然难以使其在世界杯上的商业效应持久。

世界杯的这场浩劫,让一度灿烂夺目的怡冠很快黯然失色。如果要汲取教训的话,怡冠应该明白,让它落得如此命运的元凶,并不是世界杯营销,而是其自身内功修炼的火候不够。

第二节　体育消费感知过程及规律

20 世纪 30 年代,切斯金在他做的一次包装实验中发现了一个有趣的事实。他对同一产品设计了两种不同的包装,一种是印有圆形的包装,一种是印有三角形的包装,然后让被试者选择自己喜欢的其中一种包装产品,结果 80%的被试者选择印有圆形包装的产品。问其原因,大部分被试者回答说圆形比三角形给人感觉产品质量更好。对此结果切斯金半信半疑,但在后来几次实验中得到了相同的结果,所以他得出结论,包装影响消费者对产品质量的知觉。

体育消费者在现实生活中的消费行为形形色色,千差万别。但无论是对实物型体育用品的消费还是无形的体育赛事观赏或是体育培训的参加,通过这些不尽相同的体育消费现象,可以发现任何一个消费者的消费行为都会经历一个心理活动过程。体育消费者的行为都是建立在心理活动基础之上的。体育消费者心理活动过程是指支配其购买行为的心理活动的整个过程,其中包括认识过程、情感过程和意志过程。

一、体育消费者的感知过程

体育消费者的感知过程贯穿于其消费行为始终,从体育消费者前阶段对营销刺激的感知,到消费中段对各种消费过程及服务的感知,再到最后阶段对消费全过程的评价,处处与消费者的感知息息相关。

感知的过程是人们通过自己所获得的各种知识和经验对客观世界所产生的一种心理活动。而这种心理活动就是以感知过程为基础和起点的,主要通过感觉、知觉、注意等心理活动来完成。

(一)感觉

1.感觉的定义和分类

感觉是感觉器官对简单刺激的即时和直接的反映,是对客观事物个别属性的反映。刺激是指某种感官的输入。刺激的例证(即感觉输入)包括产品、包装、商标名称、广告和商品。

感觉是认知过程的起点,外界的任何事物都有许多个别属性。个体通过眼、鼻、耳、舌等感觉器官对事物的外形、色彩、气味、粗糙程度等个别属性做出反应形成感觉。对于篮球,一般来说都是棕色的,有皮质的,也有革制的,肯定是圆形的,摸起来会有一定的触感,拍在地上会反弹,并且随着拍击的力量不同反弹不同的高度,等等。篮球的这些客观属性,作用于我们的感觉器官时,就会产生各种感觉。对于感觉除了可以反映客观事物的各种不同属性之外,还可以反映自身内部的变化,包括身体各部分的状态,如手臂的伸展、腿脚的前后踢等身体的位置和运动等。

2.感觉的心理作用

感觉是人们对客观世界认识的最简单形式,是一切复杂心理活动的基础。在感觉的基础上,人们才能对事物的整体和事物之间的联系做出更复杂的反应,获得更深入的认知。如体育健身俱乐部的整体色调、明亮度、背景音乐、气味、装饰物、绿植等,都会直接影响到体育消费者的感知。感觉可以通过其反映事物个别属性的特点分为两大类:外部感觉和内部感觉。外部感觉接收外部刺激,反映外界事物的属性,如眼睛看见的——视觉、嘴巴尝到的——味觉、鼻子闻到的——嗅觉、耳朵听到的——听觉、皮肤接触到的——触觉。内部感觉接受内部刺激,反映身体的位置、运动和内脏器官的不同状态,如肌肉运动感觉、身体平衡感觉及内脏感觉等。对于体育消费者,其感觉就会表现在参与型消费的体验中。

①视觉

视觉的刺激是光线。颜色对于消费者的心境和情绪具有很大的调节作用。颜色的差异来自于色调、明亮度和纯度三个方面。色调有暖色系和冷色系。红色、橙色、黄色等暖色系的色彩给人以温暖的感觉,可以调动情绪;蓝色、绿色这样的冷色系给人以寒冷的感觉,对于消费者则有稳定情绪,镇静的作用。明亮的色彩会伴有明快爽朗的气氛,使人感到轻松,而较暗的氛围使人感到阴沉、压抑和沉重。纯度高的色彩常常伴有新鲜、华丽和轻薄的感觉,纯度低的色彩则焕发出雅致厚重的感觉。

②嗅觉

嗅觉的刺激是气味。感知心理学研究表明,一切感觉中独立最早的是嗅觉。虽然对于某些气味的感知,个体之间存在差异,但是在一般情况下,某些气味对人的作用是普遍的,即人的心理感受基本相同。在公共场所社交的人常选用一些香水、香气以营造特有的氛围,如在卫生间选用菊花香或者柠檬香,都能使人产生愉快的感觉。从到处充斥着汽车尾气的繁华都市到空气清新的郊外,户外参与者们肯定会先深深地呼吸一口大自然清新的空气,这就是嗅觉给人带来的轻松感受。

③听觉

听觉的刺激是声音。由于声波波动的力量、震动的速度以及波长的混合程度不同,人们能够感受到各种不同的声音。规则震动的音乐能激起人们的愉快感觉,而不规则的噪音则能把人的神经扰乱,使人精神萎靡、心烦意乱,甚至焦躁不安。因此,激动人心的比赛场上会用些节奏感强的劲爆音乐,以鼓舞运动员的气势。健身会所会根据不同时段选播不同的音乐,非高峰段播放的通常是优雅舒缓的音乐,此时需要营造一种高雅的氛围,高峰时段会多选用节奏明快轻松的乐曲,以使得健身的会员感觉到心情愉悦。

感觉对于人们的心理作用不仅直接影响到其对外部世界的感受,而且,就体育消费者而言,他们对体育消费市场营销刺激的感受也遵循这些基本规律。如广告设计针对目标市场的特点,对声音、色彩、气味等加以巧妙地应用,往往可以得到事半功倍的效果,更容易引起消费者的注意和好感。这些感觉的基本规律在体育市场营销过程中的作用不可小觑。

人类的感受性是指感觉经验。人对刺激的感受性随着个体感受器的性质(如视觉和听力)和所接触的刺激的强度及数量的变化而变化。例如,盲人具有比正常视力的人更好的听力,可以听见常人可能听不见的声音,盲人运动员的位置感会强于常人。

3. 感觉阈限

感觉是人对客观事物的主观反映。人的感觉必须依赖于大脑、神经及各种感觉器官的正常机能,同时受到人的机体状态的明显影响。所以,不是所有的刺激都能够引起主体的反应,只有在一定的适宜刺激强度和范围内,才能产生感觉,这就涉及感受性和感觉阈限的问题。对于刺激物的感觉能力叫感受性。凡是能够引起感觉并能使感觉持续一定时间的刺激量,称为感觉阈限。个体能够产生感觉的最小刺激水平叫绝对阈限,是个体可以感觉的最小强度,它是使个体区分某个刺激"有"或"没有"的临界点。差别阈限(刚刚能够注意到的差别)是指能够引起个体感受到两个刺激强度之间的最小差别。19 世纪德国科学家韦伯发现,个体可觉察到的刺激强度变化量 AI 与原刺激强度之比是一个常数 K,即 $AI=K$,这就是著名的韦伯定律。韦伯定律中的 K 在每一种感觉状态下都是一个常数,但它随不同感觉状态而变化。

韦伯定律阐述了这样的规律,即先前的刺激越强,察觉它与第二个刺激之间的差异所需要的第二个刺激的强度越大。例如,一辆汽车的价格增长了 1 000 元不会引起注意,但是一升汽油价格增长 1 元将无疑被消费者热议,因为汽油的价格发生了明显的差异。这个定律在市场营销中有很多表现。比如,在降价过程中,如果价格变动的绝对量相对于初始价格太小,消费者可能就没有觉察,从而对销售产生的影响就很小。一些企业在消费者没有觉察的前提下对产品加以改变,如减少食品的容量、糖果的大小等。根据韦伯定律,与差别阈限相等的额外的刺激水平意味着大多数人能感觉到先后刺激的差异。韦伯定律对所有感觉和几乎所有强度都适用。

4. 差别阈限在营销中的应用

韦伯定律在营销中具有重要的应用价值。制造商和商人努力确定与他们产品有关的差别阈限有两个不同的原因:

①为了自身负面的改变(如产品型号或质量的减少,或产品价格的增加)不易被公众察觉(将改变控制在差别阈限以下);

②为了使产品的改进(如包装增大或者降价等方面的改进或更新)对于消费者来说更加明显而不需要太大的成本(即他们的差别正好就在差别阈限以上)。

百事可乐在 1997 年重新设计了包装、更新了面貌。其新的彩色金属罐装是明亮的军蓝色,在金属罐装旁边正上方用白色字母写有百事的字样。为了提供持续的知觉特征,公司先用较明亮的蓝色介绍新的包装和广告,然后逐渐加深蓝色,使其整个商标图案更加突出。

可口可乐也重新设计他的红色金属罐装的标志和商标以便使商标看起来始终是新鲜的。同时,也考虑到忠诚的消费者,即已经忠诚于 1985 年介绍的"新可口可乐"产品的那些消费者也不会错误地把新的罐装的设计当成新的口味。

5. 刺激物的展露

展露或刺激物的展露是指将刺激物展现在消费者的感觉神经范围内,使其感官有机会被激活。展露只需把刺激对象置于个人相关环境之内,并不一定要求个人接收到刺激信息。对于消费者来说,展露并不完全是一种被动的行为,很多情况下是主动选择的结果。一项研究发现,驱车者避开约半数的广播广告,报纸读者仅浏览约一半的版面内容,而 10 年前浏览的内容约占版面内容的三分之二。消费者之所以主动避开广告,有多方面原因。一是因为电视、报纸等大众媒体上的广告实在太多;二是很多消费者并不使用广告中的产品,展露在这些消费者面前的广告与他们无关;三是消费者已经多次见过这些广告,知道其内容。比如,电视里正在播放一则广告,而你正在和家人或朋友聊天而没有注意到,但广告展露在你面前则是事实。

对于消费者来说,展露并不完全是一种被动的行为,很多情况下是主动选择的结果。20 世纪 80 年代以来,电视台不断地推出一些引人注目的"事件"或"节目",如热门运动赛事、大型流行音乐会等。这些节目的收视率固然较高,但研究表明,在广告插播期间,家庭用水量骤然升高,由此说明很多人已不在电视机旁,主动避开广告节目。闭路电视的开通和遥控器的使用,一方面使家庭可以接收到数十个甚至上百个电视频道,另一方面使频道的转换十分方便。据说,在任何一个播放时点,有 6%~19% 的受众正在用遥控器转换频道,以避开广告节目。选择性地避开广告同样发生在电台节目收听、印刷材料阅读领域。为减少广告逃避现象和提高营销信息的展露水平,营销者和广告公司正在试图采用各种办法,如增强广告本身的吸引力;在多种媒体和多个电视频道刊播广告;将广告置于最靠近节目开始或节目结束的位置;劝说电台、电视台等媒体单位减少广告刊播时间与数量等。基于展露的营销策略,首先,要尽可能地主动展露刺激物。其次,扩大消费者被动接触刺激物的机会。最后,要防止过度展露。

(二)注意及其影响因素

由于认识的能力有限,在某一特定时间,消费者不可能同时注意和处理所有展露在他面前的信息,而只是对部分信息予以注意。

1.注意的本质

注意是人的心理活动对外界一定对象的指向与集中,是伴随感觉、记忆、思维等心理活动而产生的一种心理状态。注意具有指向性和集中性的特点。指向性,首先是指认识活动的选择性,对认识的对象进行有意识或无意识的选择,并且还表现在对这些事物的比较长久的保持。集中性,不仅指心理活动离开无关事物,而且也抑制无关活动。这样注意的对象就能够得到鲜明和清晰的反映。例如,在一场篮球比赛中,观众不可能同时注意到场上所有运动员和裁判员,而只是关注自己喜欢的球员或者持球队员。以消费者的需求为基础才能引起消费者的注意。

2.注意的分类和功能

(1)分类

根据产生和保持注意有无目的以及意志努力的程度,可以把注意分为三种:无意注意、有意注意和有意后注意。

①无意注意

无意注意是指没有预定目的,也不需要意志努力的注意。无意注意一般是在外部刺激物的直接刺激作用下,个体不由自主地给予关注。例如,正在上课的时候,有人推门而入,大家不自觉地向门口注视;大街上听到警笛鸣叫,行人会不由自主地扭头观望。

另外,无意注意的产生也与主体状态有关。一个人在街头散步的时候,也可能无意间注意到许多事物。无意注意更多地被认为是由外部刺激物引起的一种消极被动的注意,是注意的初级形式。人和动物都存在无意注意。虽然无意注意缺乏目的性,但因为不需要意志努力,所以个体在注意过程中不易产生疲劳。

②有意注意

有意注意是指有预定目的,也需要做意志努力的注意。我们工作和学习中的大多数心理活动都需要有意注意。工人上班、学生上课、交警指挥交通,都是有意注意在发挥作用。有意注意是一种积极主动、服从于当前活动任务需要的注意,属于注意的高级形式。它受人的意识的调节和控制,是人类所特有的一种注意。体育消费者会在需求的驱动下有意识地收集与其喜欢的运动项目相关的广告信息。有意注意虽然目的性明确,但在实现过程中需要有持久的意志努力,这容易使个体产生疲劳。

③有意后注意

有意后注意是指有预定目的,但不需要意志努力的注意。它是在有意注意的基础上,经过学习、训练或培养个人对事物的直接兴趣达到的。在有意注意阶段,主体从事一项活动需要有意志努力,但随着活动的深入,个体由于兴趣的提高或操作的熟练,不用意志努力就能够在这项活动上保持注意。例如,一个学习外语的人在初学阶段去阅读外文报纸,还是有意注意,很容易感到疲倦,随着学习的深入,外语水平不断提高,当他消除了许多单词和语法障碍,能够毫不费力地阅读外文报刊,可以说达到了有意后注意的状态。有意后注意是一种更高级的注意。它既有一定的目的性,又不需要意志努力。在活动进行中不容易感到疲倦,这对完成长期性和连续性的工作有重要意义。但有意后注意的形成需要付出一定的时间和精力。

(2)功能

注意的功能表现在三个方面:选择功能、保持功能和调节监督功能。

①选择功能

注意使得人们在某一时刻选择有意义的、符合当前活动需要和任务要求的刺激信息,同时避开或抑制无关刺激的作用。这是注意的首要功能,它确定了心理活动的方向,保证我们的生活和学习能够次序分明、有条不紊地进行。

②保持功能

注意可以将选取的刺激信息在意识中加以保持,以便心理活动对其进行加工,完成相应的任务。如果选择的注意对象转瞬即逝,心理活动无法展开,也就无法进行正常的学习和工作。

③调节监督功能

注意可以提高活动的效率,这体现在它的调节和监督功能。注意集中的情况下,错误减少,准确性和速度提高。另外,注意的分配和转移保证活动的顺利进行,并适应变化多端的环境。古代教育家荀子在《大略》中说:"君子壹教,弟子壹学,亟成。"这里的"壹"就是专一,意为只要教师一心一意地教,学生一心一意地学,就能保证学生最终学业有成。

3. 影响注意的因素

一般而言,影响注意的因素主要有三类:刺激物因素、个体因素和情境因素。

(1)影响注意的刺激物因素

刺激物因素是指刺激物本身的特征,如大小、颜色、位置、运动等。由于刺激物因素是企业可以控制的,因此,在营销实践中它们常被用来吸引消费者的注意。

一般来说,大的刺激物较小的刺激物容易引起注意。例如,一则全面广告较半页广告或四分之一页广告更容易被注意到。同样,刺激强度越大,如更大的声音、更明亮的色彩,更容易引起注意。另外,插入频率,即在同一期杂志或同一天的报纸上刊载同一广告的数目,具有和广告版面大小相类似的影响。另外,某些颜色如红色和黄色较其他颜色更加引人注目。据说红色车更多地被处以超速罚单,街上环卫工人多穿红色或黄色服装均与这两种颜色更引人注目有关。

具有动感的刺激物较静止的刺激物更容易捉住人们的视线。街上的霓虹灯广告及其他一些具有动感的广告均是运用这一原理来吸引受众的注意。物体处于个体视线范围内的不同位置,其吸引注意的能力就会不同。通常,处于视野正中的物体较处于边缘的物体更容易被人注意。这就是为什么制造商为取得与视线平行的货架位置而展开激烈争夺的重要原因。同理,印在右面纸张上的广告较印在左面纸张上的广告更引人注目,报纸左上角的信息较右下角的信息更多地被注意到。电视广告插播时段里,广告播出顺序由最先移至最后,其收视率显著下降。将某些特定刺激物与其他物体分隔开叫隔离。隔离有助于吸引注意力。例如,在报纸或其他印刷媒体上,将大部分版面空下来而不是用文字或图画填满整个版面,就是运用隔离原理吸引注意力。同样,广播广告之前的片刻沉默,或电视广告之前画面的片刻消失,均是基于类似的原理和目的。相对于那些与背景融为一体的刺激物,人们倾向于更多地注意那些与背景形成明显反差的刺激物。原因是,后一情况下会造成人们认知上的冲突,从而激活和提高信息处理水平。基于对比原理的技术在广告中得到了广泛运用。例如,黑白广告紧随众多彩色广告之后会更引人注目。同理,声音的骤然增强会提高听众或受众的注意力。

刺激物的新颖性,如与人们预期大相径庭的画面和内容,带音乐或声音的印刷广告均有助于吸引受众的注意。格式是指信息展示的方式。通常,简单、直接的信息呈现方式较复杂的方式会更多地受到注意。那些缺乏明晰的视点,或者移动不当如太快、太慢的广告会增加人们处理信息的难度,因而难以吸引大多数人的注意。同样,晦涩的文字、难懂的口音、不当的背景杂音等均会降低人们的注意力。应当指出,刺激物或信息呈现格式所产生的影响与个体因素有密切的联系。对某些人来说太复杂和缺乏吸引力的格式,对另一些人来说可能是非常具有吸引力的。因此,如同其他刺激因素一样,信息格式的设计应充分考虑目标消费者的特征。

信息量作为一个刺激物因素,同样会影响消费者的注意程度。给消费者提供过多的信息,会使他处于信息超载状态。在信息超载状态下,消费者可能会滋生受挫感和沮丧感,从而降低信息处理水平。研究发现,随着收到的商品目录数的增加,消费者购买的商品也增加,但到一定阶段,商品目录数的进一步增加,反而会使消费者购买商品的数量减少。原因是,此时发生了信息超载现象,在此状态下消费者停止阅读任何商品目录。消费者能够和将利用多少信息,并无统一规则可循。一般来说,企业应了解消费者需要哪些信息,并据此提供。重要信息应特别突出和强调,更详细、具体的信息及处于次要地位的信息则可以以表格、录像带和信息广告形式提供,以供那些感兴趣的消费者查用。

(2)影响注意的个体因素

个体因素是指个人的特征,它们通常是企业不能直接控制的,这些因素主要有需要与动机、态度、适用性水平。

当处于某种需要状态时,消费者能够主动地关注满足这种需要的刺激物。饥肠辘辘的人会对食品和有关食品的信息给予更多的注意,计划外出度假的消费者更可能注意与度假有关的广告。喜欢户外运动的消费者,对有关运动器材的广告可能格外注意。因此,当消费者的某种需要被激发时,与满足该需要相联系的刺激物会备受注意。问题是,大多数情况下,当企业提供信息时,消费者的某种特定需要并没有被激发。所以企业不得不更多地依赖于发展更加引人注意的刺激信息。

根据认知一致性理论,人们倾向于保持一套一致的信念和态度。认知系统中的不一致将引发心理不安和紧张,出于趋利避害的考虑,消费者更倾向于接纳那些与其态度相一致的信息。比如,吸烟者对香烟广告或对宣传吸烟有助于增加个人魅力的信息可能处于一种注意状态,而不吸烟的人或对吸烟有反感的人可能对这类信息没有兴趣或视而不见。换句话说,当消费者对某种产品有好感时,与此相关的信息更容易被注意,反之则会出现相反的结果。人们对非常习惯的事物可能习以为常,不再注意。典型的事例是当你从安静的乡村搬到喧闹的市区时,你起初可能会对噪音不适应。但过一段时间后,你慢慢地就适应了,对噪音不再那么敏感。这种现象同样发生在营销领域。虽然广告很新颖,但老是重复该广告,时间一长,其效果可能会下降。只有在内容和形式上不时做些变动,才能使消费者在较长时期内保持对该广告的注意。

虽然消费者适应性水平通常构成了营销者与消费者之间沟通的障碍,但企业也可以利用它为营销服务。例如,设计独特的包装,在广告中采用偏离消费者适应水平的形式和内容,均有助于吸引消费者的注意。美国一家出售儿童电子琴的厂商在杂志上刊登广告,画面是两个活泼可爱的小孩在玩电子琴,标题是"一则糟糕的广告",标题下的解释则是:"因为你听不到那美妙的旋律。"该广告由于与平常人们所见到的广告有较大偏离,因此引起了广泛的注意。

(3)影响注意的情境因素

情境因素既包括环境中独立于中心刺激物的那些成分,又包括暂时性的个人特征,如个体当时的身体状况、情绪等。一个十分忙碌的人较一个空闲的人可能更少注意到呈现在其面前的刺激物。处于不安或不快情境中的消费者,到会注意不很多展露在他面前的信息,因为他可能想尽快地从目前的情境中逃脱。

广告等营销信息一般出现在电视或广播节目、报纸、杂志等具体情境中。受众接近这些媒体的主要目的是欣赏这些节目或阅读刊载于印刷品上的文章内容,而不是为了观看广告。实际上,很多消费者通过转换频道或将目光移到他感兴趣的内容上而主动避开广告。消费者对某一节目或某一版面内容的关心程度或介入程度,会影响他对插入其中的广告的注意或关注水平。

(三)对刺激物的理解

知觉的最后一个阶段,是个体对刺激物的理解,它是个体赋予刺激物以某种含义或意义的过程。理解涉及个体依据现有知识对刺激物进行组织分类和描述,它同样受到个体因素、刺激物因素和情境因素的制约和影响。

1. 邻近原则

邻近原则是指在空间上彼此接近的刺激物更容易被知觉为一个整体。

2. 相似性原则

在大小、形状、颜色或形式上相似的刺激物更容易被知觉为一个整体。同色的或同样形状的区域看起来更像一个整体,在这些不同属性中,颜色的作用又更加重要。

3. 连续性原则

知觉的另一个原则是简单和连续性。知觉倾向于将刺激组织成我们最熟悉的某种模式。

4. 闭合原则

假设一个圆,知觉有将缺口加以"弥补"而成为一个连续的完整形状的倾向。

5. 好图形原则

单纯的、规则的、左右对称的图形容易被知觉为一个整体。

6. 同域原则

知觉的组织过程远不是上述规则的简单相加。根据同域原则,处于同一地带或同一区域的刺激物更容易被视为一个整体,这是心理学家新近提出的一种知觉组织原则。早期的格式塔心理学家强调,知觉的组织性是刺激本身的自然特点,是人的先天的完形倾向,与过去经验无关。的确,在双关图知觉中,我们大多能够很随意地以不同的方式形成我们的知觉形象组织。但是,大量的研究(包括一些跨文化研究)表明,知觉的组织性与人的知觉经验有直接的联系。知觉系统可以通过训练而日趋精细,从而完成通常情况下非常困难的物体识别和知觉组织任务。

(四)影响理解的个体因素

个体因素对理解也有很大的影响,包括个体的动机、知识、期望等。

1. 动机

正如动机会影响个体对刺激物的注意一样,它也会影响对刺激物的理解。莱维勒等人做了一个实验,实验者将一幅模糊的图画呈现给被试,并要求后者指出图画中画的是什么,越是饥肠辘辘者越将其想象成某种与食物相关的东西。由此说明,动机直接影响个体对刺激物的解释。

不仅如此,动机还影响理解过程中个体对信息加工的深度。如果刺激物被认为与达到某种目的或提供某种利益有关,它便有可能激发各种联系和想法,此时信息加工深度被提高,反之则会削弱。

2. 知识贮存

在头脑中的知识是决定个体如何理解刺激物的一个主要因素。新手和专家在同一事物上的判断可能截然不同。同是接触一枚镀金硬币,专家型的顾客可能一看便知,而新手则很可能将其看作金币。不仅如此,知识还有助于提高信息理解能力。知识丰富的消费者更可能识别信息传播中的逻辑错误,减少对信息做出不正确的解释。此外,更富知识的消费者更能集中思考刺激物中包含的事实,而知识欠缺的消费者则可能更多着眼于背景音乐、图片等非实质性内容。

3. 期望

理解很大程度上取决于个体对所要看到的事物的期望。20 世纪 60 年代,美国学者奥利森和尤尔做过这样一个实验,实验中要求被试对不同品牌的啤酒进行品尝并打分,过程大致如下:先是将啤酒标识摘除进行实验,结果各种啤酒的评价值几乎没有区别;然后贴上标识再行评价,此时对不同品牌评价的差异性就明显显现出来了。由此说明,由品牌名所产生的期望,对消费者的感知确实有非常重要的影响。期望还会影响消者对销售人员所提供的说明信息的处理。有一个实验发现,当销售人员偏离消费者心目中的"典型销售人员"形象时,消费者会更加审慎地评价他们提供的信息。

(五)影响理解的刺激物因素

1. 刺激物的实体特征

刺激物的实体特征如大小、颜色等,对消费者如何理解刺激物有着重要影响。苹果公司最初将功能更强但体积更小的计算机推向市场时,很多消费者难以相信这一事实,于是它不得不发起一场名为"它比看起来要大得多"(It's a lot bigger than it looks)的推销活动,带来了消费者看法的改变和产品销量的上升。

包装和品牌名与消费者对刺激物的理解亦有密切的联系。一家食品杂货店发现,将新鲜鱼处理后用塑料袋装起来,消费者会认为这些鱼存放太久,不新鲜,因为很多人将其解释为已经冷冻过。为此,该商店在卖袋装鱼的旁边增设了一个柜台,该柜台上出售的鱼直接放在碎冰上。结果,袋装鱼销售量基本维持不变,两者加起来的销售较原来几乎增加了一倍。品牌名对理解的影响，可从温迪（Windy）试图将其"单人"汉堡改名为"超级经典"汉堡的决定中略见一斑。"单人"汉堡所用的肉比麦当劳的"巨无霸"要多，但它的名字没有很好地传递这一信息，致使消费者对其实际价值缺乏了解。

2. 语言与符号

语言与符号作为刺激物的一部分对信息的最终理解亦产生重要影响。同样的语言或符号在不同情境和不同文化背景下其含义截然不同。对于降价销售，如果从字面意义上理解是商品价格降到正常价位以下销售，在很多情况下消费者可能会做出这样的理解。然而，同样的词如果用于时装的销售上，消费者可能会认为这些时装已经或即将过时。因此，区分字、词的字面含义与心理含义十分重要。前者是指一个字或一个词的一般含义，即词典所解释的含义，后者是基于个人或某个群体的经历，以及词语使用时的具体情境而赋予某个词以特定含义。目前，一些学者发展起了一门叫心理语言学（psycho-linguistics）的学科，专门研究涉及字、词理解的心理因素。其中的一些成果对于如何增进消费者对刺激信息的理解颇有帮助。

3. 次序

假设甲是你和你朋友均不认识的一个人，现在有人分别向你俩描述甲的个性特征，所描述的这些特征完全一样但次序相互颠倒，你猜会怎么样？这种描述次序上的不同是否会导致你和你的朋友对甲形成态度上的差异？答案是肯定的。

次序对理解的影响，有两种类型：一是首因效应（primacy effect），二是近因效应（recency effect）。首因效应是指最先出现的刺激物会在理解过程中被赋予更大的权重，而近因效应是指最后出现的刺激物会更容易被消费者记住，并在解释中被赋予大的影响权重。在刺激物呈现或信息传播过程中，到底是出现首因效应还是出现近因效应很可能因情境而异。比如，在广告中是先播品牌名效果好，还是先呈现背景和产品实物再播品牌名好，就可能取决于消费者特性和购买介入程度等多个因素。对企业来说，通过市场调查或市场测试了解是否存在次序影响是很有必要的。

（六）影响理解的情境因素

一些情境因素，如饥饿、孤独、匆忙等暂时性个人特征，以及气温、在场人数、外界干扰等外部环境特征，均会影响个体如何理解信息。可口可乐公司和通用食品公司均不在新闻节目之后播放其食品广告，他们认为新闻中的"坏消息"可能影响受众对其广告与食品的反应。可口可乐公司负责广告的副总经理夏普指出："不在新闻节目中做广告是可口可乐公司的一贯政策，因为新闻中有时会有不好的消息，而可口可乐是一种助兴和娱乐饮料。"夏普所说的这段话，实际上反映了企业对"背景引发效果"的关切。背景引发效果（contextual priming effects）是指与广告相伴随的物质环境对消费者理解广告内容所产生的影响。广告的前后背景通常是穿插该广告的电视节目、广播节目或广告出现于其中的杂志与报纸。虽然目前有关背景引发效果的实证资料十分有限，但初步研究表明，出现在正面性节目中的广告获得的评价也是正面和积极的。

（七）对营销信息的误解

营销者希望消费者能正确理解其传递的信息。然而，一个涉及商业广告和非商业性电视节目的研究发现：很大一部分受众对商业电台的传播内容存在误解；无论是商业广告还是节目内容均无法避免被误解;总体信息中有 30% 的内容被误解;非广告节目内容较广告内容被误解程度高;某些人口统计变量与误解有一定的相关性。

产生误解的原因多种多样。有时,可能是受众注意力不集中,如在收看节目时做别的事情,或与别人聊天。误解也有可能是由于刺激物本身不明确和模糊所致。比如,广告中声称"售价最低",对此消费者可以有多种解释:可以是指相对于竞争产品售价最低,也可以是指企业在这一年里以最低价格出售该产品。此外,消费者知识的局限或误导信息均有可能导致对营销信息的误解。减少误解非常重要,但它又是一个很复杂的问题,迄今尚未有十分有效的消除误解的办法。企业在与消费者和其他社会公众沟通的过程中,应预先认真测试所要传递的信息,以尽可能减少误解。

二、知觉的一般规律

个体对于感觉器官所获得的外来刺激都要经过主观的解释和组合,是大脑根据感觉材料的性质及贮存在记忆里原有的经验和知识,对这些材料进行加工,然后才能形成知觉。首先知觉信息是通过大脑对刺激物信息进行加工的,并且人们的知觉过程常有一些规律和定式可循,了解其规律和影响因素,对于了解和预测消费者的知觉结果会有很大帮助。

(一)知觉

1. 知觉定义

知觉是人脑对刺激物各种属性和各个部分的整体反映,它是对感觉信息加工和解释的过程。人在感觉的基础上,形成知觉。篮球是由一定的颜色、形状、大小、触感、弹力等属性组成的,人脑在感觉到这些属性的时候,会将它们联系起来,综合后在头脑中就会形成"篮球"这样一个具体映像。这就是我们对于篮球的知觉。

感觉和知觉都属于认知过程的感性阶段,它们都是对事物的直接反映。但是两者却又是不同的心理过程。感觉是对事物个别属性的反映,知觉是对事物的各种不同属性或各个不同部分及其相互关系的综合反映,即对事物的整体反映。知觉和感觉不同的另一个重要特点是,知觉不仅受感觉系统生理因素的影响,而且极大地依赖于一个人过去的知识和经验,受人的各种心理特点,如兴趣、需要、动机、情绪等的制约。消费者的知觉过程包括三个相互联系的阶段,即展露、注意和理解。在信息处理过程中,如果一则信息不能依次在这几个阶段生存下来,它就很难贮存到消费者的记忆中从而也无法有效地对消费者行为产生影响。

2. 知觉的信息加工

(1)数据驱动加工和概念驱动加工

现代心理学认为,知觉的产生必须有一个对过去的经验、知识和外部刺激的作用。一些心理学家认为,从总体上说,过去的知识和经验主要是以假设、期望、图式的形式在知觉中起作用。人在进行知觉活动时,接受感觉信息的输入,在已有的经验的基础上,形成关于当前刺激是什么的假设和期待。知觉就是在这些假设、期待的引导和规划下进行的。人的大脑对外部信息的知觉,包含相互联系的两种加工:数据驱动的加工和概念驱动的加工。数据驱动加工又被称为自上而下的加工,它是指知觉加工开始于外部刺激,通常是先对较小的知觉单元进行分析,然后再转向较大的知觉单元,经过一系列连续阶段的加工而达到对感觉刺激的解释。

（2）图式与知觉

图式通常涉及对事件、情境或物体等已经组织好了的知识单位。它也是一种心理结构，用于表示人们对于外部世界已经内化了的知识。图式的作用主要表现在两个方面。

一是图式是一种信息接收系统，环境中的信息只有与个体具有的图式发生联系时，才算是有意义。

二是图式提供了从环境中提取信息的计划，也就是说，当某种图式被激活后，人们将预测环境中某种信息的出现，并且积极探索所需要的信息，图式将产生一系列的知觉期待。当环境中的刺激与我们头脑中的图式不相符合的时候，它就会延缓或者阻碍我们对外界刺激信息的加工。

现代认知心理学认为，人采用两种方式激活图式，即前面所述的自上而下和自下而上的加工。当记忆中的图式完全依靠对外界刺激信息的分析而被激活时，便是数据驱动加工；而当它被另外的图式激活时，便是概念驱动加工。在实际的知觉过程中，这两种图式激活的方式通常是同时出现的，且是相互补偿的。

当我们的知觉更多地依赖于感觉输入的直接作用时，自上而下的加工作用就减弱；相反，如果知觉更多地依赖于自上而下的加工，那么对物体直接作用的依赖程度就下降了。如果只有数据驱动加工，那么会因为需要识别的特征总量太大产生噪音干扰以及来自环境资料的不可靠性，而使得知觉不能实现；反之，如果只有概念驱动加工也是不行的。总之，知觉的信息加工过程，就是确定环境中物体和事件的意义的过程，这个过程包括激活和修正个体所具有的关于环境的图式。

（二）知觉的基本特征

1. 知觉的相对性

知觉是个体以其已有经验为基础，对感觉所获得的资料做出的主观解释，因此，知觉也常称之为知觉经验。知觉经验是相对的，我们看见一个物体存在，在一般情形下，我们不能孤立地以该物体作为引起知觉的刺激，而必须同时也看到物体周围所存在的其他刺激。这样，物体周围其他刺激的性质与两者之间的关系，势必影响我们对该物体所获得的知觉经验。如大胖子和小瘦子两人相伴出现，会使人产生胖者愈胖、瘦者愈瘦的知觉。

2. 知觉的选择性

客观事物是多种多样的，在特定时间内，人只能感受少量或少数刺激，而对其他事物只做模糊的反映。被选为知觉内容的事物称为对象，其他衬托对象的事物称为背景。某事物一旦被选为知觉对象，就好像立即从背景中突显出来，被认识得更鲜明、更清晰。一般情况下，面积小的比面积大的，被包围的比包围的，垂直或水平的比倾斜的，暖色的比冷色的，以及同周围明晰度差别大的东西都较容易被选为知觉对象。

3. 知觉的整体性

知觉的对象都是由不同属性的许多部分组成的，人们在知觉时却能依据以往经验组成一个整体，知觉的这一特性就是知觉的整体性。

4. 知觉的恒常性

在不同角度、不同距离、不同明暗度的情境之下，观察某一熟知物体时，虽然该物体的物理特征（大小、形状、亮度、颜色等）因受环境影响而有所改变，但我们对物体特征所获得的知觉经验，却倾向于保持其原样不变的心理作用。像这种外在刺激因环境影响使其特征改变,但在知觉经验上却维持不变的心理倾向,即为知觉恒常性。

5.知觉的组织性

在感觉资料转化为心理性的知觉经验过程中,显然是要对这些资料经过一番主观的选择处理,这种主观的选择处理过程是有组织性的、系统的、合于逻辑的,而不是紊乱的。

6.知觉的意义性

知觉的意义性,即理解性。人在感知某一事物时,总是依据既往经验力图解释它究竟是什么,这就是知觉的理解性。人的知觉是一个积极主动的过程,知觉的理解性正是这种积极主动的表现。人们的知识经验不同、需要不同、期望不同,对同一知觉对象的理解也不同。一张检验报告,病人除了知觉一系列的符号和数字之外,却不知道什么意思,而医生看到它,不仅了解这些符号和数字的意义,而且可以做出准确的判断。因此,知觉与记忆和经验有深刻的联系。

感觉与知觉既有联系又有区别。首先,知觉以感觉为基础,缺乏对事物个别属性的感觉,知觉就会不完整。其次,一旦刺激物从感官所涉及的范围消失,感觉和知觉就停止了。再次,知觉是对感觉材料的加工和解释,但它又不是对感觉材料的简单汇总。感觉是天生的反应,而知觉则要借助于过去的经验,知觉过程中还有思维、记忆等的参与,因而知觉对事物的反映比感觉要深入、完整。

7.错觉现象

人们在知觉某些事物时,可能受背景干扰或某些心理原因影响,往往会产生失真现象,这种对客观事物不正确的知觉称为错觉。错觉现象在生活中十分普遍。例如:实际同样身高的男女,人们总是认为女的比男的要高一些;房间里装上一面镜子,房间显得比原先宽敞多了;等等。在市场营销中要巧妙地运用错觉原理去满足消费者的心理要求,用绿色瓶或黄色瓶装的啤酒,会使人产生清爽或富含营养的感觉;扁形盒包装的化妆品要比圆柱体形包装的外形显得大一些。营业员在推销纺织服装类商品时,应运用错觉原理,科学巧妙地推荐,提高服务艺术。如向身体矮胖的顾客推荐深颜色、竖条纹服装显得苗条些,向细高个儿顾客推荐浅色、横条纹衣服则显得丰满些。

(三)知觉的心理定式

知觉的解释性有助于提高知觉的速度,但如果已有的知识经验不准确也会导致错误的知觉,即偏见。偏见也是人们在知觉刺激物时经常会有的一些心理定式。心理定式又称心向,是一种活动的准备状态或行为倾向,通常是意识不到的。心理定式表现在不同的方面,例如:运动定式指个人从事某种运动反应的准备状态;注意定式指观察者准备接受特定信息的状态;知觉定式指人们按照期望和背景而不是按照实际物理刺激去感知刺激。心理定式可以影响人的知觉过程,也影响人的记忆。在日常生活中,它可以使人按照常规不费力地解决问题,但也妨碍创造性的发挥。在体育消费活动中,影响消费者行为的常见心埋定式有以下几种。

1.首次效应

消费者在消费过程中第一次接触到的人或者事物所形成的印象往往很难改变,这种现象被称为首次效应或第一印象。现实生活中,第一印象往往先入为主,人们会不自觉地将以后遇到的人或者事物的印象与第一印象相联系。如果第一印象良好,对以后遇到的不良印象也不觉得反感;如果第一印象不好,那么要在以后扭转这一印象则需要付出很大的努力。

例如,马拉松爱好者参加某地举办的国际马拉松比赛,如果抵达当地就有接待人员或者在领取比赛物品时能感受到举办方安排得井然有序,工作人员认真负责,热情周到,他自然会觉得举办此次马拉松比赛的组委会举办能力和态度非常好。在之后的比赛过程中,如果出现补给的紧缺或者应急医疗队不到位,也会抱有体谅的态度,这位马拉松参赛者甚至会从心里为赛事举办方开脱。但是如果他在领取参赛物品时没有得到工作人员的基本礼遇,他对举办方的第一印象就会非常一般,会觉得组委会很有可能没有对工作人员进行认真培训。即便是其他方面没有出现问题,也很难改变他对这个赛事的看法。如果他再碰见补给紧缺,也许这位参赛者很有可能就要表现出内心的不满意,因为受到首次效应的影响,他就戴上了"有色眼镜"来看待之后与比赛环节相关的所有问题。所以,作为赛事的举办方,一定要对工作人员做好培训,避免因为第一印象差造成不必要的负面影响。

2. 晕轮效应

晕轮效应是从对象的某种特征推及对象的整体特征,从而产生美化或者丑化对象的印象。也就是说,看到对象的某种好处就以为整体都是好的,看到对象的某部分不好就以为整体都是不好的。首次效应是从时间上说的,而晕轮效应是从内容上说的,这两种效应都带有明显的个人主观性,在印象的形成过程中具有演化、扩张的定式作用。体育消费者在购买体育产品时,很有可能因为某一件商品有瑕疵或者某个项目培训服务不如期待的高,就会认为这个体育品牌所有的产品都不会很好,或者认为这个体育培训公司所有的教练都不值得推荐。所以,体育企业或体育培训公司一定要在产品进入市场和教练提供教学服务时严格把关,谨防劣质产品和劣质服务出现,以防由于晕轮效应使得体育消费者否定整个企业或公司的所有产品或服务。但是,也不能避免会有一些滥竽充数的、假冒的培训机构利用晕轮效应蒙蔽体育消费者。例如,在体育消费者将要加入健身俱乐部成为会员之前前去体验时,俱乐部会提供优质的服务,让潜在的会员感受到周到的服务,以为加入俱乐部以后都会是一样的待遇,结果骗了大批会员入会后就人去楼空。这种不道德的行为也是偶有存在的,消费者也要擦亮眼睛,防止受骗。

3. 经验效应

经验效应是指个体凭借以往的经验进行认识、判断、决策、行动的心理活动方式。经验是人们对过去经历的总结和认识,一般来说,丰富的经验有助于人们正确的认识客观事物。但是,经验也有一定的局限性,不考虑时间、地点、对象的变化而照搬经验判断事物,往往会出现偏差。经验效应在体育消费者的消费过程中只能从整体上起到大概的作用。例如,CBA中国篮球联赛的比赛中,上一届的冠军未必继续卫冕这一届的,因为在篮球比赛中会受到很多不确定因素的影响,甚至一个队员的发挥都会成为一场比赛的转折点。这也是体育赛事产品结果的不确定性的魅力所在。

4. 刻板印象

刻板印象是指一些人对某类事物或人物所持有的固定的、共同的、笼统的看法和印象。这种印象往往是先入为主的,一般来说很难改变。刻板印象是一种群体共识,而不是一种个体现象,它一般是由知觉主体类型、传媒渠道的信息以及历史原因造成的。刻板印象有助于快速认识人和事物,将其归类并做出相应的决策,刻板印象又有一定的局限性,它容易束缚人的思想,使一些陈旧的、不合时宜的观念很难改变。

第三节　体育消费的质量感知及风险规避策略

一、认知质量

产品质量是影响消费者购买行为的重要因素之一。消费者对产品质量的认识或知觉，既和产品本身的内置特征与品质相关，又受到消费者很多自身因素的影响。我们把消费者对产品的适用性和其他功能符合其使用目的的主观理解叫作知觉质量或者认知质量。认知质量以产品内在的质量为基础，但又与后者不相同，两种产品的内在质量可以完全一样，但消费者对他们的质量认知则可能相去甚远。

体育产品是指通过市场满足消费者体育需要及利益的物质产品和非物质形态体育服务的总和。体育产品分为有形和无形产品，前者包括运动服装、体育场地设施、运动器材、体育饮料和各种健身娱乐用具等。后者是以非实物形态向社会提供各类体育服务以满足人们的健身、娱乐和精神需要的产品。无形体育产品分为观赏类、参与类、中介信息类。体育消费者对于体育产品的认知质量根据产品特性的不同会有不同的表现形式。

对于实物类体育产品基本上与一般的产品一致，如体育鞋帽、运动器材、体育用品等。服务类体育产品则同消费者对于一般的服务质量知觉相似。

(一)体育产品质量的知觉

一般产品内部线索涉及该产品的物理特性，如型号、颜色、味道、香味等。消费者会利用这些物理特性(如奶油冰激凌或蛋糕的味道)来判断产品的质量。然而，消费者用于判断产品质量的物理属性常常与产品没有内在的联系。例如，虽然有些消费者声称他们是因为产品的味道好吃才购买了这一品牌，但是在盲视品尝实验中，他们不能识别这一牌子。从消费者的报告中发现，消费者经常不能在各种可乐饮料与基于外在线索的喜好之间做出区分，这些外在线索包括定价、包装、广告，甚至包括同伴的压力。在对产品缺乏实际经验的情况下，消费者经常依据产品的外在线索来"评估"产品的质量，如价格、品牌形象、制造商形象、零售商形象甚至产品的来源国等情况。因为那样能使消费者证明自己对于体育产品的判断(正面或负面)是"理智的"或"客观的"。然而事实上他们判断产品质量的物理特性却常常与其质量没有内在联系。

体育消费者一般会利用体育产品本身的内部属性来判断产品的质量。内部属性如一场赛事的参赛运动员、教练员、裁判员、赛事级别以及现场的氛围等。对于体育产品的特殊属性，体育消费者一般只能在现场对于一场赛事的质量(赛事的观赏性、精彩程度)做出判断。体育消费者愿意相信他们是基于对一场体育赛事内部属性的了解评价赛事的质量的。

质量无疑是影响消费者购买行为的一个重要因素。对于先验产品，即购买前或购买时就能凭感官对产品品质做出大致判断的产品，产品本身的内在质量或客观质量构成了评价和选择的基础。对于后验产品，即在购买时无法凭客观指标对产品质量做出判断的产品，消费者可能要更多地依据产品之外的一些其他线索对产品质量做出推断。然而无论是对先验产品还是对后验产品，消费者在评价质量时所采用的标准以及对各标准所赋予的权重与企业评价产品质量所采用的标准和权重可能并不一致，有时甚至出入很大。

（二）服务质量知觉

消费者评估服务质量比评估产品质量更难。这主要是由于服务质量的特征差异,是一种无形的、瞬逝的、易坏的、生产与消费同时进行的特性。消费者不能够像对待实物型商品一样对非实物型的服务产品进行比较,为了克服这一现象,他们就会依赖代理品的线索(即外部线索)来进行服务质量评估。一般的服务质量评估,如对医生的服务质量进行评价时,他们注意办公的质量,审视办公室的家具、墙上张贴的有关发展程度的数据、导医的周到服务程度和护士的职业特性,所有这些方面都归之于患者(即此时的消费者)对整个服务质量的评估。

因为实际的服务质量会随着时间推移而改变,每个时刻的提供服务者未必相同,营销人员为了提供统一的标准,努力使服务标准化。然而,服务标准化的负面是服务个性化运动损失,有许多消费者看中这一点。

需求处于高峰期的,服务之间相互影响经常导致服务质量下降,因为顾客和服务员都很忙,都会有压力。在这期间如果服务员没有提供特殊的努力来保证服务的一致性,服务的形象就会下降。这是一般的服务类行业普遍存在的情况。

体育服务产品与一般的服务产品大有不同,体育消费者在购买类似于一般的体育服务产品时,会遇见高峰期服务质量下降的情况。如健身房健身的高峰期,参与锻炼的人多于指导健身教练可以顾及的范围时,体育消费者的利益就难以保障,服务质量就会随之下降。同时,休息区和健身器材的数量可能也会供不应求,导致整体服务形象下降。而当体育消费者购买与一般服务产品大有区别的体育商品时服务质量的评价则会有所不同。如体育消费者在够买一场赛事的门票时,由于赛事的规格不同,消费者购买时可以根据比赛双方的实力和比赛运动员的水平以及门票价格等级来体验一场比赛的服务。一般来说,赛事的规格越高,参赛运动员的水平也越高;购买的门票价格越高,所享受到的服务也就会越周到。一场国际顶级足球比赛一定会是顶级球队之间的较量,门票价格的不同决定了体育消费者深入赛场时的观看区域的不同,如是否是普通区或 VIP 包厢,所以享受到的服务也会不尽相同。因此,体育消费者对于体育产品的质量感知具有其特殊性。

一些研究者认为消费者对服务质量的评估具有重要的作用,它在消费者对服务的预期与消费者对实际得到的服务所做出的估计(知觉)之间起引导作用。例如,一个新入学的研究生也许会对他同学的智力、能力、班级讨论中的思想以及学校图书馆做出预期。他对学校质量的评估依据他对学校的预期,这种预期又在很大程度上依赖自己的背景和经验。如果大学服务低于他的预期,他就会认为大学的教学质量较低。如果超出了他的预期,他就会把这所大学评价为教学质量高的教育场所。就如同一位体育消费者加入了某体育俱乐部后,对该俱乐部会员的羽毛球水平有自己的预期,在俱乐部组织的羽毛球比赛活动中,当他检验到其他会员的羽毛球水平超过了他的预期时,他会觉得其他会员的水平在一定程度上代表了该俱乐部的普遍水平,这样的俱乐部可以为他提供一个有助于提高其羽毛球水平的机会,也就会认为他所进入的俱乐部是一个令自己满意的俱乐部。

二、消费者如何形成对质量的认知

一种观点认为,消费者是根据产品的内在特性或内在线索形成对产品质量的认知,或形成对产品质量的总体印象。持这种观点的学者包括贝特曼、恩格尔和布莱克威尔以及霍华德、谢恩等人,产品的内在线索对不同的产品来说可能是不同的。一般而言,产品的特征,如外形、所用原料或材料、光洁度等都可作为形成认知质量的内在线索。以篮球鞋为例,体育消费者可能根据所用的主材料、科技、边角的缝合、鞋底的材质等要素判断一双篮球鞋的优劣,并形成总体质量感受。这些产品特征有的对决定篮球鞋的内在质量有很大影响,有的特征则具有相对较小的重要性。但体育消费者在形成对产品质量认知的过程中,则可能透过那些对决定内在质量只具有较小重要性的线索来评价产品质量。又如决定汽车内在质量最为重要的是汽车的发动机和操作系统,但消费者可能是以坐垫所用牛皮的柔软程度、车门把手的精细程度等较为次要的产品特征作为质量认知的线索。鲍勒和尼尔逊的研究表明,在食品领域,消费者对产品质量的认知与产品属性密切相关,口感和新鲜程度被认为是影响认知质量最重要的两个因素。而且,影响力最大的公司,在主要产品属性上也是处于强劲地位。该研究还发现,包装亦构成影响消费者质量认知的重要变量。同样的食品,新鲜的被认为质量最好,冷冻和瓶装的次之,罐装和干货食品质量评价最低。

另一种观念认为,消费者主要是根据产品的外在线索,如价格、原产地、商标或企业声誉等形成对产品质量的整体认知。皮特森的研究表明:当购买低价产品,面临很大的质量风险时,消费者倾向用价格高低作为认知质量的线索;当购买低价产品质量风险较小,消费者不一定以价格高低作为质量好坏的指示器。斯道克斯的研究发现,当购买风险比较高,消费者对所购买产品的商标不太熟悉时,消费者倾向于用价格作为质量判断的线索。同样,产品包装和商标熟悉程度也和价格一样,常常被消费者作为质量感知的依据。该研究还进一步发现,商标熟悉程度对购买意向具有直接影响,而包装和价格不具有这一影响。该研究得出的结论是,认知质量和价格的相对比例决定消费者的选择意向。拜尔登和辛普运用外部线索分析新产品的采用,结果发现,产品外部线索,尤其是保证条款方面的信息对消费者减少质量方面的认知风险具有重大影响。总之,以往关于产品外部线索与质量认知关系的研究,大部分为消费者运用外部线索评价或判断产品质量的论断提供了支持。当然,对于在什么条件下倾向于用哪种或哪几种外部线索,哪些消费者更偏好用哪些外部线索来形成质量认知仍有待进一步研究。

实际上,上述两种观点,是从不同侧面探讨质量认知的形成,本身并不矛盾。消费者在选择产品和品牌时,一般都需要根据某些线索对产品质量形成整体印象。当产品本身的特征能够在较大程度上预示产品的内在质量时,消费者可能主要依据内在线索而不是外在线索判断和评价产品的质量。比如,对凭眼看手摸就能大体对质量好坏做出判断的商品,消费者通常是根据某些产品特征做出购买取舍。当产品特征对产品质量的预示作用比较小,消费者对购买又缺乏信心时,消费者可能更多地依赖产品的外在线索,形成对产品质量的认知。消费者之所以在很多情况下根据外在线索评价质量高低,除了产品内在线索有时不具有太大的指示作用外,另外两个很重要的原因是购买风险的存在和消费者本身知识的局限与信息的不足。像大宗耐用品以及法律服务之类的产品,由于消费者在这方面的消费知识非常有限,加上这些产品、服务的风险比较高,所以,在购买时,不得不借助于声誉、价格、服务人员的仪表、态度等外部线索来推断其质量。

三、营销启示

既然消费者一般根据某些与产品相关的线索形成对产品质量的认知。企业应针对自己的产品或服务开展调查,以了解消费者主要依据哪些线索做出质量推断,并据此制度确定营销策略。如果某些产品特征被消费者作为质量认知线索,那么,它就具有双重的重要性:一方面作为产品的一个部分具有功能效用,另一方面对消费者具有信息传递作用。后一作用在企业制定广告等促销策略时具有特别的意义。将不构成认知线索的产品特征或特性大加宣传,很难收到预期的传播效果。

此外,企业还应充分重视形成认知质量的外在线索。既然价格、商标知名度、出售场所等构成消费者判断质量好坏的重要线索,企业就应了解这些线索对消费者的相对重要程度,以及不同消费者在这些评价线索上存在的差异,并据此做出回应。比如,高品质的产品应有相应的价格、包装与之相适应,分销渠道的选择上应避免过于大众化,短期促销活动也应格外慎重。

总之,企业应充分认识到,质量是消费者、环境和企业活动综合作用的结果,单纯从制造过程或设计过程入手,不把握消费者的需求与反应,是不可能提供消费者所认可和接受的产器的。

四、体育产品感知与体育消费者购买决策

体育消费者在其消费活动过程中的感知对象有人物、地点、产品本身等。其感知的结果会直接影响到消费者的购买决策,并且会影响到体育消费者在消费过程中的身体或心理的直接体验以及对体育产品的评价,甚至可以影响下一次的消费选择。

(一)对体育产品形象的感知

体育消费者在购买有形体育产品时,对其形象的感知主要有品牌、价格、外观的大小、颜色等方面。对于购买实物型体育产品,体育消费者普遍从品牌优先考虑,然后根据其心理价位做主要参考,最后再考虑外观的颜色、大小等。例如健身器材的选择,体育消费者会首先考虑知名品牌、著名商标,在其可接受的价格范围内,尽量选择功能适宜的具体的型号和款式,再结合具体空间大小选择尺寸的大小,最后根据自己的爱好决定选择哪种颜色。

体育消费者对无形体育产品的感知也是不同的。观赏类的大型体育比赛,体育消费者首先会了解比赛项目是否是自己喜欢的,比赛的级别是不是能够达到精彩赛事的级别,有没有高水平的运动员、自己喜欢的运动员或教练员、裁判员等,这些都影响着体育赛事的水平,关系着体育消费者最直观的感知。参与类的体育培训,更多的也是基于体育消费者对于运动项目的选择和培训机构的培训水平。中介信息类的无形体育产品除外在形象外,更多的是对相关服务的感知。

(二)对体育产品相关服务的感知

有形体育产品的相关服务主要体现在消费者购买过程中服务员的服务态度和消费后的售后服务。

无形体育产品分为观赏类、参与类和中介信息类。体育消费消费者对体育产品相关服务的感知主要有以下几种。

第一,服务组织应制定切实可行的服务规范、服务提供规范、质量控制规范,建立健全服务质量体系结构,编写企业服务质量手册,对提供的所有阶段的服务质量进行有效的控制、评价和改进。

第二,质量须有明确的质量标准。

第三,对服务企业提供服务人员、服务方式提出要求:服务人员须经过严格的上岗培训,应具有良好的仪容仪态、职业道德、服务技能、应答能力,严禁用不正当的服务方式招徕和陪随顾客。

第四,对服务企业提供的服务费用提出要求:服务企业应以有竞争力的价格、符合国家物价的收费标准,来获得顾客的信任,不准以任何方式向客人索取财物,收取小费。

第五,对服务企业违反管理办法的处理:技术监督部门应会同有关部门,按照法律、法规给予必要的行政处分和经济处罚。

第六,对体育产品相关设施的感知。设施应具备方便、舒适、安全、卫生的良好使用性能。无论是有形的体育产品还是无形的体育产品,对于提供相关设施,体育消费者都有这方面的感知需求。

(三)对体育商品消费时空的感知

主要针对体育消费者在购买体育产品过程中的距离和时间因素。观看一场体育赛事,前往比赛所在地的时间成本以及交通成本是消费者考虑的最大因素。体育消费者参加健身俱乐部的地点,大多选择在与住处或者工作所在地较近的位置,这样可以节省时间。健身俱乐部空间布局是体育消费者做出选择所考虑的重要因素。大厅是否宽敞明亮、器材的摆放是否合理、洗浴更衣场所是否空间充足和开阔等,都是体育消费者对健身俱乐部在时空上的感知。

1. 距离的阻碍作用

体育消费者观看体育比赛总要考虑到前往比赛地的代价,如果距离太远,就要付出更多的时间、金钱、精力等,这时体育消费者就要做出衡量,去较远场所观看比赛是否值得。前往比赛地的时间和精力有可能要超过观看一场比赛带来的愉悦感,随着旅途的各种费用增加,距离在一定程度上是一个阻碍因素。

2. 距离的促进因素

较远的体育比赛如果在更有吸引力的城市举办,往往也对体育消费者有一定的吸引力。有研究表明,对于赛事举办城市的一种向往也会成为体育消费者愿意远距离参观比赛的一种因素。体育消费者对举办城市的人文环境、自然环境感兴趣,恰好喜欢的体育比赛将在合适的时机举办,这样体育消费者会前往较远的赛事举办地参观比赛,但是前提一定是这座举办赛事的城市自身有足够的吸引力。例如,2008年北京奥运会的举办,全球无数观看奥运会的体育消费者,除了为了观看体育比赛外,很大程度上也是为了前往北京,一睹中国首都的魅力。

五、体育消费者对购买风险的知觉与减少风险的策略

(一)知觉风险及类型

当你驱车飞驶险些与突然从路口驶出的一辆汽车相撞时,你会惊出一身冷汗,而坐在你旁边昏昏欲睡的朋友可能对此一无所知。同样的危险差点降临到你俩头上,但后者由于对此没有知觉,自然也不会有你刚才那种感受。所以,风险只有被知觉和感受到才会对行为产生影响。

知觉风险实际上就是消费前因无法预料其购买结果的优劣而产生的一种不确定性感

觉。在产品购买过程中,消费者可能会面临各种各样的风险,这些风险有的会被消费者感受到,有的则不一定被感觉到;有的可能被消费者夸大,有的则可能被缩小。因此,知觉风险与实际风险可能并不一致,两者甚至会出现较大的差距。消费者知觉风险主要有以下类型。

1. 功能风险

功能风险是指产品不具备人们所期望的性能或产品性能比竞争品差所带来的风险。如汽车的耗油量比企业承诺的高,电池寿命比正常预期的短,均属于功能风险。

2. 物质风险

物质风险是指产品可能对自己或他人的健康与安全产生危害的风险。例如,食品的营养与卫生标准是否达到了法律所规定的要求,转基因食品是否会对人体健康产生无法预料的影响,消费者的此类担心均属于物质风险的范畴。

3. 经济风险

经济风险是指担心产品定价过高或产品有质量问题招致经济上蒙受损失所产生的风险。

4. 社会风险

社会风险是指因购买决策失误而受到他人嘲笑、疏远而产生的风险。例如,我的家人、朋友如何看待我的选择? 我买的产品是否会被我所渴望加入的群体人员所接受和欣赏?对这类问题的关注和担心属于社会风险。

5. 心理风险

心理风险是因决策失误而使消费者自我情感受到伤害的风险。对所买产品是否适合自己,是否能体现自己的形象等的担心即属于心理风险。

(二)产生知觉风险的原因

如前所述,知觉风险是消费者对其购买活动的结果存在不确定感,因此,凡是导致这种不确定感的因素就产生了知觉风险。

第一种原因是消费者购买的是新产品或对所要购买的产品以前没有体验。在大多数人看来新产品或没有体验的产品存在更大的不确定性,这种感觉既和经验与常识有关,又与人们更习惯于现有状态和现有事物的心态有关。以往在同类产品的购买与消费中有过不满意的经历。"一朝遭蛇咬,十年怕井绳",一旦以前在购买中遭遇过不愉快的体验,就会心存余悸,从而对当前的购买滋生不确定感。

第二种原因是购买中机会成本的存在。任何购买或选择都是以放弃另外一些购买或选择为代价,也就是说,任何购买均存在机会成本。比如,选择了耐克跑鞋,就放弃了对阿迪达斯、美津浓、亚瑟世等其他众多运动品牌的选择。此时,消费者对是否做出了明智的选择,或是否应当做出另外的选择,并不一定有十足的信心和把握。换句话说,消费者此时就产生了不确定感和风险感。

第三种原因是因缺乏信息而对购买决定缺少信心。在购买决策过程中,如果对备选产品具有充分、可靠的信息,那么不确定感就很小,甚至不存在不确定感,决策也就很容易做出。相反,如果信息不全或者认为手头的信息不可靠,则风险感会骤然升高。

第四种原因是所购买的产品技术复杂程度很高。一般来说,对于技术复杂程度高的产品,人们往往难于比较不同备选品牌之间的差异,这势必增加选择后果的不确定性。此外,如果所购产品价值很高,或产品对购买者特别重要,或选择后果具有不可更改性,此时,消费者所知觉的购买风险会相应增高。

(三)减少知觉风险的方式

消费者是能动的,一是知觉到某种风险的存在,必然会想办法来减少风险。通常,消费者应付知觉风险的办法多种多样,且不同的个体在应付同一风险时所采用的办法也不尽相同。

1. 主动搜集信息

当对选择后果存在不确定感或缺乏信心时,很多消费者会主动从外部获取信息,因为更多的或例外的信息意味着选择后果的可预见性和确定性增强。消费者获取信息的渠道很多,但购买知觉风险越高,消费者越有可能依赖于个人信息源或从口头传播所获取的信息。

2. 保持品牌忠诚

在存在购买风险的情况下,从外部搜集信息无疑有助于降低风险,但信息的搜集是需要成本的。这些成本既包括时间成本,也包括金钱和精力的投入。如果消费者对现有品牌尚感满意,那么,他可以通过重复选择该品牌,即形成品牌忠诚来避免由于选择新品牌而可能带来的不确定感。

3. 依据品牌与商店形象

著名品牌或有影响的商店不仅购买者众多,而且它们本身构成指示线索,有助于降低消费者的风险感。

4. 购买高价产品

价格常被消费者作为产品质量的指示器,不少消费者基于"便宜无好货""优价优质"而对产品质量做出推断。虽然这种推断不一定总是正确,但很多消费者仍有意无意地在价格与质量之间建立这种关系。

5. 寻求商家保证

如果企业或卖方通过包修、包换、包退、包赔等方式对产品或服务提供保证,那么消费者的风险就部分或完全地转移了。

6. 从众购买

根据大多数人的选择来做出购买决定,是很多消费者减少知觉风险的常用办法。在消费者看来,很多人采用同一产品或做出类似的购买决定,一定有其合理的基础。即使这种决策不是最好的,也不至于是最糟糕的。

第四章 体育消费中的产业发展
与消费市场营销特点

第一节 体育消费中的产业发展概况

一、体育产业形成和发展的条件

体育形成产业需要一定的社会环境和条件,体育产业的建立和发展并不完全取决于体育产品各生产要素的规模和水平,更重要的是取决于消费结构和消费规模。

消费需求是最终需求,没有体育产品的消费,也就不会有体育投资。现行的体育产业运行机制是消费—投资—生产—消费。因而,体育产品消费是体育产业形成和发展的基础。体育产业的形成需要市场经济体制的建立和完善,体育作为一种产业对国民经济的贡献大小是衡量这个产业是否有生命力的根本标志,体育产品有着特定的生产过程和消费形式,构成体育生产的各要素只有通过市场机制的合理配置,才能取得良好的经济效益,才能顺利实现产业化。国外的实践表明,市场经济越发达,体育就越具备产业化的条件。世界上体育产业最发达的国家是美国。据有关资料显示,20世纪80年代,美国的体育产业的产值大约占GDP的1%,在各大行业产值中排名第22位;到20世纪90年代后期,占GDP的2%,排名升至第11位。澳大利亚、加拿大、日本、英国、德国、法国、意大利等发达国家,体育产业的产值也大体占GDP的1%~1.5%。从体育消费情况来看,1995年,美国参加闲暇体育活动以及观看体育比赛等开支为441.73亿美元,已有33%的家庭拥有健身器材。1993年,日本每年每个家庭的平均体育消费为7万多日元。日本政府有关部门提出,应扩大国内需求,使国民增加体育消费,今后的体育振兴工作将不再像以往一样靠行政手段增加免费服务,而是以建设民营设施、提供高水平体育服务等来增加个人消费为方向。1996年,加拿大家庭平均体育消费额折合为718美元。德国的家庭消费中用于购买体育器材运动服装和交会员费每年有640亿马克。从中不难看出发达国家体育产业和体育消费的大体增长势头以及它在国民经济发展中的地位和变化。

二、国外体育产业的发展

西方学者一般认为,体育作为一项产业起源于英国。美国学者莉萨·马斯特拉莱西思在《体育管理理论与实践》一书中提出,"英国是现代体育和体育产业的出生地"。应该说,这样的判断是有依据的。一方面,现有体育中可以作为产业来经营的绝大部分运动项目,基本上都源于英国人创立并竭力推崇的"户外运动",如足球、高尔夫球、保龄球、羽毛球以及部分水上和冰上运动项目,尤其是大英帝国以炮舰政策开道的殖民扩张,又把英国贵族们热衷的户外运动传给了殖民地的新贵,从而使户外运动逐渐传播到美国和欧亚地区的许多国家。这就客观上为体育在全球的职业化、商业化做了必要的准备,现代体育的产业基础由此开始奠定。另一方面,体育作为产业除了需要可以开展经营的内容之外,还必须有开展经营所不可或缺的组织形式,这一组织形式就是俱乐部体制,而俱乐部体制最早也是产生于英国。1750 年在英国的纽玛克特,一批贵族资助成立了著名的"乔治俱乐部"。该俱乐部是一个普通的赛马俱乐部,它之所以有名,是因为开创了现代体育俱乐部的法人治理结构和与之相配套的规章制度和运行机制,并且"乔治俱乐部"的模式很快就被英国的板球、拳击等其他运动项目仿效,进而在欧美的许多国家流行。所以说,英国可能比任何其他国家都更有理由成为体育产业的发源国。

体育产业历史不长,尽管职业体育在 20 世纪初已在西方出现,但当时的情况与中国目前的状况差不多,没有客观的利润,也不能吸引多少企业的赞助,连美国职业篮球联赛 NBA 在 70 年代末也曾面临破产的危险。

1972 年,第 20 届奥运会在联邦德国慕尼黑举行,结果却欠下 6 亿美元的债务;1976 年加拿大蒙特利尔第 21 届奥运会和 1980 年苏联莫斯科第 22 届奥运会实际分别耗资 24 亿和 90 亿美元,以致后来无人愿意申办奥运会,从而宣布政府出资主办奥运会模式的终结。

1984 年的奥运会只有美国洛杉矶一家申办,而如今同时申办奥运会的却有十几个城市。这种变化应归功于时任该届奥运会的组委会主席——商人出身的美国人尤伯罗斯,他没有要政府出一分钱,却集资 7 亿美元,结果净赚 2.15 亿美元,开创了民间办奥运的成功模式。韩国和西班牙分别靠奥运会促进了本国经济的发展。这种借助于体育来带动经济发展的巨大吸引力,使世界各国不得不重视体育产业化,也极大地推动了世界体育产业的迅速发展。

目前,世界体育产业年产值高达五千亿美元,其大多数份额来自职业体育发达的北美、西欧和亚洲的日本等国家和地区。这一数字相当于中国年国民生产总值的一半,并且每年正以 20% 的速度增长。体育产业对服务业、通讯业、信息业、金融业等行业的发展具有明显的联动效应(表4-1)。

表 4-1　体育产业与企业产业的联动关系

关联产业	旅游业	交通通讯业	服装业	建材业	机械业	食品业
关联度	0.21	0.123	0.13	0.11	0.008	0.014
关联强度	强	强	强	强	弱	弱

美国是公认的体育强国,也是世界体育产业最为发达的国家。根据阿尔法·米克的研究,1995 年美国体育产业总产值达 1 519.64 亿美元,在当年各类产业领域排名中排第 11 位,占 GDP 的 2%。美国联邦政府经济分析局统计认为,1999 年美国体育产业总值为 2 125.3 亿美元,占当年 GDP 的 2.4%,位居 10 大支柱产业的第 6 位。近年来,美国信息产业迅猛发展,前 10 大产业名次时有变化,但体育产业作为支柱产业的地位却难以撼动。

意大利的体育产业以足球为龙头,被意大利誉为"无烟工业"。其年产值已达 24 万亿里拉,跻身于意大利国民经济十大部门行列。英国的体育产业年产值为 70 亿英镑,超过了汽车制造业和烟草工业的产值。政府每年从体育产业中收取的税金高达 30 亿英镑,相当于政府投入体育产业经费开支的 5 倍。

日本体育产业的年收入也达 4.2 万亿日元,在国内十大产业中排名第 6 位。近年来,日本体育产业已步入国际化,仅 1992 年至 1993 年日本至少花费 3.5 亿美元用于购买美国的体育场地,如夏威夷的 48 个高尔夫球场,日本已购买了 22 个。体育产业不仅创造了财富,而且还给社会提供了更多的就业岗位,彻底改变了体育是纯粹消费的旧观念,提高了体育在社会经济中的地位。同时,随着体育产业对经济的促进作用日益明显,一些发达国家已经提出"国民体育总产值"的全新概念。

三、我国体育产业发展概况

(一)我国体育产业的几个基本概念

在体育产业研究中经常使用的基本概念主要有体育产业、体育产业化、体育产业的内容和体育市场。体育产业是最基本的概念,是使用最多也是争议最大的概念。

对什么是体育产业有很多说法,归纳概括起来大体有两种观点。一种观点是:体育产业就是社会主义市场经济体制下运行的体育事业。主要是根据国民经济三个产业的划分,将体育列入第三产业。因此,体育产业是体育事业的另一种称谓。这种界定明确了发展体育产业就是发展体育事业,更能突出业务成果的产出和转化,也有利于向国家争取政策,争取产业政策就是争取事业政策。另一种观点是:体育产业是体育事业中能按产业方式运作并向社会提供产品的部分。

对体育产业概念的理论界定应该主要依据市场经济学的基本理论。按照市场经济学理论,确定一个行业是否是产业,首先要看是否有投入和产出,其次看其产品是否深入市场进行交换。因此,体育产业定义的最终解释应该是体育产品的生产和经营活动,包括物质、精神和服务产品。从这个角度来讲,体育事业和体育产业是不能划等号的。从我国的实际情况来看,体育事业的基本属性仍然是社会公益事业,是带有产业性的社会公益事业。它的产业性主要体现在一部分事业的经济功能上,还有很大一部分不能采取产业运作方式,不能深入市场政府公共支出预算的范围,必须以社会共同需要为标准来界定和规范。所谓社会共同需要,是指一个国家从事社会管理、维护社会稳定、促进社会发展、体现社会共同利益的基本公共需要。换个说法,社会共同需要区别于私人消费需要,是市场不能满足的需要,具有非竞争性和排他性。社会共同需要一般具有以下三个特点:一是只有政府出面组织和实施才能实现的事务;二是只有政府举办并有效协调各方面利益的事务;三是企业和个人不愿意举办而又是社会存在和发展所需要的事务。只有社会共同需要的事务,政府财政才能提供资金支持。

体育事业中有许多社会共同需要的事务,不能靠市场或不能完全靠市场解决,比如绝大部分公共体育场馆的建设、维修,全民健身场所的建设,重大国际、国内赛事的举办等。体育产业化的基本含义,应是最大限度地按产业方式运作发展体育事业,以充分发挥体育自身的经济功能,扩展体育事业的空间并增强自我发展能力。我们把改革开放以后从在计划经济体制下按行政方式办体育向社会主义市场经济体制下按产业方式办体育的转变叫做体育产业化,它在很大程度上强调的是机制的转换和发展方式的调整。

体育产业的内容,在现阶段根据体育产业发展的实际情况分可包括三大方面:

1. 体育本体产业

指发挥和体现体育自身的经济功能和价值的生产和经营活动。主要有体育竞赛和表演业,体育健身和娱乐业、体育培训和咨询业、体育资产(有形和无形)经营业等。

2. 体育相关产业

指与体育密切相关或以体育为载体向社会提供服务的经营活动。主要有体育彩票、体育用品、体育经纪与代理、体育新闻与媒介、体育广告、体育旅游、体育建筑等相关产业。

3. 体办产业

指体育部门或单位利用自身条件为弥补经费不足兴办的各类生产和经营活动,如餐饮、宾馆、航空票务代理等。这部分虽然不是严格意义上的体育产业,但在目前情况下,人、财、物的管理权属于体育部门,其税后收益又用来弥补事业发展经费不足,所以是体育产业的一部分。

(二)我国体育产业回顾

在我国计划经济时期,体育部门一直属于事业单位。1978年底,党的十一届三中全会提出以经济建设为中心和进行经济体制改革的号召,我国开始进入思想大解放、经济大发展的时期。中央先后提出了以计划经济为主、市场调节为辅和有计划的商品经济的理论指导思想。在实践上,农村进行联产承包责任制,城市进行扩大企业自主权的试点改革。而体育系统则在体育场馆进行改革,提出实行"以体为主,多种经营"的文化承包责任制。从中国体育产业发展的实践过程来看,大体可以分为三个阶段。

第一阶段是从1979年至1991年。党的十一届三中全会提出"以经济建设为中心"后,在"有计划的商品经济"的改革思想指导下,国家体委提出了体育社会化发展的方针,通过不断拓宽投资渠道,过去由体委一家办转变为各行各业大家办,由单纯依靠国家投资转向以国家投资为主、社会多方筹资的方式,对体育场馆的经营提出了"以体为主、多种经营""由事业型转变为经营型"的要求。体育开始涉及场馆出租、土地转让、兴办公司等经营创收活动。这一时期对体育产业的认识和实践,大都停留在"体育搭台、经贸唱戏"的阶段,体育只是充当一种推动经济发展的手段,其产业地位和经济价值并未得到大多数人的认同。相应地,体育用品业也得到了一定的发展,但主要是在广东、福建等沿海地区从事体育服装、运动饮料、运动鞋等劳动密集型体育用品的生产,产品技术含量较低,生产规模较小。

第二阶段是从1992年至1996年。党的十四大以后,随着社会主义市场经济体制的确立,体育发展也逐渐面向市场,走上了以产业化为目标的发展道路。为了适应这一转变,国家体委机构进行了较大的改革,所有运动项目管理职能部门从政府管理中分离出来,成立了20个运动项目管理中心。尤其是以足球改革为突破口,推进协会实体化的进程,将足球运动推向市场。与此相适应,各足球运动队都按照职业俱乐部组建的要求,成为自负盈亏、自主经营的市场主体,带动了中国足球产业的发展。此后国家体委制定了《中国体育产业发展纲要》和相应的体育产业发展的法规。在体育产业发展纲要中,明确了中国未来15年体育产业发展的指导思想、重点和目标,发展体育产业的基本政策和基本措施,中央和地方政府都制定了相应的体育产业发展的法规,办起了中国体育博览会,开放了体育竞赛市场。此外,还发行了中国体育彩票,成立体育基金等,国家体委还在重庆市和长春市确定了两个体育产业开发实验区,这一切都标志着中国体育已突破单纯的创收增资的模式,开始走向立体化的产业开发阶段。

这一发展集中表现为三个转化:首先是开辟国内外商业性竞赛市场、引进外资开发体育场馆建设,发行体育彩票,使体育开始由"搭台"的配角,向经营的主体转化。其次是以出售体育竞赛的电视转播权、产品专利权、广告制作权与大众体育有偿服务为特征,使体育产业开始由有形资产的利用向无形资产的开发转化。再次是按照现代企业制度模式,以股份制方式开发经营体育产业为特征,使外部输出性赞助开始向增强自身造血功能的经营转化。1998年2月25日,随着"中体产业"公司股票在上海证券交易所的成功上市,中国体育产业的发展进入了一个新的阶段。目前,在上市公司中,以体育产业为主营业务的公司已达四家,通过证券市场的直接融资,实行资本运作,将极大促进我国体育产业的规模发展,形成规模效益规范,体育产业的经营管理。这也说明政府对体育产业发展的有力扶持,最终将使体育产业的发展摆脱政府的干预,形成以市场调节为主的运行机制。

(三)我国体育产业现状

1.体育市场体系逐步形成和完善

在我国,体育产业已成为尚待开发的七大产业之一。国家体育总局在《2001—2010年体育改革与发展纲要》中提出体育产业发展的主要目标是使体育产业初具规模。体育产业增加值要以较快的速度增长,达到国内生产总值的10.5%左右;缩小我国体育产业与国外的差距,提高竞争力;城乡体育的消费稳步增长,在全部消费性支出中所占比重要有较大的提高,努力把体育产业培育成国民经济新的增长点。而要达到这一目标,建立完善的体育市场体系是关键。我国体育市场体系基本建立,竞赛表演、健身娱乐和体育用品三大体育市场得以形成。

2.体育走进生活,体育消费成为时尚

中国现今从整体上开始步入小康社会。衣食无忧后,人们对健康和生活质量有了前所未有的关注。"为健康投资""请人吃饭,不如请人流汗"的新型消费观念悄然兴起,体育消费逐渐走入寻常百姓生活,并正在成为越来越多的人所追求的消费时尚。

(1)体育消费"贵族化"向"大众化"转变

体育消费包括体育物质产品的消费和体育服务产品的消费,其中体育服务产品的消费又可分为参与性消费和观赏性消费。根据《中国社会体育现状调查报告》,2006年参加体育活动的人中有18.6%的人曾到经营性体育场馆进行过体育消费。我国城乡居民以家庭为单位全年体育消费在1 000元以下的占总数的58.3%,1 000元~2 000元的占总数的37%,2 001元以上仅占总数的23.9%,说明我国城乡居民的体育消费水平虽然很低,但比前几年有所提高。据统计,2018年全国体育消费总额约为2 400亿元,其中城市居民消费总额为2 040亿元。全国居民体育用品支出位于日常基本生活消费之外重要消费支出的第六位,居子女教育、电器、住房、书报、高档服装之后,在余暇生活中排第四名,居看电影、看电视、阅读书报之后,体育已成为现代都市人生活的重要组成部分。

(2)竞赛表演市场和健身娱乐市场的快速发展带动促进了体育消费的增长

竞赛表演市场是体育产业的核心市场之一,也是近几年来备受政府、媒体理论界和大众关注的热点市场。我国的竞赛表演市场是20世纪90年代随着运动项目管理体制改革的不断深入而逐步形成的。尽管竞赛表演市场起步晚,但发展速度较快,继足球之后,篮球、排球、乒乓球、羽毛球等项目先后走向职业化道路,商业性比赛不断增多,竞赛表演市场持续活跃。这不仅给人们提供了观赏高水平运动竞赛的机会,也满足了人们对高水平竞赛表演的消费需求。

健身娱乐市场也成为我国体育产业中的热点市场,在拉动内需、扩大就业等方面正发挥着越来越大的作用。随着《全民健身计划纲要》和《体育产业发展纲要》的颁布,我国健身娱乐项目渐渐火了起来。目前已初步形成多种所有制投资主体并存、高中低档体育服务产品并存的市场格局。各省市台球馆、保龄球馆、网球场、羽毛球馆、乒乓球馆、游泳馆、武术馆、健美中心等经营活动场所也越办越多。这些经营性企业为社会提供了大量的就业机会,满足了人民群众健身娱乐的需求,同时大大促进了体育消费的增长。

(3)体育用品市场走向成熟且消费需求持续增长

随着改革的深入,我国体育社会化、产业化的进程不断加快,体育用品市场逐步走向成熟。目前,我国体育用品生产企业生产包括运动服装、球类器材设备、运动器械器材、健身器械、娱乐用品、场地设备、体育科研测试器材、运动保健用品、户外运动(含旅游、休闲装备)用品、渔具系列、运动装备及奖品、裁判员教练员用品等12类产品,企业总数为3 300多家。其中以李宁、格威特、康威、双星、宝元、英派斯、澳瑞特等为代表的一批体育用品明星企业脱颖而出,与国外体育用品企业在产品品种、质量、价格和销售市场等方面形成一定的竞争能力。

随着人们收入水平和生活质量的不断提高,我国人民对各类体育用品的消费需求持续增长,运动服装、鞋帽与饮料、健身器械等深入了人们的日常生活消费,尤其是青少年这一群体,更是热衷于体育用品的消费。今后,随着人们体育健身意识的不断增强和体育社会化、产业化步伐的进一步加快,人们对各类体育用品的消费需求还将大幅度提高,我国的体育用品市场将会更加繁荣。

(4)以体育彩票为龙头的体育博彩业在我国起步

体育彩票在我国曾长期被列入"禁区",因此,在传统计划经济体制下,体育彩票一直无人问津。党的十一届三中全会之后,我国的经济体制改革不断深化,人们的思想观念和思维方式有了根本性转变,"体育彩票是社会主义市场经济中的一种特殊商品""体育博彩业是一个特殊的行业,是体育产业的重要组成部分"等观念逐步被社会所接受。20世纪80年代中期,部分省市开始尝试发行体育彩票,1994年经国务院批准开始在全国发行。彩票是印有号码或图形(文字),由人们自愿购买并能证明购买人所拥有,并按特定规则获取奖励的书面凭证。经国务院批准,目前我国发行两种彩票:体育彩票和福利彩票,分别由国家体育总局和民政部主办。根据中奖号码产生或玩法,彩票可分为传统型、即开型、乐透型、竞猜型和电脑传统型彩票。

3.体育经济立法得到重视和加强

1995年8月29日第8届全国人人常委会第15会议审议通过了《中华人民共和国体育法》,它为公民实现参与体育运动的基本权利,为各级人民政府依法管理体育事业提供了法律保证,为中国体育在社会主义现代化和市场经济条件下的更大发展提供了保障,对于进一步完善体育法律体系也具有深远的意义。体育法制建设的另一重大成就就是制定了众多的体育行政法规和部门规章,1979年至今,共制定发布了体育行政法规和部门体育规章近千件,其中绝大部分为国家体委制定的部门规章。这些体育规章不同程度地涵盖了体育的综合治理以及社会体育、学校体育、竞技体育、体育教育、体育产业化经营、体育纠纷解决、运动员体育权利保障等各个具体的体育领域,为我国的体育工作建立了基本的规范。尤其是体育经济立法,进入20世纪90年代以后,随着体育产业化的不断加速,体育经济立法工作得到明显的重视和加强。截至目前,国家体育总局先后发布了《关于加强体育市场管理的通知》《体育产业发展纲要》《体育经济管理办法》《关于在役运动员从事广告等经营活动的管理规定》等一批法规和规章。同时,加强了对一些重要领域的立法工作,如仅对体育彩票进行规范的部门规章就达 26 项。另外,一些法规规章如《体育经纪人管理办法》等正在制定之中。地方性体育立法空前活跃,据不完全统计,自 1995 年,各省市共出台了有关体育法规 100 多项,全国共有 18 个省(自治区、直辖市)人大和政府颁布了地方性法律、法规,其中绝大多数是涉体育经济工作的法规。

(四)我国体育产业发展中存在的问题

尽管我国体育事业逐步实现了由事业型向经营型的转变,体育产业体系已初步形成,体育的产业性质和商业价值也日益突出,一方面盘活了体育系统巨大的存量资产,扩大了就业,另一方面也带动了国民经济相关部门的发展。但总体说来,我国体育产业在发展过程中还存在一些不足。

1. 体育产业发展不平衡

目前我国体育产业发展存在明显的不平衡现象,这种不平衡主要体现在三个方面。

(1)地域发展上的不平衡

由于受经济、社会、文化、人口、资源、自然环境和思想观念等因素的影响和制约,我国社会呈现出明显的二元结构,城乡差异、东西部差距十分明显。在我国的东部省份,尤其是沿海、沿江的大中城市,体育产业已成为社会投资的热点,体育消费空前活跃,体育市场一片繁荣;而在西部,尤其是边远的农村地区,具有一定规模的体育市场还未形成。

(2)体育产业内部各部门间发展不平衡即体育主体产业落后于相关产业

目前,以体育健身娱乐、体育康复保健业、体育场地服务业为内容的体育主体产业经营规模较少,增加值较少。并且,球类项目的市场开发度要高于非球类项目,对抗性项目的市场开发度要高于非对抗性项目,如三大球、网球、棋类、保龄球、健身健美的有氧运动等少数项目,市场已经形成,田径、游泳、体操射击等众多运动项目,其市场尚未开发,市场主体缺位,项目开发还处于行政管理下的创收模式。当然,所有市场都形成收益,对于解决当前体育主体发展滞后,进一步深化体育机制和运行机制的改革,加快体育社会化和产业化进程有着特别重要的意义。

(3)产业所有制结构失衡,产权关系不明

我国体育产业最初是由体育行政部门利用非经营性资产转化为经营性资产来开展创收活动起步的。近年来,尽管各级体育行政部门按照政企分开、政事分开的原则进行了机构改革,国有资产在体育产业中的比重有所下降,但总量上仍有相当比重。

2. 五大观念困扰体育产业发展

(1)从业者缺乏市场观念

这是我国体育产业发展面临的一个最大问题。发展体育产业完全不同于在计划经济条件下进行体育工作。要以市场为基础配置体育资源,要明确树立体育赞助商、电视台、观众和服务对象等购买了体育产品的机构和个人就是上帝的观念,从业者要具备专业策划、专业设计、专业运作、专业营销、专业服务的能力,提供规范化和专业化的体育服务和体育产品。

(2)经营体育竞赛表演业不得要领

体育竞赛表演业具有产业龙头性质,同时它也是体育系统最具优势的开发领域,目前我们对高水平体育竞赛资源不但有得天独厚的国际和国内两种垄断权,而且对体育竞赛的组织也得心应手。但我们对体育竞赛表演业的经营虽然经过了十多年尝试,仍然不得要领,主要表现在严重缺乏经营高水平体育竞赛表演业的专业意识和专业手段,没有形成自己的国际知名竞赛品牌。

奥运会、欧洲足球锦标赛、NBA 等世界上具有很大影响力的体育竞赛表演业,无不具备专业策划、专业制作、专业营销和专业服务的基本操作方式和手段,这是体育竞赛表演业取得成功的关键因素,也是获得较高社会和经济回报的主要原因。

经营体育竞赛表演市场是体育部门一项长期性和经常性的工作。我国各个单项运动协会和有关体育经纪组织必须在专业化观念、意识和专业化的组织与服务能力方面有所突破,才可能取得成绩。

(3)全民健身体育服务和产品严重不足

专家预测,全民健身服务市场将是我国体育产业最大的市场。主要包括体育健身、健美、休闲和娱乐、体育运动技术、技能和体育知识的培训以及体育咨询等方面的体育服务。

我国发展全民健身服务业所面临的主要问题具体表现在:全民健身服务业还没有得到政府及有关部门应有的重视,国家对全民健身服务业没有一个统一的政策体系,缺乏定位、规范和管理;还没有完整的统计指标体系,体育行政部门和国家统计部门都无法准确掌握全民健身服务业在全国的发展现状及有关准确数字,只有部分省市进行过一些局部的调查和统计,国家对全民健身服务业在投融资政策、土地政策、税收政策等方面没有相应的优惠和扶持,全民健身服务业中的专业人才严重缺乏。

(4)权责明确的场馆管理与经营体制还未建立

我国的体育场馆大多由国家投资兴建,国有资产的基本性质决定了这些体育场馆首先面临的是管理体制问题。在这方面国际上有多种体制模式,例如美国得克萨斯州政府投资建造的大型体育馆交给休斯敦火箭队作为主场经营,该篮球俱乐部每年向政府交纳一定数量的费用。法国的国家体育场承包给一家专业体育经营公司管理和经营。我国各地也有不同的管理体育场馆的模式和方式,但效益好并以体育为主的并不多。

不同的管理体制决定不同的运行机制,运行机制的设立与改革必须与体制配套进行。我国目前体育场馆的管理与经营,关键是要建立一套责任清晰、权力到位、利益明确的体制与机制,把经营成果与经营者的利益和得失紧密结合起来。

(5)体育产业人才缺乏

体育产业的经营者需要具备市场经营和体育运动两方面的知识和经验。由于长期在计划经济条件下办体育,在我国具备体育知识的人才往往缺乏应有的经营意识和知识,而一般经营者又缺乏体育运动知识。

就体育产业发展而言,目前缺乏三类人才:一是负责体育产业、体育市场规划、监管职能的行政干部;二是高素质的体育企业家和体育经纪人;三是体育营销人才和体育产品研发人才。由于体育产业在我国还是一个新兴产业,以上罗列出的各种问题是任何产业发展初期的必然现象,这需要在我国体育产业的发展过程中逐步加以解决和完善。

四、体育产业盈利基础

按照经济学的分析,一个体育市场的形成需要三个基本的条件:第一个条件是人们追求健康和运动的思想理念在生活中已经付诸真正的实践。这种实践是指人们对体育产品和服务的消费需求有可能达到其家庭总支出比例的 10% 左右。第二个条件是体育运动重点项目的推广能产生经济效益并带动其他项目的发展。体育运动的重点项目是指足球、篮球、网球等具有较高市场价值的项目,其本身不仅能够在市场中生存,同时还能赚取较高利润并带动体育市场中其他项目的发展。第三个条件是体育市场的发展能够获取体制和制度上的保障。这种体制和制度上的保障包括体育组织自身对于市场生产要素的投资和改造,包括社会盈利组织、社会福利组织和社会监督组织等对于体育市场的支持和赞助,也包括政府和行业主管部门对于外国的、外行业的和非经济主体机制对体育市场投资和参与的扶持与鼓励等。

就第一个条件来说,中国民众追求生活质量的观念业已形成。中国城市人口对于健康和运动的追求日益强烈,并在生活中成了真正的参与实践者。尽管我国人均 GDP 偏上的水平与世界发达国家的人均 GDP 水平相比仍有很大差距,恩格尔系数值也略高于 40%,但从 1994 年以来,中国体育消费的增长速度为 20%,城市人口的体育边际消费倾向已达到 1.5,城乡间和地域间的差别使城市化水平愈来愈高,体育消费的拓展空间和发展速度也会随之增大。继子女教育、住房、电器、书报和高档服装之后,体育消费已成为中国民众基本生活消费之外的第六种选择。全国的体育消费总额约为 1 400 亿元,部分家庭体育消费额已达到了 2 000 元。体育在人们生活中的重新定位使体育的文化价值观得到了进一步的弘扬。由于体育带来的是明星效应,是生活理念,是运动乐趣和身体健康。因此,对于大部分的知识阶层、工薪阶层和青少年来说,体育运动已成为他们生活的一部分。体育人文和生命科学的价值已被沿海地区城市的居民首先接受和实践,体育的参与性消费和观赏性消费已成为他们提高生活层次和文化需求的明显标志。体育运动的消费正在全国范围内缓慢但是明显地生长和发展着。需求结构的变化所带动的消费结构的变化,使体育消费已成为大多数追求生活质量人士的第一选择。

就第二个条件而言,体育市场中的重点项目已经产生。中国足球职业化的进程和市场化的尝试证明了足球项目不仅本身能够在市场中生存,而且也能担任带动其他项目发展的重任。据不完全统计,足球市场的经营收入可达 7 亿多元。其中足球俱乐部的冠名权收入为 1 亿多元,联赛门票总收入 1 亿多元,再加上联赛冠名权、联赛电视转播权、场地和服装广告收入、商品销售收入、运动员转会收入和其他赞助收入等,足球已成为体育市场的支柱产业之一。据中国足协公布的统计数字,1998 年甲 A 足球联赛观众总数达到 388.3 万人,平均每场 2.3 万人,甲 B 观众总数为 183.1 万人,平均每场 1.4 万人,创下了一年观众数量之最和足球职业联赛开办以来现场观众达 1 500 万人的纪录。二十几年风风雨雨的中国足球市场不仅吸引了众多国内企业和公司的目光,而且世界上大多数的跨国大公司都卷入了体育商业的竞争之中。除足球项目以外,篮球、排球等其他项目也占有了相当的市场份额。国际管理集团为了获得全国男篮甲 A 联赛的冠名权、推广权和 75% 的场地广告权,每年需向中国篮协支付 300 多万美元。2002—2006 年全国男篮甲 A 联赛冠名权、推广权和场地广告权价格则提升到 420 万美元。中国喜好篮球的人数为总人口的 19%,这 2 亿多球迷无疑潜藏着一个巨大的潜在市场。如果体育市场推广人能够在确立主导项目(2~4 个)市场地位的同时,利用更多的市场手段和技术把其他具有市场推广价值的项目推广开来,体育市场的声势和实力必将大大增强,从而毫无疑问地引起新的市场突破。

就第三个条件而论,随着体育社会化、产业化进程的不断深入,体育产业的政策和市场的导向已有了基本的模式。国家体育总局在宏观产业政策的行政引导和各个体育项目管理中心在市场运作方面的实践,使得中国体育市场进入了深层次的操作状态。如果体育市场推广人能够在金融融资、市场技术、国外资源利用方面开辟新的渠道,并争取获得政策上的保障,那么中国体育市场的社会威望和商业信誉将会大幅度地提高,从而赢得市场利润。

目前我国体育事业发展的资金和资源配置仍以国家拨款为主、市场扶助为辅,如果能在商业银行获得资金,能在证券市场募集资金,能在风险市场吸引风险投资资金,能在体育市场实现自我积累,那么中国体育市场所形成的产业化趋势将会成熟、稳定地发展下去。发达国家的经验表明,体育市场的资本利润率远远高于社会平均资本利润率。体育市场创造的消费额可以进入第三产业中21个行业的前三名,仅次于商业银行和证券市场。只要坚持不懈地完善体育产业的政策和法规,坚定不移地改进体育市场的管理体制和运行机制,切实可行地制定体育产业发展的优惠投资和融资政策,体育市场带动国民消费和经济增长的加乘作用就一定会充分地展示出来。

以 F1 赛车为例,世界上最赚钱的体育赛事是奥运会和世界杯足球赛,但现在可以再加上一个项目,就是 F1 赛车。它现在已经被列为奥运会和世界杯足球赛之后,世界第三大赚钱的运动项目。

已有 52 年历史的 F1 赛车,堪称全球最热的运动。每年全世界成千上万的车迷都要坐在电视机前,观看激烈的 F1 比赛。

F1 大奖赛是目前世界上速度最快、费用最昂贵、技术最高的比赛,它是赛车运动中等级最高的一种。所谓 F1 赛车是指按照国际汽车运动联合会(FISA)规定标准制造的赛车。这些标准对 F1 赛车的车长、车重、发动机的功率、排量、是否用增压器以及轮胎的尺度等技术参数都作了严格的规定。每辆 F1 赛车都是世界著名汽车企业的精心杰作。一辆赛车的价格超过 700 万美元,甚至不亚于一架小型飞机的价格。F1 赛车的比赛,不仅是赛车手勇气、驾驶技术和智慧的竞争,在其背后更是各大汽车公司之间科学技术水平的竞争。福特汽车公司就形象地把汽车大赛比作"高科技奥运会"。在汽车大赛中推出的新款赛车,从设计到制造都凝聚着设计者的心血,并代表着一家公司乃至一个国家的最新高科技水平。汽车大赛还是各国科技人才技术素质的较量。据悉,德国约有 2 000 多名专业人才直接从事赛车的设计、制造和研究工作,美国约有 1 万人,而日本则最多,估计近 2 万人。

1950 年开始举办的汽车大赛顶级赛事,在全世界几十种汽车赛中是最精彩也是速度最快的,这项疯狂的运动影响力仅次于足球,它耗资之大、盈利之多让人瞠目结舌,每一站比赛都会吸引 10 万余名赛车迷到现场,还有近 10 亿人守在电视机前观看,其电视转播费和广告收入都高得惊人,加上 10 余万人在主办场地的消费,承办 F1 大赛就成为了全球许多城市扩大知名度、增加收入的梦想。

F1 赛车的花费很大,供养一个车队最低要花费 1 亿美元。法拉利车队每个赛季以 2.45 亿美元的预算雄踞榜首,麦克拉伦车队以 2.3 亿美元紧随其后,英美车队以 1.97 亿美元名列第三。排名第四到第六的分别是美洲虎车队(1 亿)、威廉姆斯车队(1.7 亿)和普罗斯特车队 1.13 亿)。乔丹车队参加巴西站的比赛,将整个车队从总部运到比赛地点,至少要化费 40 万美元的运费,而这种环球旅行一年要折腾 10 多个来回。当然,国际汽联为那些成绩好的车队免费提供运输支持。F1 每次比赛仅运输各项设备就需要 18 辆大卡车,如果航运,则需要两架波音 747 货机。如果一部赛车损坏,就意味着数百万美元的损失。F1 运动是金钱的大厦,当然也是富人的乐园。1998 年的舒马赫收入达到 4 100 万美元(2000 年以 8 000 万美元跃居全球运动员收入之首)。哈基宁为 2 000 万美元,库尔特哈德 1 800 万,小舒马赫和维伦纽夫也在 1 000 万美元以上。F1 比赛云集了世界上最好的赛车手,也陈列了世界上最好的赛车。F1 有自己完备的体系,从管理体系到硬件设施,到与之相关的后勤、救护、保安、新闻服务等一应俱全。

羊毛出在羊身上,这些钱都来自车迷口袋。统计表明,平均每场分站赛有 3.8 亿观众观看电视报道,200 多个国家播发赛事报道,播出时间达 150 万分钟。赛车场的门票更是抢手货,一般来说,一场 F1 比赛的门票是 150 美元到 500 美元,以每场 10 万观众计,一站赛事的门票收入就是数千万。而广告费更是天价,据称 F1 的广告费是 NBA 和国际足联的 5 ~ 8 倍。

随着电视的介入,F1 比赛的辐射力和渗透力与日俱增。20 世纪 80 年代初,国际足联和 F1 车队委员会达成协议,由后者出售电视转播权,从而使得 F1 各车队守着聚宝盆,免去了后顾之忧。20 世纪 90 年代中期,F1 车队委员会拥有一切经营权,其中包括制定赛程、选择赞助商及出售转播权等,蛋糕越做越大。1996 年德国霍根海姆大奖赛期间,F1 委员会宣布将组建自己的电视台。1997 年起,由三个电视小组、数十个转播车组成的电视台开始运作。此外,为了让电视转播在世界各地同步,F1 车队委员会将排位赛改在周六进行;在各大洲举办的大奖赛时间统一,均改在当地时间周日下午两点。

商业赞助的数额也逐年递增,烟草企业是 F1 的主要赞助商。1968 年英美烟草公司(BAT)赞助莲花车队,拉开了烟草商赞助 F1 的序幕。随后,万宝路、温菲尔德、七星、金美女、威狮、好彩相继加入赞助行列。据媒体调查统计:在近年的 F1 赛事里烟草公司的赞助金额已占总金额的 70% 以上。此外,其他各商业巨头也颇为青睐 F1。2002 年 3 月,移动电话生产巨头奥兰智与飞箭车队达成协议,将在三年中提供总数为 1.21 亿美元的赞助,而澳大利亚啤酒巨商富士达对 F1 大奖赛英国站的赞助达 3 亿美元,他们将在 10 年之内成为英国站比赛的主要赞助商。在过去的两年中,全球观看 F1 比赛的观众增加了 30%,而富士达啤酒的销量也增加了 42%。

许多国际著名汽车公司也加入了这场"豪赌"。德国克莱斯勒公司与麦克拉伦公司达成协议,购买麦克拉伦车队 40% 的股权。福特耗资 1.6 亿美元全面收购斯图瓦特车队,收购后的车队易名为美洲豹车队。德国宝马公司在 F1 车坛沉寂 13 年后,与威廉姆斯车队合作重返 F1 赛场。丰田车队作为 F1 世锦赛的第 12 支车队也加入了比赛。此外,本田、标致、雷诺、大众也在观望和操作。无疑,载着广告飞驰着的 F1 赛车本身就是一种收视率极高的广告。

再以 2008 年比京奥运会为例,作为世界三大赛事之一的奥运会不仅是一项体育盛事,更是一次颇具规模的商业活动,它与世界杯足球赛、F1 大赛被誉为世界体育商业顶级殿堂。因此奥运商机成为各大商家不谋而合的竞争目标。福建省政府发展研究中心林永健认为,围绕科技、绿色、人文奥运三大主题,结合北京市将开展的巨额投资和重大改造兴建项目,北京奥运创造的商机主要有以下几个方面。

一是城建商机。奥运会是市政建设的"催化剂"。时任北京市市长刘淇表示,7 年后,北京将成为园林城市和生态型城市。北京市在申奥成功的未来 5 年中,对城市基础设施建设创纪录地投入 1 800 亿元人民币,以全力缩短与国外同等地位大城市的差距,打造北京城市的未来。这 1 800 亿元将用于重点建设 142 个项目:900 亿元用于修建地铁、轻轨、高速公路、机场等,打造四通八达的快速交通网络;450 亿元用于环境治理,实现天更蓝、水更清、地更绿;300 亿元用于信息化建设,奠定"数字北京"的基础,初步实现电子政务、电子商务、信息化社区和远程教育;150 亿元将用于水电气热等生活设施的建设和改造。

二是数字商机。北京奥运,将促进中国信息产业的发展,加速数字北京、数字中国的发展步伐。信息产业将会成为最具代表性、最具渗透性的高科技产业,科技奥运无处不在地显露出信息产业的新机遇。北京提出应用高新技术,通过信息业数字手段,提高城市交通管理、环境治理、水电气改造以及旅游业、房地产业的科技含量和发展水平,这些都离不开信息技术、信息产品和信息服务,信息产业大有用武之地。成功举办奥运会,需要一流的技术装备和服务,需要过硬的软、硬件,尤其需要包含有高质量信息技术的软件,这为我国信息产业在奥运舞台上提供了不可多得的表演机会,为网络、通信、计算机等信息产业的相关领域带来难得的发展良机。

三是环保商机。对于绿色奥运而言,环保是重中之重。根据碧水蓝天的要求,彼时北京的各项环境指标待提高,环保蛋糕必须做大,环境改良和城市绿化将带来新的商机。减少空气和噪音污染,解决"沙暴"问题,加强垃圾和废水处理,提高水质,绿化城市以及能源计划都将提供无限的商业契机。在2007年前北京完成20项治理环境的重大工程,城市垃圾全部实现无害化处理,城市污水处理率达到90%,对工业污染、汽车尾气污染、煤污染等各类污染的治理力度持续加大。北京的能源结构也悄然转变,从煤转向天然气、风能、太阳能等清洁能源。到2007年,北京地区的清洁能源使用率达到80%;北京另外兴建12个污水处理厂,全市污水总处理能力达到每日268万吨,处理率达90%;奥运村的所有设施、空调和取暖均以地热为主要能源,洗浴热水和照明以太阳能和风能为能源。

四是体育产业商机。北京奥运,是一场令全世界瞩目的大型体育比赛,也因此使我国体育产业"钱"途无量:一是体育场馆建设和经营,2008年奥运会使用37个比赛场馆和59个训练场馆,在北京的比赛场馆达32个,其中8个是专门为2008年奥运会兴建的。仅这些项目,国家前期就需要投资160多亿元。二是体育用品市场的开发,光是北京奥运会所需的各类体育器材、设备用品等,价值就接近1.7亿元。体育服装也蕴含着商机,除运动员服装外,全民健身运动热兴起所带来的体育服装需求也是巨大的,据统计,仅文化衫批发行业的总利润就达到130亿元。奥运会纪念品、吉祥物等体育小商品的营销也带来商机。三是体育无形资产的开发,无形资产具有广阔的开发前景。四是促进全民体育消费的增加,中国经济景气监测中心的调查数据显示:67.9%的城市居民喜欢体育运动;71.4%的居民通过电视关注体育运动;32.9%的居民在体育服装上有支出;30.2%的居民在体育书、报刊上有支出;7.2%的居民购买过体育赛事门票。

五是旅游商机。北京奥运会的举办,使中国的旅游业发展进入一个新纪元。美国高盛公司统计,从2002年起到2008年,中国旅游业由于奥运会直接增加的旅游收入超过1 500亿元。这期间,有大量的外国游客到中国旅游,有大量的体育比赛在中国举行,带来大批的运动员和游客,使旅游业进入大发展的阶段。旅游景点的改造,旅游精品街的建设,旅游纪念品的开发,旅游人才的培养,星级宾馆等旅游配套设施的建设,都进入实质性阶段。体育旅游、生态旅游和人文旅游越来越有吸引力。

六是建材商机。2008年北京奥运会对我国建材业影响较大,一系列体育场馆、城建等各项基建项目在短短几年间上马,建筑材料这一先行受益产业无疑商机无限。奥运场馆建设要求建筑材料必须满足绿色、环保、可回收、注重隔音等要求。建材企业抓住机会有针对性地开发出一批隔音效果好且适用于体育场馆设施的材料。

七是汽车商机。为了满足北京奥运对车辆在量和质方面的需求,出租车、公交车、卡车、工程车等交通工具的生产都出现良好机遇。要满足奥运期间北京地区出租车的需求,企业必须生产出可靠性高、操作简单以及档次较高、宽敞、乘坐舒适、外形美观的车型,这无疑为汽车升级提供了机遇。在奥运会7年准备期当中,每年旅游者增加29%,奥运会期间甚至增至100万人,这拉动了对客车的需求。北京市公交总公司称,2008年北京市市区公共汽车线路达到700余条营业。线路里程超过1.6万千米,公交客车的数量将增加到1.8万台,全部为环保型车辆,更新和新增数量超过全国一年大中型客车销量的1/2。因此,2008年之前的这7年,对客车生产企业来说,无疑是一个扩大产量、提高市场份额的良好机遇。北京奥运会开工项目多,再加上相应进行的危旧房改造工程,土方的挖掘量和运输量相当大,卡车、自卸车以及各种工程车的市场也被激活。

八是商业商机。北京奥运,商业和餐饮业、食品饮料业都需要进行整合和进一步发展。2004年北京零售额为1 443亿元,2008年的零售额超过2 800亿元,每年的增长速度是10%。如此巨大的市场份额为北京零售业提供巨大商机。北京增加了至少上百个大型商场,培育10个左右的特色商业街,完善约400个社区商业中心。其中的商机不言自明。申奥成功使北京乃至中国成为更多的国际酒店和餐饮品牌持有者的向往之地,国外一些休闲型、商务型餐饮集团正在与有关方面接触。2002年北京有星级酒店、餐馆、酒楼、饭庄等近15万家,其中星级酒店422家。2008年,北京星级酒店增加到800家,餐饮业整体规模得到大发展。涉外餐饮、高档餐饮持续升温,旅游餐饮、会展餐饮、商务餐饮、社区餐饮、西餐厅、假日餐饮六大餐饮成为餐饮业的六颗明日之星。运动饮料创出新的品牌,出现具有中国特色、时代特色的北京奥运名牌饮料。奥运承办国的实践证明,奥运对餐饮业的推动从来都是综合的、全方位的。奥运不仅引领北京的餐饮业进入大发展的黄金时代,而且使北京继巴黎、香港之后,步入世界美食之都的行列。

九是就业商机。历届奥运会在就业方面都发挥了重要作用,在一定程度上缓解了举办国尤其是主办城市的失业人口压力。奥运申办成功每年为北京增加至少30万个就业岗位,8年累计增加就业岗位200万个。奥运会带动最大的是建筑业、房地产业、环保业、电子信息产业和服务业。专家认为,增加的这些工作岗位并不限于对简单劳动力的需求,白领的就业机会也大大增加,环保、信息、管理等方面的人才都是北京大量需求的。

第二节　体育消费中的体育市场分析

随着社会主义市场经济体制的确立和体育改革的逐步深入,体育产业化、社会化和市场化的步伐明显加快,有力地促进了体育市场的形成和发展。在现代社会中,体育日益与社会、经济、文化相融合。作为带有产业性质的公益事业,体育不仅能增强人民体质,振奋民族精神,锻炼意志,调解生活,而且随着体育功能的开发,其产业价值也显示出来,包括体育的公益活动声誉和广告宣传价值,体育无形资产的开发,各类体育活动标志的使用专利以及各项体育经营活动的开展等。体育市场作为第三产业中的一员,不仅为社会提供了就业机会,而且还刺激了社会的消费。因此,体育市场在市场经济中正日渐成为一个令人瞩目的领域。体育运动对于人们情绪和情感触动的神奇功效引起了精明商人的注意,他们将体育运动的魅力巧妙地运用于商业推广之中,并使得体育市场得到了迅速的发展。

一、体育市场概述

体育市场(sport market)这一概念于20世纪60年代初期出现在美国等西方发达国家

中。其基本动因源于"体育也是表演"的概念。在当时的历史背景下,一个社会应当推崇业余体育运动还是职业体育运动,体育运动应当保持其纯洁性还是与经济社会并轨等问题引起了全社会的关注。体育运动到底是自娱自乐的消耗性行业,还是能够产生社会效益从而推动生产关系发展的生产力因素,成为了争论的焦点。体育运动能否通过市场交换实现其自身价值从而完成自身发展,也成为一个敏感的话题。

随着运动员逐渐被社会认可,可以而且应当参与市场交换,并通过自身卓越的表演获得相应的报酬和奖励,体育运动实质上已不知不觉地进入了经济领域。体育运动涉足经济和市场交换领域的直接好处,是为其在世界范围内获得更为宏大的发展奠定了坚实的经济基础。人们逐渐认识到,运动员高超的运动表演可以赢得众多的仰慕和喝彩,从而使这些运动员获得相当高的社会知名度,而美誉的社会知名度所产生的名人效应中蕴藏着市场交换价值。更为奇妙的是,当运动员的名人效应和经济社会中的商品发生关系时,运动员的名人效应本身也成为了一种产品。

不仅如此,体育运动在具有健康和教育功能的同时,还具有娱乐和消遣的功能。我们知道,娱乐和消遣在人们的日常生活中是不可或缺的,它体现着人类一种自然的心理趋向。娱乐和消遣在人们的精神生活中更是一种创造的原动力,它调节和完善着人们休养生息的机制,缓解着现代生活对人们造成的压力,维持着人类心理和生理的平衡,从而保障着社会的稳定。随着人们对体育运动功能更深层次的挖掘和认同,体育运动的普及和大众的广泛参与成为了一个不可逆转的社会潮流。体育运动作为一种社会文化,不再是少数人独占的享受,而成为大多数百姓日常生活的一个重要组成部分。人们惊讶地发现,体育运动的普及和大众的广泛参与可以创造一个新的体育消费结构,从而形成一个巨大的体育市场。

体育运动对人类的生活方式和价值观念有着巨大影响这一事实,很快就被精明的商人注意到,他们同时尝试着将商业手段和技术运用到体育之中。20世纪50年代末期,那些经历了失败、成功、再失败、再成功的西方商人,开始向体育运动的市场渗透。他们把体育看作是一块芳草地,一块连接人类情感的芳草地。这块芳草地使得他们又看到了希望,于是他们在这块土地上播种和耕耘,创造了体育市场。

于是一个崭新的市场——体育市场,在实行市场经济的社会形态中首先诞生了。体育运动在原来的光环上又多了一道光彩。体育运动通过运动员而进入市场领域终于成为了经济社会中的一个经济规律。

二、体育市场的内涵

体育市场的概念不是一成不变的,而是随着商品经济和体育运动的发展而变化的。从体育市场营销学的角度来看,也可以把体育市场理解为体育商品和服务的交换活动、交换关系的总和。根据这一概念,我们可以从以下两个方面了解体育市场的含义。

第一层含义是,体育市场是对运动员、运动品牌、运动理念、运动性表演和服务予以推广和销售的市场。这是对体育市场主体运作的陈述。在这一陈述中,体育市场的产品形态是运动员的表现及产品的名气、运动理念对民众的价值观和生活方式的影响、运动竞赛的赛场氛围等。体育产品在这一层次上被称为情感性产品,因为它们多是以民族文化的价值观、世界观和人生观为基础的,它们能够极大地满足一个乃至多个民族大众的心理需求和表现欲望,从精神、心境、情感和情绪上影响人们的生活方式,正如尤伯罗斯以大经济的观点运作1984年洛杉矶奥运会、大卫·斯特恩以商业手法振兴NBA一样。

第二层含义是,体育市场是对与民众生活息息相关的其他商业产品和服务予以推广和销售的市场。这是对体育市场客体运作的陈述,在这一陈述中,体育市场的产品形态包括体育锻炼和训练的仪器设备、运动健身器材、运动消费品和其他生活用品等。体育产品在这一层次上被称为功能性产品。这类与民众生活息息相关的功能性产品,多是以实现现代生活质量和运动需求等为设计基础的。它们能极大地满足每个消费者生理、安全、社会、尊重和自我实现的需求,这也是其核心作用所在。当菲尔·奈特把运动鞋完全"拟人化"、创造物质与精神高度结合的商业经典时,人们似乎不是在购买运动装备,而是在追赶时代潮流。

体育市场在最初阶段是以"推广和宣传生活产品的最好载体"为经济学界和市场专家认可的,但随理论的深入和实践的验证,体育市场被发现不仅是宣传和推广产品的最好载体,而且其本身就具有巨大的主体开发价值。阿迪达斯、耐克和锐步等体育用品公司对运动产品的成功推广,表明体育市场确实是个绝佳的客体服务市场,而世界杯、NBA等的轰动效应又反复强了体育市场的主体意识。

三、体育市场的要素

体育要素是构成体育市场的基本因素(图4-1),它们相互联系、相互作用,共同维系和促进体育市场的稳定和发展。

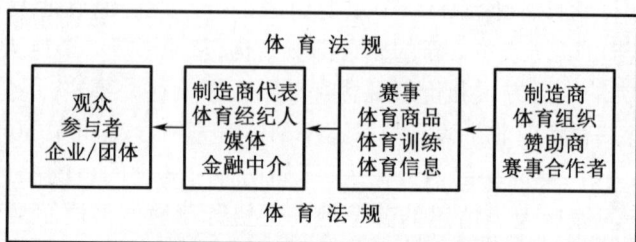

图 4-1　体育市场要素组合关系链

(一)体育产品

体育产品是体育市场的客体,它是为体育运动参与者、观众或赞助商而设计的一种商品、一项服务或两者的结合。它是体育市场及其营销活动的载体,一般可简单地分为比赛、体育商品、体育训练和体育信息四种类型。

(二)体育产品消费者

体育消费者一般包括大众消费者和商务消费者。大众消费者是体育产品或服务的直接和最终用户,其所产生的参与性支出和观赏性支出构成了体育市场交换价值的一大部分,商务消费者包括赞助商和媒体单位等,他们尽管不直接消费体育产品或服务,但他们的购买、流通和转换,构成了体育市场中的另一个收入来源。

(三)体育经营单位

体育经营单位即体育产品生产者,它包括运动产品生产商、体育组织、赞助商和借助体育进行市场营销的其他产品生产者等。根据体育消费者的需求,体育产品的生产者提供适销对路的商品。体育产品的生产包括体育有形产品和体育无形产品的生产。

(四)体育市场中介组织

中介组织如同磁铁一样,通过体育产品将体育生产和消费紧密联系起来。它一般包括制造商代表、体育经纪人、媒体和金融中介机构。它们是体育市场供求双方的重要桥梁,能起到传播信息、互通情报、释疑解惑、舆论监督的作用。

(五)体育市场法规体系

市场经济是为了发展经济,没有法制保障,市场经济体制就不可能确立和完善起来。体育市场法规体系是体育市场各种法律、制度、条例等的总和。体育市场只有在一定的法规体系的保障下,才能实现公平、公正的竞争,才能朝着健康、繁荣的方向发展。

四、体育市场的特征

作为一个服务性的行业,体育市场所提供给大众百姓的是一切与自然、与生活、与人类情感相联系的激情运动。"体育就是生活",娱乐的氛围和快乐的感觉构成了体育市场的文化主体和市场特征。与一般市场相比,体育市场具有以下特点。

(一)服务性

体育市场首先是一个提供生活化和人性化产品的服务性市场。体育市场中的产品通常是生活化和人性化的产品,体育产品中的服务成分成为提升整个产品价值的重要因素。人们往往通过体育运动这一媒介享受体育市场提供的 3P 式服务,即人对人的真情实意的服务(people),在看得见、摸得着的围中可以找到不同感觉,并不导致所有权转移的服务(physical evidence),以及那种通过不同的方式和方法表达人与人之间和谐相处和交流相通内容的服务(processes)。体育产品的服务性特征决定了体育市场必须向大众提供可信赖的、可确定的、负责任的和个性化的产品和服务。

(二)情感性

体育市场是以积极的价值观和生活方式影响公众情感的市场。体育市场是伴随着人们对精神的追求和对自然的渴望应运而生的。因此,这个市场在向人们提供体育赛事、体育设备和其他体育或生活用品的同时,还向人们提供着体育理念和环境意识。体育市场不仅向公众提供宣泄人类质朴的自然情感和生活情绪的机会,还向公众提供时间和空间在人类行为表现上的实际应用范例。

(三)合作性

体育市场还是商业伙伴在共同利益的基础上合作发展的市场。体育市场中除了运动员、教练员、体育官员和工作人员以外,介入体育市场的主体还包括政府官员、非营利性组织、营利性组织以及社会宣传、监督系统中的媒体,以及无数的体育消费者等。事实上,正是由于社会各界的普遍关注和参与,体育运动才形成了市场。一个生动的例证是,在体育竞技场上,你有时甚至很难分清谁是主角,谁是配角。

(四)伸缩性

体育产品有的可以通过市场实现其价值,有的只能部分深入市场而获得部分价值补偿,有的不具备在市场上交换的条件,无法在市场上获得价值补偿,只能由国家财政支出而供人们无偿消费。因此,体育市场供给受到很大的制约。另外,体育消费的需求除受支付能力等客观条件的影响外,还受消费者对体育的兴趣、动机等心理因素,以及对体育价值认知的影响,因此具有很大的伸缩性。

五、体育市场功能

(一)给予交换

通过体育市场这座桥梁,把体育产品或服务的生产者和消费者联系起来,实现体育产品或服务购买与销售的交换,最终把体育产品或服务送到体育消费者手中,满足买卖双方的利益。

(二)实现价值

体育有形和无形产品都是人们在生产劳动中创造出来的,其价值的大小只能在体育市场上通过交换来体现。体育市场状况好,体育商品能够顺利地在买卖双方之间转移,其价值才能得到真实体现,否则就会影响体育商品的流通,或者出现体育商品价格背离其价值的现象。

(三)反馈与调解

把体育市场中体育商品供求变化的信息反馈给体育商品的生产者,使生产者调整体育商品的种类、数量和质量,生产适销对路的体育商品,以适应体育市场的需求。

(四)服务功能

服务功能是为保证交换和供给等功能所必需的各种服务手段,包括体育市场的评价、检验、体育信息的传递和扩散等。

六、体育市场分析

(一)体育市场分析概述

企业和体育组织总在一定的市场环境中运行,市场环境总是在不断变化。企业经营成败的关键,就在于能否适应不断变化着的营销环境。企业和体育组织的营销人员必须辨识那些对市场营销产生重大影响的因素,了解其现状,预测其变化,才能制定正确的营销决策,原因如下。

一是人们对体育产品或服务的需求程度,受地域、性别、年龄、收入、职业、政治、经济、文化等诸多环境因素的影响和制约。体育经营单位要选择和制定恰当有效的经营战略和营销策略,就必须科学地把握不同时间、空间、人文、生活方式等之间的差异,剖析影响体育产品或服务的各类直接或间接的环境因素。

二是体育市场与其他市场虽有一定的共性,但由于体育性产品在经营对象产品性质和营销过程等方面具有鲜明的个性,这就决定了我们不能简单地把分析和研究其他市场的理论和方法移植到体育市场中,而应从中探究出符合体育市场分析的基本要素与方法。

三是从发展的角度来看,无论是为体育经营单位的经营者或相关管理决策者提供有益的建议,从而减少和规避营销和投资风险,还是为体育经济研究者提供一个专业的研究,探究体育市场分析的基本要素和方法,无疑都具有一定的现实和理论意义。由此我们可以认为,体育经营单位在进行市场营销活动的过程中,对体育市场的研究和分析,是体育经营单位保持强劲市场营销竞争力的关键环节。具体而言,体育市场分析包括体育市场营销环境的分析、消费者购买行为分析、业务市场购买行为分析和竞争者分析等。

(二)体育市场营销环境分析

现代市场营销学认为,企业经营成败的关键,就在于企业能否适应不断变化着的营销环境,不同的产业其环境变化的特性不同,同一种环境变化对不同产业的影响也不尽相同。体育市场营销环境是指影响体育经营单位(企业或体育组织)市场营销活动的外在参与者和影响力。外在参与者也可称为市场参与者,指参与市场活动或对企业营销发生影响的各种主体,主要有企业或体育组织本身、原料或设备供应商、体育中介、竞争者、顾客和社会公众。外在影响力指影响市场参与者的各种宏观环境因素,主要有人口环境、经济环境、政治法律环境、社会文化环境、自然环境、技术环境和随机环境等。

1. 体育市场参与者

市场营销理论认为,体育经营单位的微观环境包括体育经营单位本身、市场渠道供应商、营销中间商即营销中介、竞争者、顾客和公众。体育经营单位营销活动能否成功,除本身营销部门因素以外,还要受到以下因素影响,分别是:宏观环境因素、公众、顾客、竞争者、营销中间商、供应商、企业或体育性组织等。

(1)体育经营单位

体育经营单位即体育产品的制造者,它是参与体育市场活动的主体,要争取顾客、赢得竞争必须首先认识自己,强化自己,优化内部环境。体育经营单位的内部环境主要包括以下四点。

①思想环境

体育经营单位决策者或员工是否树立维护体育消费者利益、社会利益和力争取胜的经营思想。

②作风环境

体育经营单位是否为员工或体育运动员创造良好的工作氛围,员工或运动员是否具有努力拼搏的工作作风,工作或训练时是否心情舒畅精神饱满,上下级关系是否融洽等。

③组织环境

一个企业或体育性组织的各个部门不是孤立的,它是同其他职能性部门,如高层管理者、财务、研究与发展、采购、制造和会计等部门相互协调、紧密联系的。在这些部门里,各管理层次之间的分工是否科学、协作是否和谐、能否振奋精神、目标是否一致等,都会影响企业的营销管理决策和营销方案的实施。

④工作环境

制造商企业员工的工作环境是否安静、温度是否适宜,有无噪音、粉尘、污物、废气等危害健康的因素,机器设备是否安全可靠等。对于体育性组织而言,员工的工作环境不仅包括以上因素,还不能忽视运动场地以及赛事现场的安全等因素。

(2)供应商

这里的供应商是指向体育产品制造者提供原料、机器设备、能源、劳动力资金和服务等资源的工商企业和个人。供应商的数量、经营状况和经营方针对企业经营会产生重大影响。为了稳定地获得所需资源,制造商不应依赖单一的供应商,以免受其挟制,如任意提高价格或限制供应量等,应制定供应规划,寻找多个在质量、效率和信誉等方面可靠的供应商并与其建立和保持良好的关系。

(3)体育中介机构

体育中介是指在促销、销售,以及把产品送到最终消费者方面给企业以帮助的那些机构,包括制造商代表、体育经纪人、媒体和金融中介机构等。在这层环境中,需要关注制造商的代理商和经销商数量是否充足,销售是否活跃,运作是否规范,以及体育经纪人的业务能力和人际交往关系,还包括媒体的类型、覆盖率、费用以及金融中介对体育市场或具体项目的兴趣等。

(4)消费者

在体育市场营销中,体育经营单位需要熟悉和了解自己产品或服务的购买者及其由这些购买者构成的销售市场环境。这里主要通过消费者购买体育用品的现象来分析,归纳起来,主要有以下几个方面。

一是体育用品的品种和数量。例如在我国的体育市场中,外来的、本土的商品从吃、穿到用无所不及,特别是《全民健身计划纲要》的颁布犹如助推器,使体育用品市场得到空前的发展。

二是对体育无形产品的需求正呈上升趋势,且市场潜力广阔。例如,我国第一个率先"吃螃蟹"的运动项目——职业足球联赛,球市十分火爆。篮球、排球、乒乓球、围棋等项目也紧跟其后,其消费群体也成规模地扩大。

三是一些具有极高观赏价值、惊险刺激的竞技比赛项目,经过演变成为具有参与性、娱乐性的产品,其市场相当被看好,如蹦极、潜水、射箭等。

(5)竞争者

面对巨大的体育市场,企业的竞争日益激烈,企业不仅要对竞争者进行辨认和跟踪,做到知己知彼,而且还要采取适当的战略谋胜,使竞争对手的干扰和影响降至最小,从而巩固和扩大本企业的市场份额。竞争动态涉及企业数量增减、新产品开发动态、技术发展变化与应用、竞争者价格政策调整、销售政策变化、竞争者销售通路与销售管理模式改变、促销策略调整及其特点、竞争服务战略策略改变等方面。但概括来说,企业需要了解竞争者的五个方面:谁是竞争者、竞争者的战略、竞争者的目标、竞争者的优势和劣势、竞争者的反应模式。

(6)公众

公众指对体育经营单位达到目标的能力产生有利或不利影响的群体。公众能够协助也能阻碍体育经营单位实现其目标,明智的体育经营单位应当采取有效的措施保持与公众的建设性关系。体育经营单位的公众有以下几种类型。

一是政府公众，是指负责管理体育经营单位某些业务活动的政府机构，如国家体育总局。体育经营单位的活动必须遵守国家法律、政策和发展规划，接受政府机构的监督管理。

二是公民团体公众，是指公民自发组成的各种团体如消费者组织、环境保护组织、球迷协会和其他组织等。公民团体公众有时会对体育经营单位的经营管理活动产生影响，比如支持上海申花的"蓝魔"球迷协会，就曾抵制上海国际俱乐部及其赞助商的经营活动及其产品。

2. 体育市场宏观环境

体育市场宏观环境是指对企业或体育组织的营销活动造成市场机会和环境威胁的主要社会力量，包括人口、经济、政治法律、社会文化、自然环境、技术环境和随机环境等。企业的一切营销活动，要直接面对外部环境，并受到外部环境因素的影响和制约。宏观环境的变化和发展既为体育经营单位的发展提供契机，同时也会对体育经营单位的发展形成挑战和制约。

（1）人口环境

人口的数量、分布、构成、教育程度以及在地区间的移动等人口统计要素构成了人口环境。2010 年我国人口总数达到 14.32 亿，2020 年前后突破 15 亿。如果按平均 1 000 元的体育消费额计算，到 2020 年体育消费总量达到 15 000 亿元，我国拥有世界上最大规模的体育消费群体和体育市场。我国在人口年龄结构方面还有一个值得重视的显著趋势，就是 60 岁以上的老年人口在总人口中的比重已接近 10%，少年儿童在总人口中的比重下降。经常参加体育运动的人口已达 3 亿，累计约有 1.2 亿人达到各类体育锻炼指标。另一方面，随着社会的进步，人们的价值观念、消费观念、审美观念等发生了巨大变化，人们对健康和体育的需求也将发生质的飞跃。城市社区化和农村城市化趋势，使得社会化服务的程度得到进一步提高，体力劳动强度降低，人们的闲暇时间增多，健身、娱乐成为大多数人们生活的主要内容之一。这些无疑扩大了体育市场的范围，为我国体育市场提供了规模宏大的消费群体。

（2）经济环境

经济环境指国家和世界经济形势、居民收入水平和居民的储蓄、债务、信贷的适用性对体育消费需求和体育经营单位市场营销的影响。按照美国学者罗斯顿的"经济成长阶段理论"划分，我国的经济在经过了社会传统经济和经济起飞前的准备阶段后，进入了经济起飞阶段。在此阶段，我国居民的消费支出模式和消费结构开始发生变化，恩格尔系数（指食品支出占消费总支出的比重，这个系数低了，生活水平就提高了）呈下降趋势，用于教育、医疗、体育、娱乐等方面的开支明显增长。这种变化突出的特点是，人们的家庭劳动时间缩短，娱乐时间延长，物质生活投资比例下降，文化生活消费时间延长，体育在现代生活方式中的地位得到确立和强化。

（3）政治法律环境

政治法律环境是指国家的政治形式、法律和国际政治关系对体育消费者需求和体育经营单位市场营销的影响。市场经济是法制经济，体育市场运行主体需要法制的保障，交换和经营需要法律保障的契约来实现，体育消费者的利益需要法制的保护。体育市场要用法律保障公平与合理的竞争，体育市场环境必须用法律来维系和净化。1995 年颁布的《中华人民共和国体育法》，是我国施行的首部体育法规。它涉及竞技表演业的运动员转会、体育博彩、体育无形资产权益保护等条款。其与我国现行的其他体育市场法规及各省、市体育市场的管理办法的颁布实施,为我国体育市场的发展与改革提供了法律依据,有助于建立和维护社会主义市场经济条件下的体育活动秩序,也表明了党和政府对体育事业的重视。

(4)文化环境

文化环境指体育消费者中存在的社会文化差异对体育消资需求和体育经营单位市场营销活动的影响。文化作为一个社会历史范畴,覆盖面很广,一般是指人类在社会发展过程中所创造的物质和精神财富的总和。社会文化因素包括思想、性格、价值观、道德观、风俗习惯、教育水平等。随着社会主义市场经济的建立,人们的思想、观念正在逐步转变。这种变化,影响到人们的生活方式、价值观、道德观以及审美观。体育作为身体文化的一部分,核心内容是作为精神产品的各种知识财富,是对关于体育活动中各种规律的认识。在社会文化大环境的影响下,体育的民族心理结构、思维方式和价值体系以及发展规律等都在不断变化。体育在现代生活中的地位不断提高,人们参与和投身体育的热情不断增强,这也是21世纪人民群众体育观念和体育行为发生历史性变化的一个显著特征。

(5)自然环境

自然环境指自然界的各种因素对体育消费需求和体育经营单位市场营销的影响。我国地大物博,疆域辽阔,气候水土和物产资源都有着不同的差异,这就决定了不同地域、不同地理环境下的体育运动和文化的差异。在人类发展早期,不同地理环境下的人们就开始孕育着不同的生活方式,比如北方先民穴居,南方先民则多树居,北方天气寒冷,而南方气候偏热,这就首先造成了南北两地居民的生活习性朝不同方向发展。北方游牧民族过着不断迁居的符猎生活,生活相对艰苦,长途跋涉必须有体力和耐力,磨炼出北方民族较强的意志力,其性刚毅、剽悍,向有尚武之风,而南方的农耕民族居住较为稳定,生活环境相对优越,故造成"其人性柔慧,厚于滋味,虽善进取,但急图利"。南方民族身体灵活性好,动作技巧有过人之处。故以上地理环境养成的传统习俗,无疑对地方体育运动的形成和传承都有着直接影响。如蒙古人的"剽悍之性,尚武之风"发展为骑射、马技和摔跤,南方民族性柔而多技巧,由此形成舞狮、舞龙、踢键子等体育活动,水域地区"喜祀雷神"而特别发展为以祀龙为主的龙舟活动。今天,我们发展地区体育,不仅不可脱离地理环境的实际,还应当继续发挥我国不同区域中体育地理学上的优势,并对其可持续发展加以研究。

(6)技术环境

技术环境是指科学技术的发展对体育消费需求和体育经营单位市场营销的影响。科学技术被称为"创造性的毁灭",在创造一种新的产品的同时毁灭一种旧产品。科学技术的发展,导致宏观环境所有因素的连锁反应,将会对体育经营单位的市场营销活动产生一系列影响。在我国,科学技术已广泛应用于体育领域。例如生物工程和先进的仪器设备用于竞技表演水平的提高;先进的工业自动化设备、高分子合成材料用于体育用品的生产和制造等。此外,微电子产品、计算机网络等在体育领域也无处不在。体育经营单位必须密切关注同行业和对本企业有影响的相关行业的技术进步,重视技术投资、技术创新和技术引进,跟上技术发展潮流,否则就会被市场所淘汰。

(7)体育随机环境

体育随机环境是指事先人们无法预测或预测可靠性较低的、随机发生的各种体育事件或对体育运动及消费有直接或间接影响的环境。它的预测性和前瞻性虽较低,但一旦形成,就会对体育经营单位形成机遇或威胁。比如,2007年女足世界杯在中国四大城市举行、北京申办2008年奥运会成功、2010年亚运会在广州举办、2022年冬奥会在北京举行,无疑在举办前都属于随机性环境,无法形成强劲的体育机会。但一旦发生,将会使中国体育产业的黄金时代。

(三)体育消费者市场分析

体育消费者市场是体育经营单位营销活动的出发点和归宿点,正确地分析体育消费者市场才能正确地制定体育经营单位市场活动和营销策略。

1.体育消费者市场及其特征

(1)体育消费市场

消费市场是多门学科的研究内容,不同的学科有不同的解释。在体育市场营销学中,市场是有货币支付能力、有购买或消费愿望的体育消费者群体。这个定义指明了体育消费市场所具备的三个要素:一是体育消费者群体;二是购买(或消费)愿望;三是有货币支付能力。可用公式表示:市场=体育消费人数+购买(或消费)能力+购买或消费愿望

三要素缺一不可。体育消费市场的大小就取决于有购买(或消费)能力和愿望的体育消费人数的多少。

目前有购买(或消费)愿望和能力,并且可以立即实现购买(或消费)的市场称为现实市场,而潜在市场是不能立即实现购买(或消费)的市场。体育现实市场既与潜在市场有所区别,又与潜在市场密切联系。在体育市场中,潜在的市场是非常巨大的,随着市场的繁荣和体育的普及,潜在市场变为现实市场的速度将会更快。

(2)体育消费者市场

体育消费者市场是指个人或家庭为了个人消费、娱乐、运动以及馈赠他人而购买体育产品或服务的市场。它具有以下特点。

①情感性

多属非专家购买或消费,缺乏体育产品的具体知识,受情感因素影响大,受体育广告和体育营业推广等活动的影响较大。

②伸缩性

受收入、体育爱好、消费习惯、社会文化、体育产品价格等影响,消费者在购买数量和品牌选择上有很大的伸缩性。如农村体育运动爱好者倾向于购买价格便宜、质量稳定的"回力"运动鞋;而城市体育爱好者特别是青年爱好者则追求"耐克""阿迪达斯""李宁"等国内外名牌运动鞋。

③替代性

许多体育产品是可以相互替代的。为了锻炼身体,丰富生活,体育爱好者可以选择篮球项目,当然也可以选择足球、羽毛球等体育项目。

④发展性

科学技术不断进步,体育消费需求不断地由低级向高级、由偶然向必然发展。

2.消费者购买对象

体育消费者的购买对象按不同的标准可以分为以下几类。

根据体育商品的形态和使用频率的不同,可以分为三类:一是体育耐用消费品,指可以多次、长期使用的体育消费品,如健身器械、球类设备、运动服装等;二是非耐用体育消费品,指只能使用一次的体育消费品,如运动饮料、运动食品等;三是服务,指为消费者提供的无形的体育性服务,如竞技赛事、观赏性赛事、运动咨询等。

根据消费者的购买习惯不同,也可以分为三类:一是日用性体育用品,指价值低、体积小、顾客经常需要、经常购买的体育性商品,如运动饮料;二是选购性体育商品,指价值较高、使用时间长、要去多家商店挑选比较后才决定购买的体育性商品,如运动服装、健身器械等;三是特殊性体育商品,指受消费者特别青睐的、同类商品不可代替的名牌商品,如印有体育明星号码的球衣、特定的球赛等。

3. 消费者市场的购买组织

体育消费者以个人或家庭为单位购买商品,在以家庭为单位时,每个成员在购买活动中往往起着不同作用并相互影响,分析其作用和影响可以使体育营销活动指向更加明确、效率更高。

(1)消费者在购买活动中的作用

体育消费品的购买一般是以个人或家庭为单位进行的。个人或家庭成员在体育消费品购买过程中有不同的爱好、兴趣,对购买体育消费品有不同的看法。儿童喜欢具有游戏性的体育消费品,妇女喜欢健美类的体育消费品,青年男子则喜欢刺激性、竞技性强的体育消费品,他们在购买体育消费品时依据自己的兴趣爱好进行自由选择。

在购买体育产品的活动中,体育消费者不外乎下列五种角色:发起者,即首先提出要购买某一体育产品或服务的人;影响者,即有形或无形地影响最后购买决策的人;决策者,指最后决定购买意向的人;购买者,即实际去购买体育消费品的人;使用者,即实际使用体育产品或享受体育性服务的人。

(2)家庭体育消费决策的类型及特点

由于家庭类型的不同,家庭体育消费的形式也有较大差异。比如,单身家庭追求时髦、新潮的体育消费;独生子女家庭注重孩子体质方面的消费;子女成年后的家庭,注重健康娱乐方面的体育消费;老年家庭注重医疗保健、增强体质方面的体育消费。

不论在何种类型的家庭中,对体育消费产品购买起决定作用的是购买的决策者。因此,体育经营单位就需要研究各类家庭中购买决策的权威中心。社会学家将所有家庭分为四类,将其应用到体育消费领域,我们可以从以下方面来了解其类型。

一是各自作主型,亦称自治型。它是指每个家庭成员对自己所需的体育产品或服务可独立作出购买决策。

二是丈夫支配型,是指丈夫掌握着体育产品或服务的购买决策权。

三是妻子支配型,是指妻子掌握家庭体育产品或服务的购买决策权。

四是共同支配型,亦称调和型。它指大部分购买决策由家庭成员协商共同作出。

需要注意的是,一般情况下体育消费者多为男性,这决定了体育产品或服务的决策类型多为丈夫支配或自治型。在低收入家庭中,丈夫多为体育消费的决策者;在知识分子家庭中,往往由妻子作出购买决策。因此,在设计和宣传体育产品或服务时,一定要充分注意决策者在购买中的作用。

4. 消费者市场的购买过程

消费者的购买过程是购买动机转化为购买活动的过程,可分为不同的类型和阶段。

(1)复杂程度不同的购买过程

体育消费者购买过程随着同类体育性产品品牌差异的大小和购买介入程度高低的不同而不同。如果产品价格昂贵,消费者缺乏体育性产品的知识和购买经验,购买具有较大的风险,则这类购买行为称为高度介入购买行为,这类体育性消费者为高度介入消费者。

如果产品价格低,购买无风险和自我表现性,则称为低度介入购买行为。同类体育产品的不同品牌之间差异越大,价格越昂贵,产品知识和购买经验越是缺乏,消费者感受的风险就越大,购买过程就越复杂。

(2)体育消费者个性不同而产生的不同购买类型

体育消费者的购买过程受到其个性的影响,个性不同,购买过程的长短、复杂程度和产品评价方法都不同。

①理智型消费

理智型消费指主要受理智支配而进行购买活动的体育性消费。这类消费者理智性强,购买前广泛收集信息,购买时冷静慎重,仔细挑选比较,不受感情因素和商标、包装、广告宣传的影响,购买后全面评价产品。

②情感型消费

情感型消费指主要受个人情感支配而进行购买行为的体育性消费。这类消费者感情丰富、细腻,审美感灵敏,兴趣容易变换,对体育性产品的外观造型、颜色、名称和象征意义等比较重视并易产生联想,易受体育性广告等促销活动的影响。

③冲动型消费

冲动型消费指经常在冲动情绪支配下进行购买活动的体育性消费。这类体育消费者性格内向,没有主见,情绪易于波动,不认真收集信息,购买时缺乏认真思考,易受外界因素影响。

④不定型消费

不定型消费也称"年轻型",指购买活动无规律、无准则的体育性消费。大多数是年轻消费者,其心理尚未成熟,显得幼稚,易受外界因素如体育促销、明星广告等左右。

⑤经济型消费

经济型消费指在经济因素的支配下进行购买活动的体育性消费。这类消费者崇尚节俭,注重实用,对价格敏感,善于发现别人不易发现的价格差异,低收入者居多,但并不限于低收入者。

⑥习惯型消费

习惯型消费指在使用习惯支配下进行购买活动的体育性消费者,以上六种类型的体育消费者中,理智型的购买行为最为复杂,情感型、经济型和冲动型次之,习惯型的购买行为最简单,不定型有时简单有时复杂。

(四)竞争者分析

竞争是企业发展的关键,是对企业经营水平的检验和评估。体育经营单位在分析环境、寻找市场机会后,必须考虑体育市场上除顾客以外的第二个重要因素——竞争者。在顾客购买能力有限的条件下,竞争状况将在很大程度上影响体育经营单位的盈利水平。所以,企业在选择市场机会后下一步的工作是根据市场竞争态势制定竞争策略,确保自己的竞争优势。

竞争者分析可按如下步骤进行:

识别竞争对手—了解竞争者的目标与战略—确认竞争者的优劣势—判断竞争者的反应模式

1. 识别竞争者

识别谁是竞争对手好像很容易,似乎只有经营范围类似、规模相当的企业才是竞争对手,而这恰恰是犯了"竞争者近视病",有可能忽视许多大小不一、现实或潜在的竞争对手。

如果将微观环境分析中有关竞争对手的分析作归纳,我们可从两个方面寻找体育产品的竞争对手:一是从行业的角度看,生产同一种类型,或功能相近、在使用价值上可以相互替代的产品的同行企业,互为竞争对手,如体育运动服装、体育健身器械、球类制造商等各有自己行业内的竞争对手。二是从市场或顾客的角度看,凡是满足相同顾客需要或服务于同一顾客群的体育经营单位也互为竞争对手。这样分析,攀岩、游泳、漂流等都是为满足体育爱好者追求刺激、惊险的需要,提供这些产品和服务的体育经营单位亦互为竞争对手。

2. 判定竞争者的战略和目标

确定了谁是企业的竞争对手之后,还须了解它们在市场上追求的目标是什么。我们常认为每位竞争者都在追求利润最大化、市场占有率和销售的增长,而实际上,大多数竞争对手和我们自己一样,追求一组目标,各目标有轻重缓急侧重的不同,通常也会为各项目标规定一个合理且可行的期望值。如生产体育性产品的企业多以最大限度增加短期利润为目标;体育性组织如俱乐部等则主要按最大限度扩大影响力、保持可持续发展的模式经营。一家足球俱乐部在其旁边开设了俱乐部运动超市,主要目的是引起更多体育爱好者在参观后产生对该俱乐部的兴趣和关注;而一家体育运动连锁超市则通过每一新开的运动超市达到增加销售、提高市场占有率的目的,因为这是它的主业。公司还应随时了解竞争对手将进入的新的细分市场或开发新产品的目标,以便预先有所防备或制定应对措施。

3. 评估竞争者的实力和反应

一般来说,多数行业中相互竞争的企业均可分为采用不同战略的群体。企业可通过了解各竞争者的体育产品质量、特色、服务、定价和促销策略等,判断由哪些公司组成了哪些战略群,以及这些战略群之间的差异。

每位竞争对手能否有效地实施其战略并达到目标,取决于他们的资源与能力、优势与弱点。企业可通过收集每位竞争者过去的重要业务数据,如销售额市场占有率、投资收益率、生产能力利用情况等分析其优势和不足,也可通过向中间商、顾客调查来了解竞争者的实力,还可跟踪调查竞争者的各项实物指标的变化情况,特别是利润率和周转速度的变化。企业可通过调查获得以下有用的三组数据。

一是市场占有率。即衡量竞争者销售额在市场中所占的份额。

二是心理占有率。指在顾客回答诸如"举出这个行业中你首先想到的一家公司"时,提名某竞争者的顾客在全部顾客中所占的份额。

三是情感占有率。指在顾客回答诸如"举出你喜欢购买其产品的公司名称"之类的问题时,提名某竞争者的顾客在全部顾客中所占的份额。

跟踪分析这三组数据的变化,可以发现,一家公司在情感占有率和心理占有率方面的稳步上升或下降会引起其市场占有率上升或下降。实际上,公司某一年的销售额和获利情况可能受多种因素影响而产生波动,因此,更重要的是稳步提高心理占有率和情感占有率,即提高顾客的知晓度和顾客偏爱程度。

此外,尚需分析竞争者的战略意图,分析它们将成为以下六类中的哪一类。

一是取代目前的主要领导者;

二是进入市场领导者行列;

三是进入追随者行列；

四是维持体育经营单位的生存；

五是成为行业的主要领导者；

六是维持现有市场地位。

4.确定攻击对象和回避对象

体育经营单位的战略和策略行动，必将引起竞争对手的某种反应，因此，体育经营单位只有事先能较准确地估计到竞争者的反应，采取适当措施，方可保证顺利达到自身战略目标。

竞争者的反应模式首先受行业竞争结构的影响，如在寡头和垄断竞争的行业，竞争者的反应不可能一样，同时还会受竞争者的目标、优势和劣势影响。此外，各竞争者都有自己的经营哲学、企业文化和传统信念，这种心理状态形成的惯性也是我们这里所研究的。

就这一意义而言，常见的竞争者反应类型可归纳为以下几种。

一是从容不迫型。即竞争者没有反应或反应不强烈。经营单位主要应搞清楚它们反应不强烈的原因：是因为所需的资源实力不够，还是因为企业对自己经营前景和顾客的忠实性充满信心，或仅因为反应迟钝。

二是选择型。即竞争者可能仅对某些方面的攻击行为作出反应，而对其他方面的攻击不予理会。如有些公司对产品更新、质量创优反应强烈，而对削价竞争不予理会；另一些公司对削价竞争反应强烈，绝不甘拜下风，但对广告费用的增加不作反应，认为不会构成威胁。

三是凶狠型。有个别竞争者对任何有碍于它的进攻都会作出迅速而强烈的反应，且对抗到底。这类公司当然一般都具有相当的实力，其激烈的反应也是为向竞争者表明它坚定的态度，以使其他公司轻易不敢发动攻击。

四是随机型。这类竞争对手的反应难以琢磨，而且无论根据其资源实力、历史或其他方面情况，都很难预见其如何反应。客观上，在一些行业内，竞争较为和缓，对手之间的关系较和谐，甚至竞争行为也较规范；在另一些行业，竞争激烈，对手之间你争我夺，产生无休止地冲突。有学者认为这主要取决于行业的"竞争平衡"。显然，当行业处于"竞争平衡"状态时，竞争者之间的关系自然较为和缓。

(五)我国体育市场现状分析

我国体育市场作为社会主义市场体系的一个重要组成部分，目前仍然处于新旧体制转换阶段，还不能及时满足人民群众对体育多方面、多层次、多格调的不同需求，供求矛盾较大，其发展程度和水平亟待提高。从总体上说，我国体育市场的发展具有以下特点。

1.体育市场发展水平较低

我国体育市场通过近几年的发展已初步形成，但水平仍然很低。就体育市场主体的发育和发展来说，其主要特征是发育不良。首先，在体育需求方面，家庭这一需求主体，由于受收入和闲暇时间约束，需求量不大，还没有真正形成体育的买方市场；其次，在体育供给方面，作为体育市场主体的体育经济实体和经营组织还没有完全与政府脱钩，难以对市场信号作出准确、灵敏的反应，不能真正深入市场，自主经营，自负盈亏；再次，体育中介组织不健全，体育管理法制不完善。从外部条件看，体育市场体系还不健全，体育市场结构不完整，而且功能也不健全。比如体育股票市场、体育无形资产交易市场刚刚萌芽，体育服务产品生产要素市场,如人才市场、信息市场、技术市场尚处于初创阶段。从总体水平上来看,市场作为体育资源配置的基本手段,大多没有真正发挥作用。

2. 体育市场发展不平衡

体育市场的发展在很大程度上受商品经济发展的水平、人们收入的高低、闲暇时间的多少、文化氛围和思想观念、生活方式的差别等因素影响。从地域看,东南沿海开放地区和内陆大城市的经济发展较快,体育市场发展较快。在多种所有制参与下,沿海地区和中心城市已经建立了一批体育健身娱乐场所,部分地区已经出现了买方市场,初步形成了体育市场体系。而经济发展落后地区特别是农村地区,市场意识比较淡薄,甚至处于不接受状态。从区域体育消费看,经济发达地区和欠发达地区存在明显的水平差异,甚至收入相当的不同地区,由于受其他因素影响,也存在明显的差别。

另外,从体育项目看,体育消费也存在很大差别,比如球类项目开发潜力大,而体操、举重相对较小。

3. 体育市场行为缺乏规范性

经济体制转轨时期,新旧体制运行所造成的摩擦以及人们价值取向的紊乱,使得体育市场出现了许多不规范的现象。主要表现为:一些组织和个人未经体育行政部门和有关体育管理部门批准,擅自开展体育经营活动;一些非专业人员未经批准,私招学员,举办各种武术、气功讲座和培训班;不少体育经营单位和个人乱挂牌、乱收费、乱发证;有的经营者尽管不具备相应的体育技术业务素质和技能,却违背体育经营规则和道德要求,举办一些粗制滥造的体育表演和比赛谋取钱财。有的夸大宣传,做虚假广告,进行欺诈,牟取暴利,损害消费者利益;有的甚至打着"传统体育项目"的幌子,搞封建迷信活动。另外,体育市场管理机构分散,缺乏统一性,体育行政部门与工商、税务、公安以及物价部门的职能存在交叉、模糊现象,有待于进一步加以明确划分。

4. 现行体育法律法规不健全、不配套,可操作性差

随着社会主义市场经济体制的建立,体育社会化、产业化进程加快,原有的体育管理体制、体育运行机制、体育市场的行为主体和利益主体都发生了巨大的变化。其突出特征就是体育市场行为主体的自主性增强。为了保证竞争的公开、公平和公正,法制建设就必须相应跟进。近年来,虽然国家提出了一些有利于体育发展的基本思路,但法律、法规、政策的建设却不配套、不规范、不稳定,比如有的覆盖面过窄,有的原则性较强,缺乏可操作性。就整体来看,部门规章比较多,如在体育市场发展比较快的省市如四川、湖南、山东和上海、深圳、重庆等相继出台了地方人大法律和政府法规,但思路和管理模式不尽相同,管理效果也不尽相同,缺乏规范的全国性的统一法规。

七、体育市场类型

市场分类对于进一步研究体育市场,分析不同类型体育市场的经营特点,或者针对不同的体育消费者群体采取不同的营销特别是促销策略,都具有重要的意义。

(一)体育市场分类

体育市场可以分为三类市场,即体育主体市场、体育相关市场、体育辅助市场。其关系可用"圈层模型"加以描述。体育市场的核心部分是竞赛表演市场,也可称为核心市场,处于中心层或第一圈层,表明它是体育市场中起主导作用的市场。体育市场的第二部分是健

身娱乐市场、体育培训服务市场、体育旅游市场体育彩票、体育咨询等市场。第一圈层、第二圈层都是体育市场的主体市场，或称为"主业市场"。与体育市场在概念上有所不同的另一类市场，可称为"体育相关市场"，包括体育用品市场、体育音像、书刊市场等。这是其他产业与体育产业、其他商品与体育商品相互渗透的产物，由体育主体市场所派生，并随体育主体市场的壮大而壮大，可置于圈层以外的第三层。至于体育部门所进行的多种经营，不是体育主业，其目的是为发展体育事业而创收增资，以补充体育资金之缺，起着辅助体育事业发展的作用，可称为体育辅助市场或副业市场，在圈层中处于第四圈层。国际上体育市场发展的趋势表明，从事体育主业的经营实体(如俱乐部)有经营多元化的趋势，即在经营主业的同时也从事多种经营，其收益也归于体育领域。

体育市场的内涵不是一成不变的，而是随着商品经济的发展而变化和丰富的。从广义上讲，体育市场是指所有体育性产品交换活动和交换关系的总和。这里的体育产品包括体育有形产品，如体育服装、利用体育营销的各类商品等，也包括各类无形产品，如观看体育赛事、体育健身指导等。我国体育市场尚处于初期阶段，一些市场初露雏形，随市场经济的深入和商品经济的发展，从市场的现实目标与功能的角度，体育市场可以分为以下几类。

1. 体育竞赛表演市场

体育竞赛表演市场是在体育场馆中，运动员以娴熟的技艺、超人的体力和顽强拼搏的精神以及相关组织管理人员的服务质量等作为商品进行交换的场所。它是提高我国竞技运动水平，满足广大群众对高超体育技艺的观赏需要和筹集体育竞赛奖金的市场。体育竞赛表演市场作为我国培育体育市场的突破口，已形成一定的规模，如以足球市场的改革为试点，推动了我国若干个竞技体育项目表演市场的发展。竞技表演的价值表现(收入)也随着市场的日渐开放而逐步与国际市场接轨，逐渐纳入市场经济轨道。体育竞赛表演市场是我国体育市场中的一个重要类型，它在以前乃至以后相当长一段时间里对培育、开发体育市场都起着重要的示范作用，是带动其他种类体育市场发展的龙头。

2. 体育健身娱乐市场

体育健身娱乐市场是指以开展体育健身娱乐项目为主要形式，把体育健身娱乐及相关的服务作为商品进行交换的场所。它是人们强身健体、娱乐身心的主要活动场所之一，同时也是为体育发展筹集资金的主要场所之一。随着经济的发展和人们余暇时间的增加，人们的生活方式将有较大的变化，体育健身娱乐将会成为越来越多人的生活组成部分。在不断开发体育健身娱乐项目的情况下，体育健身娱乐市场的发展前景较为广阔。

3. 体育用品市场

体育用品市场是指为人们提供从事体育活动所需物质的有形产品市场。它主要包括：体育健身器械、运动训练器械、体育服装以及体育食品等。在体育市场中体育用品市场开发较早，目前已具备一定的规模。随着体育社会化进程的加速发展，体育用品市场会更加成熟和壮大。

4. 体育旅游市场

体育旅游市场是指以多种体育活动为内容，通过旅游这种形式为大众提供服务的市场。随着市场的不断发展，旅游越来越成为人们余暇时间休闲生活的一部分。由于旅游事业的持续发展，旅游市场也向着多极化发展，具有刺激性和趣味性的专题旅游已成为人们追求的新时尚，而体育旅游以其内容的多样性、活动的惊险性而受到人们的喜爱。体育旅游市场主要包括：运动型、健康型、观赏型等类型。

5.体育广告市场

体育广告市场是指广告客户以付费方式有计划地通过与体育活动密切相关的媒体或形式向公众传递商品、劳务和其他方面的信息,以期达到特定目的的大众传播市场。体育广告不仅通过电视、广播、报纸刊物等媒体传播,也可借助体育比赛期间的比赛场馆、入场门票、比赛秩序册及宣传册等媒介宣传,甚至还可以以知名运动员或体育名人等做广告载体。随着我国竞技体育水平的提高和大众健身活动热情的日益高涨,体育运动已被更多的人所接受和喜爱,以体育活动或与之相关的重大赛事作为媒体的体育广告市场的前景较为广阔。

6.体育培训市场

体育培训市场是指以传授体育运动技术和训练方法等为主要交换内容的场所。涉及这类市场的大多数是青少年业余运动训练队或业余时间参加体育健身锻炼和运动训练的居民。训练的内容大多数是竞技体育项目,随着体育大众化的发展,不同年龄阶层的人将会接受更多体育项目的培训。

7.体育人才市场

体育人才是生产体育产品的劳动力,一旦进入市场就成为商品,包括竞技运动人才、教练人才、体育科研人才和体育经营管理人才等。随着国家劳动制度的改革和市场经济的发展,各种劳动力市场逐步形成,体育人才市场的形成也是大势所趋。这对于发挥体育人才的主观积极性,合理体现人才的价值,搞活体育市场都有一定的积极作用。

8.体育科技信息市场

体育科技信息市场是指体育科研成果的开发和转让以及体育书刊、体育录像的销售等市场。培育体育科技信息市场有助于体育科技成果的利用和体育科技产品的开发,是我国实现科技兴体的主要措施之一。随着我国科技信息市场体系的逐步完善和体育管理体制改革的深入,随着为奥运争光计划和全国健身计划的广泛实施,体育科技信息市场展现出较大的发展空间。

此外,与体育密切相关的还有体育中介服务市场、体育建筑市场等。

(二)体育市场细分

美国市场学家温德尔·斯密在总结一些企业市场营销实践经验基础上提出市场细分。这一理念的提出,摆脱了需求无差异的传统营销观念的束缚,顺应了战后众多市场由卖方市场向买方市场转变的新形势。正因为如此,它被认为是具有创造性的新概念,是开展现代营销活动的新思路,因而为企业经营者所广泛接受。实践证明,科学合理的市场细分,对于企业通向成功的营销之路具有重要作用:它有利于企业分析、发掘新的市场机会;有利于企业增强竞争能力,提高经济效益;有利于满足千差万别、不断变化的社会消费需求,提高社会效益。

1.体育市场细分的含义及其作用

体育市场是由众多需求各异的消费者组成的。当企业进入或利用体育市场开展业务时,往往难以满足该市场上全部消费者的需求。因此,企业在市场上不能四处出击,而应根据自身的经营条件,选择那些最有吸引力并且本企业能为之提供有效服务的部分市场,将企业的营销努力集中在具有最大购买兴趣的消费者身上。体育市场细分即根据体育消费者在需求、地理位置、购买习惯和行为等方面的差别,将要求基本相同的体育消费群体分为一类,即一个子市场或体育细分市场。

体育经营单位的营销者必须头脑清楚地领会体育市场中80%和20%的分配原理,这一原理强调:市场中80%的消费来源于20%的目标消费者。所以,根据体育消费者的需求,对体育市场进行细分,是深层次开发体育市场的需要。体育市场细分的主要作用有。

(1)有利于体育经营单位开拓新的市场,扩大市场占有率

通过体育市场细分,一方面能及时分析体育市场需求的满足程度,发现那些需求尚未得到满足甚至还未引起注意的体育市场;另一方面,体育经营单位可以先选择最适合自己占领的某些子市场作为目标市场,当站稳脚跟后,再逐步向外推进、拓展,从而扩大市场占有率。

(2)有利于体育经营单位有针对性地制定适当的体育市场营销组合策略

体育细分市场是体育市场营销组合策略运用的前提,在体育市场细分的基础上,确定目标市场,结合自己的资源状况,再有的放矢地制定体育市场营销组合策略。细分只是一种手段,聚合才是目的。一个细分市场上的消费者和用户具有大致相同的特性,细分体育市场后,体育经营单位可以根据消费者的特性制定相应的营销策略。如北京马华健身俱乐部,根据北京市居民健身行为的特点,开设了各种层次的健身指导班,并采取相应的价格策略,使其充分显示了自己的特点。

(3)有利于体育经营单位分析、发掘新的市场营销机会

市场机会常常来源于尚未满足或尚未充分满足的消费需求。借助市场细分,体育经营单位可以准确地发现体育市场需求的差异及其满足程度,从而发掘客观存在的对自己有利的市场机会。例如,某体育用品生产企业通过对体育市场地理环境的分析,发现我国北方由于寒冷时间较长,城市居民从事室内体育健身活动的较多,现有的大型体育健身器械由于居民居住条件的限制而不宜在室内放置。于是,该公司组织生产了一批多功能的小型体育健身器械,投放到北方一些城市后很受居民的欢迎,并很快占领了该地区体育健身器械市场。

(4)有利于国内企业开拓市场

国内企业实力有限,竞争能力差,在大市场上往往找不到自己的位置,但经过细分市场,总是能够找到许多人们还未注意到的目标市场。从体育用品业看,世界上最著名的体育用品公司基本上都在中国设立了独资或合资的生产和营销企业,与中国的李宁、康威等名牌展开了激烈的竞争。如果把整个市场作为一个大目标,不顾消费者的需求差异而制订统一的生产和销售计划是行不通的。我国的体育产业才刚刚起步,国内的体育企业普遍规模小,经营管理水平偏低。因此我国的体育企业必须进行市场细分,要立足于小批量、多品种,以机动灵活、较强的针对性而同外国体育企业展开竞争。

(5)有利于满足千差万别、不断变化的体育消费需求,提高社会效益

我国地域辽阔,居民收入、消费水平、消费观念和生活方式等造成了体育需求的差异。当体育市场上的众多企业都在奉行市场细分化策略时,尚未满足的体育市场需求就会为不同的企业带来一个又一个的市场机会和目标市场,满足体育消费需求的新产品就会层出不穷,体育消费者也就有可能在体育市场上购买到自己称心如意的产品或服务。

2. 体育市场细分的依据

市场细分必须选择适当的、科学的细分依据。体育产品的整体市场之所以可以细分,是由于体育消费需求存在着差异。而一种产品的多样化消费需求,通常是受多种因素影响

而形成的。考虑到与体育关系密切的生产资料、生产市场尚未形成,这里仅对体育消费品市场进行细分。

（1）地理

以地理变量作为消费者市场细分的依据,是因为地理因素影响消费者的需求和反应。由于各地区自然气候、传统文化、经济发展水平等因素的影响,各个区域形成不同的消费习惯和爱好,对营销刺激也就有不同的反应。例如,在我国体育用品市场中,足球及其运动服装畅销全国各地,而滑雪器械及其运动服装只畅销于我国东北地区。

（2）人口细分

人口细分,就是以人口统计量为依据将消费者划分为不同的群体。人口统计变量是最常用的市场细分变量,这是因为消费者的体育消费欲望和偏好往往与人口统计变量密切联系,如不同年龄和性别的孩子对体育项目的偏好有所不同,不同收入的消费者对不同档次的体育用品有不同的需求,受教育程度不同的消费者接受体育信息的媒体不同。此外,人口统计变量比较容易测量,人口统计资料也较容易获得。例如,某市有一水上乐园,根据人们的消费水平将休息室、更衣室分为豪华型、一般型单间和大众型大厅等不同类型;又根据不同年龄、性别消费者的特点,将游泳池分为深水区、浅水区、戏水区、冲浪池等多种类型,以满足不同消费者的需要。

（3）心理细分

在地理、人口因素相同的消费者中,可能存在极大的心理差异,从而影响人们的消费需求和偏好。因此,还要对市场作心理细分。影响消费者购买行为的心理因素有很多,比如,穿着款式不同的体育服装往往能体现人们不同的个性,满足消费者不同的心理需求。所以,有些体育服装生产单位通过广告宣传,为自己的产品树立"品牌个性""品牌形象",以迎合和吸引个性相投的消费者,如体育服装分别设计成"朴素型""豪华型""新潮型""保守型"等。心理因素同地理因素、人口因素不同,它可以通过体育经营单位的营销来努力改变,例如,通过广告宣传有时能改变人们的消费观念。但心理因素难以测量,且有关资料不易收集,从而在实践中会受到一定的抑制。

（4）行为细分

行为因素涉及体育消费者对体育性产品的反应,如购买时机、动机、购买频率、对体育性产品的信赖度等。这些行为变量一般被认为是体育消费市场最有效的细分依据。例如,消费者购买体育有形和无形商品的动机往往有所不同,以此作为体育市场细分的依据,体育健身俱乐部就会根据消费者想要减肥保持体形或强身健体等不同的消费动机,选择其中某一个或部分细分市场作为营销目标。而利用动机细分法,首先必须了解消费者购买某种商品的主要动机是什么;其次是要调查具有该类动机的消费者是哪些人;最后要了解市场上的竞争品牌的目标市场以及哪些动机暂时还没有得到满足。

3.有效体育市场细分的条件

市场细分的依据众多,方法多种多样。但是,并非所有的体育市场细分都有效或者有实际意义。有效的体育细分市场应该具备如下五个特征。

（1）可衡量性

市场细分必须是可以识别和可以衡量的,即体育细分市场不仅范围明确,而且其规模也能大致判断。为此,据以细分市场的变量必须是可以识别和衡量的。如世界赛车委员会在对中国的汽车市场及人们消费水平进行衡量以后,将中高收入且爱好赛车的白领阶层作为进入中国的细分市场,从而在削减欧洲站的同时增加了中国上海站。

(2)足量性

细分市场的规模要大到足以使企业在其中有利可图。一个体育细分市场如果没有足够的消费者数量以及足够的购买力和购买频率,那么,在该市场上开展体育促销活动的企业,将难以补偿其生产和销售成本,就更不用说获利了。这里要注意的是,体育市场的规模不宜过大,也不宜过小。如果规模过大,体育经营单位无法"消化";如果规模过小,体育经营单位又"吃不饱",现有资源得不到最佳利用,也难以确保利润的实现。

(3)可接近性

有效的体育细分市场必须是企业营销活动能够达到的市场。具体来说就是:企业可以利用自身的人力、物力、财力,通过一定的媒介或其他促销手段与该市场中的消费者进行有效的沟通,并能通过一定的分销渠道,使自己的体育产品或服务通达该市场的消费者群。

(4)反应差异性

通过细分形成的各个体育细分市场,必须能对企业体育营销组合的变化产生敏锐的差异性反应。如果两个体育细分市场对企业体育营销组合变化的反映基本相同,那么就没有必要对它们作出区分,也没有必要为它们制定不同的营销方案。例如,门球活动器械、旱冰鞋等产品按年龄可进行市场细分,而乒乓球、羽毛球等则不必按年龄细分。

(5)可行性

一个对企业有实际意义的体育细分市场,必须是企业有能力去开发的市场,如果企业不具备开发该市场相应的资源条件和营销能力,即使该市场是有利可图的也不应去开发。例如,中国石化赞助F1赛事上海站的比赛,其原因不仅在于其经济实力,更在于其有能力在产品、服务和营销上满足F1赛事组织委员会的要求。

(6)有发展潜力

市场细分应具有相对的稳定性。体育经营单位所选中的目标市场,不仅要能为单位带来目前利益,还必须有相当的发展潜力,能够给单位带来较长远的利益。因此,在市场细分时必须考虑选择的目标市场,不能是正处于饱和或即将饱和的市场,否则,就没有多少潜力可挖。

4. 体育市场细分的程序

美国市场营销学者杰罗姆·麦卡锡提出了一条直观、实用、易于操作的市场细分程序。我们可以将其应用于体育市场之中,该套程序可概括为以下七个步骤。

第一步:确定体育产品的市场范围。当企业决定选择进入哪种类型的体育市场后,接着就应确定其产品可能的市场范围。产品的市场范围应根据市场需求而不是特性来确定。

第二步:列举出潜在顾客的基本需求。企业可以从地理、行为和心理因素几个方面,分别列举出潜在顾客的基本需求,以便为进一步深入分析研究提供基本的资料和依据。

第二步:分析潜在顾客的不同需求。企业可根据人口变量将潜在顾客划分为不同的顾客群,然后进行抽样调查,了解不同的潜在顾客群最重要的需求分别是哪些。这样,就能够发现不同的潜在顾客的需求差异。这一步至少要进行到有三个不同的顾客群出现。

第四步:剔除潜在顾客的共同需求。共同需求非常重要,体育经营单位无论选择哪个细分市场作为目标市场,都必须使之得到满足。但共同需求不能作为细分市场的依据,因此在细分市场时要将其剔除。

第五步:为不同的细分市场暂定称谓。在剔除共同需求之后,各细分市场的其余需求将互不相同。根据各细分市场的特定需求以及顾客群体的特点,可为各细分市场暂时确定一个名称。

第六步:进一步认识各细分市场的特点。体育经营单位要进一步深入考虑各细分市场的需求特点,以确定有无必要作进一步细分或将某些细分市场加以合并。

第七步:测定各细分市场的规模。将经过以上步骤划分的各细分市场,与人口统计因素结合起来加以分析,测量各个细分市场中潜在顾客的数量及其购买力,以便了解每个细分市场。

第三节　体育消费市场营销特点

体育市场营销环境是对企业营销活动构成影响的外部因素。任何企业的营销活动都是在一定的动态环境中进行,依赖在其他企业、体育消费人群和社会公众的相互联结中开展营销活动的,它不可能脱离环境,也不能没有环境。环境的变化,既可以给企业带来市场机会,也会形成某种威胁。因此,分析市场营销环境就是对影响企业生产经营的各种外界因素和作用予以确定、评价并作出反应,使企业能够正确制定营销战略、目标、计划和行动策略,以提高营销的水平。

一、体育市场营销环境的特点

"环境"的概念往往需要与特定的事物相联系才能够理解。市场营销环境是相对企业营销活动的中心客体而言,泛指一切影响制约企业营销活动最普遍的因素。这些因素既广泛又复杂。对这些因素的不同看法和不同的划分方法形成了在环境问题上具有不同特点的各种观点。体育市场营销环境是指其营销主体生存和发展中不可回避的、独立于其自身之外的、约束和影响营销主体行为的因素和各种力量。在此,我们将市场营销环境分为宏观环境与微观环境两部分,主要分析影响体育营销主体活动及其目标实现的各种因素和动向。体育市场营销环境的特点有以下五个方面。

(一)体育营销环境存在的客观性

体育营销活动处于宏观和微观环境中,这是无法脱离的客观现实。任何一种体育营销活动都是在一定环境中进行的,没有环境的存在,营销活动就失去了存在的空间,失去活动的基本保证条件,只要营销活动存在,就必须面对客观存在的环境。就体育本身而言,环境的存在是人们进行体育消费的基础条件,营销者的活动必须围绕体育消费者的活动进行。因此,外部环境对于体育营销活动的影响具有特殊意义。在某种意义上讲,体育营销主体正是依靠一些有利的环境因素使自己发展起来的,或者说,无时无刻不在影响营销活动的环境,使企业逐步走向成熟。

(二)体育营销环境影响的多重性

就营销主体而言,它的一切活动都处于宏观环境之中,其间接的环境是由政治、法律、经济、社会文化、科技等因素组成,而直接环境,则为营销的渠道以及市场、竞争对手和公众等。体育属于大的文化范畴,它离不开社会这一根本属性,是社会活动的一部分。因此,体育营销活动在社会的整体环境中,根据体育的地位变化而变化,根据人们生存的状态变化而变化,根据社会的变化而变化。体育营销建立在体育消费的基础上,影响体育消费的各种因素都可能是构成营销环境的相关因素。体育营销环境影响因素较多,这是因为与体育相关的活动所涉及的环境因素较多。因此,除正常营销活动所受到的环境影响外,体育营销环境受两方面因素的共同作用,其环境因素相对复杂。各种环境因素和力量构成一个大的营销系统,不同程度地影响着体育营销活动。

(三)体育营销环境的差异性

不同的体育营销主体,由于经营内容不同,所处的地域不同,自身情况不同,面对的环境也截然不同。不仅如此,由于体育运动形式的差异,它所面对的环境有时差异较大,有时一些环境的变化也很大。我国有 56 个民族和 32 个省、市、自治区,地理、气候和民族习惯差异较大,如齐齐哈尔全年日照时间为 2 857 小时,而南宁为 1 852 小时,这些差异不可避免地影响体育市场营销环境。现阶段,我国发达地区的体育营销环境相对优于欠发达地区,体育用品市场的营销环境优于其他体育市场。不同经营性质的企业所面对的环境不同,营销环境差别各异。环境是在不断变化之中,企业必须不断地调整自己,提高应变能力。营销活动没有一个固定的模式可以适应每一个企业。

(四)体育营销环境的动态性

一般来说,市场营销环境是一种强制的不可控制的因素,又是一种不确定的、难以预料的因素。由于市场营销环境是从企业的外部对企业营销活动施加影响,企业无法控制客观存在的外部环境,如社会的变革、经济的发展速度、国民收入等,企业只能适应国家的宏观环境,却不能改变这些环境。然而,环境并非一成不变的,无论是宏观环境还是微观环境,都会不断地变化。体育营销的一些环境变化较慢,一些变化相对较快。人口是宏观环境的影响因素,体育人口从消费者的角度可视为微观环境的影响因素,它既受人口数量的影响,也受经济、文化等因素的影响。在我国现阶段,体育人口的增幅要远远高于人口的增长幅度。在特定时期,参与体育活动的人数剧增,为体育营销带来很好的机会。能否适应环境的变化,是衡量企业水平高低的重要标志。

(五)体育营销环境的依赖性

体育市场营销环境与其他营销环境相比,对周围环境因素的依赖性更强。体育的存在必须依赖一定的空间环境,没有环境的存在就没有体育运动的根基。像环境创造了体育并制约体育的目标、内容、方法和效果一样,体育市场营销同样依靠环境得以生存和发展。体育的社会属性和自然属性决定了它的营销活动不可脱离社会和自然环境,缺乏这些环境的基础,体育市场营销就无法进行。自然环境和社会环境都直接地影响着营销活动。

二、分析体育市场营销环境的意义

市场营销环境是不可控的外在力量,企业是一个开放的组织系统,它与外部环境总是有着千丝万缕的联系。因此,企业营销必然要受到外部环境的影响和制约,体育经营组织只能通过调整市场营销策略去适应不断变化的外界环境。分析市场营销环境对体育经营组织的生存和发展具有十分重要的意义,它是制定运作策略的前提,是科学决策的保证。

具体地说,分析外界环境具有以下三个方面的意义。

（一）有利于发现新的市场机会

外界环境变化有时候会给体育经营组织带来一些新的发展机会,通过分析外界环境,就能够寻找到并利用这些新的发展机会。例如,通过对人们收入和支出变化,分析或预测消费结构的发展趋势,就可以发现新的消费热点,从而为确立新的投资方向提供依据。随着我国人民生活水平的不断提高,国务院下发了《全民健身计划纲要》,这预示着我国大众健身活动兴起,各类以健康娱乐为主体的全民性的体育活动将成为人们生活的重要部分。社会环境的变化使很多企业纷纷把目光瞄准了体育市场,抓住各种商机,打大众健身的牌,由此使企业发展起来。企业根据市场的环境确定自己的发展目标,瞬息万变的外部环境使企业不断地分析、寻找、研究和开发新的市场。同时,根据环境变化,企业也在经常调整结构、营销策略、营销组合。在分析市场环境的过程中,企业首先要明确产品的消费主体,因为消费主体是生产的起点。因此,企业的市场调查就显得非常重要。只有将消费对象的情况摸清楚,构架一套完整的环境信息反馈系统,才可能有效地保证企业决策准确性。

（二）有助于避开环境威胁

外界环境变化也可能给某些体育经营组织带来威胁,通过分析外界环境,就能够及时发现环境威胁,从而采取适当措施,避开环境威胁或减轻环境威胁。企业外部环境对其本身的不利影响可以表现在很多方面。体育营销活动对社会和自然的环境依赖较强,因此也容易受到这些环境变化的威胁。一般认为,体育消费属于高层次消费,是满足人们享受和发展需要的消费。因此,当经济下滑发生时,体育消费往往表现出下降趋势,相关企业必然根据经济形势的变化不断调整自己的目标和生产结构。

对于营销环境的分析不仅应重视宏观环境,而且还应认真分析微观环境。无论企业的性质、规模、目标、营销的内容有何差距,都必须分析来自管理部门、供应商、中间商、竞争者、顾客及公众对企业造成的影响或构成的威胁。营销者面对不利的环境变故,应从积极的角度减少、化解或避开不利因素,以保证自身的根本利益不受损失或少受损失。足球在我国率先实行俱乐部制,曾经吸引了大量球迷和观众。但近几年走入低迷,其中不乏体制上、运行机制上和管理制度上的原因。然而,企业内部出现的问题,如裁判不公、踢假球等现象,加之表演质量不高、组织形式单一等问题,并没有引起体育管理部门和俱乐部的高度重视,最终导致混乱。

（三）有助于扬长避短,发挥优势,从而在竞争中取胜

任何体育经营组织都有自己的优势和劣势,市场营销环境对不同企业的影响程度不同,对其所带来的机会和威胁也不尽相同。外部环境发展,可能对一些企业带来发展的大好机会,对一些企业形成较大的威胁,在新的竞争中失去原有的地位,甚至被挤垮。所以,企业应根据市场环境的变化,通过对外界环境和自身资源状况的分析,发挥自身的优势,不断应对环境的变化,寻求自己的生存和发展空间,在生产经营活动中用其所长、避其所短,从而取得营销的成功。

三、体育市场营销环境分析和评价方法

体育营销的环境既对营销主体提供机会又构成威胁。分析和评价营销环境的目的在

于,一方面使企业把握住有利的营销机会,以便在复杂多变的市场竞争中占据有利地位,另一方面使企业在激烈的市场竞争中避免不利的环境威胁。客观、准确地分析和评价体育市场营销环境,就可以使营销主体面对市场,采取灵活而有效的应变策略。市场营销通常采用两种对环境的分析和评价方法。

(一)威胁—机会矩阵法

分析和评价体育市场营销环境对企业或体育组织的影响作用,首先要了解它本身的环境处境。环境的变化基本上分为两大类:一类是环境威胁,另一类是环境机会。任何企业都面临着威胁和机会。所谓环境威胁,是指环境在企业发展中的各种不利条件形成的挑战。不利的环境迫使企业必须采取措施,摆脱损害其市场地位甚至危及生存的局面。企业应及时地识别面临的威胁,并根据具体情况,按其中严重性和可能性进行分类,对严重性和可能性较大的威胁制定应变计划。所谓环境机会,是指体育市场营销环境中对企业具有吸引力的领域。在此领域,企业具有成功的优势,或具有竞争的优势。企业可以按照机会可能获得的成功概率进行分类,根据自身的实力和条件,制定企业的应对策略。企业面对威胁时,应尽快调整策略,出台应对措施。

投诉的增加,一方面反映了消费者保护自我合法权益的意识增强,一方面也反映了消费领域的确存在大量问题。体育消费的质量问题频频曝光,如培训服务劣质、假球、虚假广告等,极大挫伤了体育消费者的积极性,如果这一现象不尽快遏制,必然会失去一批消费人群,影响体育市场的活跃,也会使体育企业和组织经营活动受到威胁。为此,营销活动主体应分析自身现状,树立质量意识和诚信意识,提高本身的公共形象,消除潜在的环境威胁。随着我国经济的发展,体育人口不断扩大,大众健身的需求越来越大,很多企业把目光转向体育健身领域。潜在的吸引力成为众多企业发展的大好机会。企业必须冷静分析自身的条件,正确判断加入健身行业并获得成功的可能性。

(二)SWOT 评估法

SWOT 评估法是分析和评价企业市场环境的方法其中 S 代表企业优势(strengths),W 代表企业劣势(weaknesses),O 代表企业机会(opportunities),T 代表企业威胁(threats)。在分析企业状况时,先把对经营有影响的各种宏观因素和微观因素一一列出,评价这些因素是企业的优势还是劣势,是威胁还是机会。将那些对企业影响程度不同的因素赋予不同的加权值,计算该企业所处的环境状况。

四、体育市场营销的宏观环境

体育市场营销的宏观环境包括体育人口环境、经济环境、自然环境、社会与文化环境和政策环境等方面。

(一)体育人口环境

人口是构成市场的基本要素之一,人口的规模、密度、地理位置、年龄构成、家庭数量等对体育市场营销有显著影响。我国人口众多,居民区别很大。收入职业、年龄、文化程度、性别、民族、生活习惯等构成体育市场营销的差别。差异是扩大市场营销的源泉,因为各种差别形成体育相关消费的需求,能有效增加体育总需求量。

体育市场营销的对象是从事体育消费活动的人群,所以体育人口对营销计划的制定具有至关重要的作用。体育人口数量不足会直接减少市场的销量。我国城市居民进行体育消费的目的性很明确。某调查显示,民参加身体运动以强身健体为主要目的的有 80.25%,以提高自身素质为目的的有 66.35%,排在第三位的是休闲娱乐,为 62.08%,这应该同体育的基本功能吻合,说明居民参加体育消费活动能够以正常的行为动机为指导。另外,大众从事体育活动有其明显的自身特点。如,我国参加体育消费性活动的男性高于女性,青少年学生是主要体育消费群体。此外,城市居民的消费高于农村,发达城市居民的体育消费高于欠发达城市等。对我国城市居民在将来的闲暇时间里打算从事的活动内容调查结果显示,体育内容占有很重要的位置。因此,随着我国体育人口和参加体育活动的人群的增加,体育营销会越来越活跃。

(二) 经济环境

购买力是构成市场的一个重要因素,购买力大小受到一系列经济因素影响和制约。对体育营销影响较为明显的经济环境,不仅影响购买力,同时对整个市场的发育和发展都起到重要作用。

经济环境首先表现为人们的收入水平。人们收入的增加,使他们在满足生活必要的消费后,对其他需求有了支付能力,引起了消费结构的改变。消费结构的变化,突出反映在对生活内涵提出高标准的需求。美国经济学家加尔布雷斯于 1958 年提出的“生活质量”的概念,至今仍得到广泛的接受和应用,它反映了居民生活需要满足程度,包括物质生活需要,也包括精神生活需要。在某种意义上讲,体育消费属于满足大众较高层次需求的消费,即满足享受或发展需要的消费。只有人们生活水平达到一定水平时,他们才会成为体育市场中的购买者。根据联合国规定的标准,恩格尔系数与富裕程度的关系如下:

60% 以上为绝对贫困;

50%~60% 为温饱水平;

40%~50% 为小康水平;

20%~40% 为富裕社会;

20% 以下为非常富裕。

有专家指出,只有恩格尔系数在 40% 以下,体育消费才可能在消费需求中明显活跃起来。目前,我国已经全面进入小康社会。日本学者在研究日本体育产业受经济变化的影响时指出,日本的高尔夫、滑雪过去曾相当普及,但当经济滑坡时这些运动消费也开始滑坡,同时其他一些俱乐部的收入也出现下降。国民经济的发展将会促进国家对公共体育设施建设的投入。世界各国的实践证明,随着经济的繁荣,政府对公共设施的投入力度加大,既丰富了人们体育活动的内容,满足了不同人对体育的需求,同时也活跃了体育市场。

任何企业在分析体育市场时都不可避开经济环境的变化,否则将会造成营销的失败。正确判断和评价经济环境对体育市场营销的影响,会使企业的定位和决策更具客观性与可行性。

(三) 自然环境

体育运动对自然环境的依赖性较强,因为很多体育活动是在自然界中进行的。因此,营销活动必然与自然环境息息相关。此外,运动条件、生态环境、营销的地理位置、周边的空气状况等因素无不影响体育市场营销的效果。近些年，很多体育爱好者开始推崇回归自然的体育活动，一些体育项目，如滑雪、登山、徒步旅游等大量户外运动受到人们青睐。由于现代人的生活和工作条件越来越舒适，在室内的时间比较多，所以人们选择活动的场所更注重周边的自然状况、空气的清新程度等环境因素。空气污染已成为公害，人们对新鲜空气的渴望越来越强烈。在参与体育活动时，人体与外部气体交换的频率和数量大大增加，没有好的空气环境，随着活动量的增加，有害气体的人体吸收量也随之增加，会损害人的健康。作为体育营销者必然要考虑在环境的选择上要符合人们的需求。此外，为大众提供活动场所的位置可以影响营销活动。据调查，我国城市居民普遍希望活动的地点靠近居住地，其原因是交通不便和路途时间长影响参加活动的效果。就大多数城市居民而言，他们的主要交通工具是公交车和自行车，如果体育活动地点不便捷，可能会极大地降低消费者的消费热情。

(四)社会与文化环境

体育本身是社会和文化的组成部分，随着社会和文化的变迁而发生和发展起来。在市场经济条件下，体育不仅要发挥其自身固有的社会和文化功能，同时，也要发挥拉动经济的功能，从不同角度最大限度地满足人民的健身娱乐需求。因此，社会和文化对体育产生的推动，也极大地影响体育的营销，其环境因素必然起到重要作用。

社会与文化环境对人们的生活方式、消费与购买行为、价值观念及行为准则的形成起到重要影响。体育市场营销活动中的人是社会和文化的产物，他们所面对的环境既深刻地反映自身的社会和文化渊源，又无时无刻不在影响着每个人的行为。每个人具有自己的个性，人的个性依社会环境而存在。人在社会中千差万别，经过社会按一定标准和共性整合，形成差别各异的群体，这些社会群体为营销者提供了着力点。文化是人类群体特有的，能够与群体相区别的活动方式，这也为营销者提供了着力点。市场营销活动中的方方面面，无一不体现出与当地的社会文化背景相关联，否则营销活动就难于达到预期效果。作为营销者，把握住当地社会和文化的基本特点，显然对其营销的成败起到不可忽视的作用。

中国是一个地域辽阔的人口大国，不同地域、不同人群生活在不同的社会层面；中国又是一个多民族的国家，每个民族都具有自己的文化背景。体育市场营销活动离不开社会和文化环境，营销者必须充分了解和全面审视营销环境，才能对营销的产品、策略等的利弊作出正确判断。

(五)政策环境

进入市场经济后，政府通过制定和出台各种政策，以引导、调控、促进、规范市场，其目的是促进经济的繁荣和发展。与其他市场一样，体育市场的发展变化与国家大的政策环境息息相关。

我国的体育界定在"具有产业性质的社会公益事业"，因此体育市场存在着特殊性。由于各细分市场的关联度较高，主体市场没有国家政策的支持，其他相关市场就难以活跃。一些市场与国家体育战略密不可分，如竞技表演市场、竞技人才市场，它们只有在保证国家"奥运争光"计划的前提下，依靠政策的扶持才能在给定的条件范围内实现市场活跃。在国家允许并鼓励多元化投资主体介入体育领域后，体育的市场化、社会化的步伐加快，才出现了体育市场的繁荣。一些地方政策会保护地方的或局部的利益，同时也会限制市场的良性发展,甚至影响国家整体战略。所以,一项政策的颁布与实施,会给体育市场带来各种不同的结果。

政府制定政策通过两方面对体育产品价格形成影响,一是直接影响,二是间接影响。直接影响主要通过国家对体育产品价格直接管理,即直接定价来实现抑制乱涨价,监督价格的执行。间接影响表现在政府对场馆维护兴建投入加大,减少相关税收,扩大服务范围,会有效扼制价格上涨。然而,政府的间接影响也会带来负面效应,可能会减弱多元投资的积极性。但是,政府的宏观调控和政策导向总会使在价格稳定条件下的多元投资局面形成。

五、体育市场营销的微观环境

体育市场营销的微观环境是指与营销活动紧密联系,直接影响策划者为目标市场提供服务的各种因素,如体育企业内部、商品供应者、中介机构、竞争对手、市场以及公众,这些都会影响企业为其目标市场服务的功能。

(一)体育企业内部环境

体育企业内部的营销部门不是孤立的,它在制定决策时,不仅要考虑企业外部环境,还要考虑企业内部环境。营销部门要面对许多其他职能部门,如董事会、研究与开发、采购、制造和会计等部门。高层管理者是最高领导核心,负责规定体育企业内部的使命、目标、设备和政策,营销者只有在高层管理者规定的范围内作出各项决策,并得到上级的批准后才能付诸实施;营销部门计划的实施过程中资金的有效运用、资金在制造和营销之间的合理分配、可能实现的资金回收率、销售预测和营销计划的风险程度等,都同财务管理有关;新产品的设计和生产方法是研究与开发部门集中考虑的问题;生产所需的原材料能否得到充分的供应,是由采购部门负责的;制造部门负责生产指标的完成;会计部门负责成本与收益的核算,并帮助营销部门了解营销利润的实现情况。因此,营销部门在制定和实施营销计划时,必须处理好同其他部门的关系。其次,企业营销部门要搞好内部的协调配合。

企业营销部门一般由企业最高层分管,市场营销工作的副职领导负责由销售经理、推销人员、广告经理、市场策划经理、定价专家等组成,各成员之间应沟通、配合、相互支持,为本部门有效工作创造良好的环境基础。

(二)商品供应者

商品供应者是指为体育经营部门提供所需资源以生产其产品或服务的单位、公司或个人。体育市场上的各种商品来源渠道较复杂,提供一些劳务性商品的供给者的变数也较大。竞赛表演市场的不同赛事产品具有公共性、私人性和准公共性的不同属性,其提供者可能是政府(如全运会等),可能是企业(如亚洲女子飞人大奖赛等),也可能是由政府行政部门主办由企业运作(如足球甲A联赛等)。因此,有些赛事产品供应的时间相对固定,无法根据市场的需求决定。此外,提供直接赛事产品的"表演者"也只能根据赛事的安排和规则确定,不能由消费者或经销人员确定。然而,营销部门可以根据市场需求,利用相关资源,组织各种商业性比赛。

目前我国的体育场馆资源多在学校、体育部门和国有企业、事业单位,国家已明确国有体育场馆和体育设施对社会开放,为体育营销部门营造了良好的环境,满足了大众体育活动的需要。然而,体育场馆、体育设施不足的问题仍制约着大众的健身娱乐消费需求的发展,在一些地区这个问题还相当严重。因此,充分利用国有场馆对社会开放,发挥社会的各种力量,调动企业参与的积极性,从政策上给予保证,这是解决场馆供给不足的有效措施。体育市场营销微观环境中的供应者对营销有相当大的影响。营销者必须密切注意供应来源的可靠性,注意各种经销商品的价格变化及与某种商品发生关联的其他价格或主要原材料的价格变化趋势,以免因供给涨价而迫使产品跟着涨价,使预测的销售量降低。

(三)中介机构

中介机构在企业的营销活动中起着十分重要的作用,它是协助体育企业推广销售和分配产品给最终消费者的企业和个人,能完成产品从生产者向顾客的转移。保持与中介机构的良好关系,把中间商的活动纳入到企业整体营销活动体系中去,互相协调,形成中间商与企业和消费者密切联系的商业氛围,才能使市场更加活跃。在由政府职能部门举办的体育赛事中,因为政府不应直接介入到经营活动中,因此赛事产品更多地依靠中介机构完成营销,中介机构发挥的作用更加重要。能否为中介机构创造良好的环境,从制度和政策上保证他们的合法地位和利益,是能否保证体育市场营销活动畅通的重要一环。

(四)竞争对手

每个体育经营部门都会面临形形色色的竞争对手。对营销概念而言,若要成功,在满足消费者需要和欲望方面必须比它的竞争对手做得更好。因此,体育经营部门不仅要满足目标市场消费者的需求,还要考虑在同一目标市场内竞争对手的策略。体育经营部门应当在消费者心目中确定其所提供产品的地位,要比竞争对手所能提供的更好更多,就必须找到能与竞争对手相抗衡的最佳营销战略,以获取战略优势。

市场占有率是反映竞争的一个指标。它是指在同一市场中,各个体育经营部门的销售量占全部市场销售量的比重。

(五)市场

与前面的体育市场分类不同,微观环境中的市场是根据购买者及其购买目的划分的市场,具体是指体育经营部门为之服务或提供产品的目标市场。主要有以下三种。

1. 消费者市场

它是指为满足个人和家庭消费需求而购买的商品和服务所构成的市场。消费者市场是涉及的顾客最多、购买力最大的市场。体育消费者市场中包括了体育主体市场和保障市场,是消费者消费体育的实物用品和服务的场所。

2. 生产者市场

它是指为生产、取得利润而购买产品或服务的个人和企业所构成的市场,无论是生产体育实物还是服务,生产者都要购买必要的原材料来保证产品的生产。能否保证供给渠道畅通,保证生产者不受供给不足影响,将对市场的营销情况具有重要意义。

3. 国外市场

它是指国外的买主,包括国外的消费者、生产者、中间商以及政府部门等。

（六）公众

公众是指对一个企业完成目标的能力有着实际或潜在兴趣或影响的群体。体育经营企业不仅仅有竞争对手与之争夺目标市场，而且还有对其进行业务活动的方式发生兴趣的各类公众。公众可能有助于增强一个体育经营企业实现自己目标的能力，也可能妨碍这种能力。鉴于公众会对体育经营企业的命运产生巨大的影响，应采取具体的措施，去处理好与主要公众的关系。通常这些主要公众包括影响企业取得资金能力的金融部门、具有广泛影响的大众媒体、负责管理体育企业的政府行政部门、社会体育团体、一般市民等。

第五章 体育消费结构中职业体育产业对体育消费的影响

第一节 职业体育产业竞争环境与产业经营模式

一、职业体育产业竞争环境

职业体育之所以能够吸引众多观众,除了其自身独特的特质外,还与职业体育俱乐部拥有的资源和能力能否高效地开发出竞争力有很大的关系。按照战略管理的过程,企业建立战略计划的重要步骤是进行行业竞争环境分析。本章节主要运用 PEST 宏观环境分析和迈克尔·波特的五力模型刻画当前某一特定职业体育联盟所处的行业环境。

对于某一特定的职业体育联盟而言,其生存必然受到外部环境(政治、经济、社会、技术)的影响,正如美国著名记者弗里德曼所说,整个世界正在变成毫无国界的地球村,由于低廉的运输费用和强大的信息技术,各国之间的货物、服务和人员交流正变得越来越密切和频繁。全球化为世界经济带来了无限机遇,职业体育也不例外。起初的职业体育是国内联赛,即仅在其国内保持垄断,与其他国家的联赛几乎没有联系。随着环境的改变,很多职业体育联盟开始了全球化扩张和开发未来市场。NBA 是全球多样化推广模式的先行者,NBA 不仅向各国球员敞开怀抱,亚洲、欧洲、非洲、大洋洲和南美洲的球员纷纷加盟,利用球员创造了国际影响,还在每年的夏季休赛期安排运动员到海外进行品牌推广,甚至还将只在美国开展的 NBA 大篷车开进中国。这个 NBA 最出色的流动球场每个暑期都会花几个月流转多个城市,带给球迷们最"原汁原味"的篮球体验。同时,NBA 还将多场季前赛和常规赛搬到海外,赢得了全世界球迷的追捧,实现竞技成绩与经济利益的双赢。

对某个职业体育联盟而言,除了受到宏观环境影响之外,仍然受到其他联盟、球迷、供应商、可替代产品,以及潜在进入者的影响。球迷和观众是职业体育的目标市场,并构成了第一种竞争关系,要素供应商构成了第二种竞争关系,可替代产品构成了第三种竞争关系,新进入者的威胁是第四种竞争关系,第五种竞争关系是最重要的也竞争强度最大的,即职业体育行业内部各联盟间的竞争。此外,球迷和要素供应商是具有主动性的,会与职业体育联盟和俱乐部讨价还价。职业体育属于竞技表演业,观众如果对联赛产品不感兴趣,那么该联赛就不会被市场所承认。中国职业体育市场是世界上最大的市场,但从来都个是被国内联赛垄断的市场,世界各国的职业体育联盟都已经开始对中国庞大的体育市场垂涎不已。目前的欧洲五大联赛,美国的 NBA 已经拥有了庞大而忠实的球迷基础,美国其他三大联盟(美国职业橄榄球联盟、职业冰球联盟和职业橄榄球联盟)也已经将自己联盟的文化源源不断地输入中国。不仅如此,他们还觊觎中国的高水平职业运动员资源,从王治邱、巴特尔到姚明、易建联都被美国职业联盟高薪挖走,在这些有市场号召力的运动员转会到 NBA,国内联赛(CBA)缺少了超级运动员之后,比赛观赏性、激烈程度、联盟的感召力明显下降,导致大部分球队主场上座率大幅度下降,门票收入无法保证,最终使得各球队运营困难。中国职业体育不仅面临自身体制、制度设计的问题,还面临他国职业体育联盟的竞争和挑战。如何守住国内球迷市场将是中国职业体育面临的最大挑战。

二、职业体育产业的经营模式

从经济学的角度来看,职业体育是一个既有需求又有供给,包含生产、交换、消费、分配的完整的经济活动过程。与其他企业一样,为了保持其系统的开放性,职业体育必须要有资源的输入和输出,职业体育联盟则通过从资源市场获取生产资料(运动员)创造出产品(职业联赛)并销售给球迷。因此,职业体育联盟和职业体育俱乐部均面临着两大市场的竞争与妥协,即资源市场和产品市场,其利益主体主要包括生产者、消费者、供应商、赞助商和大众传媒。

(一)职业体育的生产者

显然,职业体育联盟和职业体育俱乐部是职业体育产品的生产者,职业体育产业的核心产品是一个赛季的联赛。职业体育联盟内的各俱乐部通过与联盟签订协议,成为联盟的团体会员,并遵守和执行整个联盟的规则和章程。而每个俱乐部都拥有老板和投资人,是独立的法人机构,每个俱乐部的工作人员负责俱乐部日常运营与决策,维持俱乐部的良好运转。

(二)职业体育的供应商

职业体育联盟和俱乐部为了组织生产必须从资源市场获得各种生产要素,并与资源供应商发生经济关系。例如投资建设或租用体育场馆、雇佣新的运动员、发现新的有潜质的运动员、代表运动员一方(劳方)与投资人(资方)讨价还价争取运动员的利益等。与职业体育联盟在资源市场上直接进行交易的有体育经纪人、星探、运动员工会及体育场馆所有者等。

职业体育生产的核心要素是运动员。职业体育运动员是职业体育的表演者,它必须通过科学系统的训练获得高超的运动技能,并通过严格选拔才能具备与职业体育俱乐部签约的资格。职业体育运动员作为高度稀缺的人力资本,在自由市场上能够获得高收益。更加出色的运动员甚至超级运动员是各个职业体育俱乐部和职业体育联盟争夺的焦点。职业体育运动员涉及人力资源的自然垄断,运动员的技术技能离不开他们的身体,既转移不出去,也无法取代。根据制度经济学家威廉姆森对交易维度的研究,职业体育运动员的人力资产专用性很强,其运动技术技能是特定于职业体育俱乐部的。职业体育俱乐部由于运动员转换成本太高,其高度稀缺性使得俱乐部很难找到替代品,培养一名职业体育运动员要花费巨大的时间和费用。因此职业俱乐部与运动员必须要保持一种稳定的、持久的契约关系。

体育场馆是职业体育的重要物质基础和物质载体,是运动员甚至部分球迷的工作地点。工作环境的好坏直接影响产品的质量,以美国职业棒球联盟为例,其在 1995 年以来掀起了史无前例的棒球场建设热潮,很多球队都兴建了新体育场,还有一些球队对老场馆进行了重新整修,以便更好地提升运动员和球迷的体验。在这些场馆中,克利夫兰印第安人队的主场雅各布斯球场所带来的变化最为显著,这座球场总价值为 1.75 亿美元,球场的计分板是全美国最大的独立式计分板,它在 2004 年重新翻修,引进了超大的显示屏幕,更好地展现了职业棒球比赛的魅力,不仅为运动员提供了舒适的表演舞台,还为球迷带来了全新的感受。

(三)职业体育的消费者

职业体育联盟生产的联赛最终是要卖给消费者的。职业体育产品的消费者包括球迷、媒体和赞助商。球迷主要通过购买门票的方式获得职业体育产业的核心产品——竞赛表演娱乐服务。媒体和赞助商则通过付费给联盟和俱乐部,获得联盟无形资产的使用权——比赛转播权、冠名权和广告发布权等。

球迷带给职业体育联盟的商业价值是巨大的,职业体育俱乐部的收入主要包括:门票销售、俱乐部相关产品销售、企业赞助和转播权收益,而球迷正是这些收入的核心角色。购买门票和俱乐部相关产品是球迷直接参与的经济行为,而企业的赞助额度是以俱乐部球迷的数量作为参考来决定的。此外,职业体育联盟转播权的收入主要根据观看该球队比赛的球迷数量来决定,因此就会出现越是豪门的俱乐部,球迷的数量越多,其转播权的收益就越高的现象。

欧洲某著名体育调查机构对欧洲各大著名的足球俱乐部的球迷数量进行了统计,西班牙豪门俱乐部巴塞罗那以 4 420 万球迷位列榜首,俱乐部也在 2010 年结束了球底胸前无广告的传统,卡塔尔基金会决定赞助巴塞罗那俱乐部总金额 1.65 亿欧元的赞助费,从 2011—2015 赛季开始连续赞助 5 年,每年 3 000 万欧元的球衣胸前广告,以及赛季代言、赞助费用 1 500 万欧元和俱乐部重要比赛的奖金 500 万欧元。而在国内相对球市比较火爆的中超球队如北京国安队,近几年签订的胸前广告赞助合同虽然创造了俱乐部历史的赞助费用新高,也只是每年 4 000 万元人民币,与欧洲高水平俱乐部仍然有相当大的差距。

按照职业体育的经营管理模式,西方职业体育已经形成了成熟的产业链。许多小球迷从儿童时代就开始关注职业体育,有的球迷最终还成为职业体育工作人员,甚至成为职业体育运动员。可以说球迷不仅仅是职业体育的消费者,同时也会成为职业体育生存和发展的资源,球迷在职业体育中扮演着多种角色。

在利润动机的支配下,职业联盟的最高原则与使命都会以发展和壮大球迷基础为核心,从发展战略的高度来思考的话,要以培育球迷的归属感和社会认同度,并使其成为忠诚的球迷为根本规划。而在经济全球化的背景下,职业体育的生存环境已经从本国垄断的"舒适区"转向了充满着不确定性的国际体育竞争市场,为职业体育俱乐部的发展提出了新的挑战。

第二节　体育迷对于职业体育多维价值的体现

一、体育迷是职业体育的消费者

虽然国内外关于职业体育生产者(职业体育联盟)和供应商(运动员、体育场馆、星探、体育经纪人)方面的研究已经非常深入和全面,却大大忽略了对最重要的消费者——体育迷与观众的研究。起初,体育参与者甚至很多小协会俱乐部的管理者都是兼职的,具有业余性质。伴随着职业体育的发展,现代体育管理开始转型,即从所谓的"餐桌"行政(kitchen table administration)过渡到专业管理(professional management)时期。行政管理已经不能满足职业体育组织运转的需要,专业的职业体育经理人开始掌管职业体育市场的开发和产品设计。在他们制定的发展战略中,体育迷在维系职业体育发展方面扮演着重要角色。职业比赛成本不断增长,体育组织必须找到产生收入的途径来创造利润,体育迷自然而然地成了职业体育发展的主导(图5-1)。

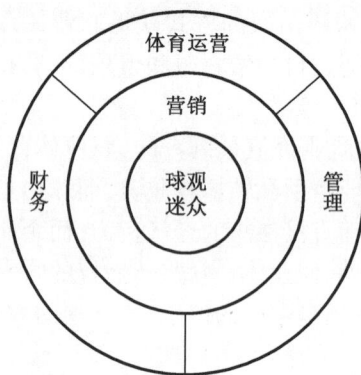

图 5-1　球迷是职业体育的主导者

职业体育所提供的产品归根到底是为体育迷与观众设计和服务的,体育迷与观众可以为职业体育联盟和职业体育俱乐部带来商业利益,同时体育迷与观众还是职业体育产品的重要组成部分。英超阿森纳主帅温格曾经说过,阿森纳俱乐部的每一名球迷都非常重要,其主场酋长体育场尽管门面寒酸,但"亲民服务"做得非常到位,大牌球星都可能随时现身为前来参观的球迷解说。英超曼联队的主教练弗格森,最初在苏格兰一家小俱乐部执教时,每逢主场比赛日,他都会亲自手持话筒到大街上去号召当地球迷支持球队。足见球迷对于职业体育的重要。

上述对于职业体育产业经营模式的研究表明,体育迷是职业体育联盟产品的最终消费者,联盟所有的经营活动最终都要由体育迷与观众来买单,体育迷与观众的利益是职业体育的根本利益

二、体育迷是职业体育产品的生产者之一

职业体育属于竞赛表演业,其很多特点与文艺演出十分类似。文艺演出不仅要有演员表演,还必须要求观众参与其中,没有观众观看的演出不是完整的演出,仅仅是一个排练。这就是为什么剧场不仅要有出色的舞台,还必须要有观众看台。职业体育也同样具备这样的特点,运动员必须要在体育迷和观众面前表演才能表现出应有的价值,没有观众参与的职业体育比赛不是真正的比赛。

(一)体育迷是职业体育产品生产者的营销学探析

消费者的传统角色正在发生转变,他们不再是一个个孤立的个体,而在逐渐汇聚成一股股不可忽视的力量;在做出购买决策时,他们不再盲目地被商家引导,而是主动积极地搜集各种有关信息;他们不再被动地接受广告,而是主动向企业提出使用反馈。根据企业营

销的一般步骤,在了解市场和顾客需求、设计顾客驱动的营销策略,以及制定营销计划之后,最重要的一步就是建立盈利的客户关系,客户关系管理是现代企业营销中十分重要的概念。所谓客户关系管理是通过传递顾客价值,培育尽可能多的忠诚顾客。现代企业目标就是努力与客户建立更为直接和持久的关系,这种关系不仅表现在经济意义上,还体现在情感意义上。而职业体育俱乐部与体育迷之间同样存在此类关系,并且随着职业体育经济价值的逐渐提升,体育迷的消费行为已经从单纯地消费比赛本身转变到了亲自体验并设计产品的过程。职业体育联盟通过增强赛场气氛、活跃背景环境,增加吸引体育迷感官刺激的手段,给体育迷提供一个令人难忘的经历。而体育迷营造的赛场气氛则更好地包装了比赛本身。

职业体育是现代人类社会特有的社会文化活动,通过百年发展,其价值观已经深深地植根于体育迷的心里,甚至被认为是一种通过运动员出色表演与球迷们欢呼助威共同造就了的仪式或者典礼。职业体育赛场中最尖锐的一对矛盾就是观众与运动员之间的矛盾,运动员是表演者,观众是观赏者,两者同时出现才能保证竞赛表演的完整性。每个体育迷在走进赛场之前和观赏完比赛离开赛场会成为不同的个体,而运动员在一个没有体育迷参与的赛场比赛就等同于一场普普通通的业余比赛。只有体育迷营造赛场气氛,烘托出背景环境,运动员才能通过比赛演绎出跌宕起伏的情节。

(二)球迷是职业体育产品生产者的观众的心理学探析

职业体育比赛主要是体育迷与运动员两个角色之间的情感交流与反馈,运动员要依靠体育迷烘托的赛场气氛来卖力地演出,体育迷对于运动员的喜爱通过声音、动作等信息传递给运动员,比赛正是在运动员与观众之间的不断地互动衔接中进行的,体育迷参与其中并不是被动的信息接受者,他们还会通过自己的表现影响到球队的表现。体育迷到现场观看比赛不仅是作为一名简单的消费者来购买产品获取价值,而是完全置身其中,成为整个比赛必不可少的一部分。与其他的艺术表演形式的发展一样,职业体育也表现出很多与宗教仪式一样的特征,社会学家埃德盖尔和杰里在他们的研究中就曾经指出:足球场完全可以笼罩着在教堂里才会出现的气氛,足球可以成为一种宗教表达形式。

职业体育赛场运动员与体育迷的互相感染,其心理也必然形成不同程度的交融,从而使运动员与体育迷共同达到一种集体心理体验,而比赛的进程恰恰为整个心理体验提供了平台。这种集体体验的效果是由多种反馈关系组合而成的。在职业体育赛场中主要存在3种反馈关系,即运动员与体育迷之间的所馈关系、运动员之间的反馈关系,以及体育迷之间的关系。

1.运动员与体育迷之间的反馈关系分析

运动员与体育迷之间的关系是职业体育赛场最重要的反馈关系。对于运动员而言,他们渴望观众对他们的表现做出反应,运动员的成功表演需要观众真实的心理反应,体育迷不仅会对运动员的某个高难度动作或一次精彩配合赞不绝口,还更加关注整个比赛的情节走势。职业体育比赛需要体育迷发自内心的自觉的心理反应,运动员的职责就是去激发这种自觉心理。

体育迷一旦融入职业体育比赛中,赛场上就会出现一系列的奇迹,尤其是赛场气氛,使得比赛更具立体感。但如果运动员的表演失去了体育迷的信赖,那么这种失信同样会带来一种心理感受并会引发体育迷的不满,而不满又进一步地反馈到赛场内,构成一种恶性循环式的消极反馈。诸如假球现象对于球迷的伤害远远比俱乐部成绩低迷、球员状态低迷要严重得多,因为假球使得球队失信于球迷,从而造成恶性循环式的消极反馈。

据调查,美国的球迷数量多达 3 500 万人,占全国人口的 15.6%,他们当中 93% 的人每天都要关注职业体育比赛,91% 的人每天会通过媒体了解职业体育新闻,50% 的人每年能够观看职业体育比赛 20 次以上。他们之所以如此热衷于职业体育比赛最大的动力就是和场上运动员的感情共通性。美国球迷中有 58% 的人想成为体育运动员,45% 的人认为自己能够胜任职业体育俱乐部主教练之职;当所支持的一方获胜时,有 91% 的人感到快乐,50% 的人感到像了却了一桩重要的心事那样轻松、欢快,78% 的人感到骄傲;当所支持的一方失败时,87% 的人感到失望,66% 的人感到沮丧,38% 的人感到像自己被打败那样难受。

2. 运动员之间的反馈关系分析

运动员与运动员之间的交流是与赛场球迷之间的互动同时进行的,他们之间的交流是直接交流,即他们要共同为体育迷创造一个联系紧密、融会贯通的舞台天地。运动员之间的比赛从结果上分析看似是对手的关系,即不是击败对手就是被对手击败,但是实质上他们共同制造了比赛的情节,还都是情节的感受者,美国学者将两者这种协作关系称之为“无条件地互相爱护”。超级运动员之间的对决则会使比赛更加精彩。

3. 体育迷之间的反馈关系分析

大众心理研究认为心理群体是一个由异质成分组成的暂时现象。当足够数量的不同个体聚集在一起的时候,就像是诸多的有机质汇聚在一起形成细胞一样。当这些类别成分完全不同的细胞组成一个新生命个体的时候,这个新生命个体的表现与构成他的细胞完全不同。体育迷群体也一样具备这样的特征,并不会因为成分复杂,人数庞大而表现得迟钝,也不仅仅只会取得粗框架上的认同。西方的戏剧家曾经把观众群体比作是只有一颗心的多头巨人,体育迷参与比赛也有相同的特点,突出体现的是情绪集体性特点。

体育迷之间是互相传染和互相影响的,对于精彩的比赛总有人先于大家感应并喝彩,然后提醒邻座,即便是有些人并没有意识到精彩的存在,但是也会融入喝彩中去。有很多体育迷到现场观看比赛之前还素不相识,但是看完比赛之后都变成了莫逆之交,这样的例子屡见不鲜。著名表演理论家史雷格尔通过对观看舞台艺术的观众群体的研究表明:多数人彼此之间这种外显的精神流通,几乎有着不可思议的力量,它加强了平时总是隐藏起来或只向密友才倾吐的内心情感。由于这种精神流通,我们对它的有效作用已深信不疑。在这么多的同感者之中我们感觉到自身的强大,因为所有心灵与精神汇合成了一条不可抗拒的洪流。此外,体育迷之间的情绪传染还有干扰运动员状态的作用。

值得一提的是,除了比赛本身之外,体育迷自身对于运动项目的认识水平是帮助其更好地欣赏比赛、阅读比赛并热爱比赛的基础。对于运动项目越是了解,观看比赛所体验到的审美感受越高,越能够感受到比赛的节奏与和谐,而这种和谐正是审美体验中最高贵的成分。理论上,体育迷对于运动项目的理解越深,其审美主动性越强。一般来说,体育迷对于运动项目的理解可以分为三个层次:背景理解、表层理解和内层理解。背景理解是前提,是每个体育迷应该都具备的基本素养,也就是对于运动项目规则、技巧、发展历史等方面的认知;表层理解是指对于特定比赛的情节、运动员基本信息的理解,属于一般化的理解,被称为通往内层理解的毛细血管;内层理解则需要花费一定的精力,是对比赛层层自扰性因素的排除,是对各种思维离心力的摆脱,是在排除和摆脱之间遇到的当头棒喝,内层理解总带有很多神秘性。

很多运动项目在进入中国的初期都出现了视众"不解风情"的局面。例如,斯诺克运动已经在中国推广近 30 年,尤其是在丁俊晖等知名运动员的感召下,在中国举办的国际比赛逐渐增多,但几乎每届比赛都有球迷被逐出赛场的情况发生,球迷对于斯诺克项目的理解阻碍了斯诺克项目在中国的普及和发展。

调查表明,中国体育迷获取体育知识的渠道主要是通过媒体和学校体育课、朋友的传授,以及由专业的体育教师为其传授,体育的技术技能培训和体育的相关知识普及是其获取体育知识的最好方式,亲身参与到体育比赛中去,才是系统获取体育知识的最佳途径。

三、体育迷是职业体育资源提供者

职业体育是依托庞大的体育迷市场而产生的,没有体育迷的参与职业体育就无法走向商业化。他们不仅是职业体育产品生产者之一,还在维持职业体育正常运转中承担各种角色,为职业体育提供各种必要的人力资源,被称为职业体育的血库。

(一)体育迷是职业体育联盟和俱乐部的志愿者

体育迷是职业体育志愿者群体的主要来源。《2010 的大众体育白皮书》中定义体育志愿者(sports volunteer)为:"为推进社会、社区、个人及团体体育的发展而不以换取报酬为目的提供自己的劳动、技术和时间的一种活动。"随着现代体育内部分工愈加精细化,运营成本越来越高,国际大型体育赛事和职业联赛越来越需要志愿者的支持和帮助。志愿者可以充当赛事向导,通过提供赛事的相关信息等具体事项为球迷提供帮助,包括礼品发放、场外秩序维护及其他相关服务工作。可以说,体育赛事的成功举办,志愿者功不可没。而对于志愿者群体而言,其组成部分多数为体育迷群体,希望通过参与志愿活动来表达对于俱乐部的热爱。例如很多球迷会在周末俱乐部的主场比赛中担当球童、司仪、销售人员,以及安保人员等。在西方,绝大多数俱乐部或小协会的负责人都是体育迷志愿者,并且都具有丰富的工作经验,可以说如果没有提供志愿服务的体育迷群体,职业体育是不可能延续下去的。据保守估计,在英国每季度大众足球的志愿者省去的开支就达 5 亿英镑。

(二)体育迷是职业体育运动员人才储备库

按照大部分职业运动员的成长轨迹,多数体育迷在小的时候都曾经梦想过成为一名服务职业体育的相关人员,甚至职业体育运动员。从一名职业体育运动员从小到大的发展轨迹来看,很多体育明星从成为体育迷的那一刻就已经开始有了成为职业体育运动员的梦想,然后会不自觉地开始自己的职业规划,也正是梦想的动力才使得他们从社区联赛的佼佼者、低级联赛的小运动员,到最后通过职业体育联盟星探的选拔和推荐成为顶级联赛的职业运动员。

(三)体育迷是职业体育俱乐部的支持者

很多职业体育俱乐部虽多番面临险境,但总能劫后余生,它们从来没有高喊"建设百年俱乐部"的口号,结果却个个成了"百年豪门",这得益于社区和体育迷的保驾护航。根据某职业足球投资人的理解,一个完美的职业体育投资者,首先,他要有对这项运动真诚热爱,并且绝不企图从这项运动中牟取私利;其次,他要对这项运动有正确的理解,知道一个俱乐部对所在社区的积极影响力,了解职业体育运动对青少年潜移默化的作用;再次,他应该知道,投资职业体育绝非低购高抛的短期投资,而是让职业体育这一美丽的运动以最好的形式展示给观众。职业体育投资者投资一个俱乐部是靠俱乐部无形资产的升值挣钱,大部分俱乐部最初几年都是亏本的,必然需要与其他俱乐部合作一起提高联赛产品的质量,职业联赛整体价值才有可能提升,进而盈利。例如 NBA 休斯敦火箭队的价值在姚明加盟前后相差 20 倍之多,库班在收购达拉斯小牛队的时候花了 2 亿美元,随着 NBA 的升值其价值目前已经突破 20 亿美元。

如此严格的要求也只有资深的铁杆球迷才能胜任,从球迷到"球董"的例子屡见不鲜。NBA 的很多老板都是铁杆球迷,他们会经常观看球队比赛。他们一般不喜欢在与喧嚣现场隔离的豪华包厢看球,更喜欢在比赛时身穿印有队徽的队服坐在场边自带"表情包"观战;会在队员受到不公判罚后对裁判不依不饶;会在球队胜利时像个孩子一样又喊又叫;会在球队客场比赛时乘坐自己的私人飞机到现场加油。

根据战略管理理论,企业家的使命感是构造战略规划的第一步,是计划的基础,是企业制定目标的依据。它决定着组织的基本信念、价值观、追求和道德标准。"现代管理学之父"彼得·德鲁克以为,建立使命或许是企业应向非营利组织认真学习的第一课,成功的企业在制定发展规划首先要考虑的并不是经济回报,而是企业使命,当企业树立正确的使命时,经济回报就自然而然地来了。职业体育经营特点决定了投资人应更加看重长期效益,一个正确的符合职业体育发展逻辑的使命感就显得尤为重要,而球迷企业家似乎是使命与资本融合的最佳典范。

第三节　职业体育球迷的消费行为特征分析

一、职业体育球迷的成因

(一)职业体育球迷的年龄特征

调查表明,球迷形成的平均年龄在 15 周岁左右,属于青少年群体,在西方,青春期少年或青少年的说法直到 20 世纪 30 年代才出现。社会学家克尔曼注意到:"在人的一生中,没有哪个阶段像青春期一样能给人以那么强烈的、亲密的、无不包容的联想。"

青少年在这一时期,生理上呈现出第二个发育高峰。与此同时,心理上也有较大变化,如有了自尊和被尊重的要求,逻辑思维能力增强。青少年时期是依赖与独立、成熟与幼稚、自觉性和被动性交织在一起的时期,是处于从幼稚走向成熟的转折阶段。因而他们具有成人感,独立性强的显著特征,他们认为自己已经长大成人,应该有成年人的权利和地位,要求受到尊重,学习、生活、交友、选择兴趣爱好都不希望父母过多干涉,希望能按照自己的意愿行事。对于热爱体育的青少年群体而言,正是由于人格日趋独立、开始逐渐脱离家庭,再加上这一时期对体育的专注,对社会环境的认识不断加深,对体育的兴趣不断趋于稳定,随着参与体育比赛和观看体育赛事的次数不断增加,其对职业体育文化日渐熟悉,并且逐渐具备对职业体育赛事判断、分析和评价能力。

少年球迷群体所受影响主要来自于家庭。但是由于他们开始不断参与集体活动,与社会接触机会不断增多,接触的社会群体范围不断扩大,其影响媒介也开始增加,在这一阶段中同学、伙伴、老师及各种大众传媒开始影响少年群体。按照消费者行为学对于少年消费群体的研究表明，少年消费群体虽然已经可以进行简单的逻辑思维，但直观的形象思维仍起主导作用，对于事物的好坏优劣也较多地受商品的外观形象左右。同时，一旦某个事物或者商品被其认识，就很难忘记。很多国际著名的职业体育俱乐部每年都会在学校假期的时候为10岁以上的孩子们举办短期的夏令营和技艺培训班，而且俱乐部还会安排球员甚至俱乐部的运动员出任授课教师，大部分职业体育俱乐部招募当地10岁以上的少年作为球队的球童，这些球童最为得意的就是能够参加球队主场的比赛，近距离感受职业体育带来的更为直观的震撼。毫无疑问，职业体育俱乐部之所以投入精力重视少年小球迷，最终目的是为了能够培养更多的一线队球员，更重要的是培育更大的球迷基础，只有这样才能保证俱乐部长盛不衰。

职业体育俱乐部永远都会将儿童放在第一位。英国职业足球协会在全世界开展了一个范围最广、涉及规模最大的儿童保护项目，目的在于反对歧视行为，并处理从严重的性别虐待到入会宣誓等大大小小的事情。足协还专门成立了儿童保护部门，负责处理有关足球运动中虐待儿童的问题，并设置全国防止虐待儿童的儿童保护求助热线。在英超曼联俱乐部的主场老特拉福德球场的南看台有4 200个"家庭座位"，是专门为主队和客队带孩子的父母们设计的，在儿童的看台区域对于球迷的行为有严格的规定，这里不允许有争吵和斗殴的情况出现，也不允许吸烟者进入。

中国的职业联赛目前也开始有部分俱乐部效仿欧洲俱乐部的方式，更加关注青少年球迷群体，2014年中超球队广州富力队率先在球队的年票销售上进行了改变，特别安排了专属球迷座位区套票及家庭套票两种类型的限量票，以满足广大球迷群体对广州富力主场——越秀山体育场特殊的情感需求。据了解，家庭套票共三张卡，仅限一家三口（即父亲、母亲、孩子）购买，俱乐部方面称购买家庭套票的球迷朋友可一人前往购买，需携带户口本（证明家庭关系）及购票成员身份证，而未满16岁的子女可用户口本代替。俱乐部此举拉近了球迷与俱乐部之间的关系，更为重要的是鼓励了球迷家庭的共同参与。

（二）成为球迷的影响因素

个体在成为球迷之前首先要喜欢体育运动，并随着热爱程度的加深才逐渐成为真正的球迷，因此一般情况下个体不会马上成为某个俱乐部的忠实球迷，而是要经历从热爱体育运动到选择俱乐部的发展过程。调查表明，对于个体成为球迷过程中影响较深的同学主要包括家庭成员的耳濡目染（34%）、同学朋友的影响（45%）、球星的号召力（21%）。

1. 家庭成员的影响因素

家庭是最基本的社会单位，一个人就是从出生的家庭开始接触世界、逐渐认识世界的社会化过程，从而形成了价值观和行为方式。某种意义上说家庭是个人价值实现的主要源泉。美国民营化大师萨瓦斯认为，家庭是提供健康、教育及人力资源的最有效率的部门。对于热爱体育的球迷也不例外，大多数球迷的"体育生涯"也是从家庭开始的。

调查表明，家庭亲人的影响和熏陶是个体成为球迷的主要动因。小的时候我们绝大部分时间是与家人在一起的，家庭体育是每个人体育生涯的起点，很多人对于体育的热爱都是从父母的教育中自觉培养起来的。家长对体育的参与、热爱和成就可以潜移默化地影响子女形成体育价值观。老少几代共同的体育活动可以成为家庭团结和睦的纽带，每场比赛、每个赛季就如同家庭的节日，家庭成员往往会一起去现场或者在电视机旁观看比赛，并在比赛结束后一起讨论比赛。不难看出，职业体育比赛在促进家庭稳定和融洽方面发挥着重要的作用,是家庭成员之间相互亲近的主要方式。家庭体育正如人体细胞一样发挥着最基础的作用。甚至正是有了家庭的熏陶和支持,才使得许多的小孩子最终成了职业运动员。在小孩成为球迷的过程中,家庭成员的角色具有多样性,即教练、顾问、交通服务人员、失利时的安慰者、清洁人员、第一救护人员、对外交涉人员、形象代表、捡球人员、后勤服务人员、球迷、建设性的评论员等。

NBA球星林书豪在其自传里面写道:如果没有一个狂热的篮球迷老爸,他不会走上职业球员的道路。父亲不仅培养他对于篮球的热爱,还以教练的身份传授其篮球技能,帮助他将兴趣持续发展下去。英格兰著名球星贝克汉姆也有着同样的经历,父亲小时候的梦想是当一名职业足球运动员,生活中最大的爱好就是足球,他还是曼联俱乐部的支持者。贝克汉姆最初对于足球的热爱完全出于父亲的影响,在贝克汉姆小的时候每个圣诞父亲都会为他买上一套崭新的曼联队队服作为圣诞礼物,父子最融洽的时光就是在一起观看球赛、谈论足球,共同在社区踢球,甚至其父亲还充当了贝克汉姆的教练。贝克汉姆也正是在父亲的熏陶和支持下最终成为一名出色的职业足球运动员。

而在中国目前的环境下,部分家长和老师把体育放在了无足轻重的位置,阻碍了青少年对于体育的热爱和参与。这种现状同样也影响到了处于金字塔顶端部分的职业体育,职业体育的发展是需要庞大的球迷群体作为基础的,一旦基础薄弱其顶层必然受到影响。

2. 同学朋友的影响因素

除了家庭是个体成为球迷的影响因素之外,还有一个因素也不能忽略,即同学和朋友的影响。社会心理学研究表明,群体对个体的影响,主要是"感染"的结果。处于群体中的个体几乎都会受到一种精神感染式的暗示或提示,在这种感染下个体会不由自主地产生这样的信念:多数人的看法比一个人的看法更值得信赖。尤其是青少年群体,所有的适龄儿童都要进入学校接受教育,因此他们除了与家人的相处之外,剩下的休闲娱乐时间主要是与同学、朋友在一起度过,同学朋友的兴趣爱好始终影响着个体的心理。

3. 职业体育球员的"明星效应"

大众心理学认为,偶像崇拜是人类的一种信仰,无论时代发展到何种程度,这种形式都不会消失。而偶像崇拜具备以下特点:偶像总是凌驾于信徒,处于高高在上的地位,这一点有着决定性的作用;信徒总是盲目地服从偶像的命令;信徒没有能力,也不愿意对偶像规定的信条进行讨论;信徒有着狂热的愿望,希望把偶像的信条广加传播;信徒倾向于把不接受他们的任何人视为仇敌。而对于职业体育,人们对它的热爱与宗教仪式极为相似,在这样的一种宗教仪式下产生偶像也就是极为平常的事情了。职业体育中超级运动员对于俱乐部乃至整个联盟的作用都是无法估量的,超级运动员在保证球队战绩的同时,无疑还是俱乐部票房的基本保证,很多球迷到现场观看比赛不是为了某个球队的胜负,而是来观看某个运动员的特别演出。超级运动员无疑成了职业体育的核心,球迷讨论的话题、关注的事情很多都是围绕着超级运动员而展开。这个时候的球迷有点类似于追星族,并不以地域为界,而是以偶像为圆心,偶像就像太阳,追星族就像行星,因超级运动员的吸引力而形成庞大星系。求名的欲望把人们聚集在一起,共享一个舞台,在这里集体的力量得到了整合,个人生命的张力得以展露。出于指挥和指导群体行为的需要,向心力的获得在灵长类动物群体中是必需的。

（三）职业体育俱乐部与球迷认同的影响因素

作为一个名副其实的球迷就必须要选择一个支持的团队，以取得社会认同和团队归属感。调查显示，球迷选择所要支持的俱乐部主要受俱乐部的实力和俱乐部所拥有的球星（作为俱乐部超级运动员的作用在上述球迷成因的因素分析中已经做了详细的分析，不再赘述）两大因素的影响，除此之外俱乐部所在的城市也是球迷选择俱乐部的主要参考，另外还有俱乐部颜色和队服，甚至俱乐部主场场馆也在影响着球迷对自己热爱俱乐部的选择。

1. 俱乐部实力

体育竞技是社会竞争的一种基本形式，具有强烈的排他性，竞争的结果只能产生一个优胜者。荷兰学者胡伊津哈从人类需求的角度对获胜的含义进行了界定：所谓获胜就是显示自己比别人优越，球迷正是在俱乐部的比赛获胜后赢得了尊重和荣誉，而且这种尊重和荣誉还增加了其在球迷群体中的意义。

许多球迷在选择球队尤其是选择其本土以外的职业体育俱乐部的时候，主要看重的是有实力、战绩好的俱乐部，如果没有其他情感干预的话，俱乐部的实力应是球迷选择俱乐部的首要参考因素。

2. 俱乐部所处的地理位置

有很多球迷是因为长期居住的城市有了职业俱乐部之后才开始关注球队并成为真正球迷的。从经济成本角度来看，是因为球迷观看其球队的比赛在交通上十分便利，并且容易买到俱乐部的产品和俱乐部赛季的球票；从心理角度分析，球迷参与职业体育俱乐部的相关活动都怀揣着对球队所在城市或者某一特定地域的自豪感和归属感，球迷可以很便利地和自己的家人、同学、邻居或朋友到现场观看比赛。

职业体育球迷拥有对主场偏好的心理。按照西方职业体育发展的普遍逻辑，早期的职业俱乐部，几乎都有这样类似的过程，俱乐部的发起人大部分是产业工人或者是看到体育有利可图的企业家。公司化运营的职业体育俱乐部，从一开始就具备了经济属性，但还不完全是营利性的，仍然要依托社区承担一定的社会责任。随着职业体育联盟的成立，包括联赛制模式的确立，每个俱乐部对所在社区的代表性越来越强，不同俱乐部在长期交往过程中形成的竞争关系，也往往是不同地域和社区人群之间竞争关系的体现，久而久之，俱乐部成了地域社区居民的精神寄托，其经济属性慢慢地被俱乐部的社会公共事务综合属性所掩盖。随着职业体育商业化程度的不断增强，俱乐部的社会公益属性得到更深入的挖掘，例如公认的商业开发能力较强的欧洲足球，如西班牙、德国和法国的很多足球俱乐部，都是会员制的非营利机构，它们的社区代表性更加明显，球迷与俱乐部之间的互动非常多，对俱乐部相关活动参与程度也更深。这个阶段的足球俱乐部的所有者，当然不再是早期的劳工阶层代表，但也往往是在当地受人尊敬的上层或者富商。事实上，西方职业体育自下而上的发展伴随着球迷从小到大的成长过程，球迷群体从对于一个社区的爱逐渐升华为对国家的爱。随着科技和媒体的发展，不仅把国与国拉近，推动全球化，而且还把消费者连接起来，促使他们实现社区化。球迷来自社区，职业体育运动员也同样来自社区，球迷与球员之间也许就是曾经的队友，这无疑增加了球迷与俱乐部之间的互动关系，而互动关系越密切，球迷对于俱乐部的忠诚度越高。

3. 俱乐部比赛场馆

城市学家刘易斯·芒福德说过："城市最好的经济模式是关心人和陶冶人。"在对城市设计的时候更加注重强调"公共空间"的概念,所谓公共空间是自发的社会互动的基地,是人们沟通的一种手段。职业体育比赛每周都会在城市的体育场馆举行。对于球迷而言,体育场馆已经成为人们彼此沟通的空间,同时一些美好的记忆和精彩的时刻也都在这里。

同时,体育场馆还是一个城市的标志性建筑,更是城市文明程度的象征,每一个体育场馆都是见证着球迷们无数美好记忆的地点。在欧洲,每一个体育场馆及其所属的职业体育俱乐部最初都是由一块业余场地发展而来的,并且在当时的与该地区职业体育俱尔部并存的可能有成千上万的小俱乐部。

4.俱乐部队服设计和颜色

与计算机一样,人们的信息加工过程会经历不同的阶段,在此过程中刺激被输入和存储。然而,与计算机不同,人们不是被动地加工眼前的信息。我们的环境中只有少量的刺激被注意到,这其中只有更小的一部分是被留意到的,进入意识中的刺激也许没有被客观地进行加工。刺激的意义是由不同偏见、需要和经验的个体来解释的。暴露、注意和解释这三个阶段构成了知觉的过程。当色彩以不同的光强度和不同的波长作用于视觉系统后,将会发生一系列的生理、心理反应,这些变化与以往的经验对应时,就产生了情感、情绪方面的心理共鸣。自公元前5世纪哲学家就开始讨论色彩的意义,但是直至17世纪早期牛顿才通过棱镜揭示了光谱。对颜色的认知取决于颜色的物理波长及人的意识对颜色刺激做出的反应方式。颜色会唤起球迷强烈的情感,职业体育俱乐部与颜色的联系越来越紧密,以至于其选择的颜色已经成为俱乐部的标志,有些俱乐部的别名都是用颜色来形容的,例如"红魔"曼联、"红军"利物浦、"绿衫军"凯尔特人、"紫金军团"洛杉矶湖人队等。甚至有些俱乐部对于某种颜色已经拥有了特定的使用权。曾有一些色彩学家对各种色彩的心理感情价值做了广泛的社会调查,通过对历史的提纯,运用概率论的方法制成图表,从色彩角度表明了人们感知的感情价值、感知因素都具有超出生活实际的感知价值,这其中尤以克拉因和大庭三郎的色彩感情价值表最具代表性。

综上所述,俱乐部的队服可以有效地向球迷传达视觉信号、帮助球迷更加清楚地辨识运动员。俱乐部对于队服的设计一般情况下都能传达出俱乐部的很多信息,已经成了一种有效的诱导球迷的手段。众所周知,所有知名的俱乐部都有了自己永久的俱乐部色彩,很多成立时间很久的俱乐部已经用特定的色彩进行了100多年的比赛。时至今日几乎全部的职业体育俱乐部每个赛季都会和体育服装供应商合作精心设计俱乐部队服。根据比赛规则,一般情况下每支参赛的俱乐部都应有"主场"和"客场"两套队服,通常"主场"队服具有俱乐部的明显特征。在赛场外,各个俱乐部的"主场"队服作为体育时装的象征,被各自的球迷所接受和爱戴;在赛场上,队服的用料、设计和颜色都可以成为战胜对手的有力武器。

二、职业体育球迷消费行为特征

职业体育俱乐部与其他企业一样,在拥有了球迷基础之后首先要面对的就是如何维持与球迷之间的融洽关系,职业体育俱乐部应该做到像了解自己的家人一样熟悉每一个球迷,这样才能了解他们各自不同的期望、兴趣爱好、需求和行为习惯等,进而促进职业体育的持久健康发展。职业体育俱乐部之所以要与球迷保持良好的关系,其目的就是要为球迷提供深刻的理性满足和情感呼应,以此激发球迷长期支持俱乐部的行为。特别是在竞争日益激烈的职业体育竞争环境下,了解球迷的消费行为特征就变得更加重要。

(一)职业体育球迷支持和参与职业体育比赛的动机

对于职业体育球迷消费行为特征的研究主要面临两大挑战,第一个挑战是如何理解球迷动机与特殊行为的关系,第二个挑战是试图通过研究球迷群体的足够广泛的动机以获得一般的形成行为的动机机制。结合国内外学者对于个体球迷消费者支持和参与体育比赛的动机种类的研究,可总结出其参与动机主要分为4类:寻找压力和刺激、休闲娱乐、追求成绩、社交活动。动机的来源是心理和社会的需要,学者通过建构心理模型描述了一般的参数如何影响个体与体育目标或者娱乐目标之间的联系。

(二)职业体育球迷购买俱乐部产品类型的特征

消费者行为学将消费行为界定为:消费者为获取、使用、处置消费物品所采取的各种行动,以及先于且决定这些行动的决策过程。消费者行为是与产品或服务的交换过程密切联系在一起的,企业期望与消费者建立长期而稳定的交换关系,即培育忠诚的消费者。消费者行为具有多样性、可诱导性、动态性、互动性和交易性等特点。对于球迷来说最重要的产品是职业体育的联赛产品,即一个赛季的联赛。球迷对于职业联赛的消费活动是从一个赛季的职业联赛的开始一直到最终决出冠军的过程。对于球迷来说除了联赛产品之外,他们仍然会对其他的产品即附加产品感兴趣。职业体育的附加产品主要包括:官方吉祥物,以及由此衍生的各类产品(毛绒公仔、服饰、书包文具、钟表、便当盒),很多职业体育俱乐部都拥有吉祥物,用吉祥物和各种职业体育俱乐部标志产品装饰的房间是每个球迷的梦想,为了活跃赛场气氛,制造欢乐温馨的环境以吸引小球迷,吉祥物扮演者们也获得了免费看球和近距离接触球员的大好机会。俱乐部专卖店售卖的产品包括以其队名冠名的体育用品,至少有上千种的产品,其中包括:球迷版的运动服装、儿童休闲服饰;职业体育联盟和俱乐部举办的各种训练营、培训班甚至理疗中心;职业体育联盟组织的社会公益活动;围绕超级运动员开发的各种产品,包括球星冠名的球衣、球鞋等。

数据显示,中国职业体育球迷购买的俱乐部主要产品包括球队衣服和有队标的其他产品,而球队吉祥物和宣传册则很少有人问津。

球迷购买联赛产品之外的相关产品其目的主要是留住某种记忆,球迷购买印有特殊标识的T恤或围巾帽子是为了回忆某个球场或某场比赛,总之,购买职业体育产品主要是为了更好地回顾自己曾经的体验。这类产品往往是球迷们十分珍视的东西,其象征价值远远超出了产品本身的使用价值。例如,曾经有一张1909年的英格兰足总杯决赛门票以创世界纪录的23 500英镑的价格成交,当时这张票只值1便士。球迷购买俱乐部相关产品还有一个重要的原因是通过这种方式展现自己的立场和经历,以此来引发其他球迷的羡慕,在某种意义上球迷购买的纪念册、吉祥物构成了球迷间交际的方式,可以说职业体育的相关产品是球迷延伸体验的一种重要方式。有时候球迷对于纪念品的关注甚至超越了比赛本身,NBA中国赛就出现了"外热内冷"的现象,在万事达中心,NBA官方专门设置的纪念品专卖店成了最受球迷欢迎的区域,仅NBA球队的正品球衣和纪念T恤似乎就满足了中国球迷的一切需要。仅仅一场比赛下来,就连具有商业标识的马克杯都被球迷一扫而光。同时,NBA还为每个到现场观赛的球迷准备了大礼包,里面有印着赞助商标识的帽子、具有NBA印记的T恤及加油助威用的荧光棒、海绵垫等,球迷不仅欣赏了精彩的比赛,还拥有了纪念品,这便全方位地增强了球迷的体验。

对企业而言,为顾客制造回忆是吸引顾客的绝佳手段,每年人们对于纪念品的消费高达数百亿美元,而且销售价格远远高于在体验场所或者活动地点之外销售的相同产品的价格。顾客购买产品的价格已经不再是产品成本的指标,而是代表着购买人附加在这种体验上的回忆性价值。西方职业体育为了增加小球迷们的体验和回忆,特别设计了俱乐部吉祥物及由此衍生的各类产品,例如每一个曼联队的小球迷都拥有一个用弗雷德(曼联官方吉祥物的名称)墙纸和各种曼联标志产品装饰的房间的梦想,弗雷德可爱的笑脸伴随着孩子们学习、成长,同时也把对红魔的热爱种在他们幼小的心灵里,同时弗雷德还会通过真人扮演的方式出现在老特拉福德球场,目的是活跃赛场气氛,制造欢乐温馨的环境,拉近与小球迷的距离。

对球迷难忘的体育记忆的调查显示,中国球迷对于体育的记忆大部分来自2008年北京奥运会和竞技体育中冷门项目的突破(例如2004年雅典奥运会刘翔夺得110米的冠军、李娜获得网球大满贯赛事的冠军等),大部分球迷的体育记忆都是关于国外职业体育联赛的回忆(以NBA和欧洲足球联赛居多),而几乎找不到关于本国职业体育的难忘记忆。

(三)球迷对于职业体育联盟和俱乐部相关产品的支出

如表5-1所示,从球迷每年参与职业体育活动的支出状况来看,总花费在910~2 400元之间,其主要消费就是球队产品和门票,值得一提的是会员费为0。虽然目前有很多俱乐部开启了会员制的经营模式,但是中国职业体育俱乐部经营管理还处于摸索阶段,还没有十分明确俱乐部会员的权利,同时球迷也还没有形成这种理念。对于住宿和餐饮来说,理论上在赛事周期间,赛事区域中所有旅馆的入住率应该能达到100%,并且房费都有非常明显的上涨,其中相当多的房间都应是在赛事前相当早的时间里以符合旅馆强制性预定天数而被预订的。但由于国内球迷很少随主队到客场比赛地点,因此住宿、交通、餐饮的比重并不大。

表5-1　球迷每年参与职业体育活动相关支出

总花费	交通	住宿	餐饮	球队产品	会员费	门票
910~2 400	10~100	0~200	100~300	500~1000	0	300~800
约占比例%	3	8	12	55	0	22

国外职业体育联盟则非常重视客场球迷对于区域经济的影响,调查表明,由于90%以上的球迷都不会跟随俱乐部到客场参加比赛,而职业体育联赛有这样的规律:

重复的赛事运作管理者+循环重复赛事地点=更庞大的观众人群

因此整个赛季主客场的比赛,如果赛事的时间、地点和运作管理者长时间一致,可以大大提升观众总数和非当地观众总数。其主要原因是在当地市场外还有更多的、更熟练的、更积极的赞助者行为。旅游公司、旅馆经营者、饭店经营者和其他当地商业经营者为能最大限度留住赛事观众竭尽所能提供的从旅游到住宿再到娱乐的一条龙式的服务,这些都是以商业经营者在连续的赛事中所积累的丰富经验为基础。整个赛季的连环重复性使赛事观众逐渐建立一种重复循环及悠长假期式的体验。

职业体育运动无论是美国四大体育联盟、网球大满贯,还是方程式大赛,其所创造的奇异的经济效益和由此引发的规模效应都是巨大的,它们是不可小看的区域(地区)经济财富创造者。职业体育的经济表现就是通过举办赛事吸引全世界范围内的跨地区、跨国家的球迷。出色的职业体育联盟必然会吸引全世界球迷的关注,其大多数球迷并非当地人口。所以当这些非当地球迷在赛事经济区域消费时,这些财富就是"新货币资本"或"外来货币资本"对当地经济的注入。对于到客场参与俱乐部比赛的外地球迷来讲,他们前来观看赛事和停留的时间比当地球迷停留的时间要长得多,因此这些非当地观众在赛场外的消费则会更多,而这些消费主要集中于零售、临时住宿、食品、饮料、服饰、交通娱乐等。无疑带动了当地零售及服务娱乐行业的就业。

(四)职业体育球迷购买俱乐部比赛门票情况

调查显示,有92%球迷一般不会选择购买一个赛季的套票,对于成立30多年的中国职业联赛来说,职业体育的球迷文化略显稚嫩,球迷中"唯成绩论"的价值取向占据了主流。这就逼迫了俱乐部必须要保持好的成绩才能拥有好的球市,球迷才会花钱到现场观看比赛。以中超联赛北京国安足球俱乐部的主场为例,1995—1999年由于是职业联赛成立初期,大部分观众出于对新鲜事物的好奇,使得工人体育场的上座率维持在一个较高的水平,而后随着北京国安俱乐部有实力球星的转会和外援引进的不力导致球队成绩下降,2001年名次更是下降到了第8名,加上假球、黑哨、赌球横行,主场球市迅速下跌,最少的时候容纳10万球迷的工人体育场仅有三五百人到场观赛。直到2009年北京国安夺得了俱乐部历史上第一个联赛冠军,其球市才慢慢复苏。当然,这与国安俱乐部开始注重球迷文化的营造也有着直接关系。

门票价格同样影响着球迷购买球票到现场支持主队比赛的例为。对于中国职业联赛来说,年票的价格与城镇居民人均可支配收入相比是可以接受的。以北京为例,北京国安2014赛季的电子年票计划发行总数量为25 089张,并按照看台及座位分三档票价进行销售,票价分别为:600元/张、700元/张、800元/张。持2014赛季电子年票可观看2014赛季北京国安乐部亚冠联赛(不包含资格赛、半决赛、决赛)、中国足球超级联赛和中国足球协会杯赛(不包含决赛)的北京国安主场赛事,而2014赛季北京国安主场散票价格分为50元/张、100元/张、150/张元和200元/张,特殊及关键场次散票价格会略有浮动,散票则是以先到先得的方式进行销售。根据北京统计信息网2013年9月对北京市主要经济社会指标的统计调查表明,北京市城镇居民人均可支配收入为29 626元,年票的价格只占可支配收入的1/37。显然,职业体育市场的低迷与经济水平并无直接关系,百姓对于体育的认同感才是决定产业发展的关键所在。

NBA也采用多种手段吸引球迷进场观看比赛。经过多年实践,NBA将球票分成季票、月票和普通票,此外还有包厢票、专座票、场边座票和站票,可以满足各阶层人士的需要。为了吸引更多的球迷观看比赛,NBA还要求每个俱乐部每场比赛至少有500张10元以下的门票。

(五)职业体育球迷获取职业体育俱乐部信息的主要渠道

消费者的购买决策过程是企业发出信息,消费者通过中介接受信息并做出购买决策的过程。对于职业体育来说,媒体的宣传和报道至关重要。我们对球迷了解俱乐部和联盟动态的媒体方式进行了调查,数据表明,电视和网络是球迷获取信息的主要渠道,其次是报纸、杂志。这主要是因为电视媒体的直观形象和网络媒体的快捷,但同时也造成了体育信息的相对过剩。体育传媒的数量过大,供大于求,造成信息资源的相对稀少和大量同效的资讯重复,日益专业的球迷很难找到自己想要的信息。正是因为网络媒体的崛起,《21世纪体育》《体育时报》《体育快报》《青年体育》《足球11人》《体育生活报》《北京足球报》《体育参考》《体育天地》《体坛导报》《南方体育》与《球报》等曾经在体育专业报中很有分量的报刊也以销声匿迹。这样的环境导致球迷利用报刊获得比赛信息的比例仅为电视媒体和网络媒体的一半。而西方像法国的《队报》、意大利的《米兰体育报》、德国的《踢球者》,以及西班牙的《马卡报》为球迷提供的专业职业体育信息是其他媒体所不能取代的。

(六)职业体育球迷对于职业体育联赛的关注特点

职业体育一个赛季的发展是联盟内所有俱乐部按照一定赛程设置进行比赛,最终决出冠军和降级俱乐部的过程。职业体育联赛从联赛发展过程来看,主要包括季前赛(为联赛准备的各种热身赛)、常规赛和季后赛,赛季中的每一场比赛是组成联赛产品的最小单位产品。

调查表明,球迷在季前赛和常规赛阶段都会关注自己喜爱的俱乐部,而到了季后赛阶段一旦自已喜爱的球队没进入季后赛或者过早被淘汰,球迷一般不会停止对联赛的关注,而是转而关注争夺冠军的比赛。例如广州恒大俱乐部在参加国内联赛的时候,关注恒大的球迷大部分是广东当地的球迷,而到了恒大俱乐部参加亚洲冠军联赛尤其是进入四强之后的比赛时,恒大俱乐部就变成了全国球迷关注的焦点。事实上,球迷不会一年到头关注球队的所有比赛,有些比赛是必须要关注的,例如支持俱乐部争夺冠军的比赛、同城德比大战、在某些传统节日举行的比赛(例如"圣诞大战")、俱乐部保级的比赛、有超级球星参加的比赛等。因此,很多联盟都会煞费苦心编排每个赛季的联赛赛程,力求将联赛的精彩程度最大化。伴随着球迷对于职业体育的关注越来越多,职业体育产品的外延也在不断地扩大,例如有些职业联赛为满足球迷的需求开始对赛季开始之前各俱乐部的训练营进行转播,还有的联赛将比赛前的热身活动纳入了转播的时间内,中央电视台5频道甚至还会对CBA的运动员体能测试进行全程直播,让全国球迷充当"评委",直接参与到职业体育俱乐部的建设中去。

第六章　我国体育消费结构的现状特征与演化趋势

第一节　我国体育消费结构的现状特征

体育消费结构构成比存在非常显著的差异,具有明显的性别、年龄、职业年龄、收入等差异特征。因此本章内容希望通过调查问卷搜集相关数据,运用 EXCEL、SPSS、STATA 等软件,对我国体育消费结构的现状特征与演化趋势,即对当前处于相对静态的演化阶段的体育消费结构的差异特征及趋势进行定量检验与探讨分析。

一、研究设计与实施

(一)统计方法

1. 频数和频率

本章选用频数和频率法,主要对被调查者的个人基本信息特征和被调查者的体育消费结构的现状特征,如体育消费结构整体特征,以及不同性别人群、不同年龄人群、不同学历人群、不同职业人群、不同收入人群和不同地域人群体育消费结构的特征与差异进行定量判别。

2. 方差分析和 T 检验

利用方差分析和 T 检验展开变量的差异性检验,主要对被调查者体育消费结构的整体特征和其不同性别、年龄、职业、学历、月收入水平和居住城市的体育消费结构特征差异进行分析。

3. ELES 模型

ELES 模型(扩展线性支出系统)是处理消费结构问题最为有效的分析方法之一,由英国经济学家 S·R·斯通在基于线性支出系统模型基础上,用收入与边际消费倾向代替总支出和边际预算份额而推导出的,它的最大优点在于不需要对具体的商品价格数据于消费结构发展变化的方向与趋势的影响进行分析,仅利用截面数据便可开展各项消费支出与需求弹性的计算。ELES 模型将居民各类消费支出看作相互联系、相互制约的消费行为,默认将收入和价格因素作为决定居民消费的唯一因素,并且将居民对某种消费商品支出分为 2 部分:基本消费支出(必要消费支出)和发展性消费支出(总支出扣除基本消费支出的追加支出份额)。

(二)问卷设计

调查问卷的编制主要遵循了王君、赵世明所提出的问卷编制流程与规范,具体包括调查问卷的初始准备、调查问卷测量语句的概念操作化、调查问卷相关资料的正式查询、调查问卷初稿编制、调查问卷小范围试用、调查问卷完善与终稿确定6个阶段。

1. 调查问卷的初始准备

首先应明确本次调查的目的与样本属性,即从体育消费者视角了解当前阶段中国体育消费结构演化的现状特征,查找存在问题。同时根据研究目的确定了调查对象为参与体育消费的城镇居民。其次应明确问卷的类型与形式,本次调查问卷主要采用结构性和非结构性问卷相结合的形式,题型主要为封闭式问题和开放式问题(填空题)。再次应事先确定问卷调查数据的统计方法,本次统计与分析数据时主要采用描述性统计、方差分析和ELES模型等。

2. 调查问卷测量语句的概念操作化

本次调查的目的并不是为了构建某一概念或理论,而是基于体育消费者视角了解当前阶段中国体育消费结构演化的现状特征与存在问题,因此应以我国城市一般居民的认知为前提,概念操作化后测量语句的要求是表述应简洁明了、无歧义。

3. 调查问卷相关资料的正式查询

调查问卷的相关资料事询是为了确定题目与选项的编写方式,即一方面是查阅与体育消费结构相关的文献资料,查找与本次调查相似的成熟问卷,主要借鉴了诸多国内相关领域学者研究成果中的成熟量表编制,依据本章的研究主题、专家咨询及访谈调研对象,选取体育消费结构相关调研指标;另一方面是开展问卷调查题目的专业咨询,包括向相关领域专家、相关领域博士生咨询可以设置的问卷调查题目,以及提问方式、数量、顺序等。

4. 调查问卷初稿编制

通过调查问卷相关资料事询中所拟定的体育消费结构相关问题基础上编制了问卷的初稿。

5. 调查问卷小范围试用

本阶段主要将形成的初稿定稿版问卷发放给专家和调查对象,具体选用专家评价法与预调查法对初稿定稿版调查问卷展开进一步的完善性评价。首先,专家评价法中,共邀请5位体育产业、体育消费研究领域专家学者,对初稿定稿版调查问卷的基本结构、卷首语、测量题项编排、选项设计等方面展开客观评价及提出进一步完善建议。另外,选取10名城镇居民在进行问卷作答时,给予进一步的反馈建议,包括是否有几个题项测量语句的表述过于累赘,是否有小部分题项测量语句的表述存在歧义,是否需要先进行整体的说明解释等。

6. 调查问卷完善与终稿确定

结合上一步骤的专家与被调查者反馈建议重新对初稿定稿版调查问卷展开进一步的修正,修正主要包括整体结构顺序调整、修正或删除不合适的选项、修改或删除不易理解的语言词汇等,进而形成本研究的体育消费结构现状与演化趋势调查问卷终稿。

《体育消费结构现状与演化趋势调查问卷》最终稿制成后,在正式发放之前首先对问卷内容效度进行检验,具体选用主观评价法,即将正式调查问卷发放给10位相关领域的研究学者,其中3位学者表示调查问卷设计非常有效,6位学者表示调查问卷较为有效,另外1位学者表示调查问卷基本有效,有效率100%。同时采用内部一致性信度对调查问卷进行信度检验,对自愿参与调查的居民发放和回收50份问卷,采用克隆巴赫系数对调查问卷展开内部一致性系数检验,结果显示克隆巴赫系数检验值为0.863,说明调查问卷整体具有较高信度,可以展开正式调查。

（三）正式调查

1. 正式调查的实施过程

本研究以城镇体育消费者为调研对象，共发放问卷2 800份，线下回收问卷1 531份，线上回收1 146份，共计回收问卷2 677份，回收率达到95.61%。

为了保证问卷的均衡性。本章依据2020年5月第一财经新一线城市研究所制作的《城市商业魅力排行榜》全国划分标准，从4个一线城市、15个新一线城市、30个二级城市、70个三线城市和90个四线城市中（共209个城市）选取不同级别城市作为主要调研地域，具体包括2个一线城市（北京、上海）、3个新一线城市（南京、天津、沈阳）、3个二线城市（济南、石家庄、昆明）、3个三线城市（连云港、阜阳、乌鲁木齐）和2个四线城市（大同、安阳）。在具体发放问卷时，采用简单随机抽样和"滚雪球式"的随机抽样方法，通过线上问卷星与线下纸质问卷相结合的模式向以上地区发放问卷，以保证调研样本的广泛性和代表性，同时也会尽可能地考虑性别、年龄、职业等人口学变量特征。

为了保证问卷的质量和有效性，线下现场调查和线上调查前进行解释说明，使被调查者清楚调查问卷的目的、内容和语言。

2. 正式调查的实施结果

正式调查结束后，对回收的2 677份问卷进行整理分析，并对不合规问卷进行剔除，剔除原则如下。

第一，对没有按照调查问卷要求和提示填写的、随意填写的问卷进行作废处理，共剔除作废问卷63份；第二，由于线上问卷发放的难控性，在被调查者年龄设置了全年龄段，包括20岁以下、20~29岁、30~39岁、40~59岁及60岁以上等选项。但由于体育消费一般是与经济收入、经济支配能力有密切关联的，而20岁以下公民一般是处于求学阶段，没有额外的收入，因此为了保证本研究的有效性，20岁以下的公民不列入调研对象，并直接将相关问卷作废处理，共剔除作废问卷15份；第三，调研对象是城镇居民，故对"居住城市"题项选择是"E.其他"的被调查者也不列入调研对象，并直接将相关问卷作废处理，共剔除作废问卷21份。最终，《体育消费结构现状和演化趋势调查问卷》获得有效问卷2 578份，有效回收率为92.07%，其中包括：过去一年里"没有参与过体育消费的"被调查者559人，"参与过体育消费"的被调查者2 019人，占比为78.32%，说明总体来看我国参与体育消费的人群比还是较高的。

（四）调查样本基本情况

被调查者个体特征如下。

①被调查者性别结构，男性占44.43%女性占55.57%，比例接近1:1，性别构成比较合理；

②被调查者年龄结构，20~29岁占32.89%，30~49岁占28.33%，50~59岁占22.44%，60岁以上16.34%，年龄分布也比较合理，20~49岁群体作为体育消费的主力军占到被调查者的30%以上；

③被调查者学历结构，初中及以下的占比14.46%，高中占比20.51%，大学占比最多，为40.61%，硕士研究生及以上占比24.42%；

④家庭月收入结构，3 000元以下的占比为16.89%，3 001~5 000元的占比为20.75%，

5 001~8 000 元的占比 28.53%,8 001~1.5 万元的占比 18.67%,1.5 万元以上的占比 15.16%;

⑤从职业结构看,科教文卫事业单位人员最多,占比为 23.77%,其次为企业单位 (18.87%)、政府机关(16.99%)、其他(15.55%),最后为自由职业者和服务业人员,占比分别为 12.83%、11.99%;

⑥城市类型,参与体育消费的被调查者来自一线城市、新一线城市、二线城市、三线城市和四线城市的人数分别为 355 人、498 人、410 人、397 人和 359 人,占比分别为 17.58%、24.67%、20.31%、19.66%和 17.78%。另外,被调查者中有 559 人从未进行过体育消费,深层次分析有利于掌握消费者不进行体育消费的原因,为进一步优化体育产业结构和提供适合消费者选择的体育消费项目提供参考。

二、我国体育消费结构的现状特征

(一)体育消费结构的整体特征

体育消费结构是指一定社会经济条件下居民在体育消费过程中消费的各类体育消费商品或服务的构成关系。反映出我国城镇居民体育消费行为选择倾向的众多表征。

纵观我国城镇居民体育消费结构的发展历程,在新发展阶段,参与型体育消费项目已然成为其主要演化方向。深入探究,虽然疫情初始阶段体育健身、体育赛事等参与型和观赏型体育消费受到强烈冲击,但在健康中国战略与《全民健身计划(2021—2025 年)》的大力推进大背景下,以及数字经济在体育消费领域的持续发力,不仅进一步提升了居民的健康观念和健身意识,而且也为我国健身行业发展创造新机遇和新条件。体育健身消费新业态频频以"线上买""线上练""线上赛"等新型体育健身消费形式呈现,其在整个体育消费中占据的位置越来越重要。《2021 年大众健身行为和消费研究报告》结果显示,26 个体育发展城市中居民健身消费支出上涨至 5 670 元/年,且线上体育健身消费持续火热,大众体育消费意愿仍保持强劲。另外《2021 年中国运动健身行业报告》的调查结果也显示,国内线上健身用户数量已冲破 2.61 亿人,且表示会坚持线上健身的用户更是占据 60%,而且商务大数据监测显示,健康消费已蔚然成风,游泳和足球项目相关的体育用品销售额增长率均超过 100%,分别为 128.9%和 106.2%,瑜伽项目相关体育用品销售额增长率也高达 55.1%。

体育服装鞋帽等实物型体育消费品消费支出在体育消费结构中比例明显下降,但体育用品消费水平仍有待提高,消费需求信需不断优化升级。新发展阶段,《"十四五"体育产业发展规划》《中国制造 2025》等有序出台,对体育用品业、体育用品市场的培育力度将持续增加。政策红利与社会条件对于拉动我国体育用品市场需求和体育用品业发展成效显著。但首先,目前我国城镇居民体育消费支出水平不高,仍有较大提升空间。按照《全球体育用品市场规模调查》结果可知,2018 年我国人均体育用品消费支出仅有 16.9 美元。虽然经济和体育均较为发达的上海居民人均体育用品消费达到 220 美元,但仍远低于同时期的美国人均体育消费水平(285.6 美元)。其次,我国体育用品消费水平持续提升,且规模持续扩大。早些年随着"互联网+"体育的大发展,"线上"体育用品消费更是大幅提升。据艾媒数据中心显示,2014 年至 2021 年,我国线上体育用品销售额迅速增长至 19.63 亿元。再次,我国体育用品消费需求不断优化升级。城镇居民不仅仅购买用于日常穿着的体育服装、鞋帽,而且更多转向于购买居家健身、户外产品等健身休闲类体育用品。北京市统计局发布的调查数据显示,疫情居家期间,居家健身器材备受北京市居民的青睐,购买人数较2019年上涨了5.4%。部分学者研究也指出,中国体育用品业已从初级起步阶段转向纵深发展阶段,城市居民体育用品需求正迈向中高端的水准,而农村居民体育用品需求已初步达到小康水平,体育用品业发展基础较为扎实且消费需求不断优化升级,因此我国未来的体育用品市场具有较大的发展潜力与空间。

我国城镇居民体育消费结构中,体育赛事等观赏型体育消费支出所占比例仍面临上升压力。尤其是2020年初,体育产业发展受到了较大的冲击,众多体育赛事,如原定于中国举办的女足、女篮、跳水、等国际性体育赛事,国内CBA联赛、中超联赛及包含50多场马拉松在内的众多群众性体育赛事被取消、被延期。黄海燕,刘宇认为这对体育赛事举办与发展产生了不利影响。即使大型体育赛事也多是以现场无观众的空场形式和赛事直播举办,如2020年东京奥运会现场的巨大空感,再如2022年北京冬季奥运会和冬季残奥会也只是向符合防控相关要求的国内观众发售门票。但另一方面,科技技术的发展及在体育领域的持续发力,尤其是优质的4K超高清转播技术和VR/AR等虚拟现实技术所构建的新媒体全新传播体系,也必将为体育赛事传播发展带来新机遇,也将促进观赏型体育消费的进一步发展。

另外,从体育消费内容选择频数方面看,城镇居民各类体育消费选择频数也呈现显著性差异。但是具体来看,城镇居民选择实物型体育消费内容的频数最高,占比高达94.21%。选择参与型体育消费内容的频数为971人,所占比例为48.09%,选择观赏型体育消费内容的频数仍然偏低,占比为32.05%,选择博弈型体育消费内容的频数最低,占比仅为24.52%。由此可综合判断,城镇居民体育消费结构虽进一步改善,呈现朝健身参与、休闲娱乐方向演变的特征。但在整个体育消费结构主要类别中,被调查者对参与型、观觉型体育消费内容的选择频数相对而言依然偏低,因此今后城镇居民体育消费行为亟待培育与引导,即有利于充分释放我国体育消费潜力,也有助于促进体育消费结构的持续改善与优化。

(二)不同性别人群的体育消费结构特征

多数研究表明不同性别人群在体育消费过程中呈现一定的差异性,而此次实证调查显示,城镇居民体育消费结构也呈现一定性别差异特征。如表6-1所示,实物型体育消费内容选择方面不存在性别特征差异,男性与女性人群的选择比例分别为92.08%和95.90%。但参与型体育消费、观赏型体育消费和博弈型体育消费支出方面均存在显著的性别特征差别。其中,男性人群在参与型体育消费、观赏型体育消费和博弈型体育消费项目的选择比例均明显高于女性人群,分别高出7.68、17.77、32.12个百分点。

表6-1 不同性别体育消费结构特征差异统计结果

体育消费结构类型		实物型	参与型	观赏型	博弈型
男性	人数	826	479	376	327
	占比	92.08%	53.40%	41.92%	66.06%

表 6-1(续)

体育消费结构类型		实物型	参与型	观赏型	博弈型
女性	人数	1 076	492	271	168
	占比	95.90%	24.15%	24.15%	33.94%
T检验	t值	0.625	2.389 5	6.253	4.99
	p值	>0.05	<0.05	<0.01	<0.01

从男性人群的体育消费结构来看,男性人群最为倾向于选择实物型体育消费和博弈型体育消费,人数占比分别为92.08%和66.06%,相对实物型体育消费和博弈型体育消费支出来说,男性人群在选择参与型和观赏型体育消费的人数占比要低很多,分别为53.4%和41.92%,虽然在男性人群中这两项体育消费人数占比较低,但是还是远远超出女性在参与型和观赏型体育消费的人数占比。从数据本身也可以看出,男性在选择体育消费时已开始向享受和发展型方向转变。从女性人群的体育消费结构来看,女性人群更加倾向于选择实物型体育消费和参与型体育消费,人数占比分别为95.9%和45.72%,而博弈型体育消费次之,人数占比为33.94%,最不倾向于选择的体育消费是观赏型体育消费,人数占比为24.15%。由此也可知,虽然女性人群在观赏型和博弈型体育消费方面的兴趣不高,但女性人群在实物型和参与型体育消费的巨大潜力已开始显现。首先,女性人群在体育健身消费方面的人数迅速增长,女性经济和社会地位提高,"她经济"高速发展,广场舞、瑜伽、夜跑等体育活动随之崛起。中国体育用品联合会对我国2021年居民体育健身及相关消费进行调查统计,女性群体对体育消费的青睐愈加明显,在购买健身卡及私教等方面显著高于男性,女性人群相较于男性人群而言,在体育健身方面更加注重装备。不仅要跑得快,更要跑得好看、跑得美。京东消费及产业发展研究院在《2022女性消费趋势报告》中的调查结果表明,在体育服务、游泳、冰上运动、滑雪运动和马术、民俗运动等体育相关商品的购买群体中女性所占比例已呈现显著的上升态势。

综合讨论,男性人群和女性人群进行体育消费支出选择时已经逐渐向享受和发展型方向转变,体育消费结构在性别层面存在一定差异。鉴于此,在城镇居民体育消费结构日渐优化的进程中,既要对不同性别之间对于体育消费内容支出进行选择时的差异性进行一定的关注,针对各自的消费特点提供适合的体育消费产品,另外也要注重他们共同关注的内容,全面提高实物型体育用品的质量,提高用户满意度和忠诚度,进而满足不同性别人群对于体育消费的需求。

第二节 我国体育消费结构的演化趋势

一、ELES模型数估计与检验

基于体育消费结构调研数据,以实物型体育消费、参与型体育消费、观赏型体育消费和博弈型体育消费为因变量,选取自变量为居民可支配收入,运用Stata对ELES模型参数进行估计。ELES模型估算的t值、R2F值、P值等拟合指数均通过检验,模型拟合效果较好,表明体育消费结构,即实物型体育消费、参与型体育消费、观赏型体育消费、博弈型体育消费与居民人均可支配收入之间具有显著线性相关关系,ELES 模型可以刻画被解释变量和解释变量之间的数理关系和作用机理。

体育消费结构 ELES 模型的参数估算使用了最小二乘法,因此有必要进行自相关和异方差检验,以保证被解释变量(人均可支配收入)与随机动项之间不存在相关关系、随机扰动项之间不存在自相关关系。因为如果体育消费结构 ELES 模型存在自相关关系或异方差性,使用最小二乘法仍然是无偏估计,不具有有效性,更不能进行有效预测。采用 Q-stat(自相关)检验和 WHITE(异方差)检验结果显示,体育消费结构 ELES 模型均通过了自相关性($P>0.05$)和异方差性($P>0.05$)检验,表明本次研究选取的体育消费结构 ELES 模型具有较高可靠性。

二、基本体育消费结构结果分析

ELES 模型分析消费结构的一大优势即在于,它将居民对消费品的支出分为基本消费支出和发展消费支出两部分。其中基本消费支出,又称生存型需求支出,即为了满足基本生活需求的支出费用。发展消费支出,即用于满足发展型、享受型或娱乐型的需求支出,是指扣除基本消费支出后的更高需求的追加份额。进而可以判断出消费结构的演化趋势。

由调查结果可知,一方面,体育运动服装、鞋帽、体育运动器械等实物型体育消费项目支出中,基本体育消费占实际消费比例最高,为 40.31%,表明仍有近半数居民在购买实物型体育消费品时仅是为了舒适、保暖等基础性需求,而不是为了锻炼健身、休闲娱乐等发展性、娱乐性需求,这从侧面说明我国经常参与体育锻炼的人口数量仍然较少,我们仍面临促进培养全民提高体育锻炼的重要性和迫切性意识的意识的任务,若能大力普及体育锻炼,必然产生体育人口数量持续增长下的巨大体育消费红利。另一方面,参与型、观赏型和博弈型体育消费中用于基本消费支出的比例相对较低,分别为 17.72%、11.87%和 7.39%。同时反映出,居民已然开始追求体育健身、休闲娱乐、自我发展的体验式的、高层次的体育消费需求趋势,体育消费升级趋势明显,但是并没有占有特别重要的位置,距离理想的体育消费结构和体育消费升级目标还有一定的差距。

总体而言,实物型、参与型、观赏型和博弈型基本体育消费支出的比例均低于 50%,表明城镇居民体育消费支出中用于满足基本体育消费的比重逐渐缩小,而用于满足享受和发展性的体育消费的比重逐渐增大,体育消费结构呈现出朝"享受和发展型"方向发展的趋势。

三、边际消费倾向结果分析

边际消费倾向是一个比值,用来测算消费增减量与可支配收入增减量的关系。比值结果表示每增加或减少一个单位的可支配收入时所引起的消费变动情况,是预测消费者未来新增购买力和购买指向的重要指标。若体育消费边际倾向数值较大,则表明居民体育消费的行为意愿或消费倾向越强烈。反之,若体育消费边际倾向数值较小,则表明居民体育消费的需求或欲望较低。

调查结果显示,居民整体的边际消费倾向值为 0.156 4,即居民每增加 1 000 元的收入,将会有 156.4 元消费于各类体育项目。其中,居民若每增加 1 000 元收入,最优先选择的是体育健身培训、体育旅游等参与型体育消费,相应的参与型体育消费项目支出会增加 54.8 元,其次为体育竞赛表演等观赏型体育消费(39.9 元),再者为实物型(37.4 元)和博弈型体育消费弈(24.3 元)。对比而言,参与型和观赏型体育消费边际倾向相对最大,说明在可支配收入增长的大环境下,城镇居民对购买健身卡、购买各种球类(乒乓球、羽毛球、网球等)、游泳或瑜伽等课程聘请私教,以及体育旅游、付费观赛的需求意愿与消费意愿会相对增强,也由此表明城镇居民在体育领域的"内容消费升级"时代也在悄然降临。

总体来看,体育消费已走入大众视野,并逐渐成为居民社会生活的重要组成部分。其中,参与型体育消费将日渐崛起与繁荣,这进一步佐证了当前阶段我国体育消费已进入"体验式服务"新阶段,居民将更加注重体育锻炼的重要性、关注科学健身的益处以及亲身体验所带来的身心愉悦等高层次精神享受,同时,观赏型体育消费的收入弹性和博弈型体育消费的收入弹性均超过了实物型体育消费收入弹性,表明实物型体育消费市场在中国日渐饱和,能够提升的空间不足。但是,从另一个侧面也反映出目前我国的城镇居民在进行体育消费时大多会选择实物型体育消费,一般的个人和家庭都会或多或少地进行实物型体育消费。因此,在进行体育产业结构优化调整过程中应该重视实物型体育产业,不断提升实物型体育产业产品质量和后续服务等一系列环节,不断提升我国实物型体育产业核心竞争力,同时也应该重视观赏型体育消费。

从我国城镇居民体育消费结构的现状特征与演化趋势剖析结果看,可得出以下结论。

城镇居民体育消费结构整体构成呈现显著性差异,具有明显的性别特征、年龄特征、职业特征、学历特征、收入特征与地域特征。整体来看,参与型体育消费金额为 2 263 元,位居第一位,其次是实物型体育消费,金额为 1 843 元,再次是观型体育消费和博型体育消费,分别为 1 331 元和 528 元。当前阶段我国城镇居民体育消费结构持续改善,体育消费升级态势明显。但体育消费结构中,相较于较高频次的鞋履、服装、器材等实物型体育消费,城镇居民对于健身培训、体育旅游及观赏赛事的选择频次占比依旧偏低,说明我国城镇居民体育消费结构仍存在较大的优化空间。

我国体育消费结构现存较为显著的性别差异、学历差异、职业差异、年龄差异、收入差异和地域差异。因此在优化体育消费结构过程中,应结合城镇居民的人口统计学基本特征,有针对性地、高效地供给不同层次、不同类型的体育消费品,以提升体育消费供需匹配。

实物型、参与型、观赏型和博弈型体育中,基本体育消费支出的比例均低于 50%,表明城镇居民体育消费支出中用于满足基本体育消费的比重相对较小,而用于满足享受和发展性的体育消费的比重逐渐增大,体育消费结构呈现出朝"享受和发展型"方向的演变趋势。

居民整体的边际消费向值为 0.156 4。其中,居民最优先选择的是体育健身培训、体育旅游等参与型体育消费(0.054 8),其次为体育竞赛表演等观赏型体育消费(0.039 9)、实物型体育消费(0.037 4)和博弈型体育消费(0.024 3)。表明参与型体育消费已日益受到城镇居民的关注与重视,城镇居民将更加注重体育锻炼的重要性、关注科学健身的益处以及亲身体验所带来的身心愉悦等高层次精神享受。

参与型体育消费、观赏型体育消费和博弈型体育消费的收入弹性系数分别为 1.095 3、1.048 和 1.027 9,均是大于 1 的。这意味着,城镇居民对体育消费的需求层次也将越来越高,逐渐转向对专业运动或专业健身等功能性需求的体育鞋履、服装及体育器材具有相对高层次需求,同时对具有较强沉浸式体验感的健身休闲、体育旅游、观赏赛事等的消费需求愈加突显,体育消费结构将得到实质性的改善与优化。

实物型、参与型、观赏型和博弈型体育消费品的价格弹性系数都是负值,绝对值也均小于1,表明如果各项体育消费品的自身价格上涨,均会引起其需求量下降。实物型、参与型、观赏型和博弈型体育消费品的交叉价格弹性系数都是负值,介于-0.001 6~-0.018 3之间,表明各项体育消费品之间没有明显的替代效应,即某一项体育消费品的价格上涨不会促使其他体育消费品的需求量上升。因此,应合理调控体育消费的价格。

第三节 我国体育消费结构演化的影响机制

一、研究设计与实施

(一)理论依据

根据体育消费结构演化的内在逻辑阐释可知,体育消费结构演化的阶段相对静态表征存在体育消费主体性别、年龄等方面的差异。但同时体育消费结构的动态演化过程——即是以外部环境为物质、能量输入源,以体育消费供给与需求为内部竞争协调子系统,最终通过影响体育消费主体的行为选择而表现为体育消费结构的演化发展,因而是主导力量和直接决定力量。根据实践调查和专家访谈建议,只有稳定的、长期的体育消费行为才是决定体育消费结构能否产生质的改变,即发生演化的重要推动力,而不会购买体育相关产品和服务、甚至不参与体育锻炼都难以对体育消费结构演化产生影响,因为经常参与体育锻炼的个体通常会产生运动服装鞋帽、运动器械类的实物型消费,甚至是体育健身培训、体育竞赛表演等参与型和观赏型体育消费。因此,探讨体育消费结构演化影响因素,应该同时考虑不参与或很少参与体育锻炼、不进行体育消费或很少参与体育消费等层面。而对于任何个体来说,从非体育锻炼者或很少进行体育消费的个体发展成一个稳定的体育费者,大致需要经过"不运动""运动""消费"或"不消费""不再消费"或"稳定消费"的演变过程。通过美国体育消费数据的实证分析发现,正是全民参与体育运动的现实环境和氛围,才造就了强劲的美国体育消费市场和美国体育强国的霸主地位。

个体是否参与体育锻炼,是否进行体育消费,是否成为稳定的体育消费者,在短期内会呈现单一的相对静止状态,但是从长期来看,这些状态之间并不是绝对静止的,而是会在某些主导因素的作用驱动下处于相互转化的动态发展过程,并形成了"不锻炼—锻炼""不消费或不再消费—消费""消费—稳定消费"三阶段相互联系义层层推进的消费逻辑关系,最终的转化状态"稳定的体育消费"是积极正向促进体育消费结构演化的主导力量。可见,要实现稳定的体育消费需要解决改善"正向促进系统"的作用效应,即应该从解决"不锻炼""不消费""不再消费"和促进"稳定消费"等层面探讨相应的影响机制。

但是值得注意的是,在进一步的专家访谈、实际调研时发现,对于参与体育消费的居民来说,虽然在未来的一年里不能确定是否会增加体育消费支出,但是彻底中止所有体育消费的发生概率较小,也会有很小一部分被调查者会因一些突发事件而不得不中断体育消费,但绝大多数还是会选择继续参与其中,如运动服装鞋帽、运动器械、体育健身等其中的一项消费类别。因此,本章主要从解决"不锻炼""不消费"群体的制约因素,以及"稳定体育消费"的影响因素多个层面入手,探讨当前阶段各层面体育消费结构演化的主要影响机制,但是在实际调研中也会加入"不再参与体育消费影响因素"的相关调查,以便为后续"促体育锻炼""促体育消费""促稳定体育消费"解决对策的提出提供理论铺垫和实证,为进一步改善和优化我国体育消费结构提供有效指导。

1. "不锻炼"群体制约因素的理论依据

体育锻炼关乎民生大事,关系国家全民健身战略、健康中国战略的发展要求,国家高度重视、积极倡导。体育锻炼也是体育消费的必要条件和基础,体育锻炼通过影响体育消费来进一步影响其结构的演化发展。因此,有必要调查当前阶段不锻炼的主要制约因素。而众多学者结合社会学和人类学、心理学和行为学等学科背景,对体育锻炼的影响因素进行了划分。宋晓东(2000)指出体育锻炼的影响因素包含个人因素(人口学特征、个人心理等)、环境因素(文化氛围、场地设施等)和行为因素(体育锻炼时长、体育锻炼频率、体育锻炼强度等)三类。季浏指出,体育锻炼长期坚持的影响因素分为两类:个人因素如人口学特征(性别、年龄、学历等)、个人身体健康状况、个人行为及个人心理特征;环境因素,如社会支持、家庭教育方式、锻炼场所、锻炼指导者等。郑和明从体育行为成立的条件述了体育炼行为发生的充要条件有以下四点。

①体育锻炼主体—个人的自身条件,如体育锻炼意识、需求,个人身体条件,个人的运动能力,个人的运动经验等;

②体育本身的条件,如体育运动项目有类型及本身特征等;

③生活与社会环境条件,如闲暇时间、家庭支持、体育锻炼氛围等;

④体育锻炼的环境条件,如公共体育场地设施、体育锻炼指导者等。

体育煅炼影响因素可划分为人口学变量、健康状、体育观念、生活态度和社会家庭环境五个方面。

通过综合分析,虽然学者们对不锻炼群体影响因素的划分类别不同,但是具体的细分因素具有较强的共性,如人口学特征、个人健康状况、体育锻炼环境、社会生活环境等。因此,综合多学科理论基础,同时结合理论观点,最终将不锻炼群体的制约因素划分为3个层面:个体自身条件、体育锻炼供给条件和体育锻炼支撑条件制约。

2. "不消费"群体制约因素的理论依据

在当前阶段我国消费结构不断升级的大背景下,体育消费也日渐繁荣,体育消费质量与水平不断提升,体育消费结构日趋均衡。然而不可否认的是,在本次调研的人群之中不参与体育消费的占据很大比例。因此,有必要对被调研者中不参与体育消费的影响因素进行进一步挖掘,这对设计和研制有效针对性提升策略、对促进体育消费水平的进一步提升和体育消费结构持续优化具有重大意义。梳理和归纳相关研究成果,对体育消费影响因素的研究成果颇为丰硕,研究视角也呈多元化状态。王东,喻跃龙从居民收入水平、场馆开放程度、传统消费观念、参与人口结构等方面探讨了我国居民体育消费的影响因素。朱菊芳等实证分析了江苏省体育消费需求的影响因素主要为收入不足、娱乐竞争供给短缺和环境嘈杂等。杜静远定性分析了居民体育消费行为的主要制约因素,主要涉及收入水平和体育价值观念等方面。郑和明通过实证分析发现,体育消费价值观念、需求偏好、距离因素、预期能力及支持渠道等因素会对体育锻炼者通过支付参与健身消费产生显著影响。

3. "稳定体育消费"影响因素

①实物型体育消费的影响因素

实物型体育消费是指居民的消费行为过程中主要是用于购买健身鞋、帽子及相关产品。随着社会经济的发展,体育锻炼人数的增加,实物型体育用品的消费需求也在不断随之扩大,消费水平也不断提高。但是实际调研中了解到,实物型体育消费虽然呈现普及化特征,但是也存在炫耀性的、攀比性的不合理的消费观念。因此,有必要对实物型体育消费者的影响因素作深入的调查分析。

以"实物型体育消费""体育用品消费""体育消费结构"等为主题进行检索,梳理实物型体育消费影响因素。文燕梅提出城镇居民实物型体育消费的影响因素包括动机、体育观和消费观、经济因素、商家营销、购物环境等。

邢晓燕通过对马拉松参赛选手跑鞋品牌市场的实证分析获得以下启示:提升大众体育参与程度提升产品的专业功能和性价比等是拉动体育用品消费的有效途径。张春美、王新青、徐汉朋认为在体育消费结构升级的路径包括政策引领、观念转变、产品升级方面。

②参与型体育消费的影响因素

国内外学者也基于各自研究目的和视角对居民购买健身卡、聘请私教、购买各类运动项目课程等体育消费的影响因素展开深入分析。其中,国外众多学者也基于不同学科背景对影响参与型体育消费的可能因素进行了深入探究,主要涉及经济学、消费者行为、心理学、社会等领域,给本研究的继续深入探讨提供了借鉴。

心理学是国外学者的重点研究领域,从心理学视角解读参与型体育消费行为的深层次心理归因问题广受学者们的重点关注。首先,体育运动、体育锻炼是参与型体育消费的行为学基础,因此深入探究和挖掘参与型体育消费行为影响机制有必要考虑体育参与的心理归因;其次,消费意愿、消费动机是参与型体育消费行为的前因,是体育参与状态下进一步激发体育消费者意愿的重要因素。

消费行为学视角下,参与型体育消费作为一种服务性消费。在刺激反应理论研究框架下,是指体育消费主体和客体在某一时空范围内通过互动,由运动场景向消费场景转换的消费过程,即由外部刺激—感受到运动的热情与朝气—激起体育运动参加者的消费欲望与热情—促进和提升体育消费意愿和行为。Shank 指出体育参与者消费行为会受到 3 个层面的影响与作用。

第一个是内部或心理过程的动机、感知;

第二个是社会和文化因素如文化、社会和家庭;

第三个是环境中的情况,参与经验和其他语境因素。

但可惜的是,研究者没有进行参与者消费行为的操作化定义、定量模型的实证研究。

在新古典经济学视角下,消费者需求理论是常用的解释消费行为的经典研究理论,备受学术学者们的青睐,虽然消费者需求理论从消费效用层面全面有效阐述和说明了体育健身等参与型体育消费的主要影响因素与路径,但是对其形成与发展根源性缘由的深入探究成果相对缺少。同时,新家庭经济学理论以独特视角构建了体育消费研究新范式,该理论不断演化和扩展应用范围,在参与型体育消费影响因素研究中,涉及市场产品和服务、时间(体育活动强度或频率等)、资本、父母对体育运动的热情、家庭收入状况、体育活动频率等变量。

国内学者也对参与型体育消费进行了多视角的深入研究,其中张林、李刚在综合国内外相关研究的基础上提出,参与型体育消费是个体在体育参与基础上的货币支出,本质问题是"人—货(体育产品或服务)—场(商业体育消费场所)"的相关关系,同时,作为社会的个体人,不能独立于社会复杂系统之外,还要受到经济社会等外环境的影响。因此在考虑参与型体育消费的影响因素时,应同时探讨体育消费需求个体、体育消费供给层面,以及体育消费的政治、经济、社会、文化等外环境因素。

综合国内外学者们上述研究成果,笔者认为,应以参与型体育消费行为为抓手,以参与型体育消费需求为前提,同时应考虑参与型体育消费供给条件和外部环境的影响与作用。

二、"不锻炼"群体制约因素统计结果与分析

(一)信度效度检验

信度检验,回收问卷与数据对信度检验主要选用了克隆巴赫内部一致性系数和潜变量组合信度(CR)。其中,克隆巴赫系数检验值为 0.892,说明调查问卷整体具有较高信度。由表 6-2 可知,个体条件制约因素、供给条件制约因素和支撑条件制约因素 3 个变量涉及的测量指标的信度系数分别为 0.884、0.875 和 0.835,均大于可接受的门槛 0.6,由此表明个体条件制约因素、供给条件制约因素和支撑条件制约因素 3 个潜变量的内部一致性较好。

表 6-2　信度和收敛效度检验(不炼群体)

潜变量	观测变量	标准化	克隆巴赫系数	CR 值	AVE 值
BDL-A 个体条件制约因素	BDL-A1	0.829	0.885	0.884	0.605
	BDL-A2	0.823	0.888		
	BDL-A3	0.809	0.887		
	BDL-A4	0.729	0.890		
	BDL-A5	0.688	0.889		
BDL-B 供给条件制约因素	BDL-B1	0.829	0.892	0.875	0.637
	BDL-B2	0.847	0.893		
	BDL-B3	0.733	0.893		
BDL-C 支撑条件制约因素	BDL-C1	0.778	0.889	0.835	0.628
	BDL-C2	0.792	0.893		
	BDL-C3	0.793	0.885		
	BDL-C4	0.793	0.885		

效度检验,采用收敛效度和区分效度。个体条件制约因素、供给条件制约因素和支撑条件制约因素 3 个潜变量的平均方差取量(AVE)值分别为 0.605、0.637、0.628,符合检验标准,即 AVE 值大于 0.5,为理想状态。由此说明,个体条件制约因素、供给条件制约因素和支撑条件制约因素 3 个变量可以很好地解释量表内容,也可以看出调查问卷具有很好收敛的效果。

(二)模型拟合优度检验

由表 6-3 所示的模型拟合度统计结果可知:绝对适配度检验中,指标 X2/df 值为

2.983,GFI 值为 0.943,RMSEA 值为 0.070;增值适配度检验中,指标 CFI 值为 0.940,NFI 值为 0.940,TLI 值为 0.940;简约适配度检验中,指标 PNFI 值为 0.913,PGFI 值为 0.913。三个适配度检验结果均达到较好的判别标准,由此说明该模型整体拟合效果较好。

表 6-3　概念模型拟合度(不锻炼群体)

适配指标	判断标准	HCFA 检验结果数据	判断结果
P 值	<0.05	0.001	显著
GFI	>0.9,越接近 1 越好	0.943	优秀
RMSEA	<0.05 良好,<0.08 合理	0.070	良好
RMR	<0.05,临界值 0.08	0.027	优秀
AGFI	>0.9	0.940	优秀
NFI	>0.9	0.940	优秀
RFI	>0.9	0.940	优秀
IFI	>0.9	0.940	优秀
TLI	>0.9	0.940	优秀
CFI	>0.9	0.940	优秀
PNFI	>0.05	0.913	优秀
RGFI	>0.05	0.913	优秀
X2/df	1<NC<3,适配良好	2.983	良好

(三)影响机制统计结果

"不锻炼"群体各制约因素中个体条件、供给条件和支撑条件的效果值分别为 0.80、0.67 和 0.81。可见:"不锻炼"群体制约因素中个体条件和支撑条件的解释量最大,亦即个体条件和支撑条件对居民不锻炼的影响最大。其中,个体条件制约因素潜变量中,个体的兴趣爱好(0.86)和个体的体育锻炼需求(0.80)是主要的制约因子。支撑条件制约因素潜变量中,体育锻炼文化氛围(0.87)和闲暇时间(0.85)是主要的制约因子。这意味着"个体因素—个人兴趣爱好和体育锻炼需求""支撑因素—体育锻炼文化氛围和闲暇时间是城镇居民不参与体育锻炼的主要影响路径。

供给条件的制约力度(0.67)虽然相对较弱,但却不容忽视。供给条件制约因素潜变量中,体育场地(0.73)设施(0.71)和指导人员(0.71)对影响程度相差不多,这意味着"供给因素—体育场地设施和指导人员"是不参与体育锻炼的次要影响路径。

(四)综合分析与讨论

体育人口是实现体育消费市场增长的首要条件和重要基石。但目前我国达标体育人口数量仍然不高,体育人口结构不合理等重大弊端问题仍然存在。而根据分析"不锻炼"群体的制约因素与路径为"个体因素—个人兴趣爱好体育锻炼需求"和"支撑因素—体育锻炼文化氛围和闲暇时间",这应引起社会各界的高度关注。

1. 个体制约素

第一是个人兴趣爱好。汪宏梅在研究中指出,锻炼兴趣与锻炼行为之间存在显著正相关的关系。兴趣越浓,体育锻炼行为越明显。调查结果也同样验证,个人兴趣爱好是制约居民进行体育锻炼的最主要的因素,个人兴趣爱好的培养和家庭成员对于青少年兴趣点的关注有着紧密的联系。很多家庭由于缺乏体育锻炼氛围,家长对于体育锻炼不够重视,甚至认为进行体育锻炼是和学习相矛盾的事情,认为进行体育锻炼就是贪玩的表现,那么就会在孩子进行体育兴趣的培养过程中形成阻力,父母对于孩子的体育锻炼需求不支持,甚至是非常反对。长此以往,就会使孩子进行体育锻炼的热情逐渐冷却,最后便失去了对体育锻炼的兴趣。互联网技术的发展,各种电子产品和电子设备充斥了我们的生活,未成年从很小的时候就接触电子产品,其中的各种游戏软件等带给未成年人太多的诱惑,致使很多未成年人一有闲暇就拿着各种电子产品消磨时光,很难抽出空闲来培养体育锻炼的兴趣。同样,成年群体由于生活和工作的压力、照顾孩子或老人的压力,以及体育锻炼的替代因素,如刷手机等,往往也会忽略体育锻炼。目前我国成年人参与体育锻炼的制约因素较多,其中影响最大、最显著的是惰性,其次为成年人较为缺乏对体育锻炼的兴趣。

第二是体育锻炼需求。江宇,吴翌晖指出,锻炼动机能够显著正向促进不同年龄、不同职业女性参与体育锻炼,而其中提高健康水平、调节压力、娱乐休闲、健身塑形和培养兴趣活动等,成为目前女性群体长期坚持体育锻炼的重要动机。如果个体自我锻炼的内在动机越强,个体越能够长期坚持进行该项活动,进而越有助于个体在一定时间内形成体育锻炼习惯。

我们认为消费者进行体育锻炼的需求大致可分为以下四个方面:一是最基本的需求,即身体需求,包含三个方面,健康、减肥、塑形;二是心理需求,包含心情愉悦、提升心理素质两个方面;三是社交需求,可以通过体育锻炼进行交际交友;四是最高层次的需求,成就需求,包含追求自我和展示自我两个方面。调查分析发现,很多消费者未参与体育锻炼,一方面是由于自己的体育锻炼需求不明确,或者说他们根本就没有体育锻炼需求,没有体育锻炼需求就会导致他们参与体育锻炼的动机不强,进而影响他们持久地进行体育锻炼;另一方面是有一部分消费者,他们能够清楚描述自己的体育锻炼需求,但是由于缺乏时间或者兴趣不足等原因,未能将体育锻炼需求转化为内在的体育锻炼意识和观念,进一步导致居民不能形成持续进行体育锻炼的健康行为。

2. 支撑因素

第一是体育锻炼文化氛围。从上文的分析我们看出,居民不参与体育锻炼,也存在体育锻炼文化氛围不够浓厚的问题。通过深入剖析发现,体育锻炼氛围包含两个方面,一是家庭体育锻炼氛围,家庭体育锻炼氛围无形中会影响家庭成员参与体育锻炼的意愿,尤其是对青少年的影响较为明显。李志强认为很多家长没能树立正确的体育锻炼观念,形成了唯分数论的思想,认为体育锻炼对孩子的升学没有任何帮助,因此部分家长及孩子认为只需要尽可能地提高其文化课成绩就可以,而课上的体育课程及课外的体育锻炼是浪费时间的活动。所以就不让孩子在体育锻炼上花费大量的时间和精力,久而久之,学生就会对体育锻炼失去兴趣,有的孩子可能在很小的时候表现出对体育锻炼的浓厚兴趣,比如很多小孩很小的时候特别喜欢游泳和跑步,但是缺乏家长的正确引导,随着年龄的增长,可能就会失去原先对于体育锻炼的热情和兴趣。再加上目前我国家庭结构的特点,很多青少年在成长的过程中缺少玩伴,这也在一定程度上影响了他们对于体育锻炼的兴趣,从而限制了他们锻炼行为。二是社会体育锻炼氛围,社会体育锻炼氛围是指在一定区域内,居民对于参与体育锻炼的高度认同。社会体育锻炼氛围对个体参与体育锻炼具有较为显著的正向促进作用。姚静! 通过调查、统计与分析发现,社交媒体可以起到体育锻炼者之间的联系纽带作用,对于居民参与体育锻炼意识、扩大群体范围能够起到积极推动作用。张丽军认为,良好的社区体育锻炼氛围对于居民参与体育锻炼并坚持体育锻炼能够起到较好的促进作用。目前我国缺乏这种整体一致的体育锻炼氛围,导致很多居民很难受到氛围的熏陶,从而主动参与到体育锻炼中去。

第二是闲暇时间。参与体育锻炼必须要有充足的时间作为保障。但是从我国的实际情况看,各个年龄阶段的消费者都面临各自的学习、生活和工作压力,比如我国的青少年,一般而言学校的学业压力较大,除了日常在学校学习以外,课外时间基本上用来处理繁重的家庭作业,我国的父母在关于孩子的教育上有来自同龄人给的焦虑感,甚至在兴趣班的选择方面存在严重的攀比心理,因此在周末和节假日给孩子安排满满的兴趣班,因此,对于青少年来说,不论是课内还是课外时间都被学业占用,很少有时间进行体育锻炼。那么,我们国家的成年人又是因为什么原因很难参与体育锻炼呢? 分析结果显示更多的也是由于生活和工作的压力导致平时把时间都花在处理生活琐事、工作事务和抚养小孩、赡养老人等方面。家庭成员中,成年人往往受限于繁忙的工作和家务而鲜少参与体育锻炼,而其中,城市家庭成年男性往往由于工作忙而不能参与体育锻炼,城市家庭成年女性则由于工作和家务劳动的双重原因而无暇参与锻炼。但是农村家庭成年男性则因更多的体力工作和家务而放弃体育锻炼,农村家庭成年女性则更多的是因为繁琐的家务劳动而无闲暇时间参与体育锻炼。

3.供给因素

第一是体育场地设施。体育场地设施的完善情况属于体育锻炼的环境条件之一,包含参与体育锻炼所涉及的场地器材的完善、运动环境的好坏程度。体育锻炼的场所、体育运动器材的便捷性能够较好地预测个体体育锻炼行为,而体育场地设施条件也会显著影响居民体育锻炼行为。体育场地设施的完善程度和方便程度是影响居民参与体育锻炼的基础性条件保障,没有基础性运动条件的保障,就很难让社区居民参与体育锻炼。目前我国很多城市的小区已经配备了体育锻炼场地和体育锻炼设备,但是也有很多小区的体育场地设施缺乏专人维护,放在小区里无人理会,久而久之,体育锻炼设施变成摆设。因此如果想要加强我国居民社区的体育场地设施建设,要从两个方面着手,一方面是社区开发商要加强体育场地设施投入,并且加强后期的运营维护,第二方面就是政府及其相关的行政职能部门应该重视并完善体育公共产品以及社会公共服务的整体布局与内容供给。

第二是指导人员。在进行体育锻炼的过程中,并不是所有的锻炼都是有效的。参与体育锻炼,更要坚持科学的体育锻炼、有效的体育锻炼,因此科学的健身指导人员显得尤为重要。但是在实际调查中发现,对于青少年群体而言,家长由于工作和生活的压力无暇参与到孩子的体育锻炼中去,同时很多家长都表示自己掌握的科学健身知识有限,没有办法对小孩的锻炼过程给予正确指导,并且社会公益性的健身指导人员有限,并不好找,容易导致锻炼的无效性,甚至由于过度锻炼会导致身体受到伤害,因此使得体育锻炼行为受限。此外,体育健身本身也相对属于高消费,经济条件一般的家庭又由于没有足够的物质条件请专业人士进行指导所以就会使得居民在参与体育锻炼时缺乏专业指导而失去兴趣,从而不能持续参与体育锻炼。尽管当下新媒体技术、网络技术发展迅猛,各种体育锻炼 App、体育锻炼公众号、体育锻炼私人账号层出不穷,但是线上的演示在体育锻炼方面所产生的效果远不如线下实地教学产生的效果好,所以很多群体也会由于缺乏专业的指导放弃体育锻炼。

三、"不消费"群体制约因素统计结果与分析

(一)信度效度检验

信度检验,回收问卷与数据对信度检验主要选用了克隆巴赫内部一致性系数和潜变量组合信度(CR)。其中,克隆巴赫系数检验值为 0.892,说明调查问卷整体具有较高信度。由表 6-4 可知,不参与体育消费包含的个体条件制约因素、供给条件制约因素和支撑条件制约因素了个潜变量涉及的测量指标的信度系数分别为 0.869、0.890 和 0.833,由此表明个体条件制约因素、供给条件制约因素和支撑条件制约因素 3 个潜变量内部一致性较好。

表 6-4 信度和收敛效度检验(不消费群体)

潜变量	观测变量	标准化	克隆巴赫系数	CR 值	AVE 值
BXF-A 个体 条件制约因素	BXF-A1	0.869	0.866	0.869	0.685
	BXF-A2	0.790	0.869		
	BXF-A3	0.879	0.86		
	BXF-A4	0.766	0.869		
BXF-B 供给 条件制约因素	BXF-B1	0.840	0.871	0.890	0.670
	BXF-B2	0.867	0.879		
	BXF-B3	0.805	0.872		
BXF-C 支撑 条件制约因素	BXF-C1	0.757	0.872	0.833	0.626
	BXF-C2	0.754	0.874		
	BXF-C3	0.769	0.863		
	BXF-C4	0.847	0.873		

效度检验,采用收敛效度和区分效度。个体条件制约因素、供给条件制约因素和支撑条件制约因素 3 个变量的平均方差取量(AVE)值分别为 0.685、0.670 和 0.626,符合检验标准,即 AVE 值大于 0.5,为理想状态。由此说明,个体条件制约因素、供给条件制约因素和支撑条件制约因素 3 个潜变量能够较好地解释变量的方差,问卷涉及调查题选项具有较好的收敛效果。

(二)模型拟合优度检验

由表 6-5 所示的模型拟合度统计结果可知:绝对适配度检验中,指标 X2/df 值为 0.289、GFI 值为 0.951、RMSEA 值为 0.067;增值适配度检验中,指标 CFI 值为 0.971、NFI 值

为 0.956、TLI 值为 0.961;简约适配度检验中,指标 PNFI 值为 0.730、PGFI 值为 0.724。三个适配度检验结果均达到较好的判别标准,由此说明该模型整体拟合效果较好。

表 6-5　概念模型拟合度(不消费群体)

适配指标	判断标准	HCFA 检验结果数据	判断结果
P 值	<0.05	0.001	显著
GFI	>0.9,越接近 1 越好	0.951	优秀
RMSEA	<0.05 良好,<0.08 合理	0.067	良好
RMR	<0.05,临界值 0.08	0.037	优秀
AGFI	>0.9	0.922	优秀
NFI	>0.9	0.956	优秀
RFI	>0.9	0.942	优秀
IFI	>0.9	0.971	优秀
TLI	>0.9	0.961	优秀
CFI	>0.9	0.971	优秀
PNFI	>0.05	0.730	优秀
RGFI	>0.05	0.724	优秀
X2/df	1<NC<3,适配良好	2.894	良好

(三)影响机制统计结果

"不消费"群体制约因素中,个体条件、供给条件和支撑条件制约因素的效果值分别为 0.71、0.77 和 0.1。可见,"不消费"群体制约因素中,供给条件制约因素的解释量最大,亦即体育消费供给条件对居民不进行体育消费的影响最大。而体育消费供给港变量的衡量指标中,体育消费环境(0.78)和体育消费产品服务(0.74)是主要的制约因子,即较差的体育消费环境,价格昂贵的、同质化的体育消费产品服务对居民体育消费的影响最大,这意味着"供给条件—体育消费环境和产品服务"是居民不进行体育消费的主要影响路径,个体条件潜变量的衡量指标中,个体体育消费需求(0.94)和消费偏好(0.94)是主要制约因子,表明我国居民的主动体育消费能力不强;支撑条件潜变量的衡量指标中,传统消费观念(0.89)是主要制约因子,表明我国传统文化中存在"存天理,灭人欲"的价值原则,家庭和个人消费上强调节欲勒俭、量入为出的传统消费观念仍然是横在居民参与体育消费道路上的"拦路虎"。由此表明,"个体条件—体育消费需求和体育消费偏好""支撑条件—传统消费观念"是次要影响路径。

(四)综合讨论与分析

"供给条件—体育消费环境和产品服务"作为居民不进行体育消费的主要影响路径,应该引发社会的深深思考。

1. 供给条件制因素

第一是体育消费环境。一方面,从经济发展水平来看,虽然我国经济发展进入新常态,但是经济发展不平衡、不充分问题依然严峻,这种不平衡、不充分在农村地区尤为突出。研究表明体育消费与城市经济发展呈正比,目前我国体育消费水平与城市经济发展水平一样,也呈现不平衡、不充分的特点。东部沿海地区由于经济发展水平在全国较为靠前,居民收入水平在全国范围内也较高,因此东部沿海地区的体育消费能力较强;而中西部地区经济发展相对滞后,居民可支配收入普遍不高,因此居民的体育消费能力也不强。我国农村地区和城市相比,经济发展水平更为滞后,虽然经过近几年扶贫工作的开展,我国很多贫困地区已经脱贫致富,但是距离城市的经济发展水平和生活水平还是有很大的差距,因此农村地区的体育消费也是不充分的。另一方面,目前我国的体育市场缺乏完善的体制机制,也制约了体育消费市场更好更快地发展。体育消费市场内的各种交易顺利进行需要有良好的市场秩序作为保障。但是当前阶段,我国体育消费市场为各类产品或服务还没有建立起完善的标准体系、消费信用体系及评价体系等。因此,居民在体育消费过程中,尤其是在体育健身消费中面临运动伤害等安全纠纷或是遭遇到健身房"跑路"等问题时,难以寻找合理有效的维权方法。同时,体育消费市场中信息不对称问题也是比比皆是,如消费者进行博弈型体育彩票消费时,一般没有办法清楚地掌握彩票运行中的规则和流程,消费者在进行参与型体育消费时,比如参加健身、减肥、塑形等相关体育消费时,没有办法保障消费者消费后是否能够达到预期效果。

第二是体育消费产品和服务。居民越来越多元化的、个性化的体育消费需求难以得到激发、更难得到有效满足。究其原因,在于需求与供给之间的矛盾,在于异质性需求与同质化供给之间的矛盾——体育全球化压缩了体育消费的时空,让规模化的体育产品和服务供给成为可能,但体育全球化的产品同质化,容易造成体育供给的单一性、模式化以及低端化,无法满足多元体育消费需求。

以我国体育用品行业发展为例,目前体育服装、体育鞋帽等体育用品的同质化以及体育用品实体店形象不佳等问题已是致使我国体育用品行业步入"低谷"的重要原因。2003—2012年是体育用品市场发展的黄金时代,体育用品的市场占有率占比从200亿左右一至上升到1 300亿左右。而这一快速增长依靠的是"经销商—开店+经销商—开店"的增长模式。2012年以后,我国已然进入追求个性时尚、满足自我发展的多元需求新时代,单纯的开店复制模式已经落后过时,而加大科技投入,通过创新推动行业回归价值创造之路才是"王道"。而近些年安踏、李宁等运动品牌在持续加大科研力度进而扭亏为盈的成功经验则是最好的验证。同样,我国体育健身培训行业也存在同质化竞争问题。丰佳佳指出,体育培训行业发展一定要实现项目多元化,避免集中在一两个项目上,出现"生源紧缺"或同质化竞争问题。

2. 个体条件制约因素

体育消费需求和体育消费意愿也是制约体育消费水平提升的主要因素。关于消费者的体育消费需求界定,我们可以从以下三个方面进行区分:需要、欲望和需求。有些消费者在决定进行体育消费之前是有明显的需要的,比如一个消费者很需要通过参加体育健身提高身体素质,同时也具有某种欲望驱使自己选择某个健身房、某个合适的教练进行健身活动的开展,但是这个消费者多方打听了各个健身房的价格后,觉得价格过高,自己没有支付能力而放弃消费。那么即使当初的需要和欲望多么强烈,最终还是没能转化为有效需求,所以体育消费需求是指人们在某一特定的时期内在体育消费用品和服务的各种可能的价格下,愿意并且能够购买某个具体体育消费商品和服务的需要。目前导致我国居民体育消费需求明显不足的主要还是和居民可支配收入较低相关,换句话说是居民可以支付的有效体育产品和服务需求不足。另外,由于传统的消费观念的影响,居民对于体育消费意愿也是不同的,居民的收入情况、居民闲暇时间、体育消费的价格等都会对居民体育消费意愿产生影响。其中,相对低收入的居民相比高收入的居民来说更有愿意进行体育消费。而对于高收入居民来说,其体育消费意愿虽呈现多样化态势,但高收入居民的闲暇时间则成为影响其进行体育消费的重要因素。因此,若想提升不同群体的体育消费意愿也要深层次的挖掘原因,体育用品生产厂商和提供体育服务产品的企业要进行针对性的营销策划,才能有效提升消费者体育消费意愿及需求。

（3）支撑条件制约因素

第一是传统消费观念影响。居民消费观念滞后,使得人们对体育运动的消费"意图"较为固化,即人们可能存在体育锻炼以及体育消费的想法,但却没有形成有效的相关消费需求,因此对于体育生产及供给的促进和张力并不有效。一项调查显示,群众对于体育健身消费的概念较为模糊,很多消费者对运动装备的购买完全是由于对于品牌价值符号的追捧,较少体育消费者是因运动品牌的运动特性或者是产品功能而购买该体育商品。第二是传统生活方式的影响。虽然我国早已步入现代化发展行列,但中国上下五千年传统节俭、节约文化和热衷于储蓄的生活方式,会大大影响居民进行体育消费,尤其是体育健身、观赏体育赛事等体育消费。很多消费者认为体育消费是"奢侈性"消费,应该在满足其他物质消费以后才能考虑适当进行的消费类型,加之社会保障体系不够完善,致使人们不敢花更多钱"购买"体育和健康。第三我国居民收入水平和可支配收入不高的影响。居民收入的上升或下降会对体育消费产生显著的影响作用。虽然我国城乡居民可支配收入水平较建国之初已经有了翻天覆地的变化,我国也开始步入全面"建成"小康社会的新征程,但住房压力、教育投资、医疗压力仍是降低居民可支配收入的几座"大山",其对居民进行体育消费的排挤效应较为显著,致使部分群体迫于生计而对体育消费需求不高,也就造成了体育消费潜力难以释放的现象。

四、"稳定体育消费"群体影响机制统计结果与分析

（一）实物型体育消费影响机制统计结果与分析

1.信度检验

回收问卷与数据对信度检验主要选用了克隆巴赫内部一致性系数和潜变量组合信度（CR）。其中,克隆巴赫系数检验值为 0.864,说明调查问卷整体具有较高信度。由表 6-6 可知,实物型体育消费包含的个体因素、供给因素和外部环境因素 3 个潜变量涉及的测量指标的信度系数分别为 0.901、0.859 和 0.934,均大于可接受的门槛 0.6,由此表明个体因素、供给因素和外部环境因素 3 个潜变量内部一致性较好。

表6-6　信度和收敛效度检验（实物型体育消费）

潜变量	观测变量	标准化	克隆巴赫系数	CR 值	AVE 值
SW-A 个体因素	SW-A1	0.867	0.905	0.901	0.752
	SW-A2	0.875	0.906		
	SW-A4	0.859	0.907		
SW-B 供给因素	SW-B1	0.776	0.911	0.859	0.603
	SW-B2	0.807	0.910		
	SW-B3	0.779	0.909		
	SW-B4	0.744	0.911		
SW-C 外部环境因素	SW-C1	0.903	0.911	0.934	0.739
	SW-C2	0.792	0.907		
	SW-C3	0.872	0.905		
	SW-C4	0.901	0.905		
	SW-C5	0.825	0.905		

效度检验,采用收敛效度和区分效度。实物型体育消费结构的促进因素,个体因素、供给因素和外部环境制约因素3个潜变量的平均方差取量(AVE)值分别为0.752、0.603和0.739,符合检验标准即AVE值大于0.5,为理想状态。由此说明,个体因素、供给因素和外部环境制约因素3个变量能够较好地解释整体量表,问卷的各项变量的收敛效度也较为明朗。3个潜变量AVE值的均方根值分别为0.867、0.777和0.60,均大于潜变量本身与其他潜变量间的相关系数,表明问卷的区分效度达到标准要求。

2. 模型优度检验

绝对适配度检验中,指标X2/df值为2.663,GFI值为0.960,RMSEA值为0.067;增值适配度检验中,指标CFI值为0.974、NFI值为0.961、TLI值为0.967;简约适配度检验中,指标PNFI值为0.750,PCFI值为0.760。三个适配度检验结果均达到较好的判别标准,由此说明该模型整体拟合效果较好。

3. 影响机制统计结果

在实物型体育消费影响因素中,个体因素、供给因素和外部环境因素的效果值分别为0.87、0.73和0.71。可见,实物型体育消费影响因素中个体因素的解释量最大,亦即体育消费需求(动机)对居民实物型体育消费的影响最大。而体育消费需求(动机)潜变量的衡量指标中,体育消费需求(0.88)是主要的促进因子,即多数居民为了满足个人的兴趣爱好、追求时尚、攀比炫耀、舒适休闲而参与实物型体育消费,这意味着"个人因素—体育消费需求(动机)"是居民稳定参加实物型体育消费的主要影响路径;供给因素潜变量的衡量指标中,体育产品品牌(0.81)是主要促进因子,一方面是源于品牌往往能够反映消费者自我形象和自我个性,另一方面也可能是消费者的攀比心理和炫耀性心理在作祟。外部环境因素潜变量的衡量指标中,收入水平(0.90)和体育消费政策(0.90)是主要促进因子,表明随着经济水平和居民收入水平的整体提高,收入不再是制约居民参加实物体育消费的制约因素。总体来说,"供给因素—体育产品品牌""外部环境因素—收入水平和体育消费政策"是次要影响路径,表 6-7 为概念模型拟合度。

表 6-7 概念模型拟合度(实物型体育消费)

适配指标	判断标准	HCFA 检验结果数据	判断结果
P 值	<0.05	0.001	显著
GFI	>0.9(越接近 1 越好)	0.969	优秀
RMSEA	<0.05(良好),<0.08(合理)	0.049	良好
RMR	<0.05,临界值 0.08	0.049	优秀
AGFI	>0.9	0.952	优秀
NFI	>0.9	0.977	优秀
RFI	>0.9	0.97	优秀
IFI	>0.9	0.986	优秀
TLI	>0.9	0.981	优秀
CFI	>0.9	0.986	优秀
PNFI	>0.05	0.755	优秀
RGFI	>0.05	0.762	优秀
X2/df	1<NC<3,适配良好	2.663	良好

4. 综合讨论与分析

"个体因素—体育消费需求(动机)"作为主要促进路径,应引起关注与重视。

(1)个体因素

体育消费需求(动机)是促进消费者进行实物型体育消费的最主要因素。根据统计分析可知,多数居民进行实物型体育消费是为了满足个人的兴趣爱好、追求时尚、攀比炫耀、舒适休闲等需求。年龄段不同,进行实物型体育消费的需求是不同的,年轻人进行实物型体育消费更加倾向于满足个人兴趣爱好、追求时尚和攀比炫耀的需求,年纪较大的群体可能更加倾向于满足舒适休闲的需求。炫耀性消费理论源于西方,但是炫耀性消费并不存在明显的国别差异,面子文化其实在全球盛行。同样在体育消费过程中,炫耀性消费同样风靡,名牌体育服装、体育鞋帽更是身份、身价的象征。目前关于社会中所普遍存在的体育消费类型既有发展型也有享乐型,但不可能否认地体现出了体育消费结构逐渐升级地积极影响生产商应快速的促销和及时的性能,动态研究体育用品的生命周期以及体育消费时尚潮流,这对于体育产业结构升级也具有一定地积极意义。体育消费需求对于实物型体育消费的促进带给体育用品生产厂商的启示是,生产厂商应该不断提升自己的产品质量,在保障产品舒适休闲的基础上提升个性化水平,满足不同消费者对于实物型体育消费品的需求。从实物型体育消费影响机制统计结果中可知即使处于新时代新发展阶段,我国的体育消费文化氛围仍不够浓厚,大部分居民进行实物型体育消费并不是出于对于体育产品的功能性特征的需求,而是像日常消费品一样,满足自身的日常穿戴、保暖和舒适性要求。因此,促进体育消费结构转型升级需要从宏观层面营造良好的体育消费文化氛围,让消费者意识到体育消费的必要性,主动、积极地参与到体育消费中去。

（2）供给因素

体育产品品牌是影响消费者选购各类体育用品的第二大因素,消费者在进行实物型体育产品消费时,倾向于选择品牌知名度较大的企业生产的产品。福布斯公布了2019年全球最具价值的体育品牌,排在榜首的是耐克其次的是娱乐体育节目电视网、阿迪达斯、佳得乐、天空体育彪马。但是近些年国产运动品牌也不断崛起,其中安踏已经逐渐成为国产运动市场"领头羊",排在全球运动市场前几的位置,仅次于耐克和阿迪达斯。对此不少人表示,耐克有"危机感"了。另外,李宁、鸿星尔克、361度、特步、匹克等国产运动品牌也备受广大消费者的青睐。但是目前国产运动品牌都将自己定位为综合运动品牌,在专业运动上的布局也产生同质化,品牌需要建立自己的科技和研发优势在某一领域保证产品专业度以及一定的市场占有率,才能在专业运动的赛道中跑出来。究其原因,我国的国产体育品牌在生产制造体育用品的过程中缺乏核心技术支持,更加缺少专利技术的开发和运用,缺少创新,产品同质化严重。杜晓侠认为体育用品企业的品牌价值提升离不开科学技术,因此我国体育用品企业应加强技术等研发投入,通过体育用品材料的低成本及高科技含量来吸引消费者,以实现低投入、高收益的目的。另外,体育用品的设计需要融入能够体现一个国家和民族的文化精神和文化内涵的文化特征,通过文化特征被消费者接受并认可,逐渐提升体育用品的品牌价值。

（3）外部环境因素

第一是收入水平。收入水平的提高对于个人和家庭的实物型体育消费具有促进作用,尤其是对高档次、奢侈性的实物型体育消费有明显的促进作用。体育消费结构的收入水平差异研究结果表明居民收入水平的高低对于实物型体育消费的影响并不显著,说明实物型体育消费作为体育消费结构中最基础的消费,受收入水平影响较小,基本上任何收入水平的个人和家庭都有条件进行实物型体育消费。本部分研究就可以观察出收入水平变化对于实物型体育消费金额以及频率的影响,当居民收入水平提高时,由于实物型体育消费的收入弹性系数为正值,说明未来伴随着居民收入的增加,相应的实物型体育消费量也会持续增加。伴随收入水平的不断提高,很多居民购买高档耐用体育消费品和大件健身器材的需求将得到满足,有些居民有炫耀性体育消费动机的,也会因为收入的增长去购买相关的实物型体育消费产品。

第二是体育消费政策。体育消费政策的落实不仅对我国体育消费水平的快速提升具有较强的内驱力效应,而且更是推动和指引我国体育产业健康发展的重要保障,体育消费政策在一定程度上可以影响体育爱好者进行体育产品消费的内容以及程序。纵观我国近10年有关于体育消费地相关政策演变特征发现,体育消费相关政策的制定和出台与我国体育产业在各个时期地发展状况密切关联。《国务院关于加快发展体育产业促进体育消费的若干意见》中指出:"积极引导社会群众培育新的体育消费观念、养成良好地体育消费习惯,进而形成较为良好且稳定的体育消费行为"。《"十五"体育产业发展规划》指出"支持各地创新体育消费引导机制……促进体育消费"《国务院办公厅关于印发体育强国建设纲要的通知》中也明确提到:"扩大体育消费""激发大众体育消费需求"。由此可见,一系列体育消费政策的出台对于激发居民体育消费需求、提升居民体育消费需求层次,促进居民体育消费行为有明显促进作用。

(二)参与型体育消费影响机制统计结果与分析

1.信度效度检验

回收问卷与数据对信度检验主要选用了克隆巴赫内部一致性系数和潜变量组合信度(CR)。其中,克隆巴赫系数检验值为0.877,接近0.9,说明调查问卷整体具有较高信度。由表6-8可知,在除不显著因素"体育消费文化氛围"测量指标后,外部环境、参与型体育消费供给、参与型体育消费需求和参与型体育消费行为4个潜变量涉及的测量指标的信度系数分别为0.917、0.835、0.857和0.839,均大于可接受的门槛0.6,由此表明外部环境、参与型体育消费供给、参与型体育消费需求和参与型体育消费行为4个潜变量内部一致性较好。

表6-8 信度和收敛效度检验(参与型体育消费)

潜变量	观测变量	标准化	克隆巴赫系数	CR 值	AVE 值
CY-A 外部环境	CY-A1	0.876	0.845	0.917	0.734
	CY-A2	0.849	0.848		
	CY-A3	0.828	0.845		
	CY-A4	0.873	0.848		
CY-B 体育消费供给	CY-B1	0.800	0.859	0.835	0.629
	CY-B2	0.824	0.855		
	CY-B3	0.765	0.851		
CY-C 体育消费需求	CY-C1	0.734	0.872	0.857	0.600
	CY-C2	0.747	0.871		
	CY-C3	0.784	0.879		
	CY-C4	0.831	0.872		
CY-D	CY-D1	0.829	0.857	0.839	0.635
	CY-D2	0.820	0.857		
	CY D3	0.726	0.856		

效度检验方面,本次研究采用了收敛效度和区分效度。外部环境、参与型体育消费供给、参与型体育消费需求和参与型体育消费行为4个潜变量的平均方差取量(AVE)值分别为0.734、0.629、0.600和0.635,符合检验标准,即AVE值大于0.5,为理想状态。由此说明,外部环境、参与型体育消费供给、参与型体育消费需求和参与型体育消费行为4个潜变量能够较好地解释整体量表情况,且关于问卷中各个量表所体现出来地收敛效度也良好。

2.共同方法偏差检验

为了减少单一来源调查数据的共同方法偏差问题,本研究首先采用匿名制要求调研者进行作答,其次,本研究在问卷指导语部分着重强调调查问卷中题项的匿名填写和数据的科学研究用途,尽可能消除社会期许效应对共同方法偏差的影响。同时,本研究结合

HARMAN 单因素检验。上述预防措施对共同方法偏差的降低程度。研究结果表明,有 4 个因子特征根值>1,第 1 因子解释变异率为 39.034%<40%的临界值,同时 4 个因子的共同方差提取量累积为 72.625%,表明测量共同方法偏差可接受(表 6-9)。

表 6-9　共同方法偏差检验的总方差解释

序号	初始特征值			提取载荷平方和		
	总计	方差百分比	累积%	总计	方差百分比	累积%
1	5.465	39.034	39.034	5.465	39.034	39.034
2	2.088	14.913	53.947	2.088	14.913	53.947
3	1.521	10.862	64.810	1.521	10.862	64.810
4	1.094	7.816	72.625	1.094	7.816	72.625
5	1.566	4.044	76.669			
…	…	…	…			
14	1.212	1.515	100.000			

(三)综合讨论与分析

关于参与型体育消费的促进因素与路径,本文以外部环境为外因变量,选择参与型体育消费需求与参与型体育消费供给为中介变量,以参与型体育消费行为为内因变量,构建结构方程模型,并通过数据采集和统计分析 4 个潜变量之间的作用机制,最终得出结论:外部环境是影响甚至决定居民参与型体育消费行为的前提与基础,体育消费政策具有重要的指引和激发效应。

近年来一系列的关于体育消费政策的不断颁布对我国体育消费发展起到统筹引领和巨大推动效应。2014 年国务院颁布《关于加快发展体育产业促进体育消费的若意见》赋予体育消费重要使命。之后,国家对体育消费政策的构建与完善给了了高度重视与不断积极推进,2014 至 2019 年国家发布体育消费相关政策文件共计 37 篇,国务院印发 15 篇,综合来看,体育消费政策主要包含三大类:宏观导向类体育消费政策文件,如《关于促进全民健身和体育消费推动体育产业高质量发展意见》《中共中央国务院关于完善促进消费体制机制进一步激发居民消费潜力的若干意见》等,该类政策文件主要立足于国家层面,目的在于引导促进全国体育消费,适用性较广;专属类体育消费政策文件,如《进一步促进体育消费的行动计划(2019—2020)》,该类政策文件目标明确,主要功效在于"对症下药",解决特定时期的凸显性体育消费"顽疾",促进体育消费的快速健康推进;系统类体育消费政策文件,如《体育强国建设纲要》,其中也涉及体育消费的战略任务,指出了增强体育消费粘性、不断扩展体育消费地空间载体、激发社会群众的体育消费需求、支持区域因地制宜创新体育消费引导机制等重要意见,主要起间接导向影响作用。

此外,体育消费优惠券也进一步发挥诱导作用。随着健康消费升级新时代,"请人吃饭不如请人出汗"成为新时代倡导新理念。全国各省市为了促进体育消费、畅通体育产业循环,体育局联合体育企业,向居民发放体育消费券,带动多元力量,共同提振体育消费热情。

第七章　体育消费的高质量发展

第一节　体育消费高质量发展的意义、前景与重要性

一、意义

党的十九大指出:要牢牢把握扩大内需这一战略基点,释放居民消费潜力,保持投资合理增长,扩大国内市场规模。体育产业结构转型是大势所趋,产业层次升级是当务之急,产业体制改革是必经之路。国务院多次专题研究部署,专门出台了《关于加快发展体育产业促进体育消费的若干意见》(以下简称《意见》)。《意见》明确提出了体育产业的发展目标为"2025年体育产业总规模超过5万亿元,成为推动经济社会持续发展的重要力量"。完成体育产业的发展目标离不开体育消费的贡献,没有体育消费能力和消费途径及消费保障,是无法完成体育产业的发展目标的,中国特色社会主义进入新时代,我国社会主要矛盾已经转化为人民日益增长的美好生活需要和不平衡不充分的发展之间的矛盾。人民的需求从物质文化到美好生活,在新时代和供给侧结构性改革的背景下,充分发挥体育消费在稳增长、促改革、调结构、惠民生方面的作用,国务院和体育局及各地政府都非常重视扩大体育消费,重视其为拉动经济增长和提高人民生活水平及质量所做的贡献。全国各地都出台了本地方关于加快发展体育产业促进体育消费的实施意见,研究全国居民体育消费的现状,引导居民体育消费方向,把握最新体育消费动态,具有与时俱进的战略意义。

2018年9月,中共中央、国务院出台相关政策,旨在增强消费对经济发展的基础性作用,使居民消费成为新时代推动我国经济高质量发展、深化供给侧结构性改革的关键着力点。作为新兴消费重要领域,随着体育健身需求的日益增长和体育产业的快速发展,体育消费在满足人民美好生活需要、支撑形成发展新动能中的地位与日俱增。

《全民健身计划(2016—2020年)》明确提出2020年我国体育消费规模要达到1.5万亿元的阶段性发展目标。为了更好地促进我国体育消费增长,有必要加强对居民体育消费经济行为的实证研究,洞察居民体育消费的决策机制和影响因素,为体育消费政策的制定提供科学依据。

全面激励大众消费是构建以国内大循环为主体、国内国际双循环新发展格局的内在驱动力。在当前深入推进供给侧结构性改革和构建"双循环"新发展格局背景下,推动消费稳定增长成为稳定中国经济健康运行的重要引擎和着力点。《中共中央关于制定国民经济和社会发展第十四个五年规划和二〇三五年远景目标的建议》提出,要加快构建以国内大循环为主体、国内国际双循环相互促进的新发展格局,增强消费对经济发展的基础性作用和投资对优化供给结构的关键性作用,建设消费和投资需求旺盛的强大国内市场,全面促进消费。国务院办公厅2019年9月印发的《关于以新业态新模式引领新型消费加快发展的意见》也提出,优化新型消费发展环境,加大新型消费政策支持力度,促进群众消费。体育消费在此环境下的作用日益凸显,体育产业有助于促进体育新业态和消费新模式创新融合

发展。

我国制定的"十四五"规划明确提出要推动经济高质量发展,构建内循环为主、国内国际双循环互为促进的发展格局。在依靠投资和出口拉动经济已经成为过去的情况下,只有借助需求的消费升级才能承接科技进步带来的产业结构升级,才能为科技创新的新兴产业提供发展动力。消费结构升级具有消费类别在结构上的提升、消费方式和支付手段的多样化、消费趋势转向追求幸福生活等特征。为此,需要探寻刺激总需求的经济政策,促进就业和增加收入;发展新产业、新产品、智能化带来的幸福经济;建设橄榄型社会,缩小贫富差距,最终实现共同富裕的福利社会经济目标。

农民参与体育消费的多元价值为:扩大体育消费整体规模,助推体育产业快速增长;优化农村居民消费结构,促进农村经济转型升级;满足农民美好生活需要,助力乡村振兴战略实施。

二、体育消费前景

在社会主义市场经济改革的进程中,体育消费业已成为一个日益重要的消费市场,体育产业伴随体育市场的形成与发展,将对扩大国内需求、推动经济增长产生日益重要的影响。进一步加快体育消费的市场化及产业化程度,将会让潜在的、巨大的体育市场催生出一个繁荣的体育产业。为此,在研究体育消费市场化、体育消费与体育产业互动化的基础上,既要通过刺激体育需求的政策与策略,也要采取增加体育供给的政策与策略,实现培育市场、激活体育产业,推动经济增长的目的。

三、体育消费重要性

体育消费市场化是发展体育产业的必由之路。体育消费怎样通过市场途径实现?满足体育消费的体育产品泛指能够满足人们参与、观赏各种竞技运动、健身运动需要的一切有形、无形的东西。当一个人花钱观赏某种技术体育项目,比如观看一场甲A足球比赛时,他花钱购买到的是整个比赛给他带来的无形的喜怒哀乐,这是一种兴趣的追求、情绪的宣泄、心理需要的满足。如果一个消费者的这种心理与情感需要的满足程度越高,该消费者花钱观看甲A比赛的动机便越强,因而他不断地产生这种特殊购买行为的可能性便越大。同样,当一个人花钱亲身参与到某一体育项目中进行体育锻炼时,他的这种购买行为让他得到的是什么呢?得到的是情感上的愉悦及对身体健康的希望。可见,体育产品的核心是它能满足人们的某些需要。

一旦人们为了满足其自身的某些体育消费需要而必须通过付费的方式去获得相应的体育产品时,一个重要的行为便必不可少,这种行为就是"交换"。交换是市场的核心概念,没有交换便没有市场。当观赏竞技比赛或进行体育锻炼必须通过以货币为媒介的交换行为才得以实现时,传统意义上的体育项目便被赋予了当代体育产品的概念,计划经济下的体育运动便被赋予了市场经济下的体育市场的概念。

体育是否通过交换而被消费?或者说,体育在现实中是否已经具有市场的特征?要回答这一问题,只要简单地看看体育的发展过程便能找到答案。在过去的计划经济体制下,各种体育设施、体育队伍、体育竞技比赛均在大一统的管理模式下运行。体育设施虽然极为不足,但是人们使用体育设施不需要通过货币媒介来实现,竞技比赛虽然很少,但人们观赏比赛基本无需付费。在那个时候,体育消费无论是作为体育实践还是作为体育观赏都不需经过交换,体育当然也就没有市场的特征。伴随经济体制改革进程的不断推进,前述情况业已发生巨大变化。足球作为体育改革的突破口,仅仅五年的光阴,便发展成为年产值近 7 亿元的第一大体育项目,而在此之前,国家给中国足协每年的经费才不过 500 万元左右。足球还是那个足球,足协还是那个足协,为什么短短几年便产生了如此之大的变化?个中缘由,不是因为找到了"芝麻开门"的暗语,而是"市场化"产生出来的巨大魔力。今天,谁都知道去足球现场观看比赛必须付费,赞助商要在足球比赛现场获得其广告的暴露度必须付费,媒体为了提高收视率而想转播足球比赛必须付费。付费使足球比赛这一体育项目变成了体育产品,这种产品只有通过以货币为媒介的交换才能获得。这样,发端于足球并以交换为核心的体育市场开始形成。

消费人口的多少决定了体育市场规模的大小。中国人口数量多,对体育产品具有消费欲望的潜在消费者,其数量在中国占有相当大的比重,因为获得"健康""活力"是人类永恒的追求,观赏竞技体育实现心理与情感的满足则日益成为当代一部分人的生活方式。从这个意义上说,中国潜在的体育市场规模极大。

体育的市场化必然要求体育设施使用的货币化。随着经济的发展、人们收入水平的提高、可支配收入的增加、体育消费观念的改变,体育市场容量将十分可观。从世界范围来看,世界体育市场的年规模已达 4000 亿美元,且以每年 20% 的速度增长。早在十年前,美国的体育市场规模就超过了石油化工、汽车等市场。从 1984 年洛杉矶奥运会起,世界各国众多城市争办奥运会已成为全球一大景观。在中国,仅 1998 年,全国足球甲级联赛和足协杯赛的观众就达 500 多万人次,创造了近亿元的收益。与发达国家比较,中国的体育市场容量固然微不足道,但市场潜力却不可低估。体育消费的市场化会随着人们体育消费观念的转变、收入水平的提高而日益成为一种普遍的现象。

四、体育供给产业化

当体育产品被人们当作商品而消费时,体育便开始了其市场化的进程。与体育产品(包括竞技体育比赛、体育设施、体育用品)相联系的体育市场是由体育消费者构成的买方的集合,而与体育产品相联系的体育产业则是各种体育企业、体育经营者构成的卖方的集合。当体育消费不是一种市场行为时,不会有从事体育产品供给的厂商出现,也就不会有所谓体育产业的形成与发展。当体育消费被纳入市场体系与进程之中时,便必然催生出体育产业。以体育产业为中心的体育市场与体育产业构成了一个完整的体育产业市场系统。体育产业与体育市场的相互依存,体育市场催生了体育产业的形成,而体育产业则促进了体育市场的发育,二者在互动的过程中共同发展。因此,没有体育市场不会有体育产业,而没有体育产业也不会有体育市场的演进。从这个意义上说,培育体育市场、发展体育产业是一个事物的两个方面。体育市场的存在,意味着人们的体育消费成为一种自主的货币化选择行为,与此相应,体育投资便必然成为一种多元化的投资行为,体育经营也就成为独立投资者的个体行为。体育产业在体育消费者与体育投资经营者的行为互动过程中开始形成,体育产业结构则在适应体育市场演进的动态进程中不断地调整,体育产业化成为体育市场化的必然结果。

据不完全统计,全国有各类体育经营企业 2 万多家,总投资额约 2 000 亿元人民币,营业额为 6 000 亿元人民币。1996 年,全国体育经营场馆的经营收入达到 3 亿元,比 1991 年的 158 亿元增长了 94%。1998 年,年收益达 2 000 万的甲 A 足球俱乐部不在少数。随着体育在中国的升温,体育用品进入千家万户,在当今体育用品市场上,运动鞋、运动服装等体育用品已成为青少年最喜爱的物品。1998 年在上海举办的八运会,是 20 世纪中国最大的体育盛会,其令人注目的是 38 个新建或改建的体育馆。这些投资 56 个亿、总面积达 70 万平方米的体育场馆,不仅为这座现代化的城市增添了强烈的时代气息,而且使上海成为亚洲单个城市中体育设施最完备的城市。而 1995 年上海的体育设施还排在全国的第 25 位,上海人引以为骄傲的万人体育馆,也已使用了近 20 年。短短 4 年时光,上海体育设施就发生如此巨大变化的原因在于"体育产业化"。东亚运动会中,上海积余了 24 亿元人民币,上海市政府利用这些资金创办了上海文化体育事业最大的"造血"机构——上海东亚集团,让这些钱再"生"出钱来。建造一座总建筑面积达 17 万平方米、容纳 8 万人的新体育场,需要 13 亿人民币。面对巨额投资和还贷压力,上海体育馆从设计的第一笔开始,就倾注了大量的功能开发思路。上海在负责八运会主会场——8 万人体育馆建设中,盘活资产滚动开发,建宾馆、建商场、建游乐场,待场馆建成之时,他们已回收了近 3 亿元。而制定产品、杯赛冠名权、各种广告等共为八运会的组委会筹集了 60 亿元人民币。

可见,从竞技体育到体育用品,从体育彩票到体育设施,由体育市场催生的体育产业,日益显示出其朝阳产业的良好投资机会和发展前景。在巨大的市场机会驱动下,一个包含体育竞技、体育健身、体育娱乐、体育用品、体育设施、体育传播、体育广告、体育材料等若干行业的体育产业正在迅速形成。它也一定将在更大的范围内,对扩大内需、推动经济发展产生不可低估的作用。

五、培育体育需求刺激体育供给

现代经营管理理论认为,但凡一个现实的市场,需要同时满足这样两个条件:一是要有对某种产品或服务存在需要或欲望的潜在消费者,二是这些潜在消费者要具有购买能力。如果研究的市场只存在第一个条件,那么该市场只是一个潜在市场,如果研究的市场同时存在前述两个条件,则该市场是一个现实的市场。所以,一种产品或服务的市场存在与否,不仅依存于消费者对该产品或服务是否有需要、有欲望,而且还依存于这些对产品或服务有需求有欲望的潜在消费者是否具有购买能力,只有潜在消费者具有购买能力时,潜在的消费者才能转变为现实的消费者,潜在的市场才能转变为现实的市场。以这样的观点看市场,一般而言,市场是经由需要产生、欲望形成、需求满足这样一个演进过程逐步形成和发展的。一个市场总是先有潜在市场后有现实市场,潜在市场规模大则现实市场的规模才可能大,潜在市场规模小则现实市场的规模必然小。因此,要开发一个市场,必然是识别、开发潜在市场在先,转化、形成现实市场在后。开发潜在市场的关键,是在识别人们的基本需要基础上,通过营销刺激,将人们对满足某种基本需要的愿望引导到某种形式的产品、某种形式的服务、某种形式的品牌上,这便是通常所说的培育市场。开发现实市场,则是要让特定形式的产品、服务、品牌与各种潜在消费者的购买力相适应。体育产业的扩张与发展,不但需要适应市场,而且需要培育市场。适应市场,要求业界人士将总体市场按照消费者的需要和欲望的差别进行细分,并在细分市场的基础上选择目标市场,进而选择适应体育目标顾客的体育项目,制定适应目标顾客的价格水平。根据目标顾客的特性进行促销。开发市场,则是要在识别潜在体育消费者需要的基础上,通过培育、引导、造势等手段,将潜在消费者满足需要的愿望引向某种特定的体育产品(体育项目),形成对该种体育产品的需求。

比如,李宁运动服装的目标市场便有运动员、青少年等几个细分市场,针对不同的细分市场,不但服装设计上不一样,而且价格方面也有显著差别。国际管理集团从 1994 年起,推行由万宝路冠名的"甲 A 联赛",既促成了球市的火爆,自身也从中赚取了大量利润。前者因适应市场需要而发展,后者托市场培育成功而扬名。其中的经验值得借鉴。开发体育市场从总体上应当以普通消费者为目标,对准大众,走规模化的扩张道路;体育产业结构应以大众体育项目为主导,竞技比赛、运动设施以及相应的门票收费、设施费用均应适应大众,主要是适应城市普通消费者的需求偏好与购买能力。"零售大王"山姆沃尔顿曾有这样的名言:大多数消费者对低价的品牌商品具有持久的偏好,一个零售商如能适应这一偏好,便会获得无限的商机。对于体育产业来说,行业固然不同,道理并无二致。为了刺激体育需求,需要在体育项目的娱乐性、观赏性、参与性、群众性以及体育项目与广告业、媒体间的互动性、互利性等方面对体育资源进行整合。

消费者的体育消费支出依存于其可任意支配的收入。体育产业则是要在与其他行业的竞争中,通过有效的营销策略与营销刺激,竭力从广大消费者手中那并不丰裕的可任意支配收入中争得相对较大的份额。幸运的是,中国人口基数大,每一个消费者手中的可任意支配的收入能在总体上构成不小的绝对额。正如观看甲 A 比赛的人次,虽然只占城市人口的 1/60,却能带来上亿元的收入。但是,要让体育产业在适应市场需求的基础上成长与发展,宏观上应从增加体育供给的角度,鼓励体育事业投资主体走向多元化,即除了政府投资外,应鼓励民间更多的资金流向体育产业,同时激励从事体育经营的企业进行体育经营战略与策略的创新。为此,政府在产业政策上应通过解管制、放竞争、降税负、扶持各类体育企业等一系列向体育"供给方面"倾斜的政策,以此来提高体育"供给方面"的活力、发挥体育"供给方面"的潜力,为体育产业启动体育消费、扩大内需奠定坚实的微观基础。

第二节 体育消费高质量发展的科学内涵、现状和路径

一、科学内涵

基于习近平总书记关于国民消费、体育工作的重要论述,阐释新时代体育消费的新内涵、新价值;理清新时代体育消费推进高质量发展的作用、责任与担当,阐释体育消费高质量发展的内涵、特征,推进"以人民为中心"体育发展观落实的体育消费是体育消费高质量发展的核心要义,引领区域经济高质量发展的体育消费是体育消费高质量发展的应达目标,图 7-1 为体育消费高质量发展评价模型逻辑关系。

体育消费发展的动力之源在于落实"以人民为中心"的体育发展观,确保发展体育为了人民、发展体育依靠人民、发展体育的成果由人民共享。新时代体育消费发展的重要使命在于引领区域创新发展、共享发展、协调发展、绿色发展和开放发展,助力经济高质量发展。

二、体育消费高质量发展动力机制

居民消费潜力是指为了满足居民生活各方面需要而自然产生的消费需求,由消费能力、消费支出和消费环境三个方面构成。消费能力和消费环境是影响体育消费的重要因素。其中,影响体育消费的消费能力包括经济实力(可支配收入)、休闲时间(休闲时间占

比)、运动能力。居民人均可支配收入、人均 GDP 的上升对公共体育消费需求增加具有显著影响;商品价格水平变化幅度及恩格尔系数的增大对公共体育消费需求的增加具有一定的抑制作用。我国居民人均可支配收入的增加在当期对公共体育消费需求的影响较大,会导致公共体育消费需求迅速增加,而且这种影响会随着滞后期的增加而扩大。体育消费是最终需求形态,通过提高居民收入、培养消费意识、增强体育技能、挖掘闲暇时间等,实现对体育需求潜力的激发,是有效扩大体育消费的内在要求。"六边"工程是我国开展全民健身战略的重要抓手,是支撑群众体育开展的四梁八柱。具体来说,"六边"工程包括:完善群众身边的体育组织、加强群众身边的体育指导、支持群众身边的体育赛事、建设群众身边的体育设施、丰富群众身边的体育活动、弘扬群众身边的体育文化。所以,"六边"工程实施效果是体育消费环境的最重要内容,对于促进体育消费具有重要的意义。

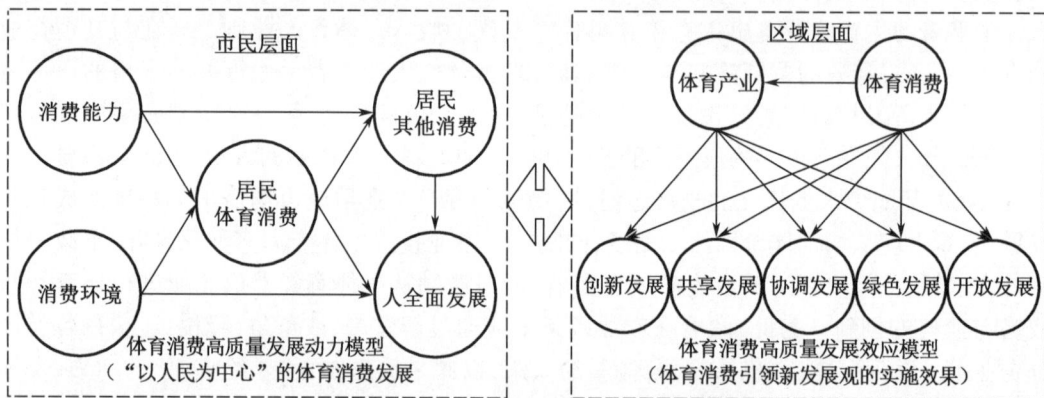

图7-1　体育消费高质量发展评价模型逻辑关系

"体育是提高人民健康水平的重要途径,是满足人民群众对美好生活向往、促进人的全面发展的重要手段"。改革开放以来,居民人均可支配收入有了较大幅度的提升,也带动了居民公共体育消费需求的增长。体育消费在推动消费升级,扩大国内需求,满足人民美好生活等方面具有重要作用,是提高居民幸福感和建设健康中国的重要途径。体育消费尤其是体验性体育消费,以其良好的正外部性、整合性和辐射性,既贯穿体育产业发展的方方面面,又辐射到文创行业、旅游行业、科技行业、饮食行业、传媒行业、交通行业等,带动休闲、养生、养心、健康、竞赛、培训等方面的消费。体育消费与旅游、教育、文化市场的结合,是其满足多层次多样化需求的内在要求。所以,体育消费展现综合效应,既会带动其他消费,也会在促进人的全面发展中发挥作用。

三、体育消费高质量发展效应机制

作为体育消费的重要保障,体育产业首先应该促进体育产业的整体发展与改革,强化体育产品的供给能力,不断增强体育产业在我国经济发展中的重要作用;体育产业必须以体育消费为逻辑起点,体育消费的规模、结构、质量和效益,从根本上决定了体育产业的规模、结构、质量和效益;推动体育消费发展,并促进其与新时代社会经济发展相契合,是驱动我国体育产业高质量发展的重要前进方向。所以,体育消费是体育产业高质量发展的动力,体育产业是体育消费高质量发展的重要保障,高质量发展要求体育消费与体育产业耦合发展。

宏观层面上,体育消费升级有利于优化经济发展动力的提升,形成经济创新发展驱动力;增强消费对经济发展的基础性作用,是新时代下推动我国经济实现高质量发展的重要可依赖路径。消费升级对我国经济高质量发展具有显著的提升作用,其中城镇居民消费升级的促进作用较大。我们通过传导途径发现,消费升级会通过产业升级来影响我国经济高质量发展。政策调控与引导、网络数字技术革新、体育消费供给提质扩容、体育消费率提升是促进区域异质性体育消费发展的主要动力要素,各要素间通过相互作用机制与循环作用机制共同实现体育消费的高质量发展。消费升级助力创新发展、协调发展、绿色发展、开放发展和共享发展,对我国经济高质量发展具有显著的提升作用,会通过产业升级来影响我国经济高质量发展。所以,体育消费是引领区域创新发展、协调发展、绿色发展、开放发展和共享发展的重要举措。

四、基本现状

(一)"六边工程"实施效果:持续进步,但存在区域发展不平衡

习近平总书记指出,构建新发展格局,要坚持扩大内需这个战略基点,充分挖掘国内市场潜力。筑牢扩大内需战略基点,其核心是把满足国内需求作为发展的出发点和落脚点,加快构建完整的内需体系,不断巩固和增强我国超大规模市场优势。以扩大内需为战略基点,进一步扩大内需、强化内需在经济增长中的基础动力,这是构建新发展格局的基础。当前随着我国教育普及程度、经济水平和市场化程度的不断提高,国民健康意识的不断增强与休闲时间的不断增多,人们的消费需求逐渐由生存型转向发展型迭代升级,健身、休闲、娱乐、社交、文化等精神需求逐渐成长。

作为消费升级的必然产物,体育消费是普通百姓日常生活消费的重要组成部分,增长空间巨大。一方面,体育具有康体功能、育人功能,是提高人民健康水平的重要途径,是满足人民群众对美好生活向往、促进人的全面发展的重要手段。体育产品与服务能够满足人民在健康、休闲、社交、娱乐等方面的精神需求,已经成为满足人民群众的美好生活向往、促进人的全面发展的重要组成部分。作为民生产业,体育产业在满足人民群众对美好生活向往、实现人全面发展等需求方面发挥着不可替代的作用。另一方面,体育是一种黏性高、惯性强的新兴消费。当健身习惯形成之后,不仅体育消费本身的动力会非常强劲,而且对旅游、住宿、商贸、交通等周边产品与服务的消费也具有非常强的带动作用。从激发体育消费活力的视角发展体育产业,这就要求培养健身技能和终身运动习惯,增强体育消费黏性,进而激活健身培训市场。所以,大力发展体育产业对拓展体育发展空间,丰富群众体育生活,提高国民素质、生活品质和竞技体育水平,筑牢扩大内需战略基点,促进经济社会协调发展,具有重要意义。

当前,我国经济社会已经进入新发展阶段。立足新发展阶段,为了适应国际国内形势的新变化,重塑我国国际合作和竞争新优势,进一步提升我国经济发展水平,党的十九届五中全会做出"加快构建以国内大循环为主体、国内国际双循环相互促进的新发展格局"的战略部署。为了推进"双循环"新发展格局的构建,目前重点需要解决五个关键问题:

第一,扩大内需,不断巩固国内大循环的主体性;

第二,供给侧结构性改革,提升供给体系对市场需求的适配性;

第三,创新驱动,破解"卡脖子"问题,实现经济更高水平自立自强;

第四,扩大开放,营造良好的外部环境,推进更高水平的对外开放;

第五,深化体制机制改革,实现双循环全方位畅通。这五大要素相互联系、相互依存、相互促进,构成了有机的内在逻辑体系。

作为社会发展的重要组成部分,体育发展进入崭新阶段,其政治、经济、文化功能不断拓展,成为促进经济社会发展的重要动力,以及现代社会对体育多元功能和综合价值的期许。习近平新时代关于体育的重要论述继承和发扬了马克思主义体育价值观,在新发展阶段赋予了体育更多的社会期望和时代担当,是我国积极参与全球健康治理的重要举措。虽然体育具有多元功能和综合价值,对于促进新发展格局的构建具有不可忽视的作用,但是从目前我国体育发展的现状看,其在扩大内需、引领供给侧改革、推进高水平自立自强和对外开放、助力双循环畅通等方面的潜力还未完全释放。学术界对于"体育助力'双循环'新发展格局构建"也未展开系统研究。因此,本节拟基于新时代体育的多元功能和综合价值,进一步诠释体育在新发展格局中应履行的新责任与新担当,理清体育促进"双循环"新发展格局构建的理论路径,以期为"把体育打造成为新发展格局构建的助推器"提供理论指导。

(二)终身体育助力消费升级

作为消费升级的必然产物,体育消费是普通百姓日常生活消费的重要组成部分,增长空间巨大。一方面,体育具有康体功能、育人功能,是提高人民健康水平的重要途径,是满足人民群众对美好生活向往、促进人的全面发展的重要手段。体育产品与服务能够满足人民在健康、休闲、社交、娱乐等方面的精神需求,已经成为满足人民群众的美好生活向往、促进人的全面发展的重要组成部分。作为民生产业,体育产业在满足人民群众对美好生活向往、实现人全面发展等的需求方面发挥着不可替代的作用。另一方面,体育是一种黏性高、惯性强的新兴消费。当健身习惯形成之后,不仅体育消费本身的动力会非常强劲,而且对旅游、住宿、商贸、交通等周边产品与服务的消费具有非常强的带动作用。从激发体育消费活力的视角发展体育产业,这就要求培养健身技能和终身运动习惯,增强体育消费黏性,进而激活健身培训市场。

习近平总书记指出,构建新发展格局,要坚持扩大内需这个战略基点,充分挖掘国内市场潜力。筑牢扩大内需战略基点,其核心是把满足国内需求作为发展的出发点和落脚点,加快构建完整的内需体系,不断巩固和增强我国超大规模市场优势。以扩大内需为战略基点,进一步扩大内需、强化内需在经济增长中的基础动力,这是构建新发展格局的基础。习近平总书记指出,体育是提高人民健康水平的重要途径,是满足人民群众对美好生活向往、促进人的全面发展的重要手段。把人民作为发展体育事业的主体,把满足人民健身需求、促进人的全面发展作为体育工作的出发点和落脚点。所以,发展人民体育、满足人民体育需求,对于提高人民健康水、带动消费、扩大内需具有重要的意义。

当前,体育消费由"随意性"向"专业性"转变,垂钓用品、冰雪、骑行运动、露营、攀岩、马术等中高端体育消费需求日益旺盛。人工智能技术、大数据算法与互联网传播渠道的结合,消费者个性化体育消费需求能够得到精准满足,供求匹配的精准度得到有效提高;随着人工智能、物联网、立体成像、数据转播、视频编辑等技术的发展和应用,云赛事、云观赛、云健身、虚拟运动等新兴产品不断涌现,智慧化生活服务正走进人们生活,给消费者带来全新的消费体验,成为体育消费新热点。各种电商平台、物流平台的蓬勃发展及定制化服务的出现,新零售机制应运而生,消费者能够自主选择体育服务方式与产品类型,增强了消费者的消费自主性。

(三)新运动项目引发新需求

新生活方式释放有效需求。让经常参加体育锻炼逐渐成为人们的生活方式,对于推动消费升级、促进形成强大的国内市场具有非常重要的意义。习近平总书记指出,冰雪运动难度大、要求高、观赏性强,很能点燃人的激情。冬奥会成功举办,促进了冰雪运动项目的推广和新生活方式的养成,"2022全国网上年货节"期间,冬奥商品和冰雪装备销售旺盛。冬奥特许纪念商品销售额大幅增长;滑雪装备销售额同比增长62.9%;滑雪服销售额同比增长61.2%。申办与举办北京冬奥会、冬残奥会,不仅能够有效带动京津冀地区的联动发展,而且能进一步完善公共体育基础设施建设,推进扩大内需。到2021年初,全国有803个室内外各类滑雪场,较2015年增幅达到41%。北京冬奥会举办带领冰雪热,也带动"体育+"消费,推进扩大内需。以北京冬奥会为例,2020—2021雪季,全国冰雪旅游人数高达2.3亿人次,冰雪旅游收入高达3900亿元。充分验证了"冰天雪地也是金山银山",北京冬奥会的举办还带动了中国冰雪产业、冰雪经济的发展。

(四)新基建助力开创新内需

体育领域新基建是一种重要的内需,新基建助力场景革命,引领新型消费。只有将重大科技成果及新基建深度融合到产业体系发展之中,才能实现真正的高质量发展,这就要求配合体育新消费的成长需要,特别场景革命的需要,强化体育领域"新基建",助力体育消费变革。所以,大力发展体育产业对拓展体育发展空间,丰富群众体育生活,提高国民素质、生活品质和竞技体育水平,筑牢扩大内需战略基点,促进经济社会协调发展,具有重要意义。

五、体育消费高质量发展的实现路径

体育消费高质量发展的政府路径为健全体育消费政策,强化体育消费保障;科技路径为创新体育"新基建",拓宽体育消费数字化模式;供给路径为完善区域体育消费基础,增强体育消费供给;人口路径为扩大消费人口基数,稳升体育消费率。

上述论断已成为社会共识,为国家体育战略部署做出指引。体育消费升级符合我国经济高质量发展的总体要求,是促进体育产业成为国民经济的支柱产业。体育消费可以在激活市场、促进消费等方面为新时代经济发展注入新动力,同时体育消费也在市场中逐渐彰显出其固有潜力。体育产业作为体育消费的重要保障,首先应该促进体育产业的整体发展与改革,强化体育产品的供给能力,不断增强体育产业在我国经济发展中的重要作用。体育消费本质属于典型的精神文化消费范畴,要根据不同的需求层次与结构进行产品质量的提升。赛事观赏、体育旅游、健身培训三个方面作为体育消费的主要生力军,会延伸出一系列有关于体育服务的体育消费行为,优化产品质量的同时也是优化体育产品服务。体育消费升级是新时代我国居民消费升级的重要内容,是体育产业发展的内在动力,是体育产业发展顺应和满足人民美好生活向往的必由之路。

体育消费结构指人们在体育消费过程中不同类型的体育消费资料的比例关系,即居民购买各种体育商品的数量和比例,本节在查阅文献资料的基础上结合研究需要,将体育消费类别分为：体育培训、体育赛事、体育健身、体育信息、体育器材设备、运动服装鞋帽六类，前三种为参与性消费，后三种为实物性消费。体育消费水平指满足居民体育需求方面所达到的程度，有广义和狭义之分，狭义体育消费水平指平均人口体育物品消费的数量，广义消费水平包含消费产品的质量，本节探讨的体育消费水平指在体育产品消费过程货币支出多少，即体育产品消费金额。

广义的体育消费是指消费者在购买、选择及使用体育消费产品和服务过程中所产生的一切社会关系总和；狭义的体育消费是指消费者购买和使用体育用品和体育服务的过程。消费形态、消费理念、消费质量等作为消费发展的重要表征，驱动我国消费经济不断朝向基础化、多元化、微观化方向发展。

2020年7月30日，党中央正式提出"加快形成以国内大循环为主体，国内国际双循环相互促进的新发展格局"。在新发展格局中，"国内大循环"是实施双循环经济战略的出发点和落脚点，具有长期性、全局性、纲领性指导意义。换言之，在今后相当长的一段时期内，努力扩大内需是实现我国经济高质量发展的关键之举，促进消费则是实现我国经济增长的强大动力。国内大循环建设为体育消费提质扩容提供政策支持，而体育消费的全面拓展也加速了国内大循环建设步伐，二者相辅相成。

到2020年，人民群众的体育消费观念显著提升，体育消费习惯逐步养成，体育消费设施更加完善，体育消费环境更加优化，体育消费产品和服务供给更加丰富，体育消费政策更加健全。全国体育消费总规模达到1.5万亿元，人均体育消费支出占消费总支出的比重显著上升，体育消费结构更为合理。探索建立体育消费市场统计监测制度，逐步开展对居民体育消费市场的统计监测，整合与共享有关部门的数据资源，掌握体育消费的规模和结构变化，加强对体育消费发展特征和趋势的分析研判，为进一步促进体育消费提供决策依据。

体育消费作为体育产业的核心主体，承载着提高体育产业增加值的重任，也承担着推动服务业大发展的重担，在经济转型、产业结构调整的过程中，未来可期待，作用可预见。例如在美国，全美的900所大学中都设有体育专业，主要培养体育教师、体育运动员、体育传媒、体育经营管理和运动康复、运动保健方面的人才。完备的人才培养体系，保证了美国体育产业蓬勃发展。而我国体育人才的培养大都以体育院校和师范院校为主，综合性大学培养体育人才较少，体育管理和体育营销类人才培养更少。参与型体育消费是体育消费基础，更是体育产业的核心与关键，没有参与型体育消费的体育消费，体育产业便是无水之源、无本之木。只有大力发展和繁荣参与型体育消费，发挥其良好的产业辐射和整合作用，才能推动体育产业的发展。体育之于美国，恰如米勒莱特所言"它是美国人生活中具有最广泛影响的元素，以致事实上可以说没有一个人与体育无关，美国是一个由体育迷和体育参与者所组成的国家"，这深刻地揭示出美国体育文化的氛围。

居民体育消费是助力体育产业快速发展的重要推动力，同时也是促进经济建设发展的关键力量。还能够从经济建设、体育产业发展视角来寻求推动居民体育消费升级发展的动力。

互联网影响下的体育消费呈现出智能化与高端化、场景化与碎片化、细分化与个性化、社交化与国际化、"体育+她"消费显著上升等特征。互联网技术影响下的体育消费呈现出从单一消费主体向社群消费主体转变、从单一消费模式向多元消费模式转变、从高成本低效率向低成本高效率转变、从保守从众观念向开放精专观念转变等趋势。

数字经济时代，探究体育产业与体育消费互动有利于推动体育产业与体育消费高质量发展,促进体育产业与体育消费"双升级"。数字经济时代新的体育要素供给、数字经济时代新的体育技术供给、数字经济时代新的体育产品供给、数字经济时代新的体育业态供给、数字经济时代新的体育模式不断涌现。体育消费定制化,以需求倒逼供给推动体育产业数字化转型;体育消费场景化,以场景互动与内容营销推动体育产业数字化转型;体育消费智能化,以便捷服务与空间拓展推动体育产业数字化转型。

随着体育需求增长,体育消费业已成为现代服务性消费和生活性服务消费的重要内容,居民消费水平占人均可支配收入、人均消费总支出比例不断提高。作为新兴消费领域,体育消费对满足人民日益增长美好生活需要、推动经济转型升级重要性逐步显现。广泛运动项目类型为体育消费业态发展提供了广阔空间。体育消费是在经济发展到一定水平条件下形成和发展起来的市场需求,受到来自经济增长、产业结构、收入状况、价格水平、储蓄率等多方面经济因素的作用和制约。立足广泛社会效应,体育人口是体育消费市场扩大的基础。供给侧结构性改革是推动体育消费升级、体育产业高质量发展的重要抓手。体育消费统计是促进体育消费的基础性工作,全国范围内对于体育消费信息的搜集和系统关注长期缺失。随着体育消费市场的日益活跃及相关问题的逐步凸显,陆续有学者从研究需要出发,开展针对一定区域内部分人群体育消费行为和内容的抽样调查活动,但其均不属于体育消费统计范畴,难以在此基础上开展系统性调查结果应用。总的来看,相比早期及国外有关研究,目前国内围绕体育消费内容结构、发展形势、影响因素等基础和核心问题已形成一定积累。以科学规范的统计调查数据为基础,开展针对我国体育消费发展基本态势及相关机制机理等根本问题的全面深刻审视,尤显必要和关键。

提升体育消费水平,是推动我国体育产业发展的重要力量。基于西方炫耀性消费理论,对炫耀性体育消费研究的现实背景、理论渊源及概念进行审视。我们认为:消费社会的来临、体育消费重要性的凸显、炫耀性消费风行体育消费领域,是炫耀性体育消费研究的现实背景。炫耀性体育消费的理论源于炫耀性消费和体育消费理论,炫耀性体育消费指通过公开的体育消费行为,向外界传递身份、财富、权力、声望、个性、品位等地位或识别信息,并期望获得他人认同的体育消费活动。

近期密集出台的促进体育消费的政策文件,目的是激发群众消费热情,持续推进体育消费提质扩容,进一步发挥体育消费在满足人民美好生活需要和推进体育强国建设中的重要作用。由此可见,新时代体育消费已成为我国高度重视的大事,需要引起全社会共同关注并参与进来。查阅文献,相关研究主要集中在体育消费机制研究、体育消费结构研究、体育消费发展前景研究等领域,这些研究从不同视角展开了对体育消费的分析,但没有回答当前我国体育消费发展的动力所在,同时对我国体育消费不足问题的建议有限。体育供给不到位导致消费品难以满足需求、居民收入不平衡限制消费者的支付能力、体育环境不规范阻滞良好消费氛围的形成、体育消费者不成熟拉低消费力的整体水平。体育消费力提升路径为:以供给侧结构性改革为主线有效优化体育供给力,以拓宽人民增收渠道为手段动态平衡居民可支配收入,以完善市场化引导监督机制为动力合理规范体育社会环境,以强化消费者要素整合能力为抓手,全面提升体育消费者成熟度。

运用文献资料法和 VAR 模型分析法,对经济新常态背景下我国城镇居民体育消费经济增长效应进行定量研究。结果表明:我国城镇居民体育消费总量与国内生产总值的提升存在相互推动的关系。无论从短期还是长期看,我国城镇居民体育消费总量的提升对经济增长都具有显著的正向推动作用。

增强消费对经济发展的基础性作用,是新时代下推动我国经济实现高质量发展的重要可依赖路径。消费升级对我国经济高质量发展具有显著的提升作用,其中城镇居民消费升级的促进作用较大。我们通过传导途径发现,消费升级会通过产业升级来影响我国经济高质量发展,并具体通过影响产业结构升级和产业全要素生产率调整(提升服务业全要素生产率和相对抑制工业全要素生产率)来对经济高质量发展产生进一步的促进作用。同时,随着居民收入的增加、消费需求的改变以及产品种类和质量的提升,居民消费在经济发展中的贡献度不断提高,以消费升级刺激经济发展模式转变来畅通国内大循环,增强消费对经济发展的基础性效力,已成为实现经济高质量发展的"助推器"。消费升级助力经济高质量发展维度下的创新发展。从微观层面来看,消费升级刺激了厂商的技术革新。居民的消费需求直接反映在对产品和服务的需求上,在消费升级的过程中,居民对产品和服务的需求由低级向高级转变,产品和服务的消费结构、消费规模及消费品质等发生了改变,这就导致厂商在原有技术下生产产品的利润空间缩小,倒逼厂商进行技术革新以满足其盈利和发展的需要。从宏观层面来看,由消费升级所引致的厂商技术革新行为,将带来产业技术的进步,并通过重构产业链分工来影响企业的创新活动,从而影响区域创新能力。

消费升级促进经济高质量发展维度下的协调发展。一方面,消费升级驱动产业协调发展。消费升级会引致产业链分工的重新选择,使产业链上下游的企业自主进行分工制度安排,畅通了市场传导机制,有利于产业链上下游企业的协调发展。此外,消费升级引导的产品和服务需求的多样化、高级化以及个性化带动了产品和服务的纵深发展,使营商环境、生产模式、经营理念及管理模式等不断革新,有利于产业内部的协调发展。另一方面,消费升级助推区域协调发展。从劳动力流动来看,不论是流入地还是流出地,流动人口消费均极大地拉动了劳动密集型制造业和服务业的就业。而劳动密集型制造业和服务业由于其知识技能要求较低,是农民工进城务工的首选,进而有利于农村剩余劳动力向城市转移,促进了城镇化水平的提升,推动了区域就业协调发展。从市场格局来看,消费升级促使居民消费向高质量跃迁,引导消费市场格局的重新划分,模糊了市场间的地域限制,进而有利于区域协调发展。

消费升级助推经济高质量发展维度下的绿色发展。消费升级是消费层次和质量提高的过程,反映在供给层面,就是产业由低端生产向高端迈进的过程。这一过程中,往往伴随着生产技术的变革、投入产出效率的提高及资源耗费的降低,从而不断推动经济绿色发展。同时,对绿色消费品消费需求的增加也会带来企业技术创新的生态化和产业发展的绿色化,进而有利于绿色发展。此外,消费升级引致的发展和享受型消费占比增加,也会降低社会总体的资源耗费,因为发展和享受型消费品本身的资源耗费就相对较低,从而有利于绿色发展。

消费升级驱动经济高质量发展维度下的开放发展。从对外贸易来看,消费升级反映的是消费需求改变和提质的过程,而消费需求又会直接影响进出口需求。当消费需求过大而国内市场供应不足时,会导致进口贸易规模的扩大;当消费需求不足而国内市场供应过度时,就会导致出口贸易规模的扩大。也就是说,消费升级过程中引发的需求结构、规模的改变,会直接影响对外贸易市场的发展,从而影响我国的贸易开放度。从市场化来看,消费升级带来的消费需求变动会引导资源在行业间、产业间进行重新分配,促进企业间的优胜劣汰,淘汰产能过剩行业,刺激新产业、新业态和新经济的发展,强化产业供需结构的匹配,实现资源在市场需求导向下的自由流动,畅通了市场机制的运行,有利于市场化进程的推进。

消费升级引领经济高质量发展维度下的共享发展。在消费升级的过程中,消费需求的规模不断扩大,对消费效用最大化的要求也越发凸显,这就刺激了共享经济的发展。在共享经济下,人们能以有限的资源获得更多更好的产品和服务,满足了最大化消费总效用的期望,提升了幸福感和生活水平。此外,消费升级转变了居民传统的消费理念,提升了其对品质、舒适度、幸福感等的追求,这也刺激了商品经济模式的转变和创新,各种新业态、新模式、新经济层出不穷,最大限度地满足了人们日益增长的物质文化需要,提升了人们的生活质量和幸福感,最大化了社会福利。同时,消费升级还强化了经济发展之后的"还利于民",实现了经济福利的社会共享。

六、促进全国居民体育消费对策

根据目前居民体育消费现状及因素分析,新时代全国扩大体育消费对策有:从体育产品供给侧改革和创新入手,加强新兴体育产业服务产品创新与供给,创造优质的体育消费环境,扩大体育消费需求,体育消费需求扩大了再推进体育产品创新与升级,达到供需平衡,最终促进了扩大我国居民体育消费的进程。即加强新兴体育产品开发与创新,促进体育消费结构升级;全面深化改革,提高居民体育消费能力;丰富体育产品供给,满足居民体育消费需求;转变体育消费观念,提升居民体育消费意愿;扩大体育消费主体,壮大体育消费需求规模;促进融合消费发展,创新体育消费模式。

(一)加强新兴体育服务产品开发与创新,促进体育产品结构升级

目前全国城市居民以实物型体育消费为主,服务型体育消费的比重很小,消费结构不合理,要提高服务型体育消费比重。这在一定程度上和国家经济发展水平有关系,同时也反映出我国体育服务产品供给不够充分和质量不高。随着相关文件的发布,我国体育产业进入快速发展期,原有体育服务产品供给规模不断扩大,新兴体育服务产品相继出现,为体育消费创造了越来越充足的产品供给市场。

1. 新兴体育传媒产品

线上健身逐步进入居民视野,目前全国居民线上健身的人群参与率逐步升高,参与调查的人群中有 52.5%参与了线上健身,尚未参与线上健身的调查者中,约 75%的人具有健身意愿,更多的人能够通过线上健身来进行健康的生活。而线上健身的参与者中,其了解线上健身的方式大多数是通过综合类社交工具(微信、微博)和综合类娱乐 APP(抖音、哔哩哔哩),说明在信息传递迅速的当下,人们会通过综合性 APP 中的健身模块,进入健身领域从而追求健身。

2. 新兴体育健康服务,建立运动康复与医疗服务机构

按照世界卫生组织的定义,康复医学与预防医学、临床医学、保健医学并列为第四类医学。截至 2013 年,我国康复医疗市场规模约为 200 元亿人民币(人均 15 元人民币),同期的美国康复医疗市场规模在 200 亿美元左右(人均 80 美元)。

3. 新兴体育培训服务,建立与激励一批新兴体育培训机构,满足居民体育消费需求

健身产业在中国有巨大市场潜力可以挖掘。目前我国城市居民用于个人健身的消费每年以 30%的速度递增,明显高于全球 20%的平均速度。而全国现有大小健身机构比较少,人均健身机构拥有量为每 10 000 人才拥有一家健身机构,因此,即使在健身俱乐部呈几何级数增长的情况下,仍不能满足人们对专业健身机构的需求。

(二)全面深化改革,提高全国居民体育消费能力

全面深化改革,提高全国居民体育消费能力,是我国扩大体育消费的核心基础。然而,提高体育消费能力是一项系统、长期的工程,受多重因素影响,但究其根本,居民可支配收入和可支配时间是居民进行体育消费的基础,而这两者最终由经济社会发展所决定。

国家和全国政府采取了一系列改革措施切实保障了我国城乡居民经济收入的增长,国家统计局数据显示,2013年以来我国恩格尔系数逐年下降,从2013年的31.2%降到2022年的30.5%。2021年全国恩格尔系数是30.5%。在全面建成小康社会、全面深化改革的历史进程中,各项制度安排为提高居民体育消费能力提供了有力保障,但是全面提高城乡居民的体育消费能力,还需各项政策制度的深化落实。

(三)壮大体育消费主体,扩大居民体育消费需求规模

体育消费需求的主体是居民,壮大体育消费主体,必须从扩大经常参加体育锻炼人数入手。国务院新闻办公室2022年3月30日上午10时举行新闻发布会,会上国家发展改革委社会发展司司长欧晓理提到,当前我国经常参加体育锻炼人数比例还只有37%左右,和发达国家相比,差距还比较大,如果分年龄段来比较,成年人中经常参加体育锻炼的比例就更低。经常参与体育锻炼人口增长带动对体育产品和服务的需求,经常参加体育锻炼的人最基本的需求是运动鞋、运动服装、运动器械、运动场地,再延伸到其他体育产品和服务。首先,抓住青少年学生这个群体,在学生时代必须喜欢上2~3个体育运动项目,让每位学生都有自己喜欢的项目,并且喜欢上运动,为走向社会参加体育锻炼打下坚实的基础。学生毕业后走向社会就是体育消费的主力军。其次,推动大众体育发展,以体育比赛带动群众参加体育活动的积极性。展开国家级、省级、市级、县级、镇级以及街道办或社区不同级别的趣味性和竞技性体育比赛活动,例如,目前流行的"我是球王"争霸赛就是很好赛制活动。企业、事业单位领导带头参加群众体育运动,要求各个企业、事业单位每年定期或不定期地组织各种体育竞赛活动,扩大群众经常参加体育锻炼人数。最后,竞技体育逐步走向社会化。谁投资谁受益的模式,现在网球运动走在最前列的单飞模式值得其他项目借鉴。

(四)转变体育消费观念,提升居民体育消费意愿

增强居民体育消费意识,转变居民体育消费观念,提升居民体育消费意愿是促进居民体育消费的内在动力,将更大程度地释放我国体育消费潜力。

按照国际发展规律,当人均GDP达到5 000美时元,体育消费特别是休闲健身和赛事观赏等体育服务型消费将出现爆发式增长,体育产业会呈现"井喷"态势,目前全国城市居民人均GDP已经达到8 000多美元,人均体育消费仍旧相当低,这充分说明我国民众体育消费意识淡薄,体育消费意愿不强。与此相对应的是我国众多学者的研究中也提出当前我国居民体育消费意识相对薄弱,体育消费观念表现出对实物型体育消费的倾斜,对服务型体育消费的认知、意识和积极性不高,体育消费结构失衡。转变体育消费观念,提升居民体育消费意愿,

第一,要改变居民体育参与意识,要加强体育文化宣传。应利用各种媒体普及体育知识,广泛宣传科学健身知识和方法,推介各类体育健身场所和消费信息,增强大众体育健身意识,提高大众体育欣赏能力。应积极支持体育题材文艺、影视创作,宣扬奥林匹克精神和

中华体育精神,推广体育文化。引导民众体育消费意识,培育体育消费观念,逐步形成体育消费习惯。

第二,要全面深入贯彻国家各项政策,将其落到实处。政府机关、企事业单位、社会团体、学校等都应制定相应健身制度,为单位职工和学校学生创造良好的健身条件,倡导每天健身一小时。

第三,应加强体育消费环境建设,打造安全放心、文明健康、公平公正、诚信友好的体育消费环境,营造消费者"想消费、敢消费"的消费氛围。体育消费环境直接影响消费者对体育消费的选择,因此营造可信赖的体育消费环境,充分保障消费者权益,提高消费者满意度,才能吸引更多民众参与到体育消费中。

第四,加强体育消费领域的监管,整顿和规范市场消费秩序,积极推进市场诚信体系,增加政府对体育领域的财政支出,增强人们的社会安全感。

最后,应积极探索鼓励体育消费的政策制度,激发居民体育消费欲望。如通过政府购买、消费补贴等途径,鼓励地方探索医保卡支付体育健身消费制度。支持各地建立体育消费个人或家庭奖励机制,提高群众的体育消费意愿。

(五)丰富体育产品供给,促进居民体育消费结构升级

从国家经验看,当一个国家人均国内生产总值(GDP)首次突破3000美元后,经济增长结构将开始发生明显变化,消费需求结构将进入快速升级期。2022年,全国人均国内生产总值(GDP)突破了8000美元。我国已经进入了消费需求结构快速升级期,体育消费需求结构升级在进行中。对不同的年龄、不同性别、不同职业、不同收入水平进行匹配性的结构升级,根据收入高低居民可以分为三模块,即高收入群体为"体育消费先导型"、中等收入群体"体育消费升级型"、低收入群体为"体育消费培育型"。高收入者该有的都有了,享受体育带来的服务,引领体育消费的潮流;体育消费升级型是一个庞大群体,调整政策促进其快速释放购买力;体育消费培育型增加其收入提高其体育消费。目前全国体育消费的结构排序为实物消费、参与型消费、体育博彩消费、观赏型体育消费。促进体育消费观念转型升级要强调健康、科学的体育消费以及体育消费习惯的培养和形成。丰富体育产品供给,丰富体育消费产品内容从而适应多样化的消费者。应拓展经营领域,针对不同类型消费者,扩大服务范围,坚持体育消费产品多样化,尤其注重服务型体育消费产品开发,使体育消费更广、更全面地面向大众,从而满足居民体育消费需求与动机。加强体育产品供给,要着重注意以下几点。

首先,体育产品的供给要从不同性别消费者体育消费需求出发。王乔君,童莹娟的研究显示我国居民体育消费的动机排列前三位的是:强身健体、体育娱乐和社会交往,其中,女性选择社会交往、审美追求者居多;男性选择强身健体、体育娱乐者居多。各类体育市场主体应根据男女体育消费动机的不同,针对性地提供体育产品,制定营销策略,促进体育消费。其次,体育产品供给要从不同年龄群体体育消费需求出发。青少年、成年人、老年人体育消费需求和消费特点存在差异,在体育产品供给时侧重点应存在不同,要根据不同年龄群体特点和需求进行体育产品开发和营销策略设计。如在青少年体育产品供给方面,应根据我国青少年体育培训日益兴起这一现实状况,健全体育产品体系,完善服务内容,对青少年体育培训市场进行重点培育和管理。再次,体育产品供给要从不同层次群体体育消费需求出发。体育消费内容的选择与消费者所处层次有很大关联,消费者层次主要由学历、职

业、收入等因素决定。如何根据不同层次体育消费者的偏好,设计开发吸引目标消费者的体育消费产品,有助于进一步改善体育消费结构。如针对上层人群体育消费者,在提供高端体育产品时,应注重体育产品的科技含量和创新性,重视体育消费产品本身的同时还应重视相应配套设施和服务的完善,满足高端消费者体育社会交往需求。最后,丰富体育产品供给,要鼓励各种社会力量进入体育市场,向国民提供多样化、多层次的体育产品;应采取基金资助和政策扶持等方式鼓励各类体育场馆设施面向社会,提高场馆利用率;要有侧重地对体育产品供给主体在财税和金融政策上进行扶持,促进其生产出更多符合市场需求的体育产品,促进体育消费结构升级。

(六)新体育消费方式和模式,促进融合消费发展

创新体育消费模式,促进融合消费发展,是促进我国体育消费的必由之路。体育与教育、医疗、科技等产业融合发展是转变体育产业发展方式的重要手段和我国未来体育产业发展的必然趋势,体育消费发展的重要模式是融合消费。新时代全国应重点推进各个领域产品之间的融合消费,密切结合"互联网+"国家战略,在融合中拓展体育消费新模式。促进体育与旅游产业的融合消费,应以休闲体育产业快速崛起为机遇,旅游业转型升级为契机,加大体育与旅游机构合作,促进体育与旅游的产业融合。创建一批国内知名并具备国际影响力的体育旅游景点,重点培育一批体育旅游示范项目和体育旅游精品线路,大力发展户外运动、赛事观赏、康体度假和民族传统体育等体育旅游模式。促进体育与教育产业的融合消费,重点发展体育培训市场,鼓励各种社会力量进入体育培训行业,打造一批专业的体育培训品牌机构。要抓住我国校园足球战略的发展机遇,着力打造青少年体育赛事体系,促进青少年体育发展。促进体育与信息技术产业的融合消费,应紧密结合当今世界"互联网+"的发展趋势,探索"互联网+体育"的消费模式。应促进以云计算、大数据为代表的信息技术与体育传统产业的融合创新,开发新的消费增长点。要加强体育电商交易平台建设,鼓励体育产品借助电子商务模式开展业务,打造线上线下结合的体育消费模式。

另外,体育与地产、科技的融合也是未来扩大体育消费的重要途径。以体育为载体,推动体育与住宅、休闲娱乐及商业地产综合开发,打造以体育为主题的城市综合体,促进体育与地产业融合消费。加大体育领域科学技术研发,提高体育产品的科技含量,促进体育科技产品消费。如可穿戴式运动设备、健身健美装备和设备、营养保健食品药品等产品消费。

新时代全国体育消费动力不足,必须从体育供给和需求两端同时发力,制定一系列政策促进和保障扩大体育消费,为全国的经济发展注入新动能,释放全国的体育产业新产能,从而推动全国消费结构升级。这对于缓解体育产业市场供需矛盾,促进全国体育产业大发展有重要意义。购买大型健身器材执行退税政策,以旧换新政策,推行"体育健身场所进小区或社区,体育健身器材下乡和走进家庭"计划,健身俱乐部进社区或小区,让跑步机、体质检测仪等健身或健康监测设备能够走进千家万户。

第八章　多维度视角下的体育消费行为分析

第一节　体育消费行为——消费心理分析

消费心理是指消费者进行消费活动时所表现出的心理特征与心理活动的过程。消费价值观是指在众多的产品和服务中,消费者从自身需求和购买力出发,对消费行为做出价值判断,并决定消费态度、选择方式的认知综合体。随着我国社会主义市场经济的不断发展,人民生活水平日益提高,人们的消费心理和消费价值观也发生了很大的变化。体育消费已经成为现代生活消费的一部分。本章主要研究人们的体育消费心理,以及人们在购买或使用体育有形产品与无形体育劳务用品以满足自身体育需求的消费过程中所表现出来的调节、控制自身消费行为的心理现象,旨在正确引导体育消费,不断提高体育消费水平。

意识是人所特有的一种心理现象,它具有自觉性、能动性和创造性等特点。对人的各种心理活动发挥调控、指导作用。随着我国社会主义市场经济的发展,体育市场经济行为是不可避免的,消费者受当代经济、文化和消费观念的影响普遍具有较强的健身意识和体育消费观念。下面介绍体育消费心理变化,进一步了解消费者的消费心理状态与行为方式。

一、体育消费心理与行为理论研究

(一)体育消费心理的概念及内涵

体育消费心理意味着体育运动心理学和体育用品消费者购买的心理活动。整个一系列心理过程包括消费者的动机、态度、信念、想象和决策与消费者的认知过程,也包括一些心理体验的快乐、满足、痛苦、挫折和不满等。从消费角度看,新的体育消费观念可分为改变传统消费者和现代消费者的消费观念。消费者在不同的消费观念的影响下,往往会考虑是不是喜欢或者是不是时尚,并不考虑商品的实用性与连续性,只是表现了个人的生活风格和品位。

(二)体育消费行为的动态系统

体育消费行为是按规律性随着时代的变迁而变化的行为,受到多种大大小小的主客观条件的限制。消费学观点认为从横截面所涵盖的内容看,消费行为出许多外显行为和内隐行为构成。也就是说,消费行为是外显行为和内隐行为的结合体而且更偏重于后者。体育消费行为在属性上虽然属于行为消费,但也存在着哲学上的特殊性。从小视角的角度来看,体育消费行为的特点其实与体育运动相符,消费者往往通过直接和间接的方式参与到体育运动中去,以增加人们在精神方面对体育运动的追捧和热情。所以,有体育消费行为的人作为主体在参与相关体育活动时表现出来的主观和客观活动都属于内外因行为。简单地说,体育消费行为的外因行为表现主要包括购买和选择体育商品、对此商品的评价以及对相关体育知识或技能的学习等。内因行为表现则包括体育行为,消费者作为主体的客观需求,如为什么消费、这次的消费和以往有什么不同、自己是否也可以一起进行消费等心理活动。

以系统论和消费学的角度分析,体育消费行为属于开放性系统行为。而这个消费行为的产生必定经过一个过程,我们称它为消费行为产生的三个阶段。在该系统中会先产生内隐行为,简单说就是在消费时会出现一系列的心理活动,然后才会出现消费行为。所以,我们可以把人们在进行消费时产生的一些心理活动作为消费行为产生的第一阶段,把人们在选购时的一些外部行为,作为第一阶段的总结,而发生消费行为,可以称为消费行为的第二阶段。经历过两个阶段后,消费者往往会出现一些内容层次不同的心理和身体活动,那就是消费体验,也称为消费评价。对于这次消费后的服务体验和产品是否符合消费者需求,都决定了消费者是否会选择再次购买该品牌的体育商品,我们称为消费行为的第三阶段。

二、体育消费心理与行为影响因素的分析

(一)消费认知与自我抑制因素

在消费行为产生的过程中,消费者会在琳琅满目的商品中挑选出一样来决定消费行为的产生。消费行为的产生取决于消费者在进行商品挑选时,对该商品的了解和对自身需求的了解。而这种了解,是对这件商品的基本了解,这是影响人类对于体育消费的关键因素。此外,每个社会发展阶段的经济情况也影响着体育消费的水平和方式。在某一水平线上,经济情况所到达的高度与体育消费的观念态度是对等的。相反,当这种惯性的体育消费观念确立后,又会以一种习惯的力量制约和影响体育消费水平和体育消费行为的安排。

(二)经济与时空因素

当下,我国的国民生活水平还达不到发达国家的水准,消费者的经济水平达不到一定高度,生活质量得不到提高,这也是影响消费行为产生的一个重要因素。体育消费作为一种社会现象处于客观世界之内,而进行体育消费就必须要有特定的时间与空间,现如今有没有这些保证则是直接影响消费行为是否产生的因素。

(三)营销策略与宣传因素

体育消费属于消费行为的一种,它包含所有消费所拥有的固有特性。体育消费作为一种消费形式,具有消费所固有的任何特点。消费作为一种经济现象,有其发生和发展的普遍规律。现代企业的运行一般要对消费者的消费行为产生一定目的性的影响。广告的作用就在于在短期内针对人们购买的欲望和行为凸显宣传效果,所以进行广告宣传是必不可少的。由于体育消费的价值没有被更多的消费者所认可,因此善用营销策略,积极宣传体育消费对健康的价值尤显重要。

(四)服务与管理因素

消费行为的发生起源于消费意识的引导。消费意识简单来说就是在进行某样商品的挑选时所产生的对产品的认识、选择和同类商品的比较以及购买商品后的服务体验的过程,对于消费行为的发生起支配作用。在这个过程中,人们大多数选择有售后保证的产品

进行购买。若消费者对某样产品出现购买欲望并且愿意产生购买行为,那么这件产品所出现的卖场环境和服务就是这个阶段的重点。如某样产品质量过硬时,就需要其贩卖的环境来烘托此商品的价值,因为消费者更多的是追求此产品的包装和产出地。所以,树立体育消费服务意识,让消费者体验到更专业更高质量的消费体验是提升体育消费水平的直接因素。

三、体育消费者消费心理的具体表现

中国的体育消费已进入一个新的高潮阶段,进一步推进了我国成为体育消费大国。目前,我国的体育消费市场发展前景可观。研究体育市场消费心理,能够帮助企业或商家了解消费市场的趋势,对生产销售产品至关重要。

(一)体育消费意识超前但实际消费水平低下

体育消费的意义在于人们在参加体育活动和欣赏相关体育活动的比赛时对体育用品和资源的消耗。体育消费意识是体育消费行为产生的前提,也是开拓体育市场和发展体育市场的社会基础。随着社会经济的发展,人们的生活品质得到提高,人们的价值观和消费意识有了很大变化。现如今的社会,越来越多的人注重身体健康,势必要为健康进行投资,也就是人们观念中的"花钱买健康",因而对于体育消费的发展都投以赞成票。但受经济能力的限制,仍有一部分消费者的消费水平、消费观念相对滞后,他们有的较少参加体育活动,有的参加体育活动但体育消费很少,从而影响了整体的体育消费水平。

(二)体育实物消费比重大于体育劳务消费和体育信息消费

体育消费包括体育实物消费、体育信息消费和体育劳务消费。体育实物消费是指消费者个人进行的购买与体育活动相关的实物消费行为。体育信息消费指人们为获得有关体育知识、信息而购买体育期刊、书报或观看各种体育比赛和展览等所进行的消费。体育劳务消费指消费者用金钱换取各种与体育活动相关的体育劳务或体育消费资料的消费。消费者体育实物消费行为产生的概率要大于体育劳务消费和体育信息消费。体育实物消费按消费支出由高到低排列顺序为购买体育运动服装、体育书籍或报刊,租用体育场地、体育器材等,而体育信息消费和体育劳务消费的支出则相对较少,且男女消费者消费差异不大。

(三)体育消费需求的从众性和个性化并存

多数消费者的体育消费具有明显的从众心理,他们更喜欢与朋友结伴购买体育用品、观看体育比赛或参加集体性体育项目。因为体育消费作为人们精神世界的非必需消费品,多数人对其较为陌生,大部分人对是否进行体育消费缺乏判断力和自信心,从众便成为他们自然的选择。但是,随着消费者的理性消费意识不断增强和消费经验不断积累,消费行为的个性化趋势也越来越明显,他们在进行体育消费时更喜欢与众不同、标新立异,以表现自我、炫耀自我。

(四)消费动机表现出明显的差异性,求便求廉与求新求名心理并存

消费者大多数在经济上尚未完全独立,受经济条件与中国人传统购物习惯的限制,大部分消费者在选择商品时,促使他们购买的重要因素就是价格和选购环境的位置。在进行

体育消费时,多数消费者更喜欢追求新颖和时髦,热衷于追求品牌和时尚。他们认为品牌消费能降低购买风险,同时满足了其求新求名的心理需求。

四、不同年龄段消费者心理

不同年龄的消费群体,由于年龄不同、兴趣爱好不尽相同,对商品的要求也不同。随着经济的发展以及收入的提高,各个阶段消费者的消费需求也会发生较大的变化,这是体育消费市场不可忽视的因素。

(一)少年儿童消费者心理

1. 儿童消费者群体的心理与行为特征

从出生到 11 岁为止,人的思维受到一定客观环境的影响,其消费意识和理念随着年龄不断增长而发生着较大变化。这种变化在乳婴期(0~3 岁)、幼儿期(3~6 岁)、童年期(6~11 岁)表现得最为明显。

第一,从主观生理需要慢慢发展成为客观社会需要。人类在婴幼儿时期,消费行为的产生都是伴随着大人的帮助,是主观的生理需要。到了 4~5 岁,产生了比较的意识,随着年龄的增大,这种意识越发明显。这个时期的孩子也只是纯受益者,几乎没有直接进行购买行为的能力。成长到幼儿期和学前期的孩子们,有了一定的购买意识,可能会单独购买一些不复杂的产品。这就意味着他们的购买意识正在向着一个质的变化发展,由完全依赖型向半依赖型转化。

第二,从模仿父母进行购买行为渐渐向自主消费行为转变。小孩子正处于启蒙期,模仿能力也是相当强的,尤其在学前期,他们会互相模仿其他小朋友的消费行为。随着他们慢慢地长大,自我意识增强,渐渐懂得自己需要的是什么,也就是说,他们的消费行为出现了个性的特点。比如,自己想要的玩具不一定和其他人一样,又或者是一定比其他小朋友的玩具要好才可以。

第三,孩子的购买情绪从不稳定发展到比较稳定。儿童的消费情绪往往是特别不稳定的,很容易受其他儿童的影响,而且这种情绪是多变的。当他们进入幼儿园与其他小朋友在一个共同环境下成长,他们的意志力也会得到增强,那种不稳定的消费情绪也会趋于稳定。虽然消费行为以依赖型为主,但对父母的购买决策影响力也变得越来越大。

2. 少年消费者群体的心理与行为特征

对 11~14 岁的孩子,我们称为少年消费者群体,他们正处于由儿童向青年过渡的阶段。在这一阶段,生理和意识上体现出第二个发育高峰期。在这一时期其心理上是依赖与独立、成熟与幼稚、自觉性与被动性交织在一起。

第一,在消费心理与行为方面。他们的购买心理与消费行为出现了叛逆,不想接受父母的建议和支配,要求一切以自我为中心独立消费。虽然他们的心智还不成熟,在挑选商品时的想法和购买商品时的行为还不成熟,经常和父母出现对立的情况,但是他们的个性化趋势已经慢慢形成。

第二,在购买的倾向性方面。少年消费者的消费心理开始产生变化,他们的购买行为逐渐趋于稳定化和惯性,购买回来的东西也越来越符合自己的需求。

第三,在受影响的范围方面。少年消费者的消费行为从受家庭内部的影响转变为受外部社会的影响,而且这个范围在逐渐扩大。

如果说儿童期的孩子的消费观念取决于父母、家庭,那么少年期的孩子的消费意识的变化则是受外部环境影响的比重逐渐呈上升趋势。这种影响包括新环境、新事物、新知识、新产品等内容,影响的媒介主要是学校、老师、同学、朋友、书籍、大众传媒等。与父母家庭影响相比,他们更乐于接受社会的影响。

(二)青年消费者群体的心理与行为特征

1. 追求时尚,表现时代

思维逻辑性越来越强、思想范围越发宽广、对于未来充满希望、具有探险精神是现如今青年消费者典型的心理特征之一。这个阶段的消费者对待一切新的事物都充满了求知欲,而且往往会进行大胆尝试。在消费意识和购买行为方面,他们往往会表现出紧赶潮流、领导潮流的趋向。他们往往是新产品、新的消费时尚的追求者、尝试者和推广者。

2. 追求个性,表现自我

随着青年消费者的自我意识愈发增强,他们的个性爱好越来越多,以自我为中心的意识愈发热烈,迫切希望实现自我价值,所以越来越喜欢展现个性化的东西,并且追求一种在商品选择上要求独此一份的目标。

3. 追求实用,表现成熟

青年消费者的消费倾向趋于稳定和成熟,在追求时尚、表现个性的同时,注重商品的实用性和科学性,要求商品经济实用,美观与功能共存。由于他们大多数都具有一定的文化水准,接触的各种信息也较多,所以在消费行为发生的过程中目的性越发强烈,不再购买华而不实的东西,在这个阶段慢慢呈现出一种成熟性。

4. 注重情感,冲动性强

青年人虽然在生理上已经成熟,但在心理上还不完全成熟,所以他们的心智、爱好等还不完全稳定。他们的行为极其容易受到感情的支配,也就是我们常说的意气用事。客观环境、社会信息、新时尚、新潮流等对他们的认识和行为有非常明显的影响,表现在购买行为和消费意识中,容易受客观环境的影响,情感易变,经常发生冲动性购买行为。同时,一见钟情式购买行为的发生概率大于深思熟虑式购买行为,而且冲动性购买多于计划性购买,这些都是青年人在消费活动中的突出表现。

(三)中老年消费者心理与行为特征

1. 中年消费者群体的心理与行为特征

第一,注重商品的实用性、价格及外观的统一。中年消费者社会责任大、家庭负担重,由于经济条件所限,所以更多地关注商品的实用性及价格,讲求"美观大方,经济实用"。一般来说,产品的功能多元、体验效果流畅舒适、价格经济实惠、外观潮流经典,这几方面的结合是促进中年消费的基点。

第二,看重商品体验的舒适性与方便性。对于中年消费者来说,由于各种外界因素,如工作的压力、家庭的和睦等,使他们处于人生负担最大的时段,所以为了减轻压力,对于能够提供舒适方便的产品,他们更喜欢去购买。

第三,在中年人的意识中,理性消费观念占有很大的比例。人到中年,在一些商品的选用上考虑的因素特别多,所以只有产品本身的实惠性,才能激发其购买欲望,促成购买行为。

第四,消费行为开始出现惯性,但又较少存在偏见。中年人在较长期的消费活动中形成了比较稳定的消费习惯,他们经常习惯性地在某一商家消费或购买某一品牌的商品。

第五,购买经验逐渐丰富。长期的购买活动使中年消费者掌握了一定的购买经验,一般均已形成符合自身经济收入且价格合理的商品消费理念。所以,相关产业应该根据他们的种种特性,采取相对应的销售措施,迎合他们的消费心理以促成购买行为。

2.老年消费者群体的心理与行为特征

第一,消费观念传统性比较强,热衷于对品牌的追求。老年人的消费观念受长期的固定消费和稳定化生活所禁锢,对于生活中的购买行为已经构成了一种模式化。老年人一旦对某品牌产生信任和依赖性,就很难再选择其他品牌的产品。他们往往是传统品牌、传统商品的回头客,对于传统商品情有独钟。所以,企业在把握老年人消费市场时,应该注意对"老字号"类的商标或者品牌进行宣传,不要经常更换名字和商标。

第二,注重实际,追求方便实用。老年人消费因为受长期稳定生活方式的影响,他们购买东西的目的性很强,希望经济实惠又功能性强,不太愿意尝试新东西。所以,在他们进行购买的过程中,好的环境和良好的服务态度就显得尤为重要。

第三,需求结构呈现老年化特征。老年人在对健康有利的保健品或者与保健项目有关的商品需求量增加,只要是对健康有益的东西,一般价格不会是老年人购买行为的阻碍点。同时,由于需求结构的变化,老年消费者除了吃之外的其他消费行为方面的支出会大大减少,而对满足于兴趣嗜好的商品购买支出明显增加。

第四,部分老年消费者还抱有补偿性消费动机。在子女长大成人经济独立之后,父母肩上的经济负担便减轻了,所以部分老年消费者会试图补偿过去因条件限制未能实现的消费愿望。他们在营养食品、健身娱乐、旅游观光等商品的消费方面,同年轻人一样有着强烈的消费兴趣,乐于且有能力进行大宗的支出。

五、体育消费的心理策略

企业或商家分析消费者的购买行为动机可以有效地制定营销策略。消费者的心理变化是影响其购买体育用品的关键。因此,对于企业或商家来说,必须对体育消费者的心理进行研究分析,调控商品营销策略。

(一)注重消费者体育消费心理需求的引导

处于发展中国家的我们应该重视体育产业的发展,促进相关产业的创新和开发利用,推进体育产业的实物消费和服务消费,使国家体育产业的消费市场得到完善。这就需要社会为消费者提供较充裕的体育实物消费资料和体育服务消费资料,需要拥有发达的体育产业及与体育有关的产业。从国际视角看,当今世界上经济发达的国家,普遍体育社会化程度较高、人均体育消费水平较高、全民体育意识较强、体育人口众多,且都把体育产业及与体育有关的产业作为重要产业,放在相当重要的地位。同理,既然人们的体育消费需要日益增长,那么我们就一定要关注体育文化产业并积极参与其中,必要时参与建设新型的体育活动项目的开发与创造。特别是人类普遍关心的一些项目,如以减脂为目的的保健活动或者以复健为目的的康复活动。针对这几方面提供服务,如家庭式、便携式小型运动器材、运动服饰以及相关的体育新闻、画册、体育彩票等娱乐活动,与体育相关的产业,都是提高体育消费的水平和质量、迎合人们日益增长的体育消费追求的重要方面。

加强对体育消费的宣传,充分利用人们工作之余的闲暇时间,将体育场馆设施向全社会开放,适当引进国外一些体育消费项目。广播、电视、报纸、杂志等大众传播媒介则可以向全社会宣传体育消费的作用和意义。重点宣传体育消费的经济意义,逐步引导全国人民理性的体育消费。同时,在经济发展和劳动生产率提高的情况下,在我国逐步完善职工带薪休假制度,并提高家务劳动社会化的程度,这样可以增加人们的闲暇时间,从而为人们从事体育消费提供足够的时间保证。现有的体育场馆设施应该全天候向社会公众开放,要相应增加体育场馆设施的建设投资,兴建、扩建和改建一批体育场馆和体育设施,特别是人民群众喜闻乐见的小型体育活动场所。今后在新建居民住宅小区和卫星城镇时,要充分考虑人民群众体育活动场地的配套建设,从而为人们从事各种各样的体育消费提供条件。

体育消费的发展离不开项目的创新。我们可以根据自身国力结合经济现实情况来引进国外的一些时尚先进的体育活动项目,满足一些消费者的消费目的。充分利用我国的条件、资源,挖掘富有民族特点和民族传统的体育消费内容,这样才能形成具有中国特色的体育消费模式,满足各种层次的体育消费需求。

(二)强化不同体育消费群体的消费心理策略

1.针对少年儿童体育消费群体的营销策略

由于青少年消费群体日益成为社会的消费主体,所以体育产业相关的企业应该区分把握这个主体的消费心理和特征。

(1)根据不同的消费主体,区分不同的消费需求,设计不同的营销方案

年龄比较小的孩子们都是由其家长来为他们进行商品的消费的。企业在设计商品和制定价格方面应从父母的购物心理出发。学龄前期的儿童有时会陪同父母一起购物,所以在方案设计时应该考虑到成人父母为其孩子的选择,同时要顾及孩子的使用感受。在幼儿体育用品的设计上,包装外形要依据儿童的心理特点进行设计,在价位上要考虑到经济实惠性,要多添加功能性以配合儿童父母的多元需求。

(2)在进行外包装设计时,要直观简洁明了,用活泼、强烈的直观效果来增加消费者的购买欲望

青少年在意识上虽然已经有了一定的审美,但是视觉效果的影响仍在他们的思维领域中占着重要的主导地位,所以产品的包装外形是引导他们消费的重要因素。为此,企业在儿童体育用品的外观设计上,要考虑儿童的心理特点,力求生动活泼、色彩鲜明。

(3)要提高体育产品的辨识度,产品要有独特的设计理念或者企业思想

青少年在选购商品时具有随意性,在儿童时期这种随意性更为突出,而到了少年期则开始有了品牌意识。具有一定名气的产品、有一定特色且辨识性很强的产品,一旦被他们认准了,一般不会再变更其他品牌了,体育企业的产品在对外宣传和销售时,一定要使自己的产品有正面的辨识度,把企业及商品的良好形象深深留在少年儿童的记忆中。

2.针对青年体育消费群体的营销策略

要将青年消费群体的市场收入到自己麾下,那么企业就需要坚持"以人为本、因地制宜"的理念去设计开发新产品。随着时代的进步,在体育用品方面也应该紧随时代潮流的脚步,将科技与审美相结合,设计出美观又实用的产品。与此同时,要把握好青年消费的共性和差异性,结合各自不同的特点,通过各种营销手段积极地诱导他们消费,促成其体育消费。

3.针对老年体育消费群体的营销策略

针对老年体育消费者心理惯性强,对商品、品牌的忠实度高,注重实际等购买心理与行为特点,体育用品企业要考虑到老年体育消费者的固有思维模式。如果是老牌体育用品企业就可以延用曾经的模式;如果是一些新兴的体育用品企业,就要从体育用品的实际功能出发,生产物美价廉的体育用品,以优惠的价格、使用的便捷、产品用户体验的舒适度、温馨良好的服务态度为宗旨生产有利于老年人身心健康的消费产品。

(三)调控消费者体育消费心理

1.引领消费者树立正确的体育消费意识

科学研究证明,人体细胞活力与机能会随着人类年龄的增大而降低。为了延缓衰老,提高细胞活力,促进新陈代谢,要经常性地参加一些对身体有益的体育活动。因此,充分宣传体育知识和体育活动对健康的重要性是体育消费的切入点。深入贯彻终身体育观念与全民健身思想,正确引导消费者的体育消费观念,可增强体育消费意识,优化体育消费结构。

2.多方位满足消费者的消费需求

随着社会的高速发展和人们对于健康生活的意识提高,消费者的体育消费更加明显地表现出个性化特征。这就要求增设具有个性化的新奇独特的适合消费者体育消费的项目,如室内攀岩、蹦极、潜水、射击、箭术、马术、瑜伽等创新性项目。以创新体育项目为引导,刺激消费者超越自我、挑战自我的个性。

3.改善体育设施、增设体育项目和健身场所,满足不同消费者的心理需求

已有研究显示,场地设施的缺乏是影响消费者参加体育锻炼的首要因素。为此应改善体育设施、增设适合消费者兴趣爱好的体育项目和健身场所。一方面,政府应加大体育经费的投入,多推广投资少、见效快、收益高和消费者喜闻乐见、参与面广的项目,如足球、篮球、游泳、羽毛球、乒乓球、网球等;另一方面,可结合全民健身运动,创立适合不同经济收入消费者的不同档次的健身场所和项目,如开发不同档次的体育活动场所和经济实用、美观大方、新颖独特的体育用品,力求满足众多消费者的不同消费心理,达到全民健身的目的。

第二节　体育消费行为——体育广告心理分析

广告是企业或商家向消费者介绍商品的一种方式。目前,广告的种类有电视广告、报纸广告、POP广告等多种类型,不同的广告类型针对不同环境的消费者。体育广告与大众广告的作用是一致的。体育广告心理,研究关于广告传播方式及其内容对受众产生影响,导致其一系列心理活动反应,以致引起其消费态度变化的过程,是广告信息传播和受众在广告策划、广告传播中相应的心理活动。本节探究体育广告的心理,从体育广告心理理论,拓展体育广告的设计,逐步分析体育广告带给消费者的心理变化,从而引导购物。

一、体育广告的注意原理

注意原理是体育广告中广泛应用的心理学原理之一。所谓注意,是指某一特定对象的心理活动的方向和集中。指向性和集中性是注意的两个特征,它们总是伴随着心理活动。注意指向性表明,人们的认知活动是选择性的、有意的或无意的。在任何时候,心理活动都

有选择性地指向某一物体而同时离开其他物体。集中性是专注于一个事物的精神活动的时候，不仅有选择地指向某个对象，还抑制额外的以及与它争相的活动，并对它以充分的能量来得到明确和真切的反应。例如，消费者在选购某种体育商品时，其心理活动总是指向于该商品，并集中在它的身上，以对所选购的该种商品形成清晰而精确的反映，从而便于确定买与不买。

（一）注意原理在体育广告中的作用

吸引公众对广告的注意是广告效果的第一步，也是最关键的一步。如果不能引起公众对某一广告的注意，那么广告的其他效益更无从谈起。注意的指向性与集中性的特点使人们于众多的广告之中，有选择地指向和关注某一特定的广告，而且这种注意的作用会贯穿广告发生作用的心理过程的始终，从而达到广告最终促销功能的实现。因此，注意被认为是体育广告心理策略中极其重要的一部分。引起消费者注意的刺激因素有外在的客体刺激因素以及内在的主体个人因素。

1.外在的客体刺激因素

有效的外界刺激因素不仅能够引起消费者对体育广告和商品的高度注意，而且可以引起消费者的兴趣和偏爱，能够诱发其内在的主观感受，进而引起购买的欲望，产生购买的动机。能够引起人们注意的刺激物所具备的条件是多方面的，主要有以下5点。

（1）强度

刺激强度越高的客体，越能引起公众的注意。一般来看，体育广告刺激主要包括视觉刺激和听觉刺激，其中视觉刺激又是第一位的。实验表明人们接受的外部信息，约85%来自于视觉。视觉主要包括色彩、明暗、位置、对比等，如明亮的灯光、鲜艳的色彩、突出的位置等都会引起人的注意。听觉刺激主要来源于声音，与声音有关的主要因素是频率和强度。设计体育广告时要考虑声音的音高、响度和音色的心理作用，使听觉刺激能够让人产生愉悦的感觉。同时很多情况下视觉刺激与听觉刺激是互相配合的，在体育广告设计中要利用这种强度因素，加强对人的视听感官的刺激，以收到引人注意的效果。

（2）对比

在同一时空条件下或同一类别中，与周围的刺激物反差越大越能引起注意。相反若是极其单调、毫无变化地连续出现或发生，那么即使这种刺激是比较强烈的，也不能引起注意，这在心理学上称为"感觉的适应性"。所以，在体育产品的广告设计上应注意利用这种对比的规律。在小广告中做大，在无色彩中做有色彩，在暗淡的背景下做明亮等，这些大小、强弱、深浅、明暗的对比均能使广告给人眼前一亮的感觉，从而引起人们的注意。

（3）动感

运动的物体容易使神经感官兴奋，因而可以引起更大的注意。在体育广告中，动感的运用尤其普遍，因为这种表现形式更能切合体育的内涵，符合人们的心理，并能引起共鸣。

（4）新奇

体育广告设计中独特的构思、富有创意的语言、新颖的表现手法等新奇的东西，往往会产生特殊的效果。在常规思维占大多数的情况下，谋求与众不同，运用夸张、奇幻的手法，往往能够增强刺激的强度，醒人耳目，激发人们的好奇、兴趣和关注。

富有创意的体育广告语有：匹克（Peak）——我能，无限可能（I can play）；彪马（Puma）——永远保持真我（always be yourself）；匡威（Converse）——这是威的舒适（It's

Converse for Comfort);安踏(AnTa)——永不止步(keep moving);阿迪达斯(Adidas)——没什么不可能的(impossible is nothing);等等。

（5）娱乐性

人们都有追求美感的天性，具有娱乐性的广告，有一定的感染力，特别容易引人注意。

在体育广告中，许多作品为了表现对娱乐审美价值的追求，刻意表现出瓦解和不连续性，打破了原有的意义，创造了与现有秩序不同的新秩序，重组了优美而非理性的视觉元素，产生了夸张的幽默效果。这种视角的转变是一种新颖独特的创作，创作者从独特的角度，结合自然和非自然、理性和非理性的对象和思想以类似游戏的方式传达自己的想法，使观众在其身上得到乐趣和灵感，这种广告本身可以包含参与和娱乐。百事可乐和阿迪达斯在许多广告理念中都有娱乐和游戏的元素，让观众在享受幽默的背后，有一种想自己尝试的欲望。

2. 内在的主体个人因素

从消费者主观状态来说，体育广告设计中应该注意以下4点：

（1）利用人们一定时期中的兴趣中心

所谓兴趣，是指一个人对一定事物所抱的积极态度。当一个人对一定事物产生兴趣时，他就会积极地把自己的心理活动指向并集中于这个事物。因此，兴趣和注意具有极其密切的关联性。每个人都有自己的兴趣范围，它们可能与人们的日常生活、工作、当前要解决的问题、个人爱好等密切相关。从整个社会范围来看，在一定时期内，也会有一定的事物或事件成为人们普遍关注的中心，即社会的"兴趣中心"。通常情况下，这种一定的事物或事件都是比较大型的、影响范围比较广的、与人们有密切关系的，如奥运会、足球世界杯赛等，也可能是某种突发性的事件或某个当红的明星、影视剧等。这种"兴趣中心"我们一般也称之为"社会热点"，个人的兴趣中心大都会受到这种"社会热点"的影响，受其引导。因此，在广告策划时，应该善于抓住并利用这种社会热点事件，以其作为广告宣传的主题或背景，从而提高广告的注意度。

（2）利用人们当时的迫切需要

当人们生理上或心理上的某种欲望得不到满足时，就会产生需要。公众对于符合自身需要的刺激，给予的注意往往比较高。比如，一个观众在现场观看球赛，突然感到肚子饿了，这时如果周围有食品的广告、出售食品的小摊或者食品散发出的诱人的香味，都会引起他的注意。相反，一个吃得很饱的人，对这些有关食品方面情况的注意，就相对少得多。在广告策划中，应该分析在这种特殊情况下公众会产生的需要特征，充分利用公众潜在的可能会出现的需求，使广告作品的宣传内容与公众的关心点、兴奋点一致，满足公众的心理需求，从而吸引公众的注意。

（3）利用人们的某种特殊情感或情绪

情感或情绪是人们对客观事物独特的感受和认识，不同的人带着不同的情感和情绪去看同样的事物，所产生的效果就会不同。同样，人们在看待某个商品时，情感或情绪色彩不同也会给商品赋予不同的意义。比如，一个人是某个明星或球队的忠实球迷，那么他对由这个明星或球队做广告的产品就会产生特殊的情感，一旦看到他所喜欢的对象所做的广告就会产生特别的关注，表现为一种特殊的喜爱和偏好。在广告中制造和渲染某种情绪，也会使广告变得更有意义，使受众不知不觉地受到这种情绪的感染，在带着这种情绪观看广告后，对其留下比较深刻的印象。

(二) 注意原理在体育广告中的应用

在今天的"注意力经济"中,传播者所编织的一系列信息接口满足了人们的心理欲望和感官上的愉悦,凭借丰富多彩的颜色、美丽的身体和聪明的拼贴画的帮助吸引观众的注意,人体界面大多由复合信息组成,身体界面的解码机制也是丰富而微妙的。以身体界面为对象,以交际者和接受者的身体形象为纽带,身体界面的解码实际上是身体对身体的双重"游戏"。体育广告中出现的大多数模特都有黄金比例、强健的肌肉和优美的体态。当他们在广告中表现出各种运动形式的完美身体曲线时,观众首先会被这种身体所吸引,然后在脑海中被吸引,产生与之有关的想象,一种与快乐有关的错觉就是这样产生的。在这个联想中,很可能发生身体在置换界面中的冲动。

奥运会的纪录片"奥林匹亚"被称为英雄史诗,应该是奥运会最早的广告片,这是一个经典的运动身体的美和力量,特别是第二部"美丽的节日"。第二部,瑞芬舒丹拍摄了身体在运动时的美妙,她良好的艺术感觉在身体表现中显得很尽兴。这些美丽的身体使镜头下的她完美地表现出自信,在这种力量中表现出无限的卓越感和自豪感。由反射身体的力量和对速度的赞美,传达瑞芬舒丹的审美观。

目前,大多数体育广告仍然采用这种手段来达到广告诉求,身体的美丽仍然深深吸引着观众。不可抗拒的"身体魅力"在广告中显得更真实、更动态,如网球美女 Anna Kournikova,互联网上的性感美女以其健美和性感的形象吸引了无数粉丝,受到许多商家的青睐。世人所选择的欧米伽并不是看中她作为代言人的网球技能,而是她的肢体语言魅力。许多体育用品选择了一些年轻貌美的偶像和模特作为商品的配角,如匡威全明星经典帆布鞋平面广告——把鞋子穿在身上,象征健康的古铜色皮肤的女性身上只穿着一双匡威帆布鞋,帆布鞋的视觉效果已经成为身体完美的一部分,其质量不用说也知道了。

二、体育广告的感知原理

所谓感知,是感觉和知觉的总称。感觉是人脑对客观事物直接作用于感觉器官的个体属性的反映,它是主体认识的最初来源,并且是必不可少的第一步。要探索人的心理,就必须从感觉开始。人们接触到广告,最初也是从感觉开始。知觉是人与物之间的各种特性、零件和联系的综合反映。人的知觉具有整体性、选择性、理解性与恒久性的特点。另外,人的知觉还有对错之分,错误的知觉,人们称之为错觉。有时候错觉往往会被人利用。

在现代广告中,人们已经十分重视感知原理,充分利用人的 5 种感官功能组合,以达到最好的综合效果,刺激其购买的欲望。

(一) 视觉的利用

俗话说:"眼见为实。"一般来说,人们比较相信自己亲眼看到的东西,也就是说视觉的利用在体育广告中非常重要。美国广告学家乔治·奇里森认为,适当改变广告的位置,可能获得极佳的效果,这是利用人的视觉作用的一个方面。另外,还可以利用体育商品的包装式样、色彩来吸引顾客。在体育广告设计时要美观大方、突出重点,尽量使体育商品变得吸引人。其实,有时候真正的体育商品在我们买来后发现并不像广告中的那么出色,但又觉得没有什么变化,这就是广告技巧的作用。

（二）听觉的利用

听觉与视觉比起来，具有一个特点，那就是视觉具有可选择性而听觉不具有可选择性，即如果声音存在人们就只能接受。因此，听觉的利用在体育广告中也是很有效的。利用听觉的时候要注意几个方面：一是内容要准确；二是语言要简练准确、生动；三是声音要有感染力；四是频率不可太大，持续时间不可太长。

（三）触觉的利用

针对很多体育产品而言，人们习惯用手来进行触摸以判断商品的品质，这是因为商品需要与人体接触，而品质的不同会给人带来不同的触觉感受，人们都追求舒适的感觉，因此都希望能够亲自感觉，鉴别商品的品质。在广告中，我们就要尽量体现这种商品给人带来的舒适感觉，达到仿佛消费者自己亲身体验的效果。例如，安踏的"风冷运动衫"广告展示了该产品的技术含量。一个跑步的运动员被一个大而透明的水球包围着，有一张痛苦的脸和一种艰难的步伐，他换了这件凉爽的 T 恤后，就笑着、走着，步伐轻巧，突破了那个大水球。我们都知道，过去的运动衫大多是棉制的，出汗后衣服会变得越来越重，因为棉花会吸水，现在 T 恤是由特殊材料制成的，不但不吸汗，而且干得很快，即使出汗也感到非常轻松舒适，还能锻炼身体。在广告中，汗水被比作大水球，非常有创意性，用明亮的色彩效果，可以捕捉人的眼睛，使产品的利益点一目了然。

三、体育广告的联想原理

联想是体育广告心理中非常重要的一个方面，它既能影响消费者对广告的注意，又能影响消费者对广告的感知，对广告的记忆同样会起到作用，最终将影响消费者的购买行为。联想作用对消费者的购买行为可以起到两方面的作用。

其一，广告联想能促使消费者产生购买行动。如果一则体育广告能够使消费者在看到或听到该广告后，产生积极的联想，如运动服装的广告使消费者联想到自己穿上后会是如何舒适等，这样就增强了消费者的购买欲望，能够有效地促进消费者的购买行动。随着广告心理学的不断发展，人们在研究中发现心理作用在影响消费者行为中占的比重越来越大。广告最重要的就是要"攻心"，要使消费者产生心灵上的震撼，只有先让其"心动"，才能使其"行动"。

其二，广告联想也能阻碍消费者的购买行动。如果一个广告宣传的内容是人们普遍不喜欢的，那么人们在看到这个广告的时候联想到自己如果买了这种产品也会不受人欢迎，那他肯定不会去购买。因此，要尽量深入研究每一种体育产品的消费者群体的心理，使这种体育产品的广告给人带来积极的联想。2018 年阿迪达斯世界杯广告，众多文体界名人一起运动起来。广告中，球员们帅气灵活的踢球动作瞬间使消费者联想到俄罗斯世界杯，运动员展示不同颜色型号的运动服、运动鞋等产品成功吸引了消费者的目光。阿迪达斯世界杯广告运用当下热点，将产品与足球比赛关联起来，提升品牌的热销度，诱导消费者购物激情。有针对性地创造各种易于激发消费者积极联想的广告因素，使广告信息产生的联想效果适应消费对象的知识经验和欲望感觉，令其相信、向往、追求、愉悦，使其产生共鸣和情感的冲动，从而导致消费行为，这正是体育广告要做的。而体育广告联想的心理方法主要有以下 3 种。

（一）创意与联想

一个成功的体育广告作品必须要有好的创意，要有鲜明的个性特征，才能在纷繁众多的体育广告海洋里脱颖而出，别具一格地引起观众的注意。推陈出新出奇制胜是当今很多优秀体育广告普遍利用的创意方法。这种方法能够有效地增强人们对体育广告的注意度，增大体育广告的宣传效果。在体育广告中有意识地把两个生活中互不相干的事物组合在一起，使人在惊异中有所发现，引起联想。

David ogway，一个广告学硕士，他曾说："产品之间的差异越小，可以选择的原因就越少，并没有更多的富有逻辑和理性的体育广告词来打动消费者。"

以行业里的模范耐克为例，"一球成名""运动无处不在"是耐克的两个视频广告，前者很有创意，是在第一人称视角下对足球运动员的拼搏经过的拍摄，在电影中每一位观众都是主角，你自己通过刻苦训练磨炼球技，最终与明星在同一场比赛中竞争，你也可以享受出名以后和一个著名的美女模特约会的好处。第一视角的创造性在广告中起着重要的作用，使观众具有强烈的代入意识。

"运动无处不在"是利用创意将体育与各种场景相结合，运用无限的想象力和创造力，将普通生活场景与体育相结合，使耐克"运动无所不在"的品牌理念得到很好的传达。在电影中，老师和迟到学生之间有一场接力赛，他们进行比赛，并赶上公共汽车。创意在这部广告影片中的作用是最大限度地润滑日常生活场景和体育运动之间的过渡，使观众不至于感到过于突兀，而是露出一个合理的微笑。

（二）借代与联想

所谓借代就是避开所要描述的直接相关的事物，寻找一个表面看来没有什么关系，但实际上却含有某种内在联系的相关事物，来暗指原本要描述的事物。一般来说，体育广告上所用的借代物都是人们所熟悉的、司空见惯的、能与自己的生活经验联系起来的。因为只有这样，消费者才能"睹物思情"，展开丰富的联想，从而受到启发，理解体育广告所要表达的内容。这种联想方法，比直接以原物示人或向消费者灌输效果要好得多。因为这种借代的方式，让消费者的思维起到了作用，他们在看或听体育广告的时候思维是活跃的，他们在接受了体育广告以后通过联想对体育广告进行了再创造，形成了自己的感受且印象深刻。

在"谁杀了兔子乔丹"中，广告片里几乎没有出现"耐克"。它并没有像其他广告那样宣传这个产品，讲述"卖点"，只是用引人注目的飞人乔丹和兔子来演绎了一个荒谬的游戏或一个故事。这种"无声胜有声"的体育广告创意，让耐克产品赢得了非"卖点"的卖点，让消费者感觉十分亲切。例如，在20世纪90年代，耐克还设计并推广了一款夸张的电脑游戏，允许参与者在游戏中与乔丹共同打篮球。从"乔丹穿耐克鞋"想象到"我穿耐克鞋"，让消费者想象自己与NBA赛场上的乔丹相比，这种夸张的广告技术让消费者体验到与现实世界不同的一种兴趣，从而使耐克能够与目标市场进行沟通。在这种"无声胜有声"的现代艺术表现中，潜移默化地将耐克公司的产品植入消费者的内心，与消费者产生共鸣。例如，1977年，耐克推出了"这儿没有终点线"广告，描述一个年轻人穿着耐克鞋在峡谷的中部跑步，前方只有一个地平线的呈现。这一体育广告案例，以体育精神为背景，不仅运用人物来简单地反映产品的特点或性能，而且直观地表达人物与产品之间的哲学思想——从最终到永不败的"体育精神"。它使目标物体永无止境,冲击和撼动了消费者的精神,达到了让消费者感觉亲切的理想效果。

(三)意境与联想

体育广告意境即一个体育广告所营造出来的一种氛围,一种情调,它是体育广告给消费者所带来的心灵上的感受,是体育广告的一种感染力。利用意境引发消费者的联想,是利用了事物之间的联系,诱发人们的想象,从而想到体育广告所宣传的事物。通常情况下,使用这种方法能够有效地弥补很多产品单纯靠其本身无法给消费者带来的使用效益的不足,特别是当这种效益属于层次比较高级的效益的时候,通过意境的营造,利用一些具体的、为人们所熟知或向往的事物来打动消费者,可以从感情上增强说服力。比较常用的营造体育广告意境的方法主要有浪漫手段、幽默风格和动画样式等。但在意境的创造中,要特别注意避免惊恐或胁迫,以免引起消费者的负面情绪和不良的社会影响。

耐克有一则人和动画结合的广告"恐惧斗室"在中国播过。篮球明星詹姆斯是广告的主角,为了打破对自己内心的恐惧,每一级的对手都被他打败了,他们是"夸张失实""诱惑""嫉妒""自鸣得意"和最后的"自我怀疑",最终克服了自我赢得了成功。整个广告是连续流通的,有丰富的情节,加上詹姆斯从头到尾的扣篮表演,让球迷们享受到篮球的美。因地制宜是广告的最大特点,充分融合中国元素,无论是中国古代的老人、古代壁画中的仙女图案,还是象征性的中国功夫,都与詹姆斯进行奇妙融合,与观众的距离也被拉近了。

四、体育广告设计引发公众心理

体育广告设计是把广告创意予以实施的过程,即把广告创意以一定的形式表达出来。体育广告有了好的创意还必须有好的设计方案,只有将这两者结合起来才能产生好的体育广告作品。同样,体育广告设计必须考虑公众的心理。只有在适应消费者心理的基础上,满足消费者的心理需要,并引导消费者的心理走势,才能算是成功的体育广告。从体育广告设计角度来看,所要涉及的心理学内容主要有以下几方面。

(一)体育广告设计与审美心理

体育文化与精神艺术的结合,是现代文化发展的流行趋势。人类本体性本质力量的、精神自由的追求叫做审美。随着社会的发展,人类在思想观念上也有了更高层次的追求,这意味着审美文化正在向我们生活的方方面面渗透,体育当然也不例外。体育,顾名思义是身体锻炼教育,它是以身体和智力活动为基本手段的教育。它的最初目的是对人身体的解放、健康的恢复、体能潜能的挖掘。而在现如今复杂的文化背景下,它的重点不再强调身体的自由,更强调人精神的自由。现代体育与审美结合了人类身体和灵魂对自由的追求,从而衍生出一个新的名词那就是体育精神。它赋予了传统的体育文化活动一层新的意义,为现代体育文化注入了新的生命力和吸引力。从现代体育发展的实际情况来看,体育与审美形式的结合,不仅使现代体育文化有了新的精神含义,更像是作为一块磁铁吸引了更多的人民群众参与到体育文化建设当中去。而且,新的体育文化的产生也丰富了人类的精神生活,在倡导全民体育中起到了积极作用。这一切都是现代体育与审美的融合统一,通过潜在文化内涵向一种独特的美感发展。

美感是人类在认识自然和社会的过程中自然产生的一种心理现象。审美心理是一种特殊的心理活动,不同的个体对同一件事物的审美心理会有不同。体育广告审美心理应该从美感的普遍性与特殊性中探索规律,从而提高实施体育广告的针对性及其效果。

1. 体育广告审美特征

体育广告策划者要通过一定的艺术形式来表现其意图。体育广告作品要想使人得到视觉、听觉上的美的享受,进而达到体育广告要实现的目的,就必须依照当代社会中人们对美的共同向往和审美观来塑造艺术形象。体育广告的审美特征主要有以下4点。

(1)体育广告审美的形象性

艺术美不是抽象的,且并非只可意会不可言传,它可以用具体的艺术手法表现出来,不同的艺术手法所表现出来的艺术形象也是千差万别的。体育广告设计出来的艺术之美是要以现实的表现方法,充分展现出体育商品的内部细节美和外部造型美,最后以其材料上的质感、色彩等再现出来,如李宁品牌作为代表中国人的运动品牌,需要走出别人的影子而重新建立自身的文化底蕴。李宁要通过形象和口号的更新,来展示改变,表达中国的运动精神,开创运动新时代。在新形象中提出“人”的核心思想,共同发展,最终定出最终方案。李宁品牌新标识不但传承了经典的视觉资产,还抽象了李宁原创的“李宁交叉”动作,又以“人”字形来诠释运动价值观。新的标识线条更利落,轮廓更硬朗,更富动感和力量感,鼓励每个人透过运动表达自我、实现自我。另一方面,新一代销售店面的空间视觉设计,从中国现代生活出发,提取属于中国人的文化元素,配以现代化的插图、字体及版式设计,创作了李宁英雄墙、空间导引系统及产品推广画面系统,为中国运动精神套上全新的视觉包装,呈现出具有生命力的李宁新形象。这样的艺术手法的形象性比其他的艺术手法表达更加准确、直观和完整,其审美的特殊之处也在于此。

(2)体育广告审美的对象性

由于每一种商品都有一个相对应的消费群体,而基本上不会以所有的人为对象,所以,体育广告作品的对象性比较严格。有效的体育广告应该是准确地针对每一个特定的消费群体进行体育广告宣传,否则就不会起到应有的效果。体育广告作品在进行初步设计时要注意两个方面,第一要注重消费者审美的不同性,第二要把握好艺术的亲民性,即要符合大众口味。对于那种普遍能为大众所接受的产品,在生产过程中可替代性显得尤为重要,要做到产品使各个阶层的人都能在审美意识达到认可的效果。而对于存在个体差异性的产品,可以刚好借用这种个体差异,使人们产生一种此物非我莫属的感觉,以此来刺激消费者采取行动。

(3)体育广告审美的感染性

感染性是指艺术作品对人类精神层次所造成的影响,比如吸引力、诱惑力和魅力。具有艺术价值的事物,总是容易诱导人们的情感活动。体育广告作品作为美的创造者,必须具有强烈的感染力。体育广告作品无论采取什么样的语言形式和表现技巧,只有引起消费者的喜爱、神往、探求,才有机会引起消费者的购买欲望,同时可以给消费者塑造亲切感和信任感的形象,才能唤起消费者的注意和兴趣。

(4)体育广告审美的功利性

这里所说的功利性是指事物能够给人带来的一种有益无害的利益。人与艺术之间的向上关系属于功利性,这是体育广告审美心理的基本属性。体育广告宣传中那种失真或过分夸耀之词、包装装潢同内在体育商品质量不符等带来的欺骗性宣传,都是不符合体育广告的审美原理的。

2. 体育广告审美的差异性

由于体育广告审美属于人主观意识的活动,具有强烈的个体特征,会因为人的审美能力、审美观念、审美趣味、当时的心境等而有差异,同时受到社会环境等因素的影响,所以体育广告审美在具有普遍性的同时,表现出一定的差异性。

(1)体育广告审美的时代差异性

一切精神上的东西都要建立在物质的基础上,人类的审美需要也是在物质生产发展的基础上发展起来的,同时随着物质基础的发展而不断发展。因此,人类在各个历史阶段所形成的审美标准也各不相同。

实践发展了,时代不同了,人们用以判断美的标准也会不一样。原始人与现代人,20世纪的人与21世纪的人,很显然审美标准是不同的。虽然有的审美观念会在多少年后重新轮回,但是这种轮回也不是完完全全的重现,必定是有了一定发展和改变的。

人们的审美观念改变了,体育广告中的审美价值也要相应改变。特别是现代社会发展越来越快,人们的审美观念也紧随时代发展的脚步而变得越来越追求高层次,因此新的流行时尚不断出现。如果体育广告审美设计跟不上潮流的脚步肯定是失败的,而且成功的体育广告应该敏锐地发现新的流行方向,并能引导潮流的发展。

(2)体育广告审美的个体差异性

不同人的审美趣味都因其共性相联系,又因其个性相区别。一般来说,属于同一个群体的人的审美心理会有一定的相同性。比如,年轻人喜欢鲜艳、活泼,老年人喜欢朴实、典雅,女性喜欢柔美,男性喜欢阳刚等。但是,消费者的审美情感又受到多方面因素的影响,包括消费者的个人经济状况、思想志趣、文化素养、身份职业、年龄经历、性格爱好以及其他外界刺激等。由于上述诸因素不尽相同,消费者的审美观点也就表现出千差万别的个体特征。因此,体育广告设计应顾及消费者的审美个性,在设计时需要设计出包含消费者的审美和爱好以及赋予人类感情色彩、运用创新的艺术手段来表达的原创作品。只有保证了该作品有其独特的特点和美感以及一切设计灵感来源于该消费者对此设计的需求,设计师才可以为社会贡献出更多的有创新意识的、有灵魂的、有艺术感的以及独特的体育广告产品。

3. 体育广告色彩运用的启示:时尚与古典的完美融合

相较于其他行业而言,体育产业有其自身的特殊性,主要体现在体育广告的色彩应用上。由于主消费群体是年轻人或者青少年,所以在体育广告的设计中自然而然会以当下最流行的时尚元素为素材体现在体育广告当中,通过时尚元素来激发创意,如将现如今年轻人都喜欢的极限运动(攀岩、蹦极、冲浪等)、流行舞蹈、说唱或者网络手游等时尚元素运用到体育广告创意当中去,有了这些元素在其中的广告自然就会起到一个引人注目的效果。目前来看,国内多数广告都是使用这种传统手法去设计广告,难免显得传统和无力,很难达到震撼和让人印象深刻的效果。那么,应该怎样进行广告创意的创新呢?可以选择将时尚与古典结合,让传统文化与时尚元素相互碰撞,找到其中的平衡点,使广告主题有内涵有深度,追求一种意境美。如果能结合传统艺术形式,将古典和时尚统一起来进行广告创作,现代的表现手法以传统文化做底蕴,那么既能欣赏到经久不衰的传统艺术,又能感受到浓烈的、时尚的现代气息,广告的审美价值就得到了提升,同时丰富了品牌内涵。

由中国广告协会主办的第十三届中国广告节,李宁品牌选送的"水墨篇"电视广告凭借出色的创意和丰富的中国元素,一举夺得中国元素国际创意最高的"全场大奖"。另外,其"世界杯""飞甲篮球鞋""NBA皮影戏""李宁弓"等电视广告还获得了长城奖的四项大奖,而"水墨篇"广告所宣传的产品更是夺取了德国"iF Design Award China 2006"工业设计大奖。这是近年此类体育广告中的经典之作，完全颠覆了球鞋广告的传统表现形式，其创意精妙在于完美融合中国古典设计元素与现代简约艺术，将古典美和现代美巧妙地在同一个画面中展现出来而无生硬之感。

其中，飞甲篮球鞋的广告，演示"东方篮球"玩法：白色素净的大面积空白用笔墨重染的商周青铜器纹样夔龙纹，由上至下呈二方连续的带状，由轻至重慢慢晕染扩散成一个一身黑色篮球装的运动员，脚穿黑色运动鞋，用具有东方武术招式的太极动作正在练习转玩篮球。广告的创意取自中国传统艺术"墨染"，将富有浓烈的中国本土气息的手法代入到时尚的体育活动中，以此来象征中国人对待体育精神的高层次追求和对运动的感悟，让人在充分体验新鲜感的同时，感受到一种东方艺术带来的强烈震撼。篮球的旋转规律好似山水画中的泼墨手法，飞溅畅通的墨点球鞋在地面上的摩擦跳跃更像是用笔激情地书写着狂草，墨点球鞋的运动规律如同毛笔行云流水般在纸上跳跃、旋转、极富动感与美感。最后，画面中间一滴浓重的墨在白色宣纸上四溅开来，李宁红色的标志放置在黑色的墨滴中央，宛如在白色宣纸和黑色线条流动的书法作品中印上了鲜红的印章，色彩对比强烈，传统韵味与现代气息和谐统一、相得益彰。在书法和水墨的传统文化背景下，男主角将东方武术动作与篮球结合，利用了中国书法顿笔蓄意、挑笔出锋的效果，使画面整体刚劲有力，可谓中国传统文化的大写意。

同样，另一款"天羽"慢跑鞋的电视广告中一样运用水墨淡彩的表现手法，淡雅的色调、流畅的线条、高雅的趣味配合轻灵飘忽的音乐，把观众从繁杂的城市喧嚣中解放出来，穿过滴水的翠竹林，晕色的桃花丛、摇曳的荷花池轻盈地从水面上越过。墨汁在宣纸上悠远静谧，让画面动静有致、浓淡相宜，在视觉上与广告语"跑出轻的意境"紧密呼应，贴合了一部分城市消费人群向往亲近自然、"天人合一"的心境。利用中国国画中水墨丹青的表现手法，两位主人公在荷塘间慢跑犹如蜻蜓点水，画面的整体效果唯美、生动，将古典和现代完美结合。李宁公司东方元素的品牌差异化营销战略，不仅赢得了目标消费群体的认可，其创新思维也在国内外屡获大奖。

水墨是中国书画艺术的主要表现手法，是中华艺术形式的代表，是中华文化的注册商标。在传统艺术理论中把墨分为干、湿、浓、淡、枯五色，两款广告正是运用不同的墨色给人完全不同的视觉效果，"飞甲"的厚重强烈、"天羽"的轻盈含蓄使人不得不感慨中国传统艺术的博大精深，尤其是"飞甲"篮球鞋的广告与时代的结合更为紧密。传统观念中如果说中国艺术的表现过于含蓄温婉，那么"飞甲"强烈的视觉冲击力足以令人震撼。如果说传统艺术因循守旧，"飞甲"却用简洁的画面带动脉搏的跳动，不断彰显着时代的活力。

(二)体育广告设计与色彩心理

在体育广告作品的各种构成要素中，广告色彩的影响作用最人。色彩通过视觉效果产生作用，传达信息十分迅速，能在极短的时间里刺激人的感官，唤起注意产生印象，并引导公众的联想。色彩也称第一视觉语言，它的视觉作用先于形象，对人的大脑皮质有很强的刺激作用，能够有效地捕捉人们的目光，对人有很强的吸引力，很容易引起人们的联想，具有诱发情感的作用。在体育广告作品的设计中，色彩设计并不仅仅指各种颜色的组合搭配，还要涉及大量的色彩美学和色彩心理的问题。因此，体育广告设计在追求色彩效果时，必须懂得运用色彩的心理功能。

1. 体育广告色彩设计的特点

(1) 色彩的鲜明性

根据心理学家的研究,人类 70% 的信息是从视觉获得的。而色彩对于视觉来说,又是最为敏感的。一般来说,色彩鲜明的体育广告比较容易引人注目,但所谓鲜明的色彩,并不是指大红大绿,不顾具体的视觉要求与体育广告目标。随意增强色彩的刺激性,反而容易引起人们的烦躁与反感。真正的体育广告设计应该更多从人的色彩心理出发,考虑如何能给人以清新醒目的感觉。

(2) 色彩的新奇感

人们总是对新奇的东西感兴趣,色彩给人以新奇之感,同样十分重要。新奇感能够驱使人们去研究、探索、进一步了解,而且亲自参与的东西,印象会比较深刻,自然不会很快就忘记。所以,体育广告创意要不拘泥于现实生活中的真实颜色,可以用超常规的想象,为事物赋予色彩,让人觉得妙趣横生或格外优美,从而产生不同凡响的良好效果。

(3) 色彩与体育广告形式的协调性

随着现代科学技术的发展,体育广告的形式也越来越多样化,有电视、广播报刊、招贴画、体育广告牌等。在进行体育广告设计时,要注意研究不同体育广告形式在色彩运用上的特点,不同的体育广告形式采用不同的色彩设计方法。比如,道路两旁的大广告牌因为面积比较大,人又是远距离观赏,所以要考虑到远距离的视觉效果,其体育广告的色彩必须是简洁的、鲜明的、对比强烈的,才能引起人的注意。

总之,体育广告要向人们传达信息,而色彩是传达信息的一种载体。体育广告又是一门艺术,应该给人以美的享受,而色彩是构成美感的重要因素。体育广告色彩在设计时应充分考虑体育广告色彩设计的以上特点,以达到体育广告的目的。

2. 体育广告色彩设计的象征效应

色彩具有一定的象征意义,即色彩具有某种意思,它是通过与观念、情绪以及想象联系起来的一种特殊的意念。色彩的这种象征意义具有很大的共同性,但也会因国家、地区、民族的不同而有差异,这是因为在不同的生活习惯中形成了对颜色的不同偏爱、好恶。

色彩的象征效应是体育广告的重要宣传手段,极易引起人的情感反应,促使消费者产生联想,而且在通常情况下,更容易传达情感。体育广告在设计时要运用与产品搭配的、有利于促进消费者向积极的方面联想,产生美好情感的色彩。逐步认识体育广告色彩对心理影响的客观规律性,掌握好"色彩语言"的特点,在体育广告设计制作上充分地加以利用,使所用的色彩发挥它们有利的作用,突出商品的特有优势,说服消费者去购买。

3. 体育广告色彩与消费心理

人们的消费心理受到多方面的影响,其中对于色彩的审美心理也是极其重要的个方面。不同的消费者因为年龄、性别、性格、知识结构等不同,对于色彩的感受不同,对色彩的偏好与兴趣也就不同,而这些不同就会影响到消费者的购买行为。不同的体育商品有自己的特点,所面对的消费对象也有各自的色彩心理特点,在体育广告设计时要分别研究它们的差别,体育广告色彩于是也有千差万别。

不同的色彩有不同的象征意义,给人的感受也各不相同,主要是因为不同的人对色彩的联想不同,有研究表明人对色彩的联想会随着年龄的增长而越趋复杂。一般来说,年纪越轻的人由于阅历浅,对颜色的联想会越简单。儿童看到某种颜色会想到具体的某种事物,而成年人往往会联想到某种感觉。所以,在设计体育广告色彩时,可以根据这个规律进行。宣传儿童体育用品的时候多采用与商品颜色相近或类似的颜色,以使其在以后每当看到这种颜色的时候都会想到这种产品。而成年人的体育用品则要考虑到它能给消费者带来的价值、作用以及所能满足的各种情感需要,尤其是能满足的情感需要,选择与这些感受相对应的色彩来使用。

(三)体育广告设计与线条心理

线条是构成图案的基本要素,而体育广告作品当然离不开图案,好的构图对于很好地传达体育广告所要传递的信息以及使受众产生良好的心理感觉来说都是非常重要的。所以,在体育广告作品设计中,线条的运用也是极其重要的。线条运用恰当,可以提高体育广告作品的审美价值。

在体育广告设计中,线条的运用占据重要地位。线条运用恰当,不仅可以增强宣传作品的视觉效果和心理影响,而且可以提高体育广告作品信息传播的有效度。

在设计体育广告作品运用线条时,既要考虑产品本身的特性,使用与之相匹配的线条,又要考虑公众的线条心理特征,使公众在线条的暗示下产生联想和感觉,符合体育广告设计者创作的意图,有利于实现体育广告的目的。

百事流行鞋在为中国奥运队喝彩的体育广告中,就巧妙地运用了线条的艺术:在3张平面画中,分别放有一只或一双百事流行鞋,每幅体育广告所要喝彩的对象分别是中国奥运田径队、中国奥运体操队和中国奥运划艇队。这些体育广告的构思极其奇特:百事鞋的鞋带曲折回旋,竟变成田径跑道、体操飘带和划桨,其画面简洁明快,形象自然生动。由此,百事流行鞋就与其喝彩对象的运动项目天然结合在一起,使其主旨鲜明地跃然纸上,让人过目不忘,令观众为其"妙笔生花"的高超艺术而叹服。

(四)体育广告设计与文化心理

1. 文化心理在体育广告中的体现

体育广告本身是一种文化,而且随着社会的发展,人们在商品的消费过程中越来越追求高层次的精神领域享受。文化在体育广告中的特殊价值体现在,可以对公共行为、文明消费行为和商业文化建设都产生良好的促进作用。当然,这里所说的文化都是指健康的、积极的、向上的。具体来说,文化对体育广告的影响表现在两个方面:一是对人们理解、判断和接受体育广告作品产生着影响;二是在体育广告的创作上,也深深地打着文化的烙印。

我国历史上"重农抑商"的观念使商品经济长时间得不到重视。体育广告直接与商业相连,人们对其有一种不信任感甚至抗拒的心理。不过,随着改革开放的不断深入,外来文化越来越多地被人们接受,人们的思想也变得逐渐开放起来,对于体育广告的看法也有所改变。

(1)色彩

鲜艳的色彩是我们民族的一大审美特征,红黄两色是我国人民所喜爱的颜色,而西方民族比较偏爱淡雅的色彩,如白色象征纯洁等。同时,不同的民族还有自己的禁忌或特殊意义的色彩。体育广告设计者在进行设计时就要使用人们喜爱的色彩,以符合消费者的心理感受。

(2)图案

体育广告中必定要用到图案,中国的图案往往会用到绘画和一些传统的人物形象。中国的绘画追求神似,神似的表现手法可以为中国体育广告创作开辟广阔的思想天地,而不一定是商品的简单重复,也就是说体育广告可以传神。而人物形象的运用则可以让人产生熟悉和亲切感,但在使用的时候要注意不同的图案所代表的特殊含义,避免让人产生不好的心理感受。

例如,体育广告中出现的北京奥运会吉祥物——福娃,是5个拟人化的动漫卡通形象,其设计的灵感来源于"以人为本,天人合一,自然和谐"的概念。5个福娃头上的头饰图案分别是大鱼、火炬、藏羚羊、沙燕风筝和熊猫,分别代表海洋、森林、人类、动物和火等自然界事物归于和谐统一。5个福娃的名字分别为贝贝、晶晶、欢欢、迎迎、妮妮,谐音为北京欢迎你,寓意为欢迎各国人民齐聚北京,喜迎奥运。5个福娃每一个都代表了一个美好的祝愿:贝贝表达了繁荣昌盛的祝愿、晶晶表达了欢乐幸福的祝愿、欢欢代表了奥运精神即拼搏向上的祝愿、迎迎代表了身体健康的祝愿、妮妮代表了吉祥好运的祝愿。福娃的设计运用了中国传统艺术的表现方式,体现了中华文化的博大精深。

(3)音乐

对于电视体育广告来说,并不仅限于形象和语言的表达,很多体育广告还要配以音乐,对广播体育广告来说更是如此。音乐的运用能够增加体育广告作品的美感,有效避免产品宣传中的枯燥单调。在音乐的使用上要特别注意选择与体育广告所要宣传的意境相吻合,而且要考虑体育广告所要面对的消费顾客群,考虑消费者的体育广告文化审美心理。比如,著名体育品牌耐克奥运系列的广告:"定律是用来打破的。"

短片开始是一段悬念的音乐,随着黑白画面的切入,出现了一个体育场起跑线的镜头,一位拥有小麦肤色的亚洲运动员,小腿上的肌肉随着节奏有规律地跳动,为起跑做着最后的准备,镜头一切,回到了主题:穿在运动员脚上的耐克鞋。就在此时,音乐中断,在画面中间出现一行字:"定律一,亚洲人肌肉爆发力不够?"接下来随着镜头的拉近,在黑白栏杆旁边,在起跑线上的运动员像是拉紧的弓上的箭一般,准备随时起跑。紧接着枪响,运动员拼尽全力地向前奔跑,音乐又一次中断,画面上再次出现一行字:"定律二,亚洲人成不了世界短跑飞人?"随着音乐节奏的爆发,运动员们各自在跑道上拼搏,镜头拉近耐克跑鞋,画面一切,一位带有小麦肤色的运动员的大腿肌肉特写镜头,紧接着我们的奥运冠军刘翔慢慢进入画面,音乐又一次中断:"定律三,亚洲人缺乏必胜的气势?"

与此同时,广告曲开始变得振奋人心,画面中,刘翔在跑道上拼搏向前一路领先,必胜的态度和绝对领先的距离,毫无悬念,屏幕上再次出现:"定律就是用来打破的!"刘翔脱颖而出成为新一届奥运冠军。在镜头下,刘翔欢呼雀跃,庆祝自己的胜利,而此时刘翔脚上穿着的就是耐克跑鞋。这刚好体现了耐克公司的广告主题"我能比你快"的理念,可以称之为画龙点睛之作。

(4)节日

每个国家根据文化和民族的差异都有各自不同的节日,而在节日里他们都有通性,那就是会选择消费,有的商家就会选择节假日去进行打折促销。在体育广告设计时要突出这种节日的气氛,并把所要宣传的产品与这种节日的气氛巧妙地联系起来,使人们觉得这个节日需要这样的体育商品,甚至在以后每当这个节日来到的时候都会想起这种商品。在运用这种方法的时候要特别注意的是时间的选择,一般来说,到节日临近前进行宣传能够收到比较好的效果。

（5）价值观

价值观是每个人都有的对世界的看法，不同的人的价值观也会不同，而价值观会影响到人们的各种行为，当然也包括对商品的购买行为和对体育广告的接受。人们的价值观除了受自身因素，如文化修养、经济情况、个人性格等。除此之外还会受到所处大环境的影响，也就是说会随着社会的变迁而不断有新的变化，体育广告要突出人们的积极价值理念。

2. 中外体育广告文化心理的融合

体育广告必须具有一定的民族性，但这并不意味着排除一切外来事物。事实上，任何国家的文化都是在外部影响的过程中不断形成和发展的。尤其是在现代社会，国家与民族都在变得越来越开放，文化的交流也越来越频繁。我们必须要借鉴国外优秀的体育广告作品，提高自己的创作水平。当今世界上的体育广告样式千变万化，表现手法无穷无尽，蕴含的文化知识也越来越丰富，有很多是值得我们学习和借鉴的。比如，西方体育广告强调变革，创意体育广告更为普遍。体育广告的内容基本上呈现情节性，体育广告中体现出重事件、用场景等优点。而中国的大多数体育广告还是普遍停留在直接告知产品优点的阶段上，且中国的文化背景决定了中国的体育广告表现形式比较趋同，手法单一化，创作上流于俗套，体育广告失去了个性也就失去了生命，这已经对中国体育广告产生了极为消极的影响。借鉴国外体育广告的长处，不代表完全照搬照抄，而是应该在坚持中国民族风格和特色的基础上，融合世界先进的体育广告文化，学习长期以来世界体育广告在发展过程中总结出来的宝贵有效的规律性原则。

例如，耐克介绍自行车的广告，4个小贩和车在中国一个嘈杂的市场，他们把货物放在一边，开始了他们的自行车比赛。4个小贩匆匆穿过街道，来到郊区，在街上冲刺。这个广告体现了中国人的真实生存状态和4个小贩在自行车比赛中的勇敢无畏的体育精神。同时，揭示了西方人追求体现个人能力的文化因素。在中国，体育广告和西方文化的融合是无处不在的。例如，在中国移动公司的"NBA来到我的地盘"的广告片中，它运用中国人民对美国NBA的热爱，以NBA文化的名义，用独特、自由和创造性的氛围来渲染企业精神。

在这里有必要进一步指出，虽然中国和西方文化有慢慢统一的趋势，但这种统一不应基于一种文化，它是多元文化的容纳和统一，文化共性与个性的有机融合，不需要消灭另一文化类别。从本质和形式上看，中国现代体育广告是对西方文化的认可。这种认识实际上是对西方文化的接纳过程。这个过程是一种战胜、认可与扬弃。这一过程也可以说是一个吸收西方文化、自觉或不自觉地吸收当地文化的过程。具体来说，体育广告中的文化内容不能完全汉化或西化，所以我们应该看到西方文化对中国文化的影响，在体育广告中的中国和欧美地区之间的文化整合过程，西方文化的认可与中国文化的扬弃。这种认可与扬弃不是取代体育广告中的西方文化，而是中国本土文化制约了移植过程中的西方文化，以实现西方文化在中国体育广告中的再发展和成长。当然，这个过程充满了奋斗、对抗、融合甚至退让。因此，中西方体育广告文化的跨文化传播要求我们以开放的政策、开放的制度和良好的心态来面对西方体育广告。在推进体育广告文化中国和西方之间不断融合的过程中，中国体育广告也逐渐变得坚强，具有时代的活力与气息。

五、体育广告的心理策略

(一)消费需求策略

1. 需要与消费者行为

需要是人类活动的基础,是在一定的生活条件下有机体对客观事物的需求。促成消费者购买行为的原因很多,从内部原因来看,消费者的购买动机主要是由生理和心理上的需要决定的,这种需要直接表现为购买商品或使用劳务的愿望。

在正常状态下,有机体的生理状态和心理状态是趋于均衡的,倘若生理上或心理上出现某种缺乏,便会导致均衡状态的失衡。这时,有机体就会出现不舒服紧张的现象,这就是有机体产生了需要,只有对这种需要达到满足,才能减少或消除这种紧张,恢复到满意状态。

但是,是不是所有的需要都能转换成购买行为呢?回答是不一定。原因有两个:一是并非所有的需要都能被意识到。有时候我们的身体其实已经有某种物质缺乏了,但我们并没有意识到。二是需要的满足有一定的客观条件。我们要满足需求,必须借助一定的外界事物,靠我们自身是无法解决的。而外界事物是客观的,当客观外界事物不存在或条件达不到时,人的需要还是不能转化为购买行为。另外,并不是只有需要产生了才会有购买行为。在无任何生理和心理需要的情况下,也有可能产生购买行为,这种情况一般来说是由于外界存在强烈的刺激。心理学家经过探索发现,适度的刺激是个体所追求的。体育广告要对消费者进行一定的刺激、解释和启发,并且要针对消费者的心理需求,这是广告攻心策略的核心。

2. 需要的分类

人的需要是多方面的,可以从不同的角度对其进行分类。从促成消费者购买动机的原因上来分,主要有以下4类。

(1)生存的需要

生存需要也称为生理需要、先天需要、本能需要等。它是个体为维持生命及日常生活并延续后代所必须的需求,简单来说就是人类对衣、食、住、行等方面的需要。这种需要是人类最根本的需要,如果这种需要得不到满足就不能维持生存,还会对人的心理产生影响,所以这种需要是人类先要满足的。

(2)健康的需要

这种需要是比生存需要更高一级的需要,但仍属于层次比较低级的需要。健康也是人的本能需要,但它要在生命得以维持的基础上进行。在基本的生存需要能够满足后,人类不再满足于吃饱穿暖,而是进一步有了质的要求。这时,考虑更多的是什么样的消费品能够更好地使自己变得健康,这种需要的满足依赖于高品质的商品。

(3)情感的需要

人具有情感上的需要,这属于比较高层次的精神需要,它是人类所特有的心理需要。对于任何一个产品来说,无论它是否能满足消费者的物质需要,往往却都可以满足消费者的精神需要。如何更好地向消费者渗透这种产品能够带来的精神需要,将直接影响到消费者的消费行为,从而影响到该产品的销售。所以,体育广告不应仅仅突出产品本身的质量,而应强调它所能够满足的消费者的精神需要。理性说教不如诉诸感情更吸引人,赢得广告的关键是唤起消费者情感上的共鸣。例如,在刘翔演绎的可口可乐新年贺岁广告"带我回家"的广告片中,情节与刘翔自己的真实生活经历非常相似,并给出了一个生动、自然的描述,是刘翔的"回家记"和一种中国本土风格的融合。广告讲述了刘翔参加巴黎的比赛,身在法国却是春节前夕,又不能回家与家人共度春节。当刘翔充满乡愁,独自走在唐人街,观看了一串又一串的红灯笼、一幅又一幅快乐的春节对联,行人在道路上有着快乐的步伐,引起他无限的乡愁。当他看到一个中国餐馆的邀请海报,有他最喜欢的食物"美味饺子加可口可乐",刘翔激动地走进餐厅点菜。不仅吃到了地道的中国饺子,而且可口可乐也用最生动可爱的卡通人物"阿娇、阿福"帮助刘翔完成回家的愿望。这则广告很好地引起消费者在情感上的共鸣。

(4)自我实现的需要

根据马斯洛的需要层次理论,自我实现是人的最高层次的需要。它包括人的社会交往的需要、实现自己社会地位的需要、获得认可和尊重的需要等。产品的消费可以代表某一社会阶层的成员,也可以传递一些关于消费者社会关系的信息。例如,买车不仅是为了交通便利,也是为了给他们一定的社会地位或声誉;去高级酒店进餐,不仅仅是为了解决饥饿的问题,更是身份的体现。耐克的经典广告"活出你的伟大",这则广告是在2012伦敦奥运会上拍摄的,奥运会开幕式当天在25个国家正式发布,其中文版"活出你的伟大"的文案与中国心理学不谋而合,得到了观众的高度重视和共鸣。

在镜头的开头,映入眼帘的是伦敦广场,似乎提醒了耐克和伦敦奥运会之间的联系,伦敦奥运会上,黑人运动员在比赛中的表情、在旧球场上奔跑的自行车、传递橄榄球的孩子们、努力摔跤的女拳击手以及充满孩子气的棒球手、空中棒球运动员、冲刺的女长跑运动员、残疾人自行车运动员,都引起了人们的注意。当然,还有最后一个克服心里恐惧的孩子,以一种非常奇怪的姿势跳下十米台,这些普通人的不普通和平凡人的不平凡,让观众们通过镜头感受到他们的伟大。这就是耐克广告的成功之处,它把社会的每一个人的日常理解为冠军的伟大,引起了极大的心理认同。广告充分利用了蒙太奇效果,镜头切换频繁自然,让人们感到非常享受和舒适,这里没有隆重的仪式,没有激动人心的演讲,没有耀眼的灯光,但这里有伟大的运动员。很长一段时间,我们只相信伟人属于少数人,只属于那些超级明星。但事实上,我们都是伟大的。这不是为了降低伟大的标准,而是为了增强我们每个人的信心。伟大是无限的,不局限地点和身份,伟大属于追求它的每一个人。

(二)消费心理过程

心理过程是运用心理方法激励消费者完成购买过程的。消费者从了解体育广告到购买商品将经历一系列的心理变化,这个过程是相互联系、逐步进行的。国外广告专家把这个过程分为五个阶段:注意(Attention)—兴趣(Interest)—欲望(Desire)—记忆(Memory)—行动(Action)。

1.唤起注意

在心理学中,吸引消费者的注意力就是一个"注意"的问题,我们应该充分利用广告的注意原则和感知原则来吸引消费者的注意力。

(1)增加刺激强度,如采用鲜艳的颜色、显眼突出的图案和文字、具有动态的图片和特殊的声音

这些在前面的注意原理中都已介绍过,在这里再对最后一点加以特别说明。现代广告

都很注意音效的使用,广告的声音往往会比其他节目的声音增大好几分贝,以引起人们的注意,这已是普遍使用的方法。声音是传达信息的有效方式,但使用不当也会过犹不及。特别是在大容量的广告世界里,我们的耳边充斥着无数的信息,对于不断而来的广告具有本能的抵制情绪。这个时候,如果在喋喋不休的话语声中突然变得安静下来,只配有轻缓悦耳的音乐,没有话语,反而会引起人们的好奇,从而注意。因此,这应该不失为一种好的广告技巧。

(2)凸显刺激元素之间的对比,如动态对比、虚拟现实对比、色彩对比、节奏对比等

广告引人注目的价值在于相对性的影响因素,毫不顾及对照的广告无法引起人们的注意。一般来说,煽情的广告文案的大胆对比会立刻吸引读者的注意力,但我们必须注意这样一个事实,虽然对比可以提高广告的关注度,但是我们不应该忽视与商品的自身调和。

例如,耐克的广告公司的户外广告,展示了加拿大选手身穿耐克运动鞋极速跑步的快镜。如果它只是一个平面广告的画面,观众可以了解广告的主题,但不能体验运动的速度与爆发的感觉。这个广告巧妙地利用距离两建筑和在玻璃墙两侧的公交车站之间的视觉幻象,形成了跑步者穿过墙的错觉。当观众看到两静态图像上的透视线,自然会想象到运动员追风逐电一样穿过墙的动态过程,像在电影里展示的两个连续的镜头,不露痕迹也不做作,也给观众留下了更丰富的想象空间去补充,它的创意静中有动,用静态来描写和表现动态,与中国国画大师齐白石的美神似——"蛙声十里出山泉"。现代著名书法家沈尹默说:"无论石刻或者油墨,它始终直观看来是静止的情况,而之所以能达到这样的情况,是动态的结果和作用,所以现在处于安静的状态。如果要让事物静态恢复动态,就得通过玩者发挥主观想象力经验活动,才能期待它重现在前面。"

(3)为了增强兴奋物的传染性,在体育广告的设计中,采用新颖独特的创意、生动活泼的形式和吸引人的主题,并选择合适的时间和空间

一般来说,新事物容易引起我们的注意,在商业界越来越多的广告中,除非投放新的广告文案,否则消费者很难注意。

例如,我国彩票以筹集公益资金为根本目的,这也是人们所关心的问题。为此,我国彩票广告体现的"公益性",可以使人们在每次宣传彩票广告时一眼就看得很清楚。通过彩票广告,我们将公益性资金的使用向公众宣传,让公众知道"善款"的去处。以"中国体育彩票公益电视广告片"为例,30秒的公益广告是由一个空前繁荣的事件开始,当一辆写有"中国体育彩票·全国贫困地区学生关爱行动之阳光体育"标记的北汽福田汽车开到村里的学校,广告进入公益核心,内容环绕着中国体育彩票的公益目标展开:孩子们欣喜若狂地搬移着捐赠物品和每一个健身器材,捐赠的礼物给他们的带来了极大的快乐。笑脸背后是水到渠成的彩票故事,从每个小小的细节中扩大了它对全民健身概念和公益彩票目的的影响。

2. 激发兴趣

传播信息,使消费者更多地了解广告中的商品或服务,引导消费者对商品的良好感觉,进而形成对商品研究的兴趣,这属于心理学的"认知"和"兴趣"问题。兴趣由两个点引起:一个是由强烈刺激引起的,另一个是由内心的需要引起的。欲望往往是由兴趣引起的,而兴趣往往是由欲望增加的。

3. 刺激欲望

通过与心理学上相关的"信念"问题来刺激消费者购买商品,提高其购买产品或服务的信心和欲望。激发欲望的最好方式是强调兴趣和产品能带给消费者的好处和满足。

4.增强记忆

在商品和服务上给消费者留下好印象,让消费者看过就不会忘记,这是心理学中的一个记忆问题。广告是一种间接的促销方式,消费者从了解广告到实际购买,有时间和空间的隔绝,并不是所有的广告都能立见成效。有些消费者只会在潜意识里储备广告信息,以后可能在需要的时候才会被提取出来。体育广告要不断重复,通过各种媒介进行宣传,以增强广告品牌对于消费者的记忆和识别率。一般来说,消费者往往通过体育广告在记忆中形成印象,记住商品在广告中的出现,所以商品的包装必须与广告中包装的颜色和风格完全相同。不然,体育广告就没有意义。而且,商品一旦销售得很好,商品包装自身就是一种无声的广告,它也是一种广告媒介,在广播电视媒体中扮演着重要的角色。如果广告包装与商品包装不一样,那么商品包装的媒介功能也会减弱很多。因此,体育广告中为消费者留下的商标和包装的印象必须与商品相同,平面广告、电视广告也要使用商品自身的图片,灵活运用包装上的文字等。利用视觉和听觉共同吸引消费者,使消费者在看到商品时更容易思考商品,拉近消费者和商品之间的名称、商标、图案的关系。当买了电视上常出现的产品,无形中会有身价抬高的感受。

5.促使行动

促使消费者下定决心,最终采取购买行为,这在心理学上属于“信心”和“意志”的问题。促销是广告成败的最关键环节。因此,销售当场的广告配合也是必不可少的。

以上 5 个过程是紧密相连的,如果人们在接受体育广告的过程中,心理活动联系中断,广告也不会起作用。一个好的体育广告通常是由消费者的注意力或出色的头衔和图片引起的,精彩的开场白激发了持续关注的兴趣,欲望被广告内容所刺激,人们的记忆在不同的时间和地点不断加强。最后,用鼓励购买的结尾或副标题来推动购买行动。

第三节 体育消费行为——体育彩票业彩民购彩心理分析

购彩行为(或者称彩票消费行为)作为一种特殊的购买行为,最早起源于国外的博彩业,随着我国彩票事业的发展,购彩行为逐渐从博彩行业分离出来。购彩行为是指个体购买彩票用以满足自身需要过程中的具体表现和各种活动,包括购买频率、购买金额、购买前的研究等。购买各种彩票(包括体育彩票、福利彩票、团体彩票等国家法律、法规允许的各种彩票)的个人称为彩民。本节探究彩民的心理过程,如彩民购买彩票的行为特征与心理变化。

一、体育彩民购彩心理与行为理论基础

(一)体育彩民概念

1.彩民的相关界定述评

通过中国知网的学术期刊数据库、会议论文数据库、优秀硕士论文和博士论文数据库检索可以发现,已有文献采用“博彩者”“购彩者”“彩票购买者”“彩票消费者”和“彩民”等词汇来定义“购买彩票的人”。

“博彩者”的称谓主要是沿用欧美国家对于彩民的定义,该称谓凸显了体育彩票的赌博属性,它与国家发行的体育彩票的公益性相违背;“购彩者”是“彩票购买者”的缩写,两个术

语的含义基本相同，即"在过去半年中至少购买过一次彩票的购买者"。"彩票消费者"的后缀是"消费者"，彩票是一个限定词，因此彩票消费者理应是消费者中的一个群体，只是购买的对象仅限于彩票。国内外关于"消费者"的定义不尽相同，传统理论认为消费者是指购买、运用商品或者接受服务以满足个人消费需要的自然人。美国《布莱克法律词典》将消费者定义为从事消费的人，也就是购买、运用、持有和加工货物或服务的人。借鉴"消费者"的定义，"彩票消费者"的操作性定义是到彩票投注站或彩票零售点购买彩票的人。"彩票购买者"与"彩票消费者"的区别在于，前者是执行购彩行为，有可能是为自己购买彩票，还有可能是代他人购买彩票；后者是出资产生购彩行为且是彩票的最终使用者，是为了个人目的而去购买彩票。"彩民"一词于 1999 年首次出现在中国知网，研究者使用"彩民"这一词汇的频率最高，约占 71.3%。因此，研究者倾向于用""彩民"这个词来定义"购买体育彩票的个人或团体"。彩民与彩票消费者之间是包含关系，彩民必须是"彩票消费者"。两者的区分在于，"彩票消费者"可能投资购买过一次彩票，但不能称其为"彩民"，就像一年内吸一支或两支烟，不能叫"烟民"，一年内上一两次网不能称之为"网民"。

2. 体育彩民的定义

"彩"是彩票的前缀和缩写。"民"是指一个人，指经常参加彩票活动的人。从语体分布的角度来看，"民"的使用范围更为宽泛，如烟民、股民和网民等。2005 年现代汉语词典第五版录用了"彩民"，它的意思被定义为"购买彩票或奖券的人"。

以上界定可以归纳为两种倾向，一是要凸显购买彩票的稳定性，二是要重视彩票的购买频率，这表明彩票使消费者产生了平稳和重复购买的活动。这次研究所讲的"体育彩民"是"彩民"的一种，只是指体育彩票购买中的"彩民"。"体育彩票"的概念应以消费习惯理论为基础，以彩票期限和彩票频率 2 个标准为评价准则。所以，体育彩民的界定定义是指购买体育彩票 3 个月和以上的消费者，每月至少购买一次体育彩票。

3. 体育彩民相关概念的界定

（1）购彩认知

购彩认知是指彩民对体育彩票根本属性的认识。体育彩票购买态度的核心是对于体育彩票的认知，它是彩票的概念和彩票评价的带领者。认知偏差对彩票的购买行为影响是非常大的，高认知偏差彩民将会有更明显的博彩行为。此外，Ariyabuddhiphongs 和 Phengphol 证实了对差异取胜的心态的影响，赌徒的谬论和沉没成本效应对彩票的购买行为（彩票的频率和金额）作用。结果说明，差异取胜心态对彩票购买行为有显著影响，在对赌徒谬论和沉没成本效应的预测中，差异取胜心理起着媒介作用。一些彩票使用者常把他们的成功归因于迷信。综合来说，彩票购买的认知对购买行为有重要影响，体育彩民可能会出现这样的认知偏差作为控制的错觉，比如赌徒的谬论，冷、热号码的信仰，迷信思想，等等。

（2）经济效用

经济效用是彩民参加彩票购买活动的主要推动力。Lam 的研讨表明，大家参与赌博是为了金钱和挑战。彩票玩家玩老虎机的动力源于对奖金的企盼。排除经济效用以外，还有一些其他想法也会感染购买行为。比如，Adams 的研究说明，彩票购买是一种和朋友娱乐的形式。在我国，研究者在对彩票购买者想法的探索中还察觉，除了奖金，买彩票的想法还包含人们娱乐的消遣、受他人的感染（从众）、投资与财务管理等。但是，所有这些研究都指出彩票的经济效益在彩民的购彩目的中所占比例是最高的。国内外的探索说明，彩票购买者的想法首要是为了得到奖金。也就是说,体育彩民购买彩票行为的主要原因是经济效用。

(3)风险偏好

风险偏好是指体育彩票彩民愿意在彩票消费中经受风险的行为。彩票购买行为是一种需要承担一定风险的行为,因为彩票中奖是一种概率事项。之前的研究表明,风险偏好对彩民购买行为的影响较大。例如,Kahneman 的研究表明,连续参加赌博是由于风险厌恶情绪导致风险偏好。通过对传统经济学消费行为的分析发现,大多数体育彩民属于风险爱好型的人。大部分购买体育彩票的人是风险偏好型,主要是为了获得挑战和刺激带来的经验和满足感。因为购买彩票和赌博是一样的,它的结局是不确定的,彩票的回报率一般在50%~60%左右。因此,购买彩票必然要冒一定的风险。

(4)外部信息作用

外部信息作用是指扰乱体育彩民体育彩票消费的外界客观原因。就算是同一消费者在不同情况下也会有不同的喜好,那是因为消费者购买行为的繁杂性和多样性。所以,体育彩民的彩票购买行为将受到许多外在情况的干扰。有学者发现,在彩票购买的干扰原因中,传播彩票广告有着很大的影响,如多种宣传方法和途径,进行大批的专业、系统、正确的不良传播,从而加强彩民的不良心情。对彩民有不同程度影响的是兑奖方便程度,重点放在彩票中奖率上。其他研究表明,影响青少年的彩票购买行为主要是亲戚购买彩票。Howard 报告说,15%的未成年人第一次参加赌博是与父母一起,与其他家庭成员在一起的未成年人有20%。这说明,体育彩民的赌博行为不但受彩票销售进程中相关信息的感染,也受家庭和团体气氛等外部环境的作用。体育彩票购买的外部环境、彩票购买、销售环境、服务程度和宣传对彩民的影响被划分为外部信息功能维度。

(5)购彩意向

作为一种没有分化和未察觉的需求意向(Intention),可能被转化为动机发生的某个阶段的意图,造成行为的出现。彩票的购买意向(Purchase intention)是指个人在某一期间购买体育彩票的可能性。彩票购买者的购买意愿与其彩票购买行为密切相连。对于销售者来说,他们经济收入的主要来源是重复购买的消费者。因此,重复购买的消费者特别受到商家的青睐。体育彩民作为体育彩票的主要消费者,经常有连续购买举动,对体育彩票有较高的忠诚度,这样的购买彩票的意图和购买彩票的实践直接影响体育彩票业的发展。

(6)购彩行为

消费者的动机是购买意向,购买商品的行为就是购买行为。购彩行为的研究是从购彩金额、购彩前研究时间、购彩频次三个方面来衡量的。作为消费者行为的搜索对象,购买行为是消费心理,活动集中体现的是消费活动中最有意义的部分。消费者行为研究密切影响消费者心理和行为,应深入探讨消费者行为的购买过程、购买决策以及立场、偏好、叛逆的态度、期望和他们对购买决策和行为的影响。购买彩票是一种特别的购买行为,起源于国外的赌博行为,外国学者一般将彩票视为一种赌博行为。例如购买彩票、参加赛马和其他比赛或在赌场花钱的球员都是赌博行为。随着我国彩票产业的发展,彩票消费逐渐与赌博行为分离,成为国内众多学者的研究热点。

(二)体育彩民购彩行为理论

国内学者关注的重点问题之一就是体育彩民购彩行为。关于彩民购彩行为的研究主要包括玩彩票、购买的金额、购买频率、确定购买次数和年龄等。期望理论和计划行为理论是解释体育彩民购彩行为的重要理论,对相关理论的回顾,有助于我们加深对体育彩民购彩行为的理解。目前,国内有关体育彩民购彩行为的研究存在两大问题,一是缺乏全国范围的调查,导致样本缺乏代表性,结论推广度不够;二是缺乏统一的标准化的购彩行为指标,这制约了不同研究之间的整合。

1. 期望效用理论

外国经济学家经常使用期望效用理论来描述行为。伯努利建议减少财富的边际效用,然后使用弗里德曼和野蛮预期效用理论来理解人们购买彩票和保险的风险偏好。他指出,既购买保险又购买彩票是拥有与函数拐点处及其附近区域相对应的财富水平的人。期望效用理论为国外研究者解释哪些人会参与购彩的问题提供了一个经济学视角,并且随着研究的深度进一步细化。

随着我国体育彩票研究的兴起,我国一些学者也运用期望效用理论来解释购买体育彩票的行为。费鹏和杜梅承认为个人购买彩票是一种风险偏好,个人风险偏好随着账户占总资产比例的减少而增加,彩票价格低,占总资产的比例很小,因此可以大量购买。同时,他们认为购买彩票的效用不仅可以反映在预期的收入中,还可以反映在主观满意度上。周珂和周艳丽认为,体育彩票的消费者应该是冒险者,他们购买彩票的动机是他们的风险折扣超过了体育彩票本身的价格。此外,研究表明体育彩民群体是由风险偏好型消费者构成的,影响体育彩票消费行为的主要因素包括生存风险程度、精神效用、对奖励的偏好和对运动的热情等。

由此可见,研究人员对体育彩票购买行为的基本理论问题进行了解释,并普遍采用了预期效用理论,即使用期望效用理论的观点来解释为什么体育赌徒买彩票,但是简单的逻辑和数学作为工具来创造期望效用理论是很难有效地解释体育赌博者购买行为的。消费过程是一个复杂的心理过程,除个体风险偏好外,还有许多因素都会影响人们的消费行为。因此,从期望效用理论的角度,不能有效地解释人们购买体育彩票行为。即使期望效用理论没有完全解释购买行为,理论也提出了影响购买彩票行为的重要变量——风险偏好,它在购彩行为中扮演着重要角色。

2. 计划行为理论

在对博彩行为的研究中,中国学者经常运用计划行为理论进行研究。赌博意图可以通过态度、主观规范和感性行为控制来预测,意图可以预测赌博行为。此外,示范规范和态度(包括情绪和工具组)能够预测个人购买意愿。邱奕文采用计划行为理论对足球运动员的购买行为进行了研究,结果表明,足球博彩运动彩票有一种更年轻的倾向,他们认为在体育彩票上的赌注可以增加生活乐趣,持有一种积极的态度。此外,感知行为控制和行为态度可以有效地预测足球运动员在体育彩票上下注的意图。

计划行为理论在解释赌博行为方面具有一定的适用性。研究表明,家庭规范、朋友态度和自我效能感与赌博意图有显著的相关性,博彩意向和过去一年的博彩行为有显著相关。然而有学者指出,虽然计划行为理论能解释部分购彩行为方差,但是大多数购彩行为的方差并没有被解释,在日常生活中,具有相同行为意图和感知行为控制的个体的实际行为是非常不同的。为探究其中潜在的因素,近年来研究者以探索行为与行为意向之间可能的认知机制为渠道,寻找一种可能的认知机制。

3. 行为主义理论

对购彩动机的解释植根经典条件反射和操作性条件作用强化机制的行为主义理论,强化包括正强化和负强化。具体的强化体现在很多方面:购买彩票活动有利于引起人们的关注,转移人们对现实问题的注意力,这有利于消除消极情绪,使购彩动机负强化;赢钱能产生兴奋感和成就感,它是对购彩动机的积极强化。与彩票相关的环境线索可以通过经典的条件反射和赢钱、刺激、生理刺激和最终条件刺激相联系。当有彩民接触到彩票的环境暗示时,条件反射将使他们产生兴奋和生理唤起这将增强他们的购买动机。此外,购买可变强化序列的彩票也有丰富的激励措施下次准确预测获胜的结果,下注者停止购买彩票就有可能错过获胜的机会。为了防止这种令人厌恶的情绪反应,彩民往往会选择继续购彩。行为主义理论对于购彩动机有很强的解释力,不过也有一些局限性,如它往往强调彩票购买行为的强化机制,忽视家庭冲突、金钱损失、负面情绪等因素对于购彩行为的惩罚作用。

4. 社会学习理论

班杜拉的三元交互作用理论认为,个体、行为与环境是相互作用的,环境会对个体的心理和行为产生影响。影响购彩的环境因素包括家人和朋友的购彩行为、媒体宣传等。Coups研究表明,购买彩票的人的频率与他们的朋友购买彩票的频率呈正相关。孩子们的购彩行为与其家长购彩行为有显著的正相关。那么,环境因素的作用机制是怎样的呢?一方面个体购买彩票的技巧可以通过向父母和朋友购买彩票的行为学习,提高购买彩票的能力;另一方面,个体会接受父母和朋友的支持态度去买彩票把彩票当作一种赚钱的游戏。参与购彩活动的个人也可以提高他们在同伴群体中的社会地位,提升他们的自我形象,这种效用体验增加了个人购买彩票的动机。随着购买力和购买的动机的提高,个人将更多地参与到彩票中。媒体的宣传也大大增加了个体的购彩意愿,彩票游戏的简单规则、返奖概率高以及购买彩票可以在一夜之间实现暴富、成本低,这些具有诱惑性的信息刺激了彩民的购彩动机。特别值得一提的是,大奖的大肆宣传导致了这样一个事实:彩票可以很容易地从"可获取的启发式"的行为中提取出获奖的线索,而忽略了没有获奖的情况。这种记忆偏差让彩民以为中奖随时随地都在发生,自己中奖也不是那么遥不可及。对彩票中奖概率的过高估计导致了彩票的成功和彩票的乐观,这导致了控制错觉的产生,这对彩民的购彩动机有增强作用。除此之外,销售网点的增加,网上购彩的出现,彩票种类的丰富,玩法更富趣味性,这些外在因素在一定程度上都对彩民的购买动机有增强作用。

5. 有限理性理论

彩票是国家为支持社会事业而发行的。一般来说,买彩票的人或多或少都在亏损。然而,一些人却积极地参与抽奖,并试图赢取奖品,甚至是沉迷于彩票中,从而表现出有限理性。Simon认为,在不确定的情况下,人们的认知能力有限,不能完全准确地预测未来,不会按照理性的方式,只能依靠理性的过程来减少不确定性的风险,这些个体的行为是有限理性的。在有限理性决策理论中,前景理论最具代表性,前景理论中的代表性启发式、易得性启发式、锚定启发式、损失规避等概念对个体的认知偏差有重要解释作用。代表性启发式是指人们倾向于根据样本是否代表总体来判断其出现的概率,越具有代表性,被判断为越可能出现。

例如,一张号码是2-5-9-12-18的彩票似乎比5-6-7-8-9的彩票更有可能中奖。虽然这两种彩票的兑换率是一样的,但是前者更能代表随机数字,因此被认为中奖机会更大。易得性启发式是指人们根据感知或记忆中某一物体或事件的可用程度来评价其发生的发生率,这通常被认为是在感知或回忆时更容易发生。媒体对彩票中奖者进行大肆渲染和报道,而忽略对未中奖者和客观中奖概率的报道,这很容易启动彩民的易得性启发式,给彩民造成一种暗示，即中大奖并不是遥不可及的，从而导致彩民高估中奖的概率。另外，如果彩民早期有过中奖的经历，而且这种经历长久地保持在彩民的记忆中，那么彩民就很有可能通过易得性启发式高估中奖的概率，从而更多地参与购彩活动。损失规避指的是在风险决策过程中损失的心理效应。例如，失去100元的痛苦经历比得到100元的快乐体验要强烈得多。Kahneman和Tversky将个体对等量收益和损失的心理效用不对称效应整合到前景理论的价值函数中，从而提出了"s"形价值函数(Value Function)。该函数的一个重要特征是价值受损区间的曲线比收益区间陡峭。当前期投入的金钱变成沉没成本时，很多彩民会有一种"翻本"的心理，出现沉没成本效应，这是彩民过度购彩的一种重要心理机制。损失规避可以解释这一现象：当以往投入的成本没有获得相应的收益时，人们会规避这一损失，不愿意关闭损失账户(关闭损失账户会体验到痛苦)，而会继续购彩。另外前景理论认为人们倾向于高估发生小事件的概率，低估发生高概率事件的可能性。人们面临金钱决策时更关注小概率事件，赋予小概率事件更高的决策权重，这就可能导致彩民过分关注中奖，而忽视不中奖的情况，这就是彩民为什么会花很多钱去购买彩票的原因之一。

二、不同彩民群体购彩心理与行为特征

(一)不同阶层体育彩民购彩心理与行为特征

随着我国体育彩民群体的不断扩大，不同社会等级的体育彩民群体规模也越来越大。不同社会等级在价值观、生活方式、消费行为等方面有自身的特征，消费心理与行为的研究者常常将消费者关注产品的态度与社会阶层结合起来，进而检验社会等级对产品消费的实际影响。当前，中国各等级之间在社会、经济、生活方式及利益认同上的差异日益明显。与此同时，随着我国经济的迅速发展和人们生活水平的不断提高，人们对于彩票的认识也发生了深刻的变化。

根据《当代中国社会阶层研究报告》的分类标准，分为上、中上、中、中下、下5个社会阶层。其中，社会上层包括国家和社会管理者、经理；社会中上层包括私营企业主和专业技术人员；社会的中层水平主要包括文员、个体工商类；社会中下层主要包括业务服务工人和产业工人；下层主要包括农业劳动者、失业人员。

1. 体育彩民群体的等级分布特征

根据相关调查显示，我国体育彩民以中层和中下层彩民居多，而上层和底层人数较少。这与以往的研究结果相似，体育彩民中以个体工商户和工人为主，一般占到彩民总体的50%~60%左右，而个体工商户和工人分别属于中层和中下层。这表明在体育彩票业的营销上，社会等级高的群体具有较大挖掘潜力，可以成为体育彩票营销的一个侧重点。

2. 各等级体育彩民的购彩行为特征

在了解体育彩票途径上，上层主要通过网站了解体育彩票，而底层主要通过店前广告了解体育彩票。原因可能由不同等级彩民的工作生活环境导致，上层家庭生活宽裕、工作环境较好，不论在家里还是在工作地点都可上网，随时可以通过网络接触到体育彩票的信息。而底层则相反，只能通过去体育彩票销售点获取中奖信息、号码走势分析等获得彩票信息。可以根据各等级了解途径特征，制订各等级不同的宣传、营销策略。

在玩法选择上，数字型体育彩票是各等级选择最多的玩法。数字型彩票设有大奖，且玩法种类众多，如超级大乐透、排列3、七星彩和22选5等，因此喜欢玩数字型彩票的体育

彩民数量较多。另外,上层彩民比底层彩民更偏好玩竞猜型彩票,而后者则比前者更偏好玩即开型和视频型彩票,这也许是由于经济地位和受教育程度的差异所致。等量的收入,对低等级彩民边际效用比高等级大。因为底层大多为社会中的弱势群体,所以他们只要得到一定的奖金便能获得较大的效用,因此他们与高层彩民相比更倾向于购买中奖概率较高而奖金相对低的即开型和视频型彩票。

3.各等级体育彩民购彩意向影响因素特征

随着社会等级的降低,各等级体育彩民的购彩意向中经济效用的作用不断加大。在中奖后是否加大投入层面,上层显著低于其他4个等级,且与底层的差异最大。这可能是由于社会等级越低,越能激发人们购买彩票来改善自身经济地位的投机心理。彩票在高等级中的认同度较低,主要原因是这部分人的经济地位相对稳定,其投机心理也就相对较弱。

随着社会等级的下降,各等级彩民的外部信息作用不断加大。在大奖频出的宣传是否会促进自身购彩层面,上层彩民在5个等级中呈现出最低的意愿。这说明以大奖作为宣传的主题对上层彩民影响不大,上层彩民购彩的目的更侧重娱乐和公益。因此,在制定上层的宣传策略时要避免只注重大奖的宣传模式。

4.高收入体育彩民购彩心理与行为特征

(1)购彩心理特征

国外研究表明,高社会阶层比较关注消费品的品位和时尚性。而通过对高收入者的访谈可以看出,他们普遍对彩票不了解,且身边的朋友也较少购彩,故彩票的时尚性认知较低。这表示提升彩票的时尚性宣传,是吸引高收入者购彩的一个重要因素。

风险偏好上,高收入体育彩民比低收入者更加认可"偏好彩票这种刺激性的活动"这一观点。购彩本身具有一定的风险性,这两类群体对这一风险的偏好截然不同。高收入彩民普遍认为,虽然明知中大奖的概率较低,但是每次在等待开奖的过程中仍然感觉很刺激,因为高收入者普遍表示购彩风险太大,收益不高,所以对购彩不感兴趣。这就表明决定高收入彩民购彩的一个重要因素是风险偏好。经济效用上,低收入体育彩民大多认为购彩是一种改善经济的有效方式,而高收入者则不认同。李英运用传统的消费者效用理论对体育彩民的消费行为展开分析,结果显示当效用函数大于金钱效用时,体育彩民选择购买体育彩票与彩票所能带来的收入有关。可见,对彩票的经济效用的度量可能会直接影响高收入者参与购彩的意愿。实际上,彩票在发行的过程中需要提取公益金和发行费,导致单注彩票的期望收益低于其成本,所以彩票根本不具备投资价值,彩民要把购买彩票作为一项娱乐消遣而非投资手段。这提示即使高收入者会因为对彩票的经济效用感知较低而不愿参与购彩,彩票宣传中还能从彩票具备的其他非经济效用来吸引高收入者购彩,如为社会福利做贡献、成为一种爱好等心理效用。

外部信息作用上,高收入体育彩民比较关注购彩方式、销售点环境和彩票的玩法设计等彩票外部信息。这可能是因为高收入者普遍生活节奏快,闲暇时间较少,因此要求购彩方式便利。此外,高收入者喜欢生活情趣和追求环境舒适等消费心理特征,让他们在购彩中重视销售点环境和彩票玩法设计。因此,针对高收入者,应该通过加强购彩方式的便利性、销售点环境优化以及具有吸引力的玩法设计等来促进他们参与购彩。

(2)购彩行为特征

相关研究表明,绝大部分的高收入体育彩民是通过网站来了解彩票,并且比例明显高于一般体育彩民的比例。这是因为高收入体育彩民一般属于社会地位较高的阶层,工作环境普遍较好,电脑已成为他们办公的必备品,因此他们更容易使用网站来了解彩票。

低收入体育彩民的购彩方式相对比较单一,绝大部分都是通过销售点购买,但高收入彩民通过网络购彩的比例会比一般彩民要高。这表示网站购彩方式比较符合高收入彩民的空闲时间少的特点。所以,发展网络购彩,使高收入体育彩民能够快捷、便利地购彩是体育彩票销售过程中需要解决的问题。然而,许多高收入彩民对网络购彩还不太认可。究其原因,一部分对于网站合法性难以认定,另一部分怕中大奖后网站不予兑奖而引发纠纷。

虽然高收入体育彩民的购彩金额较多、消费能力较强,但是高收入彩民购彩金额与月收入之比只是一般彩民比例的1/3左右。由此可见,高收入彩民的购彩金额还有较高的提升空间。

在玩法选择上,高收入体育彩民较一般彩民更偏爱购买竞猜型彩票。这可能是因为高收入体育彩民与一般体育彩民在经济地位和生活追求上不同所影响,高收入体育彩民参与购彩主要是为了娱乐,体验竞猜过程中的刺激性,而一般体育彩民则表示更希望博得大奖,所以他们普遍喜欢购买乐透型彩票。

(二)女性体育彩民购彩心理与行为特征

随着社会的发展、文明程度的提高,女性地位有了显著改善,收入水平也大幅增加,女性消费者逐渐成了市场的宠儿和消费领域的主导者,有经济学家将21世纪称为"她世纪""她营销""她服务"时代。新时代的女性不仅大多掌管家庭消费的主动权,而且拥有个人收入的绝大部分自主权,她们有足够的资金做消费保障。此外,第6次人口普查显示,我国有6.5亿女性,占总人口的48.73%,女性构成了巨大的潜在的市场。将"女性"与"消费"结合在一起,能带来巨大的社会经济效应。原因一是女性有较强的购买意愿、需求和能力;二是女性消费者乐于将购买商品的使用感受和经验心得与他人分享,能带动周围的人一起参与消费。

体育彩票消费作为体育消费的一种表现形式,也是可供女性消费者参与的一个重要选择。如果体育彩票能吸引更多的女性消费者参与其中,不仅能改变目前男女彩民比例严重失衡的现况,还能促进体育彩票业的稳定发展。从近几年的研究报道来看,专门针对女性体育彩民这一特定人群进行深入分析的研究并不多见,有关该群体的研究大多出现在体育彩民的整体现状调查分析中。研究者通过对既往研究的总结分析发现,参与体育彩票消费的女性彩民在逐渐增多,她们购买体育彩票的频次、时间和金额相较于男性彩民要更为固定,大多数女性彩民更为偏好购买玩法较为简单、彩票外观精美和头等奖金较高的彩票品种。可见,女性体育彩民正成为体育彩民群体中的一个非常重要的群体。因此,从体育彩票市场开发与推广的角度出发,怎样将女性的消费倾向向购买体育彩票转移以及如何留住现有的女性彩民,是体育彩票业发展过程中吸待解决的重要问题。

1. 女性彩民购彩心理特征

(1)不同学历的女性彩民购彩心理特征

不同学历的女性彩民在风险偏好、经济效用、外部信息作用以及购彩意向各维度上均存在显著性差异,表明女性购彩的心理活动会在不同角度上被学历所影响。学历低的女性彩民购彩动机主要是中大奖,且随着学历的升高,经济效用呈下降趋势。可能是因为学历高的女性的购彩心理更为理智,购彩中奖是一个概率性的事件,学历高的女性更容易明白什么是概率性事件,所以对于中奖可以改善自己的经济处于不相信的态度。高中、中专、职高学历的女性彩民更加偏向于购彩的风险效应并且依赖于彩票的外部信息,学历低的女性彩民在外部信息作用上与本科及以上的女性彩民有显著性区别,可见本科及以上的女性彩民不相信彩票的外部信息,相对比较理智。

（2）不同收入的女性彩民购彩心理特征

收入不同的女性彩民在经济效用维度上存在显著性差异,表明月收入不同,女性的购彩意向中经济效用所发挥的作用不同。较低收入的女性彩民购彩的动机明显,她们对于中奖抱有较高的期望,想要通过购彩中奖来改善自己的经济状况。月经济收入越高,购彩的动机越模糊。

2. 女性彩民的购彩行为特征

（1）女性彩民了解彩票的途径及购彩方式

店前广告具有吸引力主要是由于中奖信息的发布。女性的心理更加细腻,店前广告会使女性萌生一种原始的自信和动力,然后激起她们购彩欲望。相关研究表明,通过电视了解彩票的女性彩民比例显著高于男性彩民,而通过网站了解彩票的比例则低于男性彩民。这可能是由于女性较男性更家庭化,看电视是她们在家中娱乐消遣的一个主要项目,而男性相对女性而言更喜欢使用网络来了解各种信息。

在购买彩票方式的选择上,一部分女性彩民是通过销售点购买,可能是因为销售点比较普遍,购彩相对较方便。通过调查发现,还有部分女性彩民是通过手机短信购买和电话委托购买。销售点的距离及环境是影响女性购彩的重要因素,女性彩民不爱"蹲点",而网购已逐渐兴起为一个新行业,成为女性消费的流行趋势。一些女性对彩站内环境不够满意,更愿意尝试其他方式购买彩票,这也促进了新投注方式的发展。女性彩民的购彩方式反映了彩票销售形势的单一性,缺乏其他有力的销售形式。针对彩票点环境以及地点,女性彩民对彩票销售点的设置有不同的期待,因此可以根据女性对销售点的期待设置出不同女性群体的理想购彩场所。

（2）女性彩民的购彩金额

女性彩民月购彩金额占月收入的比例显著低于男性彩民的比例,且单次购彩金额的女性彩民显著低于男性彩民。可能是由于女性彩民随意、小投入玩一玩的心态比较大众。体育彩票是一种特殊的消费品,购彩是一种可以满足冒险消费欲望的投资行为。女性购彩只是保持一定的额度,重视的是"量入为出"式的稳健消费;而男性在冒险、冲动等方面特征比较显著,更乐于尝试和主动参与,更能承受购彩所带来的风险。

（3）女性彩民经常购买的彩票类别及原因

女性彩民经常购买的大多是数字型彩票,占据女性彩民购彩数量的五分之三然后是即开型彩票,它购买率高的原因是简单易懂、娱乐性强等。例如,国外研究表明,女性彩民对更加简单易行的彩票玩法比较有兴趣。在选择简单易懂的彩票上女性彩民比例显著高于男性彩民的比例,可能是因为体彩即开型玩法具有简单易懂、娱乐性强等特点,并且外形设计精美时尚,非常符合女性爱美的特征。英国的研究报告指出,女性彩民买彩票更多是为改善生活质量,而不是为了改变生活。她们更乐于享受购买过程带来的娱乐成分。而体育竞猜型彩票包括一定的智力因素消费群体拥有一定的局限性,而竞猜型彩票需要彩民了解参与竞猜的赛事以及比赛球队的信息,故购买者一般对体育赛事具有一定的兴趣,而一般女性对体育赛事的关注远低于男性。所以,男性购买竞猜型的比例高于女性。

（三）老年体育彩民购彩心理与行为研究

目前众多研究指出，中、青年为参与体育彩票消费的主要群体，而老年群体彩民较少。如果体育彩票业不能采取有效措施进一步扩大老年群体购彩的比例，那么随着人口老龄化的加剧，体育彩票业的销售业绩将会逐渐下降。因此，对老年体育彩民的研究在彩票研究过程中也是一个重要的主题。

吸收社会闲散资金用于公益事业是我国体育彩票发行的初衷。老年人退休后具有较多的空闲时间和一定的闲散资金，且老年人购彩比较理性，充分具备购买体育彩票的意愿和能力。想要开发老年彩民群体，就必须了解老年体育彩民所特有、与其他彩民不同的购彩心理和行为特征。开发老年人市场、研究制订营销策略的关键就是充分了解这些特征。

1. 老年体育彩民购彩心理特征

大部分老年体育彩民购彩的主要动因是购彩能够帮助他们增加社会交往、丰富业余生活和缓解生活压力，所以他们更多地注重购彩过程中的情感体验，因此大部分老年体育彩民仅以简单易懂为衡量标准来选择彩票玩法。同时，郑宏志和陈功香研究发现，增加社会活动有利于老年人的身心健康，对提高老年人的主观幸福感水平有着重要的意义。老年体育彩民在彩票销售点能够与其他彩民一起探讨彩票走势、交流购彩经验，并能得到彩票销售员和其他彩民的帮助与照料。因此，参与购彩在一定程度上能够帮助老年体育彩民消除孤独感，提高社会支持。另外，吴捷研究表明，由于老年人社会交际圈的缩小、子女工作繁忙等因素而普遍存在缺乏社会支持的问题，从而直接或间接影响其主观幸福感。所以，大多数老年体育彩民的家人也支持老年体育彩民参与购彩，并希望他们能在购彩过程中享受更多的关爱和乐趣。

在购彩认知上，老年体育彩民比非老年体育彩民更加认可彩票的公益性和休闲娱乐性，这与老年体育彩民的娱乐方式较非老年体育彩民少有关系。大部分老年体育彩民将购彩视为一种爱好，而非挣钱的工具。与此同时，他们注重彩票的公益性，认为自己参与购彩能够对社会有所奉献。

老年体育彩民在购彩过程中比非老年体育彩民更加成熟、理性，并且不太认同彩票的"经济投资性"。已有研究均显现，大部分彩民是为了获得较高的经济回报而购彩，如王爱丰等指出，希望通过购彩而博取高额奖金是体育彩民购彩主要动机。Ladouceur 的研究表明，购买视频彩票的彩民的动机是期望赢钱且较为兴奋，而不是把彩票当作一种游戏。而老年体育彩民更多地以一种娱乐、休闲和公益的心态参与购彩，这应该被大力提倡。

2. 老年体育彩民购彩行为特征

老年体育彩民的月购彩金额在数量上要明显低于非老年体育彩民，但月购彩金额占月收入的比例要显著高于非老年体育彩民。这说明老年体育彩民购彩的积极性较高，且老年体育彩民因为其他方面支出较少，具有参与购彩的经济实力许多老年体育彩民购彩资金的来源属于自给自足，用一部分退休金来参与购彩，他们认为这样不仅可以使自己的余暇时间过得丰富多彩，还可以为社会福利做出一份贡献。

乐透型和高频型是老年体育彩民购买最多的彩票类型。这两类彩票均以数字的简单组合形式出现，老年体育彩民更容易掌握这类玩法。而竞猜型彩票则需要彩民对参与竞猜的联赛各支球队有一定的了解，且竞猜的形式多种多样，玩法较为复杂，因此老年体育彩民参与的比例较少。

（四）学生体育彩民购彩心理与行为研究

在我国体育彩票业的快速发展过程中，体育彩民群体不管在规模还是结构上都不断扩大发展。研究表明，目前体育彩民群体中不只有工人、个体工商户、国家机关干部和教师等，也出现了在读学生。实际上，身为无固定工作和无稳定收入来源的学生，应被禁止或限制购买彩票。首先，我国《彩票管理条例》明文规定，销售点禁止向未成年人销售彩票。换言之，年龄低于 18 岁的中小学生不能参与购彩。其次，为社会福利和体育事业发展筹集社会闲散资金是体育彩票发行的初衷，而作为没有固定工作和经济收入的大学生和研究生手头无闲散资金，不应成为体育彩票消费群体。最后，学生购彩会带来一些负面影响，国外研究发现频繁购彩确实可导致学生价值观扭曲，出现荒废学业现象。

青年学生正处于身心发展及其人生观、价值观形成的关键时期，他们的彩票消费观念、消费心态、消费行为均不成熟，不正确的购彩观势必会对其心理、行为造成不利的影响。学生彩民购彩行为不是一个简单孤立的消费问题，它可能会关系到学生群体在各种价值观形成之前身心的健康发展。然而，已有研究中更多的是考查学生购彩的表层次因素，而对可能引起学生介入购彩的深层次心理因素涉及较少。

因此，如何预防与干预学生彩民的购彩行为是学校、家庭以及体彩相关部门面临的一个突出问题。这需要深入考察和分析学生体育彩民的购彩心理与行为特征，从而对学生彩民提出针对性的干预措施，通过社会宣传和学校教育等方式相结合，防止学生彩民群体的进一步扩大，有效引导他们树立正确的彩票观，提高他们对彩票公益性的认识。探析学生彩民购彩的心理与行为特征，不仅能为家庭和学校培养学生如何养成健康购彩观念提供理论参考，也对建设社会主义和谐社会具有一定的积极意义。

1. 学生彩民的购彩心理特征

学生彩民认为，购买彩票是一种低投入、高产出的投资行为，虽然他们知道中大奖是一种小概率事件，收益会不稳定，但是两块钱一注的低额投资依旧很吸引他们参与购彩。这种以小博大的刺激性活动以及低成本高回报的收益促使着他们持续购彩，并且在中奖后也许会加大投入。同时，因为学生彩民受教育程度较高，所以他们对彩票的认知更加理性，能够深刻地了解到彩票的公益性和娱乐性，在对待购彩上他们都持相对积极的意愿，但也正因为如此他们很容易被外界舆论宣传所影响。中大奖的风暴式宣传也很容易吸引学生加入购彩大军，故对于学生彩民群体的正确引导，体彩监管和宣传部门都是责无旁贷的。较富裕的学生花在购买彩票上的资金会较多，也就对中奖的期待更大一些；而少量购买的学生则是消遣娱乐的较多，认为中不中都无所谓，反正都是捐给慈善事业的。这种情况投入越多、期望越大，愿望没有得到实现的时候就会更加失望，也就会影响他们的心理幸福感，认为自己内心没有得到满足。

2. 学生彩民购彩行为特征分析

在购彩能力上，学生彩民在经济上未能独立，基本上还是依靠父母和家庭。所以经济上的限制使他们表现出较少的购买行为倾向，这就决定了他们每月购彩的金额和频次不会太多。他们只有在保障了最基本的物质生活需要之后，才有希望花部分零用钱在购买彩票这样的精神需要上。另外，需要注意的是，有个别学生的月购彩金额甚至超过生活总费用的 50%，可能会对其正常的生活和学习产生影响。而将原本应该用于学习和生活的费用转移到彩票消费中，也有悖于体育彩票发行募集社会闲散资金的初衷。

在购彩习惯上，大部分学生彩民购彩年限在 3 年及以上，也有接近 3 成的学生彩民在购彩频次上达到每周两次及以上。由此可见，学生彩民中不乏"老彩民"和投注频率较多的彩民。学生彩民中存在不当购彩行为，即接近半数的学生曾旷课购彩和极少数学生有挪用学费购彩现象。考虑到学生的行为自控能力和对挫折的承受能力相对较弱，不当购彩会对学生的学业产生负面影响。

在购彩倾向上，每次购彩主要是自选，其次是机选。购买彩票的原因主要是中奖率高和娱乐性强。玩法上，购买足球彩票是最多的，然后是数字型的大乐透七星彩等，这说明学生彩民每次购彩大多数是自选号码。学生在购彩数字型彩票时一般采用自己或亲人的生日、幸运数字、手机号码、恋人的生日组合等方式来决定选购号码。选择机选的学生则是觉得自己选号很麻烦，并且也没有规律可循，所以用机选就当是碰碰运气、休闲娱乐一下，也不对中大奖抱有很大期望，中了固然会很高兴，不中就当是给福利事业做贡献了，有相当一部分的学生大多是抱有这样的态度。这说明学生彩民的购彩较理性，对彩票有相对客观的认识，这可能与学生的受教育程度有关。由于学生大多喜欢体育运动，尤其是足球比赛，所以在体育彩票的竞猜型玩法中就有足球胜负彩、进球彩和竞彩等。购买足球彩票需要对世界各国的足球俱乐部、足球明星都有关注，也需关注他们的比赛，所以在各种赛事期间学生一般喜欢对比赛结果进行判断，由喜爱足球运动波及购买足球彩票，就可有机会获得奖金，又能提高看球的刺激性。因此，在世界杯或欧洲职业足球联赛期间，前来购买足球彩票的男性学生彩民会暴增，往往几个人一起前来购买。

(五)问题彩民购彩心理与行为研究

体育彩票具有公益性、趣味性、群众性和娱乐性等特点，且能非常有效地筹集公益金，为我国公益事业和体育事业的发展提供帮助。然而，它就像一把双刃剑，在带来公益效应的同时，造成了不可忽视的负面影响。由于彩票隐含着机会游戏的特质，人们较容易抱着侥幸心理参与其中。加之，中奖效应等舆论宣传的误导和诸如"加奖"等营销措施的欠妥使用，助长了人们的投机心理和"一夜暴富"的想法进而导致"问题彩民"的滋生。"问题彩民"的产生不仅对其个人和家庭有严重影响，甚至还容易引发较为复杂的社会问题，严重干扰人们正常的生产生活秩序。在此背景下，展开问题彩民的购彩心理和行为特征，不仅是确保中国体育彩票事业健康持续发展的需要，也是中国体育彩票服务和服从于和谐社会建设的需要。

1.问题彩民的定义

关于问题博彩的有关描述最早可以追溯到 100 多年前，但直到 1980 年被收录到美国精神疾病障碍诊断标准中才逐渐引起国际社会的关注。正常博彩、病态博彩和问题博彩是对博彩者参与程度区分出来的博彩行为。李海等将问题博彩界定成"一种对彩民本人或其社会关系以及社会产生不利结果的一种购彩行为"。叶林娟等将病态博彩界定为"是在博彩中以赌博为主要目的，持续成瘾且具有复发性或不可控制性，而且为了能够继续博彩而采取不理性的手段的个体行为"。"问题博彩"和"病态博彩"的相同之处在于这两种行为都会产生恶劣的影响，两种博彩的区别仅仅在于影响程度的大小。有的观点认为，问题博彩对于病态博彩只是行为较轻而已。本书将"问题博彩"和"病态博彩"一起称作"问题博彩"

白彩梅等将问题博彩者定义为"在博彩过程中，抱着中大奖、一夜暴富的心态，相信自己的运气，认为通过自己的特殊技能可赢取奖金，对随机事件的误解，盲目下注，进而对其行为达到无法控制的一个彩票消费群体"。"彩民"被人们称为购买彩票的消费者，所以"问题彩民"是问题博彩者的统一术语。我们在此基础上指出,问题彩民是指因购买彩票而对个人、家庭、组织及社会层面产生不良影响的一类彩民。

2. 问题彩民的购彩心理特征

(1)问题彩民的购彩动机

动机指的是一种心理倾向,能够有效激发个体朝某一目标开展一系列行动,使个体行为能够长久维持。换句话说,动机是支撑人绝大多数行为的动力根基购彩动机实际上就是引发彩民积极主动地投入到购彩实践当中,并引导购彩活动朝某一目标推进的心理动力。广大彩民正是在购彩动机的维持以及调节之下,才开始一系列购彩活动的。

为了更好地了解彩民的购彩心理,国内开展了一系列的购彩动机调查研究活动,而研究活动通常采用的是调查问卷的方式,设置选择题由被测试者结合自己的实际情况来完成填写,所获得的调查结果主要是描述性的分析内容。通过对研究结果进行综合归纳,得到的结论是:绝大多数的问题彩民都将渴望中大奖、满足自己的娱乐需求和碰运气等作为核心动机。把通过购买彩票为国家公益事业出一份力这样的动机作为购彩行动指导的比例最少。国外在相关问题的研究方面主要选用的是购彩动机量表以及面对面访谈的方法进行的。比如,Lee 和 Kim 在调查研究当中就是运用购彩动机量表的方法开展调查的。调查结果显示,问题彩民购彩动机主要表现在 5 个方面,分别是金钱、刺激、娱乐、逃避以及社会化。从调查方案的选择方面看,国内外在问题彩民购彩动机的研究上运用的是差异化的调查工具,但是国外的相关学者在研究调查当中发现了很多和国内学者调查结果相同的问题,表明问题彩民的购彩动机集中体现在追求刺激、逃避现实、金钱诱惑、满足娱乐需求、休闲放松、社会接触等方面。对这样的研究结果进行总结分析可以了解到国内外的调查研究存在明显的一致性,都表明获得高额奖金是问题彩民参与购彩活动的直接动机和最为主要的动力。所以,彩票本身的经济效用是影响彩民购彩行为的核心要素。

(2)问题彩民的购彩心理特征分析

从经济效用方面看,无论是国内研究还是国外研究都有着一个一致性的结果,那就是问题彩民购彩的直接动力就是赢得高额奖金。奖金是他们最大的购彩动力。同时体育彩票的低成本以及博彩性给了彩民一定的心理期待,也让他们由此产生了一夜暴富的心理。但大量的事实已经证明,真正可以通过购买体育彩票的方法获得高额奖金的彩民是极少的,大部分彩民都是体育彩票的支出额度远远超过回报额度。

从风险偏好方面看,大量的问题彩民通常无法对自身的购彩行动进行有效把控,难以控制自身在购彩方面的时间以及金钱耗费。他们之所以不惜重资频繁购彩,最为主要的原因是想要充分满足他们日益膨胀的寻求刺激和兴奋的心理需要。体育彩票本身具备极大的娱乐性和刺激性,还有可能带来巨额的经济利益。正是这些特征满足了彩民的刺激需要,让他们能够利用购买彩票的方法达到自己想要的刺激水平。大量的调查研究证明,绝大多数的彩民都可以被归入到风险嗜好型的群体当中,他们渴望从中获得挑战和刺激,并享受由此带来的满足感。正是因为问题彩民存在风险偏好较高的情况,才使他们的风险意识弱,不知道如何规避和控制风险

从购彩认知方面看,问题彩民在对体育彩票的认识上有所偏离,如过高地估计了彩票的中奖概率,片面地认为彩票是有规律可循的游戏等。体育彩票的中奖具有明显的随机性特征,但是问题彩民通常不能够认识到这样的随机性特点,对自己的选择行为过度自信,没有看到彩票博弈性质的一面,进而引发了一系列的疯狂购彩行为。

从外部信息作用方面看,随着现代媒体的发展,媒体在不断加强对暴富神话和体彩销售的报道,同时在相关报道当中加入了一定的鼓动因素,这些因素也在极大程度上影响到了彩民的购彩动机。社会以及媒体对购彩中奖的事件投入了极大的关注度,在相关报道方面也有着明显的诱导性,但是在购买彩票的公益性理念方面却没有提起重视,这又进一步导致彩民心态膨胀,并滋生了赌徒心态。也有大量的实践研究表明,多样化的信息传播渠道与手段对购彩进行的错误传播让彩民的心理健康大受影响,也让他们原本的不健康心理得到了增强。

3. 问题彩民的购彩行为特征

问题彩民在购彩行为方面也有着较为突出的特点,主要体现在购彩的金额、时间、频率、选号方法、投注方法等方面。已经有大量的研究结果证明:绝大多数的问题彩民每个月会用10%及其以上的收入来购买彩票。问题彩民周购彩的频率处于较高水平:60%及其以上的问题彩民在购彩方面的用时超过1小时;问题彩民通常是通过在彩票代售点购买的方式来完成投注;问题彩民主要选用自选号的方法来进行选号,在投注时主要运用的是复式或者是倍数投注策略。通过对问题彩民的购彩行为特征进行综合分析,可以看出他们在行为上的突出特征就是金额超载、频率较高、耗时较长、选用头等高玩法等。还有一部分问题彩民热衷于研究彩票走势和购买规律,甚至在日常的工作学习时间也在思考这些问题,极大程度地影响到他们的正常生活。有一部分彩民由于资金投入已超出自身经济承受能力,亏空较大,此时的赌博心理就愈发膨胀,可能会不惜一切代价拼死一搏,妄想"奇迹"降临。由此滋生的社会问题和引发的悲剧频频发生,如"恶意透支信用卡""挪用公款购彩""因赌光家产而自杀"和"因购彩负债而偷盗或抢劫"等。

从行为特点方面上看,问题彩民和网络成瘾、毒品吸食成瘾等人群有着大量的相似点,主要体现在:他们都很难轻易戒除,伴随着时间的延长成瘾程度会日益加深,甚至会引发一系列的极端行为。毒品成瘾者会随着吸食量的增多而加大成瘾的程度,对毒品的需要也会逐步增多。网络成瘾者会随着上网时间的增多,而进一步加深对网络的依赖和延长上网时间。问题彩民在购彩行为方面和他们是十分相似的,随着他们研究彩票时间的延长以及投入金额的增加,之后他们会无视他人的劝说,虽然可能会在劝说之下有短暂停止,但是在一段时间之后又会投入到购买彩票行动当中。

三、体育彩民群体发展心理策略

(一)多方媒体正面引导,激发彩民购买动机

应该加大对体育彩票的科学宣传力度,增强人们对于彩票的正确认知,培养人们健康向上的彩票消费行为和消费习惯,进而促使广大彩民用正确健康的方法购买彩票。针对这一情况,体育彩票的相关管理部门要在宣传引导方面加大资源投入,运用多样化的手段强化题材意义的宣传,并在每年定期举办户外宣传实践活动,有效赢得政府的支持,实现宣传工作的深入和拓展;政府部门要充分履行自身的职能,公开体彩公益金,以便让广大彩民明确体彩公益金是如何进行应用的;体彩销售机构应该将体育彩票的销售和公益实践活动整合起来,同时可以邀请明星参与到销售活动当中,通过明星效应和明星的正确引导做好体育彩票的科学宣传工作。除此以外,要抓住广大彩民的求真心理,有效解决信息失真的问题。如今,我们已经步入新媒体时代,在这样的时代背景下,体育信息数量迅速增多再加上新媒体平台的虚拟性特征,很容易导致不真实信息的产生与传播。对此大量的体育受众开

始展现出求真心理增强的特点。广大体育受众渴望在新媒体平台的辅助和支持之下,掌握更多真实的体育信息,充分满足自身对真实信息的需要。为了满足体育受众的需要,新媒体平台要充分发挥自身的优势,有效借助网络直播、电子媒体、纸质媒体等对消费者的意识进行科学培养,增强消费者体育彩票购买兴趣和意识的同时,让他们意识到体彩的公益性特征,将这种公益性的理念渗透到广大人民群众当中,让他们能够端正投资观念,消除一夜暴富等不切实际的梦想,用平常心为我国体育彩票事业的发展贡献自己的一份力量。体育彩票机构可以利用新闻媒体、召开发布会等方式对体育彩票活动以及相关产品的信息资料进行传播。比如,体彩机构可以在新闻媒体的支持之下,构建阳光开奖的信息传播路径,让广大彩民及时掌握开奖信息和开奖结果,保证结果公开透明增强体育彩票的公信力水平,以此来激发广大彩民购买体育彩票的动机,使体育彩票市场健康发展,让更多的人关心和支持体育事业的发展。

(二)利用广告树立公益形象,吸引广大彩民注意力

利用广告传播的方法展示体育彩票的公益形象是纠正广大彩民错误心理的重要措施,而且这样的方法可以吸引彩民的注意力,让他们能够运用健康的方法购买彩票。具体而言,可以利用刊登公共关系广告的方法来达到理想的效果。这一类型的广告具有形式多样的特点,如在广告当中为彩民介绍体彩活动的广告、鸣谢广告、庆贺广告等。公共关系类的广告和我们日常所熟知的商业广告有着非常显著的差异,公共关系广告并不是直接对体彩的玩法进行宣传和推广进而诱发彩民购买动机,而是对体育彩票产品之外且直接与公益形象挂钩的信息进行传播推广。这样的广告推广方式可以增强广大人民群众对于体育彩票的认识,并为体育彩票事业的稳定持续发展提供助力。目前,我国有一部分的体彩广告侧重的是对彩票中大奖事件的宣传,用可能获得的高额奖金来吸引广大彩民的注意力。利用这样的方法虽然能够在一定程度上吸引彩民进行投注,但是这一行为违背了体彩发行宗旨,同时容易造成病态赌博彩民的产生。所以,这一类型的广告不能够被列入到公共关系广告的范畴。在今后的体彩事业发展过程中,体育彩票机构应该把广告的着力点放在公共关系广告的宣传推广上,着重对体彩的公益形象和公益性特征进行传播,有效增强体育彩票的美誉度,纠正广大彩民的不良心理,正视彩票行为,为今后体彩的发展打下良好的基础。

(三)不断丰富彩票品种,提高彩民购彩兴趣

对体育彩票的品种进行深入的开发和研究,让彩票品种更加丰富,进而引发彩民的购买兴趣,是当前国际上彩票发行部门共同实践的策略,而且该策略在实践中产生了非常理想和突出的效果。彩票公司通常都专门设置由彩票产品的开发部门定期推出新的品种,以便让广大彩民的多元化购买需要得到充分满足。比如,在美国的密歇根州,销量增速最快的彩票类型是即开型彩票。彩票发行公司在发现了这一特征之后,为了更好地迎合彩民需求,几乎每周都会发行一款新的彩票品种,让彩民日益增长的购彩需求得到了有效满足。我国的体育彩票事业在经过了多年的发行以及销售之后,如今已经囊括全部的彩票种类,大大满足了广大彩民的兴趣和竞猜需要。在北京奥运会前,总局体彩中心召开了新品发布会,并在发布会上推出了一种即开型的体育彩票品种,被叫做"顶呱刮"。该产品属于网点即开型彩票,也是一种全新的彩票品种,除了让彩民满足自己的娱乐需要之外,还让他们支持奥运的需要得到了满足。目前,现行的体育彩票种类繁多,但是要想更好地激发彩民的

购彩兴趣，就要考虑到他们的兴趣爱好和购买需要，运用择优销售的方法增强彩民的参与度。比如，很多彩民喜欢足球、篮球类的彩票，可以针对这些球迷发行一些新玩法的竞技体育类彩票。

（四）合理设置彩票点，完善购买途径，迎合彩民需要

通过对当前彩票销售点的业务状况进行研究和调查，我们可以看到有约80%的彩票销售点销售两种类型的彩票，分别是体育彩票和福利彩票。这两种彩票之间本身就存在竞争，所以这在一定程度上会影响到体育彩票的销售。为了有效改变这一现状，可以对当前的体育彩票代销点进行适当调整，在年轻人较多的地点设置体育彩票的销售点，对于体彩销售额较低的地点则可以考虑调整或者是撤出。从彩票的种类方面上看，无论是体育彩票还是福利彩票在种类设置上有着极大的趋同性，甚至有很多在内容和中奖额度的安排上是完全相同的。受此影响，有一些彩民在购买彩票的过程中并没有清楚的种类划分，也不会刻意要求购买体育彩票。除此以外，两种彩票都有发行刮刮乐玩法，而这样的设置方法又加剧了二者的竞争。体育彩票较为明显的优势是拥有竞猜玩法，而且我国有很大的球迷群体于是，怎样吸引他们的注意力、引导他们主动积极地购买体育彩票成了当前彩票发行机构的工作重点，也要求他们要做好宣传推广等方面的工作。

（五）加强问题彩民的治疗，提高彩民的认知心理

将公共健康模型作为有效依据，可以将问题产品预防划分成三个等级，分别是一级、二级和三级预防。如果不能够有效控制彩民的博彩冲动，甚至是完全沉浸在博彩世界当中，进而给彩民自身、家庭和社会带来极大程度的危害，就必须进行三级预防，也就是对这些问题彩民进行专业治疗，以便对他们的认知心理进行调整。当前，针对问题彩民的专业治疗方法有很多，下面将着重对两种方法进行说明。

一是行为疗法。这一方法主要借助的是经典以及操作性的条件反射原理，有效降低了博彩对于彩民的兴奋唤醒度。

二是认知疗法。这一方法主要是准确识别问题彩民存在的认知偏差情况，有效利用重建认知的方法，对他们的错误心理进行纠正。在这一方法的实践过程中，可以运用到多元技术，如重建认知、刺激控制、替代活动训练、社交沟通训练等方法。

就目前而言，我国在心理治疗方面还处于初级发展阶段，人们对于问题彩民的心理问题治疗还存有一定的疑虑心理。与此同时，大多数的问题彩民本身不会也不愿意承认自己存在心理问题，因此无法发挥心理治疗方法的应用效果。要想从根本上提高问题彩民对于心理干预的接受度，就需要外界给予一定的帮助和支持，在外界力量当中亲友的支持是十分重要和关键的。问题彩民的亲友应该加强对问题彩民的引导和劝慰，使他们能够意识到自身心理问题的严重性，从而鼓励彩民积极接受相关的心理治疗。除此以外，彩票发行机构也要加强与心理治疗机构的沟通与互动，如果发现有彩民存在博彩症状的话，就可以及时引导他们通过专业心理治疗来解决心理问题。目前，我国已经设置了专门的彩民救助中心，并开通了热线电话。志愿者负责对彩民求助者提供心理方面的治疗指导以及法律上的救助服务。这是一种非常有意义的尝试，充分发挥了民间力量，同时能够有效节约治疗成本。在今后的发展过程当中，还可以通过设置问题彩民网站、聘请专家提供网络线上辅导等方法来加强对问题网民的心理救治。

第九章　多维度视角下的体育服务与体育消费者行为关联分析

本章在介绍商业健身教练分类的基础上,着重从健身教练的职业素养、职业技能和服务方式三个方面讨论了它们对消费者选择健身俱乐部的影响。主要涉及健身教练与健身者的沟通、接待、服务面貌和方式等。对于职业赛事的教练,本章主要从其专业角度讨论了他们作为产品代言人的直接作用以及因其在赛场上巧妙地排兵布阵提升体育赛事上座率和电视转播率的间接作用。

第一节　体育消费者行为关联分析——商业体育服务

一个健身教练要善于沟通,甚至会经营、会推广,不仅要身材好,还要口才好。一个会员如果在一个教练那里学有所得,不仅会接着续卡,还会介绍给亲友,扩大会员队伍。优秀的教练,能给俱乐部带来好生意。

一、健身教练的含义及分类

(一)健身教练的含义

健身俱乐部健身教练,分为团体操课教练和私人教练,私人健身教练是指在健身俱乐部中一对一进行指导训练的专业健身教练,其作具有互动性、针对性等特点,并且是按课时收费的。团体操教练是一对多,一人带领多数会员在有氧操厅进行有氧运动的团体操课程(团体操课程包括:有氧健身操、有氧舞蹈、踏板、动感单车、搏击、普拉提、瑜伽等)。

健身教练,其最重要的职责就是帮助顾客获得健康,来健身的顾客需求的是科学的健身指导,并以此获得身体的健康。因此,健身教练应该具有比较专业的人体解剖、生理、医学、营养和运动技能知识,此外,还应懂得心理学。因为教练要善于与顾客沟通,以准确了解顾客的需求并提供帮助。见多识广是一个健身教练起码的素质。比如,为让健身运动达到最好效果,教练还应是"私人医生",掌握一定的健康知识,了解会员的饮食状况、工作性质、睡眠质量等。针对不同的人,制定出不同的训练方法。但同时,健身教练只是针对会员的健康锻炼提出指导,对部分病后或术后恢复进行一定指导,但不能取代医生的治病功能。

(二)健身教练的分类

通常把健身教练分成带操教练和器械教练两类。从专业的角度来看,可以按照健身教练的类型、水平或等级以及职业性质进行如下分类:

1. 按类型分类

按类型进行分类,健身教练可以分为俱乐部健身教练、私人健身教练公司教练和自雇健身教练3种。

（1）俱乐部健身教练

俱乐部健身教练是指在一个或多个健身俱乐部承担健身指导工作的全职或兼职的教练。其中俱乐部健身教练又可以分为巡场教练、器械教练和带操教练(包括健美操瑜伽、普拉提、动感单车教练等)三种。这三种教练的水平和俱乐部对他们的要求是不同的。

巡场教练只需具备基本的健身知识、熟悉场内器械的一般使用方法、保证客人的健身安全即可；器械教练的要求较高,指导方法、内容也较巡场教练上了一个台阶。器械健身教练通常采取一对一的方式,为健身者提供专业化的体能评估和个性化的运动指导。因此,其需要更全面的知识,除了拥有巡场教练应有的技能外,还要能为学员提供包括体能评估、运动营养搭配、运动处方的制定等帮助。带操教练一般采取带几个人到几十个进行集体活动的方式开展健身指导工作。带操教练的技术水平和示范能力很强,而且大多青春、靓丽、动感。

（2）私人健身教练公司

私人健身教练公司是为客户提供专业私人健身教练的专门机构。其由于规模效应,可以吸引更多的客户。公司会对旗下的私人健身教练进行包装和宣传,同时会对教练资格和能力进行严格的考核,以保证其专业水平和服务质量。在国外,已有较多的私人健身教练公司,国内目前还在尝试阶段。

（3）自雇健身教练

自雇私人教练通常被认为是"自由职业者",主要是自己来开发客户群,其客户群有个人、公司团体或社会组织,服务场所可以在健身俱乐部、私人健身教练工作室、客户办公室或家中等。自雇健身教练的工作时间自由,收入也比较高,上课地点较为灵活。但其压力、工作强度也相对较大。这种职业模式要求健身教练在具有较强的专业能力的同时,还必须具有良好的沟通技巧,才能更好地开拓并推广自己的业务。

2.按水平或等级分类

根据《社会体育指导员国家职业标准》,社会体育指导员职业等级由低到高分为以下四种。

（1）初级健身教练

其只需具有初中毕业学历,了解体育锻炼和比赛的一般知识,初步掌握某项体育活动的技能传授方法,能承担基本的锻炼指导工作和根据计划组织实施基层组织的社会体育活动。

（2）中级健身教练

取得初级健身教练资格,连续工作至少3年；基本掌握体育锻炼和比赛的理论和方法,在某项体育活动的技能传授和锻炼指导中成效比较明显,具有指导初级健身教练的能力。

（3）高级健身教练

取得体育专业中等专科以上学历,取得中级健身教练资格,连续工作至少5年；掌握体育炼和比赛的理论与方法,在某项体育活动较高水平的技能传授和锻炼指导中成效突出；具有指导中级健身教练的能力。

（4）指导师级健身教练

大学本科以上学历,取得高级健身教练资格,连续工作5年；系统掌握体育锻炼和比赛的理论与方法,在某项体育活动的技能传授和指导中具有特殊技能突出的成就；具有指导高级健身教练的能力。

3. 按职业性质分类

健身教练按职业性质分为职业教练和兼职教练。前者以健身教练为主业,可能就职于一个或几个健身俱乐部。其一般在相对固定的体育健身俱乐部或体育健身会所工作,都有相对稳定的指导人群或雇主,并且根据水平的高低和健身服务的美誉度确定有偿工作的报酬定额。后者是指由于喜爱健身教练工作,所以利用工作以外的业余时间到体育健身俱乐部或健身会所做兼职教练。

二、俱乐部健身教练的职业素养对体育消费行为的影响

健身教练属于职业性的运动健身指导员,工作的主要场所在健身俱乐部或健身会所,服务的主要人群是健身俱乐部的会员或健身活动者。其自身的职业素养会影响健身俱乐部消费者对俱乐部的印象和选择。健身教练的职业素养主要包括自身的职业形象和职业技能。

(一)健身教练的职业形象影响消费者对健身俱乐部的选择

健身教练是经营性健身场所最重要的工作人员,客户踏进健身房门槛的"第一印象"往往取决于健身教练的体态和仪表,礼仪和沟通是吸引客户的首要方面。

1. 健身教练的礼仪

仪表固然离不开先天的遗传,而后天礼仪规范的塑造和培养会弥补先天不足者的缺陷,放大先天具有的优势。健身者来到俱乐部希望活得身体、心灵上积极向上的正能量,一位精神饱满、充满自信,头发干净整齐、脸部清洁的健身教练会给客户留下良好的第一印象。此外,健身教练要充分认识到体形与姿态修饰的重要性健身客户在选择健身教练时,先从教练员体形的"亮点"开始,因为客户总是习惯与用体形与体态的标准来观察人、评价人和选择人。

再有,健身教练要重视谈吐的作用,努力提高语言的表述能力,以语言的魅力去赢得客户的信赖。英国哲学家培根有句名言:"讲话用语审慎较之单纯流畅更为重要。"语言的修饰表现在对顾客的敬称、有礼貌地打招呼等。健身教练在于健身房客户频繁的交往及指导服务中,运用真心诚意和善言善辩的巧妙语言来打动健身房客户的心境,使之全心地投入健身健美锻炼,从而在健身访客户中赢得威信和魅力。

2. 健身教练与顾客的沟通

健身教练与顾客的沟通表现在很多方面,主要包括接受顾客的咨询、接待顾客的询问,体察顾客的需求,因人而异地提供服务甚至恰当的心灵交流。每一个环节都能反映出健身教练的沟通能力。例如:当消费者咨询课时费时,如果有一位健身教练对你说"健身指导课程的课时费用需要 150 元",你是不是立刻联想到自己口袋里的百元大钞就要长着翅膀飞走了呢? 但如果他把那句话修正一下说:"某某先生(女士),课时费用只需 150 元",后一句话会让你觉得你是一位成功人士,150 元只是你收入中很少的一部分。同样的回答,客户的感受却大相径庭。再比如在询问顾客需求时,健身教练问一位客户:"您需要普通饮料还是蛋白质饮料?"这时,客户会很随便地回答:"普通饮料吧。"但如果健身教练这样问客户:"根据您的体形,使用蛋白质饮料更好,您觉得可以吗?"面对这样的提问,客户往往会说:"好吧!"这一方面让客户感觉到健身教练对自己的细心照顾,另一方面,会增加俱乐部运动型饮料的销售量。

以上两个例子虽不能全面的展示健身教练与顾客的沟通技巧但却告诉我们无论是接待顾客还是处理纠纷,良好的、恰当的沟通技巧会让结果大不相同。

(二)健身教练的职业技能影响消费者对健身俱乐部的选择

健身教练的职业技能体现在很多方面,包括为健身者提供健身器械及健身操类的技术指导,为会员制定健康检查、膳食配方及体能提升解决方案。除此之外,职业技能还体现在为不同的客户提供不同的个性化健身指导和服务和防范职业服务风险等方面。

1. 专业的健身指导

不言而喻,等级更高的健身教练将会吸引更多的消费者入会。因此,一位健身教练自身的知识储备、拥有的学历及相关证书将成为俱乐部有力的卖点。当然这只是将客户吸引入门的第一步,要留住客户和吸引更多客户则需要健身教练具备良好的指导技能。

健身指导技能是指健身教练在指导过程中完成指导任务,达到指导目标所采用的指导途径和方法。比如健身教练在做示范动作时,做得准确、熟练、轻松和优美,将给健身者留下深刻印象,使健身者看完示范后就产生跃跃欲试的感觉。再如,很多健身俱乐部会配备多媒体,方便健身教练利用图、文、声、像和动态视频等效果,直观地把传统媒体技术条件下难以表述的现象和过程主动而形象地显现过来。这种方法使健身者直观地了解健身的基本知识、技术动作内容、风格和特点,能提升客户的健身兴趣。

2. 细心的健康检测和分析

健身初期的健康检测,将帮助健身教练为其制订科学的锻炼计划。健身中期的运动效果测定与评价的良性结果,有助于调动锻炼者的积极性和兴趣,其不良结果为改进锻炼手段、方法敲响了警钟。

除了身体上的健康分析,健身教练还应在会员心理特征上多加留意。针对有心理障碍的客户,可以推荐其尝试不同的运动项目。比如,遇事急躁、容易冲动的锻炼者,可以推荐其参加下棋、打太极拳、慢跑等缓慢、持久的项目。对于腼腆胆怯、容易脸红、怕难为情的客户,可以多引导他们参加游泳、溜冰、滑雪、摔跤、单双杠等项目。这些项目要求锻炼者不断克服害怕等各种胆怯心理。对于优柔寡断者,可以引导他们参加乒乓球、羽毛球、击剑等项目。因为这些项目的任何徘徊和犹豫都会延误良机,造成失败。

健身教练的对会员身心变化的细心观察、检测和分析,然后制定恰当、合理的锻炼方式会让客户感觉到如家般的亲切、温暖并且达到健身的最初愿望。

3. 不同人群的健身指导

在很多中小型健身俱乐部里,我们经常看到很多健身者,无论胖瘦都在跑步机上运动。实际上,比较瘦的人最好不要参加耗能较大的运动项目,特别应避免参加长时间的耐力性运动项目,如长跑、踢足球、打篮球等。因为这些运动消耗能量较多,对于肥胖者的效果较好,但对于消瘦者会与所从事的器械锻炼竞争能量,不利于瘦人增长肌肉、丰腴健美,只能是越练越瘦。此时,如果有健身教练主动上前说明和指导,会给会员带来被关注和被帮助的感觉,既能增强锻炼者的信心,又能提升俱乐部的吸引力。

再以糖尿病患者为例,不同的糖尿病应选择不同的运动方式老年和妊娠糖尿病患者,应选择散步、下楼梯、太极拳和轻微家务劳动等非剧烈的运动项目。而肥胖型糖尿病和轻度糖尿病患者则可以选择平地快走、登山、举重、拳击等重体力劳动。一名合格和尽责任的健身教练在面对患有不同糖尿病的客户时,应根据不同身体状况给予相应的指导。

(三)健身教练的服务方式影响消费者对健身俱乐部的选择

健身俱乐部的客户来自四面八方,性格、需求都不一样。通过与客户的交谈,了解客户的消费需求,及时判断客户的类型,提供适时到位的服务,是健身教练留住客户的必备技能。

1. 因人而异地提供服务

根据客户的性格和对服务的要求不同,我们将客户大致地分为以下几类,针对每一类别的客户,服务重心将不一样。

对于爱讨价还价、好占便宜、一直问价钱的客户,健身教练最好不要推荐昂贵的项目和产品,以免给他们造成心理负担。此时可介绍价格适中的健身项目和产品,并强调效果和优点。

对于虚荣、自负、喜欢谈论吹嘘自己的客户,健身教练不要对其发表批评性意见,介绍服务项目或产品时应慎重,依其所需,着重强调新颖性和独特性。

对于有明确消费意愿、主观意识很强、比较固执的客户健身教练应当尽量满足其意愿,对他的话尽量予以肯定,即便有不同的看法,也必须用委婉的方式来表达。

对于衣着打扮非常讲究,过分要求优质服务,对消费非常仔细、苛求的客户,健身教练要搞清楚他的需求是什么,介绍一些价格较高、功效突出的高档产品或较高水平的服务。

对于与健身行业相关的专业客户,健身教练不要和其在专业知识上做争论,尽量改变话题,减少向他(她)推销产品刻意强调服务方式的独特性。

2. 把握特点,积极争取每一位客户

按照健身者的意向,可以将其划分为确定型客户、半确定型客户和不确定型客户三大类。针对不同的客户类型,提供有针对性的服务,尽量争取每一位客户。

对于确定型的客户,健身教练应以最快的速度给他们提供所需的服务。但是确定性的客户还有不同的情况,如果是老客户,只是前来重复以往的服务项目,那么,健身教练只要尽快替其落实服务即可。"抓紧时间"是这类客户所期望得到的待遇。如果客户想指定印象好的健身教练来服务,应当尽力满足客户的要求。还有一类是新来的客户,因为听人介绍或从网络渠道获知,决定前来了解健身服务。因为是第一次,所以他们可能并不需要立即得到服务,而是想了解一些具体情况,这时健身教练应当根据客户的个性和消费行为特征来确定服务的方式。

半确定型客户是健身教练应重点争取的对象。因为他们尚未确定在哪家健身房参加健身锻炼。接待这样的客户,健身教练应当尽量展示自身的优势,如环境、质量、收费等,也可以带他们参观最能打动和吸引客户的设施,或者是某位知名健身教练的操练,也许客户就会决定在此接受健身服务。另外还有一种客户,是想做健身,但不知做什么项目对自己是最合适的,健身教练应当先根据客户的具体情况介绍服务项目,适度地推荐效果好的健身项目,帮助客户确定,这需求健身教练有很强的业务素质。

对于不确定型客户,健身教练切不可冷落他们,应当耐心地服务,并用灵活的方式介绍健身房的特色,把他们当做潜在客户来积极争取。如果客户是因为没有时间来健身房接受服务,健身教练可以向其推荐家用健身产品和向客户进行健身知识宣传,即使这类客户本人不做健身,如果给其留下了深刻印象,也许会推荐自己的亲朋好友来健身。

第二节 体育消费者行为关联分析——职业体育赛事服务

职业体育赛事教练员对体育消费的影响主要体现在两个方面体现：一方面是直接影响，即职业赛事教练的专家效应。当一名职业赛事教练培养的运动员或团队在大型赛事上取得优秀成绩后，这名教练也就会成为家喻户晓的知名教练。那么他在该领域所做的产品代言或赛事培训等就会受到消费者的信赖。另一方面是间接影响，即有职业赛事教练培养出来的优秀运动员或团体参加的运动比赛会吸引更多的消费者观看。继而无论是现场的上座率，还是赛事转播权的出售等相关费用都会提升。

一、职业体育赛事教练员对消费者的直接影响

专家由于其丰富的知识，使其在介绍、推荐产品与服务时较一般人更具权威性，因此聘请专家做广告代言人是很多厂商宣传其产品常用的营销方式。体育产品的销售也不例外，国内外的很多优秀的职业赛事教练员都有过产品代言的经历。比如，培养出中国羽毛球名将林丹的中国羽毛球总教练李永波在 2003 年与广州双鱼集团签约，出任其旗下品牌金雀羽毛球的形象代言人，2009 年李永波出任中国羽毛球赞助合作企业天津海泰控股集团形象代言人。再如有中国"铁榔头"之称的朗平曾是广东恒大女排的教练，2013 年正式出任中国女排主教练。2011 年 7 月郎平正式签约康柏（中国）集团，成为康柏品牌的代言人，宣传康柏品牌的按摩椅，同年成为尔奇钙片的代言人，2013 年再度与康柏集团合作代言莎普爱思眼药水。除此之外，2013 年世界名帅里皮、郎平受聘成为恒大冰泉全球推广大使。

职业体育赛事教练员除了会成为产品代言人外，有很多热爱体育的教练，在退休之余仍然会发挥余热，为体育事业的建设贡献自己的力量，同时也开辟了一块体育市场。上海申花俱乐部主教练徐根宝十分热爱足球，将其作为毕生的事业，2002 年从"申花"退出后在上海崇明东平国家森林公园南首创建了根宝足球基地，为上海市培养年轻球员。借助徐根宝的名气，该基地吸引了很多的青少年足球爱好者。在上海市委的支持下，该基地已建成了拥有供旅游者观光休闲的综合性服务设施的足球宾馆。足球宾馆是一栋三层楼的现代化玻璃钢结构建筑，内有经济房、标准房及豪华套房。有可容纳 100 多位贵宾的高规格多功能宴会厅，120 平方米的设施功能完善齐备的会议室，豪华典雅的大堂咖啡座，还有卡拉OK、舞厅、棋牌室、乒乓室、桌球室等休闲娱乐场所。门票 10 元。这是职业体育教练牵头，依靠体育运动项目拉动地区经济增长的典型案例。

二、职业体育赛事教练员对消费者的间接影响

随着人们生活水平的提升，观看体育赛事，享受体育比赛中的激动和呐喊也逐渐成为体育消费者休闲娱乐的生活之一。在体育比赛中，任何一支队伍的主教练都是无可替代的。其作用不光在于球队的训练，更重要的是在比赛现场的临场指挥。尤其是球队面临困境的时候，这个时候主教练的现场指挥就显得至关重要了。一场体育比赛是否精彩、是否卖座与体育赛事教练息息相关。因而，职业体育赛事教练员对体育消费起到间接影响的作用。这种间接影响主要反映在增加体育赛事转播率和体育赛事入座率方面。

（一）体育赛事的电视转播率

体育赛事的电视转播率，主要是指举行体育比赛、体育表演时，允许他人进行电视转播，主办方会由此获得报酬的权利。而电视转播的出现最终是为了满足消费者对观看体育比赛的需求。只有拥有优秀的教练和出色的运动团队的比赛才能吸引体育观众的眼球。

美国 NBA 比赛是在中国转播率较高的比赛，因为它拥有大量的观众群。很多球队和教练都被国人熟知和喜爱，比如圣安东尼奥马刺队的教练波波维奇和他的篮球团队，洛杉矶湖人队的教练禅师杰克逊和他的团队等。这些教练依靠其巧妙的技战术，排兵布阵常常使球队在比赛中绝处逢生，打出出人意料的进球，赢得观众的喝彩。

（二）体育赛事的上座率

稳定的上座率是联赛生存的基础，它代表的绝不仅仅是门票收入，更重要的是反映了市场对球队和联赛的关注度、忠诚度，是 NBA 品牌号召力的一种体现。在电视转播中，现场爆满的观众火热的气氛也是一个极具吸引力的看点，使"到现场看球"成为电视观众心中的向往。

第三节 体育消费者行为关联分析
——体育运动俱乐部激励机制

一、体育健身俱乐部教练员激励机制构建的原则

为了取得良好的激励效果，必须建立科学合理的激励机制，也就是激励机制必须与工作报酬和工作绩效相挂钩，这样才能充分调动教练员的工作积极性，有效地激发教练员的潜能，由此达到育才、留才的目的。这就要求体育健身俱乐部在构建激励机制时应当遵循以下原则。

（一）以人为本的原则

激励机制的构建必须体现以人为本的原则，把理解人、关心人、尊重人放在首位。机制的设计首先必须是满足人的需要，尊重并容纳人的个性，重视并实现人的价值，开发并利用人的潜能，统一并引导人的思想，把握并规范人的行为，鼓励并奖赏人的创造营造并改善人的环境。

（二）效率与公平原则

公平强调的是个体工作的效率与所得报酬之间的对称，波特劳勒综合激励模型中起重要调节作用的"察觉的公平奖励"就体现于此。员工们如果觉得相符，就获得满足，并激励自己今后的工作会更加的努力；如果觉得得到的报酬低于"察觉的公平奖励"即使报酬很高，也会觉得不满足，情绪失落，工作兴趣降低。这充分体现出了效率与公平的重要性。

(三)偏好原则

由马斯洛的需要层次理论我们可以看出不同的人具有不同的需要,而当一种需要得到满足后,它就不再是主导需要,人们就会开始追求更高层次的需要。而偏好从经济学的角度来讲,是指在一定约束条件下,消费者喜欢某种商品的组合而不是其他商品的组合,是因为对其来说,这种商品组合的效用大于其他商品组合的效用偏好原则的实质就是根据不同员工的不同爱好偏向,制定适合每个人的激励机制,以求达到个人激励的最大效果。

(四)权变原则

对于激励客体来说,其偏好并不是一成不变的。它会随着内外环境的变化而改变,例如随着经济收入的增高,人们会降低对物质方面的追求,转而更加注重精神方面的需求。这就要求激励主体随时注意客体偏好的变化,及时对激励措施作出相应的改变以便收到更好的激励效果。

(五)持续原则

由于市场的竞争愈来愈激烈,企业若想在激烈的市场竞争中获胜,就必须促使员工持续保持积极的工作态度,而要做到这一点,激励主体就必须设计出对员工具有吸引力的长远目标,并使员工认识到实现这个目标是非常现实的,这样才能收到良好的激励效果。在此基础上,激励主体还应该注意以下两个问题:一是所设定的目标应该是经过努力后可以达到的。否则,只会打击员工的积极性,从而影响激励的效果;二是激励目标的力度应是合适的。因为根据边际效用递减规律,客体在这次得到了满足后若下次还是得到同样的满足感,主体就必须付出更大的成本。所以说,要使激励具有持续性的效果,就必须设计合适的激励目标和激励力度。

(六)适度性原则

奖励和惩罚不适度都会影响激励的效果,同时还会增加激励成本。奖励和惩罚适度,才能服众,才能收到良好的激励效果。激励太多,不加努力就可获得,产生不了动力;而激励太少,努力无望也产生不了积极性。在利益驱动上,既要保证当前利益又要兼顾长远利益,才能既保持员工的当前积极性,又能使其对未来充满希望而产生动力。

(七)性别差异性原则

这同样是构建激励机制时需要注意到的问题。不可否认的员工存在性别差异,而不同性别之间的需求不尽相同。例如男性员工可能想在参与管理方面大展拳脚,而女性员工可能仅仅是想要得到更高的薪酬激励。诸如此类的问题不胜枚举。

二、体育健身俱乐部教练员人力资本激励的物质激励因素

物质激励是激励机制的基础,它的价值核心是使健身教练员的个人利益与企业利益相关联,而从另一个方面来说这实质上也是一种公平的交换。

（一）薪酬（主要是由基本工资、奖金、津贴与补贴等组成）

1 基本工资

获取报酬是员工工作最基本的动机,这是因为基本工资是员工个人及家庭满足基本生活的保障。充分发挥工资的激励作用是完善物质激励的主要工作。虽如此,但基本工资并不是固定不变的,可由技能工资和绩效工资组成。其中技能工资可根据教练员掌握的技能不同形成不同等级的工资,绩效工资是为了激励教练员提高工作效率而设计的,是由工作的复杂程度和完成的质量和数量来决定的。

2. 奖金

奖金是对超额劳动的报酬,是对表现好的教练员及时完成任务或作出特殊贡献时给予的额外奖励。对教练员激励的设置范围可适当放宽,层次也可以尽量多一些,这样可以激发教练员的工作热情。

3. 津贴与补贴

津贴与补贴是对员工在特殊劳动条件和环境中的额外劳动消耗和生活费用的额外补偿。通常把与工作相联系的补偿称为津贴,如岗位津贴、特贴等;把与生活相联系的补偿称为补贴,如通勤补贴、吃饭补贴、取暖补贴等。

4. 福利

福利是对报酬的一种补偿形式,是为吸引更多的优秀教练员并鼓励他们在岗位上长期服务,而主动提供的优厚待遇。完善的福利系统对吸引和留住教练员是非常重要的,这不仅可以给教练员带来优惠从而增加其对俱乐部的忠诚度,而且还可以提高俱乐部的社会声望。福利虽是工资的辅助部分,但福利具有工资难以比拟的功效。当前健身教练的年龄呈现出年轻化趋势,而面对较之以往更加年轻化的队伍,俱乐部更应该注重其当前需要的满足。

5. 职务消费

顾名思义,就是指因职务而引起的消费。像办公费用(如电话费、办公设备折旧费等)、交通费用(如油耗及车辆管理费用等)、接待费用和培训费用(如教练员参加各种培训及参观考察的费用)等消费。当然这里的职务消费并不是之前的实报实销的职务消费,而是把职务消费计入薪酬制度,给有消费需求的岗位设立一定金额,打入工资单里,让其进行有限制的消费。

（二）体育健身俱乐部教练员人力资本激励的权力与地位激励因素

目的主要是提高人力资本在企业经营活动中的地位,在保证其物质激励的前提下,运用职业生涯发展规划、提供培训激励、参与管理激励和适度成就激励等方法,满足健身教练们的个体精神需要来激发其工作活力。

1. 职业生涯发展规划激励

任何一个员工都渴望能在自己的职业道路上得到持续的发展,而企业若能重视员工的职业生涯规划设计,充分了解员工的个人需求和职业发展意愿,为其提供适合其需求的上升道路,使员工的个人发展与企业的可持续发展得到最佳的结合,员工才有动力为企业尽心尽力地贡献自己的力量,与组织结成长期合作、荣辱与共的伙伴关系。

面对当前健身教练的年龄呈现出的年轻化趋势,对于其以后的职业生涯规划就显得更加突出,如若没有规划,这将会影响到教练员的工作态度,继而影响其工作的积极性。由此可见职业生涯规划激励的重要性。当然,体育健身俱乐部对教练员人力资本的职业生涯设计应该采取具体问题具体分析的态度。对于健身教练以后走哪条晋升路线,应视其具体情况而定,不能搞一刀切。可通过对教练员进行自我评估,确定志向后由俱乐部为其制订初步的职业生涯规划。如健美操等团体课教练在工作之余多加强企业管理方面知识的学习,走健身企业管理的道路,定期为他们举行讲座和培训,而对于私人教练等可以为他们设计走职业化道路,鼓励他们申请更高级别的资格等。

2. 培训成长激励

当前许多企业在人才开发问题上都存在同样一个问题,就是"只使用、不培训""只管理、不开发"。倘若没有以企业为主导的培训与开发,将使从业人员的知识迅速老化,智力储备很快枯竭。而与此同时企业也丧失了发展的动力,最终无法摆脱被市场淘汰的命运。培训成长激励指的是通过对人力资本进行教育培训的投资,提升人力资本存量和人力资本价值,从而对人力资本形成激励。由于企业人力资本存量及其效能的发挥决定着该企业的创新力和发展力,进而影响着企业的核心竞争力,因此,企业通过对人力资本进行教育和培训投资是很有必要的。培训成长激励指的是对教练员人力资本的教育投资,即进行岗位培训、在职培训等。体育健身俱乐部可以根据健身教练员自身的实际需要,对其进行定期的培训,充分利用各种社会职业教育等资源或聘请该领域内专家来开展培训工作,为健身企业带来新技术和新理念,而不是墨守成规、一成不变。有效的培训和教育不但能提高人力资本的专业水平,还能提高其综合素质,形成人力资本储备,一旦金牌健身教练意外离职就可快速填补空缺。

3. 人力资本参与管理激励

心理学研究发现,让员工参与组织管理可以增强人力资本的主观能动作用、自我调节作用和资源组合放大作用并能很好地提高其工作的积极性。通过员工参与影响组织工作和生活的决策过程,员工的积极性会更高,对组织更忠诚,生产力水平更高,对他们的工作更满意。这是因为参与行为能满足个体归属的需要和受人赞赏的需要,尤其是它给人一种成就感。

4. 适度成就激励

麦克利兰认为,具有强烈的成就需求的人渴望将事情做得更为完美,提高工作效率,获得更大的成功。他们追求的是在争取成功的过程中解决困难、克服难题、努力奋斗后所获得的个人成就感,并不看重由此所得来的相应的物质奖励。权力与地位的渴望是员工成就需要的一个最为突出的特点,权力与地位的激励同时也是人力资本激励的重要内容,它的体现主要是提高了人力资本在企业经营活动中所占的地位,增大了人力资本在经营活动中的权力,以此来满足个人成就的欲望。实践表明,在企业的人力资源管理中,适度运用权力和地位的激励,能充分调动工作人员的积极性,激发他们的工作热情和创新意愿,从而推动企业更好更快地发展。

5. 企业文化激励因素

企业文化是处于一定经济社会文化背景下的企业在长期的生产经营过程中逐步形成和培育起来的、独特的且为企业家和全体员工共同持有、共同遵守的企业精神、价值标准、基本消息和行为准则。它和社会道德是同一个范畴,当企业的发展仅仅依靠企业制度根本无法完全保证、当企业制度约束人们行为失效的时候,就要靠企业文化来约束,因此,企业文化方面的激励同样是激励机制的重要内容。不过,这里所指的企业文化并不是在企业中搞文化活动,企业文化不是一种娱乐活动。企业文化是一种价值理念。正是因为企业文化极为重要,所以国外企业在对人力资本的激励上把企业文化激励看得很重要,非常注重在企业文化上对人力资本的激励。较之其他的企业,体育健身俱乐部教练员的构成具有年轻化、高学历、高智力的特点。此类员工的特点突出表现在除了追求经济利益外,还追求精神上的满足。事实表明,健康、积极向上的企业文化能极大地激发员工的工作热情,从而使员工的积极性得到充分的调动。同时,企业文化在培养员工的自豪感、集体责任感和荣誉感方面都起着非常重要的作用,因此,企业文化激励有助于增强企业凝聚力和向心力,鼓舞员工的士气,促进企业的良性可持续发展。

三、体育健身俱乐部教练员激励机制的对策建议

(一)构建完善的健身教练员内外报酬激励机制

1.构建完善的体育健身俱乐部教练的薪酬制度,形成合理的考核标准

薪酬是企业对员工一段时间内所做出的贡献给出的相应的回报,它关乎员工最基本的生活保障,是影响和决定员工工作积极性的最基本因素,同时它是内在报酬中最基本的构成要素,也是构成健身教练员人力资本激励中最重要的环节。当前体育健身俱乐部考核标准较单一,体育健身俱乐部教练员的薪酬水平普遍较低,大部分的健身教练员对于自己的薪酬表示不满意,这跟教练员在俱乐部发展中所付出的高压力、高强度的工作是不成正比的,而高压力低报酬的现状也正是导致教练员流失的最根本原因。而改变教练员的薪酬结构,逐渐达到教练员的目标薪酬,能够有效地促使教练员更加积极地投入工作中,继而减少教练员流失,以此形成系统的良性循环。综合考虑以上因素,在设计健身俱乐部教练员激励机制时应将薪酬激励放在激励教练员的头等位置。健身教练可分为私人教练和普通教练,在设计时就要考虑到针对不同的类型特点制定不同的薪酬体系。

(1)私人教练岗位薪酬设置

私人教练岗位是俱乐部中最有技术含量的岗位,也是带动俱乐部发展的中坚力量。从事私人教练的教练员一般都具有高学历、科班出身的特点,这部分人通常都有比较强的自我实现的意愿,当然这也与他们的工作原因息息相关,作为私人教练要更加注重健康健美的形象,另外达到这一点要求必然在工作之余也要付出很多,包括时间和金钱上的投入,而这点从人力资本的角度来看,有付出当然就有回报,所以对于私人教练的薪酬制定要充分体现出针对其岗位特点的合理性。

私人教练的薪酬制定可以通过其所拥有的客户量以及根据不同客户需要所设计出的课程来衡量,课程的设计需要体力和脑力的双重消耗才能实现,而客户的多少还跟私人教练的个人魅力有关,私人教练是一对一的工作,与客户个人目标的相互契合以及取得客户的认同都至关重要。因此,私人教练岗位薪酬可以由基本工资、奖金和职务消费三部分组成。考虑到私人教练的脑力与体力的双重消耗,可以为私人教练个人魅力所带来的客户及设计的课程这种特殊贡献给予额外的奖励。另外,对于私人教练超高的自身锻炼要求,可以为私人教练设置相应的职务消费,如外出参观学习的交通费用以及参加各种培训的费用等。

（2）普通教练岗位薪酬设置

普通健身教练在俱乐部中是占最大比重的一部分员工。如果没有设计合理的薪酬,他们也是最容易出现变动的一部分。因此,普通健身教练的薪酬可以由基本工资、奖金和福利构成。调查结果显示,几乎所有的健身教练都没有奖金设置,调查的俱乐部中只有极个别的人存在奖金的情况,因此奖金的设置是很重要的一部分。可以根据教练的绩效进行年终奖金制。而福利方面,上海贝尔公司为员工提供的"自助餐"式福利值得借鉴。该公司员工队伍较年轻,购房置业是他们当前面临的重大问题,上海贝尔及时推出了无息购房贷款,为员工们在购房时提供了相应的援助。此外,当公司了解到有部分员工已经通过其他手段解决了住房问题,有意购置私家车时,该公司又为这一部分员工推出了购车的无息专项贷款。由此可见,为人力资本实行福利"自助餐",让他们自主选择,不但为企业省去许多麻烦,而且可以让人力资本解决那些最紧迫的问题。

2.加强健身教练员的内在奖酬激励

员工的内在奖惩激励是管理者较易忽视的一个方面。健身教练努力工作的直接结果是取得绩效,这是教练工作的初级目标;取得绩效后能获得奖酬,这是二级目标。一般而言,初级目标是工具性的,二级目标才是目的性的,大部分健身教练所感兴趣的是二级结果的价值。健身教练的奖酬分为外在奖酬和内在奖酬二大类。外在奖酬是组织给予的物质奖励和精神嘉奖。内在奖酬来自工作本身,源于健身教练对所从事工作的切身体验,以及对工作绩效意义的认识。日本著名企业家稻山嘉宽的名言是:"工作的报酬就是工作本身。"功利、物质的刺激可以焕发教练员一时的积极性,但不是永久的,这只是第一层面的唤醒。关键是要在第二层面上,即唤醒教练员内在的激情。成功管理者要创造一个能产生自尊、自重等内在报酬的工作环境和可以容许和鼓励每一个教练员都能从工作中争取内在报酬的环境,少依赖奖金、福利等外在报酬,因为外在报酬只能消除不满意,内在报酬才能使人满意。健身教练管理者应当结合教练员的工作实际,通过制度安排和工作设计,来挖掘健身课程工作本身的激励能量。

3.充分考虑到性别差异的影响

影响健身教练员激励的因素中性别差异也占据了一定的比例。其中物质激励因素对体育健身俱乐部女性教练员的影响明显大于对男性健身教练的影响,女性健身教练更注重薪金、福利、资助与企业文化的激励作用,这也更符合女性健身教练员的性格特征;而男性健身教练员则更加注重职业生涯规划和职务消费的激励作用。因此在设置薪酬时要充分考虑到性别的差异,以此来达到最有效的激励效果。

（二）构建教练员人力资本的权力与地位激励体系

考虑到健身教练员作为一种特殊的人力资本所拥有的技能密集、不可代替和自主性的特性以及健身教练人力资本的价值,在为教练员提供适度的成长空间的情况下,可以通过对教练员的人力资本权力与地位激励来提高教练员人力资本在企业经营活动中的地位,以有效地激励教练员从而减少教练员的流失。

1.职业生涯规划

职业生涯规划是指员工与企业基于个人需求或组织需求,制定个人职业目标与职业生涯发展路径的活动。基于健身教练员人力资本自身客观因素的影响,当健身教练工作年限不断增加,逐渐进入衰退期,由于体质和精力衰弱、知识老化和技能下降,其人力资本内在价值降低,对企业的贡献一般相对减少。考虑到这点,就需要管理者从教练员职业生涯规划入手来提高教练员的职业意识和职业能力,为教练员制订合理的职业生涯规划。而同时这也更好地体现出了激励的持续性。为教练员制订职业生涯规划需要双方的共同参与,且需要双方在各自领域和事业的各个阶段分别做出各自的努力。通过教练个人自我评估,确定发展方向后,企业为其量身制作适合其个人的职业生涯规划。规划时,企业应结合健身教练自身的兴趣爱好来制订个人的职业生涯规划。区别对待不同的教练个体来制订适合不同教练的职业生涯规划。比如从事大量体力活动的教练大多会受年龄的限制,到一定的年龄时企业可以为他们设置管理方面的理论知识学习,使其走健身企业管理的道路,并为他们定期开展管理理论方面的讲座、进修和管理相关的培训;对于器械类的健美教练,企业可以根据他们自身的意愿建议他们走职业发展的道路,如私人教练,为其提供加强技能、专业知识和相关知识的培训,鼓励他们申请国家级健身指导员或私人教练资格证书。而教练们应该及时与教练主管沟通,这样既可以让俱乐部的管理者了解到教练员的个人想法,又可以帮他们指出应该努力的方向并提出相应的建议,从而制订出一份切实可行有效的规划,使教练员感觉到这样继续努力工作可以看到自己的发展方向和前途,对自己在企业发展中所起的作用充满信心,并把这种信心转化成良好的服务传递给会员。

2. 注重健身教练员的在职培训,提高教练员人力资本价值

健身教练员所具备的潜在价值是需要通过培训、再学习等途径在未来积累和升华所获得的。不仅如此,人力资本的升值性还可以为企业带来预期收益。而健身教练员人力资本的技能密集性也决定了健身教练们与普通公司的职工相比,在职培训尤为重要。同时,当前健身行业聘用制度的不健全,健身教练来源渠道的多样化导致了健身教练资质水平的高低不一,这就更加需要俱乐部对健身教练员进行在职培训。众所周知,健身教练的教授方式大多采用面对面的教授方式,因此健身教练的教学水平对会员所起的作用很大,而已有研究发现,有一部分教练员从不改变动作,这会使会员觉得课程乏味,从而减少锻炼的兴趣,而对于健身教练本身而言,每天重复同样的动作,会导致他们失去耐心,从而表现得懒散,直接影响会员对俱乐部的信心,长此以往,会导致俱乐部发展的恶性循环。特别是对于私人教练而言,应更加注重在职培训的作用。私人教练,顾名思义就是一对一地进行教授,一个优秀的私人教练不仅要很精通专业知识,还需要有紧随行业发展的专业职能。

对于教练员本身来说,对自己行业的最新流行趋势没有任何的感知度,缺乏新颖性意识,这些都与专业培训缺少有关。教练员培训是提升俱乐部人力资本价值的有效方法,健身俱乐部应建立起制度化、规范化的教练员培训机制,来激发教练员发展的潜能,从而提升健身教练员的技能水平,进而提升教练员的行业竞争力,使得企业竞争力得到增强。而对于建立在职培训的机制,当前一些健身俱乐部可以为我们提供先进的经验。一种是健身俱乐部建立自己企业的内训体系,根据企业自身的实际需要通过人力资源管理部开发培训课程对健身教练开展定期的培训;第二种是健身俱乐部充分利用职业教育的各种社会辅助教育等资源外聘专家来开展教练培训工作,为健身企业及时引进行业新技术和新理念;第三种就是少数具有资金实力的健身企业直接购买国外先进的健身教练培训课程体系,在构建内部教练自身培训体系、完善企业人力资源管理的同时,还对外开展培训健身教练的业务。这种做法可谓一箭双雕,高质量的教练培训体系在为自身企业注入新鲜血液的同时优化了教练资本质量,而且还拓宽了企业的经营途径,为企业带来直接的经济效益。

3. 培养健身教练员开具运动处方的能力

近几年,国内健身教练行业愈来愈年轻化的趋势,以及外界认为健身教练是"体力活动"从业者,年轻体壮才能干得好的舆论的存在,致使许多健身教练即使现在很热爱这份职业也不会拿它当作终身职业来看待。试想你在做一份工作的同时老是会担心以后的日子怎么过,这种后顾之忧的存在一直干扰教练员认真工作的心态,导致大多数教练员没有归属感。而当前我国已进入老年化社会,相应的老年健身人群在健身人群中也开始占有一定的比例。适时适当地培养教练员开具运动处方的能力,既可以针对不同年龄阶段的健身人群特别是老年人进行不同的指导,还可以根据不同个体的需要制定相应的运动处方,从而有理论指导性地开展健身计划。

(三)构建良好的企业文化

健身教练员人力资本价值的实现是需要一定的组织环境的,如果企业没有为其提供必要的组织制度、组织设施和组织结构,结果必然会导致健身教练价值的发挥达不到预期效果。同一健身教练员在不同的组织环境下,得到不同的价值判断就是这个道理。在教练员面临同行所带来的竞争压力下,俱乐部可以通过提供良性的企业文化激励来提高教练员的满意度,最终达到减少教练员流失的目的。

调查表明,当前俱乐部大多没有形成自己的企业文化,对于健身教练员而言,更多的是不明白企业文化到底是什么。企业文化是一个企业发展的灵魂和寄托。较之其他的企业,体育健身俱乐部的教练员构成具有年轻化的特点,而这些新生代的企业员工不单单是追求经济利益,还追求精神上的满足。因此,良好的企业文化可以培养员工的自豪感、集体责任感和荣誉感,增强企业的凝聚力和号召力,鼓舞员工士气,促进企业良性发展。

构成企业文化的五大要素:一是产品的质量,这也是企业发展的核心,放到体育健身行业中就是指健身教练的整体水平,健身教练的整体水平决定着整个俱乐部的好坏,是俱乐部发展的中坚力量;二是服务,即健身教练员的服务质量,在俱乐部的经营过程中健身教练与会员的接触最为直接和频繁,他们的言谈举止代表着俱乐部的形象,他们服务质量的好坏决定着顾客的满意度的高低,其实,俱乐部会员的保有其实不需要太多的技巧,如果一名会员从他加入俱乐部的第一天开始,每一次到来都有热情的工作人员微笑地打招呼,那么他一定会留下来,而俱乐部教练员的服务态度取决于教练员的工作心情,教练员的工作心情取决于管理人员的良好沟通,所以更多的鼓励其实就是在提高我们的服务水准;三是创新能力,意思是要有自己的品牌,重点培养有能力、有创新意识的私人教练,成就明星教练,树立起自己的品牌;四是诚信;五是责任。此外,还要形成一种重视人力资本的文化和环境,即建立一种学习性组织的自我提升文化,那样比公司"一掷千金"地疯狂招聘所谓的高端人才、战略发展储备人才,要实际、重要得多。事实表明,构建健康、积极向上、丰富多彩的企业文化能极大地激发员工的工作热情,充分调动员工的积极性。

第十章 多维度视角下体育消费与供给环境的良性建立

第一节 体育消费影响因素

体育消费建立在社会生产力发展到一定水平的基础之上,因为体育消费是个人在满足基本的生存消费之后以追求发展和享受方面需要的个人消费行为,也是个人在完成正常的工作和必要的家务劳动等时间之外的闲暇时间里的个人消费行为。体育消费是个人生活中属于发展消费和享受消费的一个重要的有机组成部分。根据体育消费者通过支付货币而获得的体育消费品的不同功能,体育消费者的消费行为可分为三大类:观赏型消费、实物型消费和参与型消费。前人对影响体育消费的因素已从宏观和微观方面进行了充分的研究,本章主要结合实地调查资料进一步论证收入、受教育程度、职业、经济发展水平对体育消费的影响。

一、收入对体育消费的影响

(一)调查样本的收入构成情况

收入作为提供人们消费的物质基础,与体育消费有密切关系,对研究体育消费及其构成有重要意义。调查中将样本按照收入状况分为六个不同的阶段,由图 10-1 可以看到不同收入水平样本占总样本的比例情况,其中 1 600 元以下及 1 601~2 500 元部分占比例最大,4 501~6 000 元及 6 000 元以上部分所占比例最小。

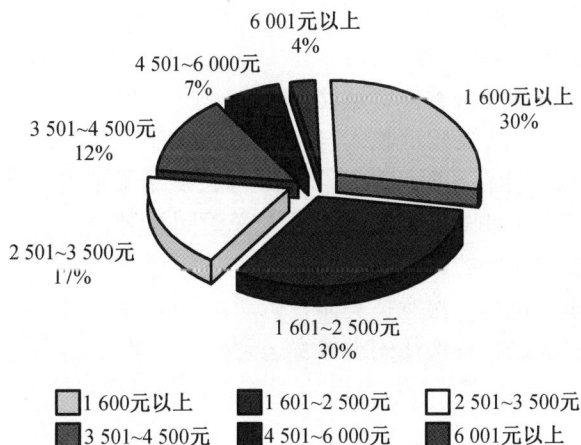

图 10-1 各收入水平构成情况

(二)收入水平对体育消费的影响分析

在分析收入对体育消费的影响时,从消费观念和消费行为及内容(包括消费总支出、消费时间、消费周期)两方面作分析,通过以下问题对消费者进行调查,最后得出结论。

1. 收入水平对消费观念的影响

问题1:体育消费是未来生活水平的重要标志之一;

问题2:体育消费有助于放松心情缓解生活工作压力;

问题3:概括地说,体育消费对我很重要。

被调查者的回答分为不赞同、不完全赞同、基本赞同、赞同、非常赞同五个层次,把不赞同评为1分,不完全赞同评为2分,基本赞同评为3分,赞同评为4分,非常赞同评为5分。对各个不同收入人群的回答进行均值统计,得分越高表明赞同程度越高(下同)。

通过卡方独立性检验表明,收入与问题1、2、3之间分别不独立,基本上所有的均值都在3以上。

可见,现在大多数人对于体育消费重要性的意识都较高。从问题的均值变化可以看出,收入对问题的赞同度有正向的影响作用,收入越高,对问题的赞同度越高,即对体育消费重要性的意识越高。

2. 收入对消费行为及内容的影响

(1)收入对体育消费支出的影响

问题4:我平均每月花在健身类体育运动的消费金额支出;

问题5:我平均每月购买运动服饰(包括鞋类)的消费金额支出;

问题6:我平均每月购买(订、购)体育书报杂志的消费金额支出;

问题7:每月观看体育比赛的消费金额支出包括现场观看电视等的估计数;

问题8:我平均每月购买体育彩票的消费金额支出。

卡方独立性检验结果显示收入与各问题之间都分别不独立,即收入对各项体育消费支出都有一定影响。另外将各项消费支出均值求和作为不同收入阶段人群的消费总支出均值,观察发现收入对体育各项消费支出都有正向作用,同时根据均值总数画出均值图,看出收入越高,体育消费总支出越高

(2)收入对体育参与时间的影响

问题9:我每周会观看体育比赛时长;

问题10:我每周会参加健身类体育运动。

通过卡方独立性检验,结果显示收入与各问题之间都分别不独立。根据调查结果,得到不同收入人群每周参与体育的时间均值(表10-1),从结果中可以看到,收入对体育参与总时间有正向的影响关系,即收入越高,体育参与总时间越多。

(3)收入对体育参与周期的影响

问题11:我至少多久进行一次竞技类体育运动;

问题12:我至少多久进行一次休闲类体育运动。

表 10-1 不同收入人群每周参与体育的时间均值

收入	均值		
	问题 9	问题 10	体育参与总时间
1 600 元以下	3.32	1.69	5.01
1 601~2 500	3.46	1.65	5.11
2 501~3 500	3.58	1.73	5.31
3 501~4 500	4.30	1.84	6.14
4 501~6 000	4.64	2.09	6.73
6 001 以上	4.72	1.92	6.64

表 10-2 不同收入人群体育参与周期均值

收入	均值		
	问题 11	问题 12	体育参与总时间
1 600 元以下	3.75	2.97	3.36
1 601~2 500	3.88	3.04	3.46
2501~3500	3.86	3.08	3.47
3 501~4 500	3.63	2.96	3.29
4 501~6 000	3.45	2.69	3.07
6 001 以上	3.46	2.60	3.03

对于这两个问题,被调查者的回答分为每周、每 2 周、每个月、1 个月以上四种回答。在进行均值分析时,各组组中值=(上限+下限)/2,向上开口组=下限+相邻组组距的一半,分别估计各组的值(表 10-2)。

通过卡方独立性检验,结果显示收入与各问题之间都分别不独立。根据调查求得各收入阶段人群参与竞技、休闲类体育运动的周期,并对其求均值,均值-(参与竞技运动周期+休闲运动周期)/2,通过以上问题的分析可以看出收入对体育消费的影响作用。

第一,从消费观念上看,当经济收入水平上升到一定程度时,人们的精神消费意识被唤醒,其消费观念和消费取向也随之发生改变。因而随着收入的增加,人们对健康的认识、对体育运动的认同、对健康投资的接受程度、对休育消费的需求也随之增加。

第二,从消费行为和内容上看,经济收入为人们进行体育消费提供物质基础。体育消费支出包含实物性消费、参与性消费和观赏性消费三种类型。实物性消费包括与运动健身相关的吃穿用行等产品(问题 5);参与性消费包括参加各种体育活动、健美、训练、健康咨询等所支付的各项费用(问题 4);观赏性消费包括亲临现场观看赛事的门票、期待中奖的体育彩票,平时购买、订阅的体育书籍、报纸和杂志,收看体育节目的电视或需购买的付费体育电视节目等(问题 6~8)。

二、受教育水平对体育消费的影响

(一)调查样本的受教育程度构成情况

任何体育活动都是人们体育意识的行为表现,只有认识到体育对健康的重要性,才能自觉参与体育活动。教育直接影响人们对体育重要性的认识,从而也影响人们对待体育的消费观念及消费决策。调查中将样本按照受教育程度分为四个不同的阶段,由图 10-2 可以看到不同受教育程度的样本占总样本的比例情况其中初中及以下部分占比例最小为5%,大专/大学部分所占比例最大为59%。

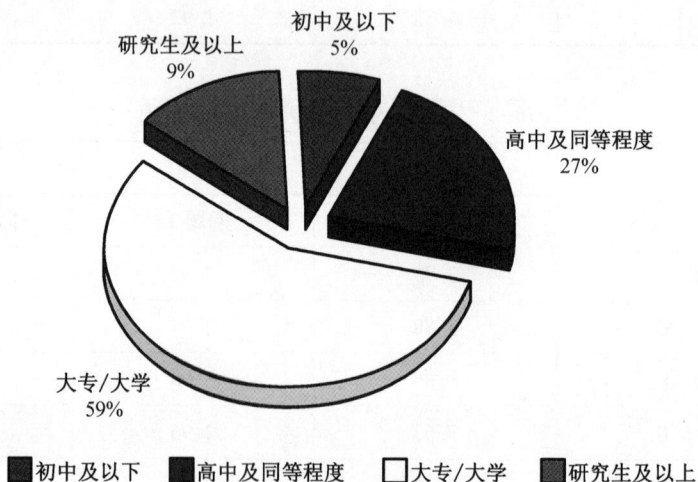

图 10-2　各教育程度构成情况

(二)受教育程度对体育消费的影响

分析与上文中分析收入对体育消费的影响类似,几个问题对不同受教育程度人群的体育消费进行调查分析,见表 10-3。

表 10-3　不同受教育程度人群对体育消费的态度均值

教育程度	均值		
	问题 1	问题 2	问题 3
初中及以下	3.16	3.22	2.92
高中及同等程度	3.26	3.20	2.85
大专/大学	3.37	3.45	2.90
研究生及以上	3.47	3.44	2.98

1.受教育程度对消费观念的影响

问题1:体育消费是未来生活水平的重要标志之一;

问题2:体育消费有助于放松心情、缓解生活工作压力;

问题3:概括地说,体育消费对我很重要。

通过卡方独立性检验,结果表明受教育程度对前三个问题的赞同程度有影响。另外从问题1、2、3的均值变化可以看出,受教育程度对体育消费重要性认识有正向影响的作用。

2.受教育程度对消费行为及内容的影响

(1)受教育程度对体育消费支出的影响

问题4:我平均每月花在健身类体育运动的消费金额支出;

问题5:我平均每月购买运动服饰(包括鞋类)的消费金额支出;

问题6:我平均每月购买(订、购)体育杂志或报刊的消费金额支出;

问题7:每月观看体育比赛的消费金额支出(包括现场观看电视等的估计数);

问题8:我平均每月购买体育彩票的消费金额支出。

卡方独立性检验结果显示受教育程度与各项体育消费支出都分别不独立存在一定的影响关系。与前一节分析类似,根据数据得到不同经济区域人群的消费总支出均值(见表10-4与图10-3)。由分析中可以看到受教育程度与体育消费支出存在明显的正向影响关系,即收入越高,体育消费总支出越高。

表 10-4 不同受教育程度人群对体育消费总支出均值

教育程度	均值					
	问题 4	问题 5	问题 6	问题 7	问题 8	消费总支出
初中及以下	117.12	110.27	37.16	76.53	14.46	355.55
高中及同等程度	109.97	114.49	35.62	76.03	35.67	371.80
大专/大学	134.07	143.58	36.66	77.97	19.82	412.10
研究生及以上	162.10	162.30	39.09	87.70	23.39	474.58

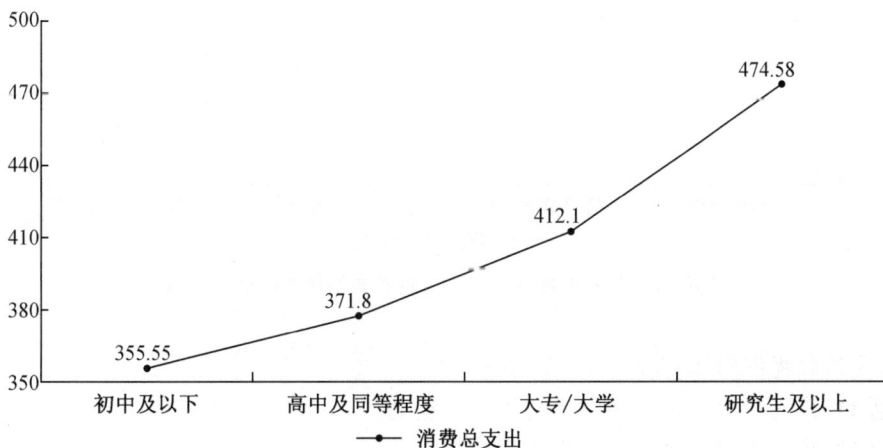

图 10-3 不同受教育程度人群的体育消费支出均值

（2）受教育程度对体育参与时间的影响

问题9：我每周会观看体育比赛时长；

问题10：我每周会参加健身类体育运动时长。

通过卡方独立性检验，结果显示受教育程度与观看体育比赛时间及健身活动时间分别不独立，存在一定的影响关系。根据调查结果，求得各个教育程度人群每周观看体育比赛与健身活动的时间均值，并对不同教育程度人群观看体育比赛时间与健身活动时间求和，作为体育参与总时间，并画出体育参与总时间均值图（见表10-5与图10-4）。由图中可明显看出，高中及同等程度人群每周体育参与总时间最低，研究生及以上最高。可见除去初中及以下学历人群，每周体育参与总时间是随着受教育程度的上升而增加的，即受教育程度越高，每周体育参与总时间越多。

表10-5　不同教育程度人群每周参与体育的时间均值

教育程度	均值		
	问题9	问题10	体育参与总时间
初中及以下	4.09	1.67	5.57
高中及同等程度	3.39	1.42	4.81
大专/大学	3.75	1.85	5.60
研究生及以上	3.74	2.05	5.79

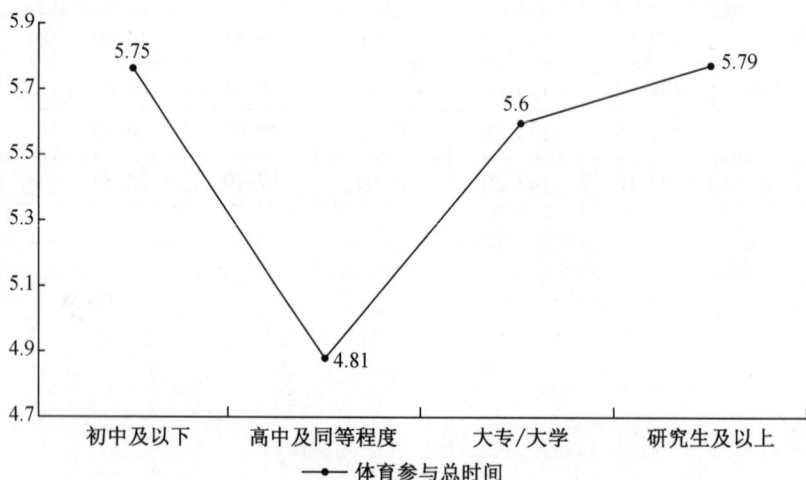

图10-4　不同受教育程度人群每周参与体育的时间均值

（3）受教育程度对体育参与周期的影响

问题11：我至少多久进行一次竞技类体育运动；

问题12：我至少多久进行一次休闲类体育运动。

与上文中分析收入对体育消费周期影响相同，被调查者对这两个问题的回答分为每周、每 2 周、每个月、1 个月以上四种回答,在进行均值分析时,各组组中值=(上限+下限)/2,向上开口组＝下限+相邻组组距的一半,分别估计各组的值。

通过对调查数据进行卡方独立性检验,结果显示受教育程度与参与竞技、休闲类体育运动的周期都分别不独立,存在一定的影响关系。根据调查数据,求得各教育程度人群分别参与竞技、休闲类体育运动的周期均值,并对二者求均值,等于(参与竞技运动周期+休闲运动周期)/2,该值作为体育参与活动周期相应得到均值图(见表 10-6 与图 10-5)。由图中可以看到,高中及同等程度人群参与体育活动周期最长,研究生及以上人群最短。可见除去初中及以下人群外受教育程度对体育参与周期有负向的影响关系。

表 10-6 不同教育程度人群每周参与体育的周期均值

教育程度	均值		
	问题 11	问题 12	平均值
初中及以下	3.73	2.87	3.30
高中及同等程度	4.08	3.41	3.74
大专/大学	3.66	2.84	3.25
研究生及以上	3.45	2.59	3.02

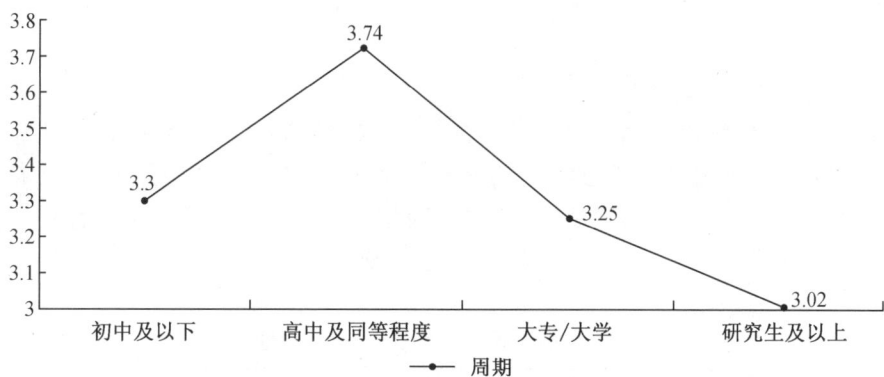

图 10-5 不同受教育程度人群体育参与周期均值

通过以上的分析可以看出,受教育程度对体育消费有一定影响。

第一,从消费观念上看,当人们受教育程度不断上升时,一方面可以不断学习到更多的体育技能或体育知识,比如通过专门的体育辅导机构进行学习,从而增加体育消费的能动性,另一方面还可以更加深刻地认识到体育锻炼的社会价值和对人身心健康的作用,从而影响并决定其消费观念和消费取向。所以随着受教育程度的上升,人们对健康的认识、对体育运动的认同、对健康投资的接受程度等将有所提升。总之,对体育消费的需求也就随之增加。

第二,从消费行为和内容上看,受教育程度对体育消费也有一定影响。由于受教育程度影响着人们的消费观念,而消费观念又是人们对待其可支配收入的指导思想和态度以及对商品价值追求的取向,因此受教育程度间接地通过消费观念影响着人们进行体育消费的行为及内容。

由以上分析可知,随着受教育水平的上升,人们在各项体育消费上的总支出也随之增加。另外,从体育参与时间及周期来看,初中及以下人群每周参与体育的时间都较多,而且体育参与的周期也较短,也许是由于他们的空余时间相对较多,从而参与体育活动频繁,可见空余时间也是影响人们进行体育消费的重要因素。除去初中及以下人群,体育参与的时间都随着受教育程度的提高而增加,体育参与的周期也随着受教育程度的提高而缩短。

三、职业对体育消费的影响分析

(一)调查样本职业构成情况

从调查样本的职业构成来看,将其划分为几个部分:国家公务员、公司职员公司管理者、个体(私企)业主、事业单位职员、学生、其他(如自由职业等),公司职员所占比例最高为43%,国家公务员所占比例最低为6%,学生所占比例为14%,事业单位职员所占比例为11%,个体业主所占比例为9%,公司管理者所占比例为7%,其他占比为10%。

(二)职业对体育消费的影响分析析。

与上文类似,在不同方面选择几个问题,对不同职业人群的体育消费进行分

1. 不同职业人群的消费观念分析

问题1:体育消费是未来生活水平的重要标志之一;

问题2:体育消费有助于放松心情、缓解生活工作压力;

问题3:概括地说,体育消费对我很重要。

通过卡方独立性检验,结果表明职业对前三个问题的赞同程度有影响。同时由表10-7可以看出,除问题3外,其他问题的得分均值都在3以上,可见现在大多数人对于体育消费重要性的意识都较高。另外由均值图可看到,国家公务员对各个问题的赞同度都相对较高,事业单位职员及其他(如自由职业者)对问题的赞同度都相对较低。

表10-7 不同职业人群对体育消费的态度均值

职业	均值		
	问题1	问题2	问题3
国家公务员	3.54	3.52	3.13
公司职员	3.38	3.43	2.87
公司管理者	3.46	3.25	3.04
个体(私企)业主	3.29	3.34	3.02
事业单位职员	3.28	3.24	2.79
学生	3.30	3.42	2.78
其他	3.21	3.24	2.86

2.不同职业人群的消费行为及内容分析

（1）不同职业人群的体育消费支出分析

问题4：我平均每月花在健身类体育运动的消费金额支出；

问题5：我平均每月购买运动服饰（包括鞋类）的消费金额支出；

问题6：我平均每月购买（订、购）体育杂志或报纸的消费金额支出；

问题7：每月观看体育比赛的消费金额支出（包括现场观看、电视等估计数）；

问题8：我平均每月购买体育彩票的消费金额支出。

通过对调查数据进行卡方独立性检验，结果显示职业与各问题之间都分别不独立，即职业对各项体育消费支出分别不独立，存在一定的影响关系。根据调查数据统计得到不同职业人群的消费总支出均值（见表10-8）。由该图可以看出，公司管理者、个体业主、国家公务员的消费支出最多，而学生、事业单位职员较低，其中对公司管理者及学生两种职业的消费支出，不能排除它也受到收入水平的影响。

表10-8 不同职业人群对体育消费的支出均值

职业	均值					
	问题4	问题5	问题6	问题7	问题8	消费总支出
国家公务员	170.62	162.92	41.01	90.91	40.71	506.18
公司职员	122.57	136.17	33.77	72.23	22.99	387.73
公司管理者	177.70	157.35	46.57	99.75	35.10	516.47
个体（私企）业主	159.51	149.59	46.86	99.19	45.18	500.34
事业单位职员	115.92	122.58	34.00	74.76	21.69	368.95
学生	98.66	123.53	32.49	67.38	7.16	329.21
其他	123.65	120.61	38.04	79.03	19.68	381.00

3.不同职业人群体育参与时间分析

问题9：我每周会观看体育比赛时长；

问题10：我每周会参加健身类体育运动时长。

通过对调查数据进行卡方独立性检验，结果显示职业与观看体育比赛时间及健身活动时间分别不独立。根据调查结果，求得各个职业人群每周观看体育比赛与健身活动的时间均值，并对二者求和，作为体育参与总时间（见表10-9）。由表10-9中可看到，国家公务员每周体育参与总时间最高，事业单位职员及公司职员最低。

表10-9 不同职业人群每周参与体育的时间均值

职业	均值		
	问题9	问题10	体育参与总时间
国家公务员	4.29	2.24	6.53

表 10-9（续）

职业	均值		
	问题 9	问题 10	体育参与总时间
公司职员	3.54	1.64	5.17
公司管理者	4.21	1.72	5.93
个体(私企)业主	4.12	1.58	5.70
事业单位职员	3.54	1.79	5.33
学生	3.34	1.92	5.25
其他	3.65	1.74	5.39

4. 不同职业人群体育参与周期分析

问题 11：我至少多久进行一次竞技类体育运动；

问题 12：我至少多久进行一次休闲类体育运动。

与上文中对体育消费周期的分析相同，被调查者对这两个问题的回答分为每周、每 2 周、每个月 1 个月以上四种。在进行均值分析时，各组组中值 =（上限+下限）/2，向上开口组 = 下限+相邻组组距的一半分别估计各组的值。

卡方独立性检验结果显示，不同职业对参与竞技、休闲类体育运动的周期都分别不独立。根据调查结果，求得各职业人群分别参与竞技、休闲类体育运动的周期，并对二者求平均值，等于（参与竞技运动周期+休闲运动周期）/2，作为体育参与周期均值（表 10-10）。

表 10-10　不同职业人群参与周期均值

职业	均值		
	问题 11	问题 12	平均值
国家公务员	3.36	2.54	2.95
公司职员	3.87	3.02	3.44
公司管理者	3.75	3.12	3.43
个体(私企)业主	3.74	3.32	3.53
事业单位职员	4.08	3.15	3.62
学生	3.31	2.41	2.86
其他	3.84	3.23	3.53

通过以上分析可以看出，职业对体育消费有一定影响，但并没有明显的线性相关性。

第一，从消费观念上看，国家公务员对体育消费的重视度最高，他们都很赞同体育消费是生活水平的重要标志；体育消费对自己很重要；体育运动有益健康，可以放松心情、缓解压力等；而事业单位及其他(如自由职业者)对体育消费的重视度最低。

第二,从消费行为和内容上看,公务员和公司管理者体育消费支出最高,而学生普遍偏低,包括在服务性、运动性体育上的各项支出。同时在消费时间和周期上,公务员参与体育活动的时间最长;公务员及学生参与体育活动的周期最短。

但是在分析职业对体育消费的影响时,存在一定的限制性,因为其中很大程度上是由于不同职业的工作性质不同,导致其相应的经济收入、空余时间不同从而间接地影响体育消费。比如国家公务员的收入相对较稳定,空余时间较多因此国家公务员的消费支出及体育参与时间都较高;公司管理者虽然收入较高,但由于空余时间较少,其参与体育活动的频度则很低。

四、经济发展水平对体育消费的影响分析

(一)调查样本经济区域分布情况

从调查样本的区域分布来看,将其划分为以下几个部分:中西部、环渤海长三角、珠三角、大东北区域等。其中长三角珠三角及环渤海区域的 GDP 值明显高于其他两地区,因而将长三角、珠三角及环渤海区域作为经济发展水平较高的代表,而中西部及大东北即作为经济发展水平相对落后的代表。因此,由区域因素对体育消费的影响分析结果,可以看出经济发展水平与体育消费之间的关系。

(二)经济发展水平对体育消费的影响分析

首先,与上文类似在不同方面选择几个问题,对不同经济区域人群的体育消费进行分析。然后,根据不同经济区域的经济发展水平不同,可以推理出经济发展水平对体育消费的影响。

1. 对不同经济区域人群的消费观念分析

问题1:体育消费是未来生活水平的重要标志之一;

问题2:体育消费有助于放松心情缓解生活工作压力;

问题3:概括地说,体育消费对我很重要。

卡方独立性检验结果表明受教育程度对前三个问题的赞同程度有影响,同时由表10-11可以看出,大部分问题的均值都在3以上,可见现在大多数人对于体育消费重要性的意识都较高。而且其中可以看到长三角区域及大东北区域对体育消费重要性的赞同度最高,而中、西部的赞同普遍最低。长三角及中、西部地区主要是由于经济水平的原因,导致其地区人民对体育消费观念的差异;而大东北区域本属欠发达地区,却对体育消费十分重视,由此推断应该是地域文化的影响,可见地域文化与体育消费也有一定关系。

表10-11 不同经济区域人群对体育消费的态度均值

经济区域	均值		
	问题1	问题2	问题3
长三角	3.73	2.87	3.30
珠三角	3.27	3.38	2.64

表 10-11（续）

经济区域	均值		
	问题 1	问题 2	问题 3
渤海带	3.28	3.45	2.84
大东北	3.24	3.35	3.05
中西部	3.30	3.26	2.91

（1）不同经济区域人群的消费行为及内容分析

①不同经济区域人群的体育消费支出分析

问题 4：我平均每月花在健身类体育运动的消费金额支出；

问题 5：我平均每月购买运动服饰（包括鞋类）的消费金额支出；

问题 6：我平均每月购买（订、购）体育报刊的消费金额支出；

问题 7：每月观看体育比赛的消费金额支出（包括现场观看、电视等的估计数）；

问题 8：我平均每月购买体育彩票的消费金额支出是（ ）。

卡方独立性检验结果显示经济区域对各项体育消费支出分别不独立通过对不同经济区域人群的消费支出求出均值，并求和得到消费总支出均值，如表 10-12。由此可看出，经济发展水平对体育消费支出有一定影响，经济发展水平高的珠三角区域人群体育消费支出较高，而经济发展水平较低的中西部区域人群体育消费支出较低。

表 10-12　不同经济区域人群的体育消费支出均值

经济区域	均值					
	问题 4	问题 5	问题 6	问题 7	问题 8	消费总支出
长三角	134.19	153.29	35.05	69.82	17.76	410.10
珠三角	147.97	150.00	39.19	85.14	41.11	463.41
渤海带	145.82	144.25	40.80	86.95	21.37	439.20
大东北	134.39	157.59	36.64	85.03	13.23	426.88
中、西部	110.84	115.39	34.16	69.82	27.92	358.12

②不同经济区域人群体育参与时间分析

问题 9：我每周会观看体育比赛时长；

问题 10：我每周会参加健身类体育运动时长。

通过对调查数据进行卡方独立性检验，结果显示经济区域观看体育比赛时间与健身活动时间分别不独立。根据调查结果，求得各经济区域人群每周观看体育比赛与健身活动的时间均值，并对不同经济区域人群观看体育比赛时间与健身活动时间求和，作为体育参与总时间（见表 10-13）。可见经济发展水平较低的中西部体育参与时间较少，但作为经济发展水平较低的大东北区域每周参与体育的时间却最高，其中可能是由于地域文化的因素，使得人们对体育的重视程度较高，每周体育参与的时间最长。

表 10-13 不同经济区域人群每周参与体育时间均值

经济区域	均值		
	问题 9	问题 10	体育参与总时间
长三角	3.64	1.76	5.40
珠三角	3.88	1.51	5.39
渤海带	3.89	1.79	5.68
大东北	4.43	2.41	6.84
中西部	3.39	1.65	5.04

（2）不同经济区域人群体育参与周期分析

问题 11：我至少多久进行一次竞技类体育运动；

问题 12：我至少多久进行一次休闲类体育运动。

与上文中对体育消费周期的分析相同，被调查者对这两个问题的回答分为每周、每2周、每个月 1 个月以上四种。在进行均值分析时，各组组中值＝（上限＋下限）/2，向上开口组＝下限＋相邻组组距的一半，分别估计各组的值。通过对调查数据进行卡方独立性检验，结果显示经济区域对各问题都有一定的影响。根据调查结果，求得各个经济区域人群分别参与竞技、休闲类体育运动的周期，并对二者求得均值，等于（参与竞技运动周期＋休闲运动周期）/2。

五、体育消费影响因素分析结论

体育消费是社会生产力发展到一定阶段的产物，是个人在满足基本的生存消费之后以追求发展和享受等方面需要的个人消费行为，也是个人在完成正常的工作和必要的家务劳动等时间之外的闲暇时间里的个人消费行为。但体育消费水平的高低受社会经济发展的制约，同时也受社会文化背景、传统消费习惯、消费意识的影响。当今世界上许多经济发达的国家，一般来说，也是体育社会化程度较高、全民体育意识较强的国家，因此这些国家的体育消费水平也相应较高；而发展中国家、经济相对落后的国家，体育消费水平就相应较低。

本项目主要选择收入、受教育程度、职业以及经济发展水平四个因素，来分析它们对体育消费的影响。通过以上分析可以看出，收入作为消费的物质基础对体育消费有着直接的正向影响的作用，收入越高的人，体育意识越高，参与体育的时间也越多，频度高，消费支出也更高。教育水平对体育消费也有正向影响作用，社会文化程度高的人，体育意识就比较强，体育消费支出多。但调查中发现初中及以下程度人群参与体育的时间较多且很频繁，也许是由于该调查人群多数为学生，他们的闲暇时间较多导致。职业对体育消费同样有影响，但没有明显的线性关系。通过分析了解到，由于各个职业人群的收入高低不同，导致职业通过收入间接地影响体育消费；同时由于各职业的工作性质不同，其闲暇时间也有所不同，从而影响人们的体育消费。此外，经济发展水平也是影响体育消费的重要因素，如珠三角区域的体育消费水平较高，中西部区域最低。但在分析经济发展水平对体育消费的影响时存在一定的限制性,由于各个区域的文化差异使不同区域人们在体育消费观念上就存在差异,因而会使得分析经济水平因素时受到一定的影响。

第二节 体育供给

体育供给包括以实物形式存在的与非实物形式存在的体育产品和商品,体育供给的大小受下列因素影响。

(1)生产体育商品的成本。在体育商品的价格已定的情况下,若生产体育商品的成本价格上升或下降,会使供给量随之发生减少或增加的变动。

(2)体育基础设施建设。体育基础设施包括体育场馆、大型体育设备设施、体育教育培训机构、体育旅游闲暇场地和设施、体育服务网络以及各种宣传教育设施等。体育基础设施是体育供给得以实现的必要条件。如果体育基础设施建设与体育供给能力不相适应,就会抑制体育供给。

(3)国家对体育事业的经济政策。这里主要是指国家对体育事业的税收、信贷政策。国家若对体育商品生产实行低税、低息的优惠经济政策,就能推动体育供给的增长。

(4)社会对体育事业的重视和支持。社会对体育商品生产的重视和支持,为它提供、创造各种有利的条件,都能有效地促进体育供给的增加。

改革开放以来,中国体育产业已经形成了体育竞赛表演业、体育健身娱乐业、体育用品业三大产业板块,对其有促进作用的市场诸如体育彩票、体育中介等市场虽然也逐渐繁荣起来,但这些市场由于诸多因素的影响还没有形成明显的规模,相对零散,还不能称做"产业"。因此对体育产业的分析侧重分析体育用品业、体育竞赛表演业和体育健身娱乐业。

一、中国体育用品业现状

(一)体育用品产业发展成熟

在中国体育产业中体育用品产业是目前发展较为成熟的一个产业。从供给的角度看,目前中国体育用品生产企业已包括运动服装(含鞋、帽、手套等)、球类器材设备、运动器械及器材、健身器械、娱乐及场地设备、体育科研测试器材、户外运动(含旅游、休闲装备)、渔具系列、运动装备及奖品、运动保健用品、裁判教练用品等共3300多家。近年来,随着国内体育用品市场持续活跃,中国体育用品企业与国外体育用品企业在产品品种、质量、价格和销售市场等方面的竞争愈演愈烈,一批代表中国体育用品业整体水平的名牌企业和名牌产品脱颖而出。

(二)中国已成为体育用品主要制造国

国际市场上65%以上的体育用品由中国制造。据海关统计,2016年中国出口各类体育器材、运动鞋靴、运动服装(以下简称"体育用品")共计208.8亿美元,与2015年相比增长14.2%,继续保持着较快的增长趋势。产品出口呈现以下特点。

第一,加工贸易占据出口半壁江山,一般贸易出口高速增长。2016年中国以加工贸易方式出口体育用品106亿美元,增长9.6%,占该类产品出口总额的51.5%,位居主导地位。同时,一般贸易方式项下出口46.2亿美元,大幅增长24.4%,增长态势较为突出。

第二,出口产品主要集中于中国东部地区。2016 年,中国东部广东福建、山东、上海、浙江和江苏 6 省出口体育用品 178 亿美元,全国占比 90%,表现出高度的地区集中态势。

第三,运动器械出口居于首位。

2016 年,体育器械为中国出口体育用品中的主打产品,全年实现出口 129.1 亿美元,增长 23.9%,占全部体育用品出口总额的 45.1%;此外,运动服装实现出口 53.3 亿美元,增长 24.8%,涨幅相对较高。

2016 年,中国体育用品出口贸易能够继续保持快速的发展趋势,主要得益于国内外两个因素。

从外部环境看,随着全球体育健身热潮的日渐扩大,体育活动在人们日常生活所占的地位日渐上升,特别是欧美国家体育用品需求旺盛。然而由于不少体育用品在本国生产劳动力成本过高,不具备比较优势,所以欧美等发达国家为满足市场需求要大量依赖进口。2016 年中国对欧美出口体育用品共计 77.3 亿美元,占中国出口总额的 71.1%。因此,欧美地区为中国体育用品的出口提供了良好的目标市场。

从国内形势看,目前国内大众体育运动日益兴起,刺激了国内体育用品的需求不断增长。国内体育用品业在这一发展良机中积累了丰富的市场经验;同时北京奥运会所具有的商机和中国本身巨大的潜在市场,吸引了大批国外投资深入体育用品产业,在一定程度上提升了中国体育用品产业的国际竞争力,进而促进了体育用品的出口增加。数据显示,2016 年,中国外商投资企业出口体育用品 160 亿美元,增长 12.4%,占全国出口总额的 55.2%,出口贡献率高达 48.9%,成为出口绝对主力。

但总体而言,中国出口产品技术含量低,大多数生产企业仍依赖廉价劳动力获取微薄利润,出口产品多为低端产品,科技含量高的高档体育用品所占国际市场份额很小。自主品牌匮乏。目前,在国际市场有影响力的中国体育品牌,除"李宁"之外寥寥无几。品牌已在一定程度上成为制约中国体育产业与国际水平接轨的"瓶颈"

(三)体育用品制造业集聚在经济较发达地区

体育用品制造业往往集聚在经济发展比较快的地区。陈颇,赵恒采用市场行业集中度指标的计算方法,分别推算出体育用品制造业球类制造业、体育器材及配件制造业、训练健身器材制造业、运动防护用具制造业、文教体育用品制造业和其他体育用品制造业产品销售收入排名前 6 位的省(市)自治区所占比重及市场份额之和。7 大类体育用品制造业中,2012—2017 年其产品销售收入排名前 6 位的省(市)主要是广东、江苏、山东、浙江福建和上海,该 6 个地区所属的 7 大类体育制造业产品销售收入的市场份额之和均在 90% 以上,表明这 6 个省(市)是中国体育用品制造业的主要集聚区域。然而,其他 16 个省(市)自治区体育用品制造业的集聚程度却与之存在很大的差距,其所属 7 大类体育用品制造业产品销售收入的市场份额之和还不足 10%。究其原因,广东、上海、浙江、江苏、福建及山东等沿海省(市)均属中国经济较发达地区,处于中国社会经济发展的第一阵容,说明体育用品制造业的产业集聚程度与区域经济发展正相关。

二、体育健身娱市场

体育健身娱乐市场已成为主导市场。中国体育健身娱乐市场 20 世纪 80 年代初期起步。随着《全民健身计划纲要》和《体育产业发展纲要》的颁布,20 世纪 90 年代中后期,体育健身娱乐市场在中国迅速成长,目前已初步形成多种投资主体并存、高中低档体育服务产品共同竞争的市场格局,在拉动内需、扩大就业等方面,正在发挥越来越重要的作用。体育场馆方面个人和外资投资逐渐在增多。据"中国群众体育现状调查课题组"调查,目前中国体育场馆按所有制划分,可分为国有、集体、个体、外资(含中外合资)和其他几种,其中国有占75.4%,集体占12.4%,个体占5.1%,外资占4.7%,其他占2.4%。可见,经营体育场馆所带来的经济效益已经逐渐受到精明的体育商人的重视。但是,一个不容忽视的问题是,大部分场馆为国有资产,由于受到多种因素的制约,只能局限于内部开放,限制了其利用效率和可观的经济收入。虽然体育健身娱乐市场的基本数据比较难获得,但可以从体育场馆的数量看出某一地区的体育健身娱乐发展水平。截至2003年,上海市共有14 425多家体育场馆,经营性场所达5 200多家,从业人员超过15 000人。各种形式的健身俱乐部不断涌现,有号称世界排名第一的英国菲力斯公司在沪开办的高档健身俱乐部、迪臣发展国际集团有限公司的美格菲、日商投资的银七星室内滑雪场等,以满足不同人群健身需求。大众健身服务业更是方兴未艾,2016年夏季游泳开放场所1 618家,接待人次约1 836万,双休日最高一天达86万人。在14 425类体育场馆中标准场馆6 451个,分布在不同系统中。

在标准场馆中,有体育场160个,体育馆130个,游泳馆(池)161个。其他还有综合体育房馆215个,篮球房馆353个,乒球房馆431个,健身房馆855个,室外网球房馆848个,台球房馆994个,小运动场1 031个等。

在场馆建设中,社会资金的投资比例逐渐放大。在标准体育场馆建设资金来源中,财政拨款、单位自筹、社会捐赠、体育彩票公益金所占比例依次为39.8%、59.2%、0.54%和0.47%。在非标准体育场馆建设资金来源中,这四者的比例为39.3%、54.9%0.49%和0.5%。国有和集体经济在体育场馆建设中占主导地位,非公性质体育场馆大多是营利性场馆。

场馆开放时间不断扩大,在标准体育场馆中,全天开放的有2 082个,占全部标准场馆总数的28.3%;部分开放的标准体育场馆占35%;而不开放的标准体育场馆有4 656个,所占比例高达56.7%。在非标准体育场馆中,不开放的有1 791个,占全部非标准体育场馆总数的29.6%。

从以上情况看,上海体育场馆变化有两大特征。一是体育场馆在数量和规模上有较大提高,市民参加体育健身条件得到了改善,场馆开放率达到56.8%;二是体育场馆的种类进一步多样化,结构趋于合理。伴随着体育设施的增多,体育健身休闲业的发展平台也随之拓展。

三、竞赛表演市场

体育竞赛表演产业市场是体育产业市场的重要行业,影响着体育健身娱乐产业市场、体育场馆服务产业市场和体育设备用品产业市场等领域的发展。体育竞赛表演产业市场体系由下列要素构成。

一是经营活动主体,包括运动员、教练员、裁判员、经纪人以及运动项目本身,这是构成体育竞赛表演产业市场的主体因素。

二是表演项目基地,类似商业活动场所但项目优势可使基地称谓转化品牌效应,从而给其注入各种活力。

三是俱乐部,它是体育竞赛表演产业市场的实体,有各类人才管理机制与制度、资源保障,是体育竞赛表演产业市场的中枢。

四是产业市场,消费群体构筑体育竞赛表演产业市场,支撑着体育竞赛表演产业市场。

五是新闻媒介,新闻媒介是体育竞赛表演产业市场的重要组成部分。

中国竞赛表演市场正在发育。从市场学的角度看,单项协会实体化改革,尤其是与商业化运作相适应的新赛制(如俱乐部联赛、回赛、分站赛、大奖赛等)的实施,实现了竞赛表演市场的细分,为培育各类运动项目的竞赛表演市场提供了可能。足球、篮球、排球、网球和棋牌等项目的竞赛表演市场持续活跃,商业性比赛不断增多。大型综合性赛事也开始走上产业化道路。以竞赛表演市场为依托的球员转会市场和各类体育无形资产的开发市场也开始活跃。

(一)体育赛事资源

体育赛事资源是发展体育竞赛表演业的关键和核心,如果没有赛事资源,体育竞赛表演业便成了无源之水、无本之木。体育赛事资源包括人力资源、场馆资源、办赛历史及经验等。

中国体育竞技实力已在 2008 年北京奥运会得到充分展示。在 2008 年第 29 届奥运会北京奥运会上中国队夺得 51 块金牌 21 块银牌 28 块牌,位居金牌榜之首。

从场馆资源方面看,根据第五次全国体育场地普查数据显示,截至 2003 年 12 月 31 日,中国(包括全国范围内,除台湾、香港、澳门地区,各系统、各行业、各种所有制形式)共有符合第五次全国体育场地普查要求的各类体育场地 850 080 个,其中标准体育场地 547 178 个,非标准体育场地 302 902 个,占地面积为 22.5 亿平方米,建筑面积为 7 527.2 万平方米,场地面积为 13.3 亿平方米。历年累计投入体育场地建设资金 1914.5 亿元,其中财政拨款为 667.7 亿元,占投资总额的 34.9%;单位自筹为 1 032.6 亿元,占投资总额的 53.9%。以 2003 年底全国总人口 129 227 万人(不含港澳台地区)计算,平均每万人拥有体育场地 6.58 个人均体育场地面积为 1.03 平方米,人均投入体育场地建设资金为 148.15 元此次共普查了 64 种标准体育场地。其中,体育场、体育馆、游泳馆、跳水馆等大型体育场馆共 5 680 个,占标准体育场地总数的 1.0%,占全国体育场地总数的 0.69%;室内游泳池、综合房(馆)和篮球房(馆)等室内体育场地共 55 678 个,占标准体育场地总数的 10.2%,占全国体育场地总数的 6.5%;室外游泳池室外网球场和足球场等室外体育场地共 485 818 个,占标准体育场地总数的 88.8%,占全国体育场地总数的 57.1%。在室外体育场地中篮球场、小运动场和排球场共 436 278 个,占标准体育场地总数的 79.7%。

(二)新闻媒体

新闻媒体是体育竞赛表演产业市场的重要组成部分。根据相关部门对 2008 年北京奥运会的收视调查,赛事期间最高收视率达到 60%,达到人群超过 11 亿,全国 93% 的民众通过各种媒体形式收看或收听了这一全球盛事。而通过电视媒体了解奥运信息的民众高达 97%,电视媒体再一次证实了在体育传播中不可动摇的地位,无愧于企业体育营销中最重要的传播平台。2006 年中国电视综合人口覆盖率达到 96.23%,为体育赛事的转播创造了庞大的电视观众,积极地推动了体育竞赛表演产业的发展。

第三节　多维度视角下体育消费与供给环境的良性建立

一、中国体育消费和供给环境中存在的问题

(一)有效需求不足

当前中国体育产业发展中存在最突出的问题是有效需求不足。目前中国大部分省份城镇居民家庭年体育消费支出在 100 元以下的占各省份总家庭人数的 40%~70%。其中,以河南省家庭最多,占 71.6%;江苏省较好,占 47.2%。各省份城镇居民年人均体育消费在 50~350 元之间,城市居民人均年体育消费最低是陕西省,仅有 56.8 元;最高的是内蒙古,为 322.52 元。中国城镇居民人均年体育消费占居民年均可支配收入的比例非常低,且占居民年均消费性支出的比例也非常低。内蒙古城市居民年体育消费支出仅占城市居民户年均消费性支出的 2.62%。而在美国人均体育消费占消费总额的 20%左右。法国人均体育消费占消费总支出的 10%。这些数据充分说明中国居民总体体育消费水平仍然处于较低水平,与发达国家相距甚远。

(二)供给市场体不成熟

供给市场主体主要指体育产品的生产者、经营者。市场主体不成熟主要表现在企业规模小、组织形式不规范、经营方式落后、生产和经营的商品数量和品种单一、营销手段和方式陈旧、市场反应速度慢以及创造需求的能力弱等方面目前中国体育供给市场一味追求高利润,很少考虑收入层次的差别,供给产品结构不合理,造成一方面某些体育消费需求的供给不足,另一方面又存在某些消费品的供大于求。与广大群众消费水平相适应的比较廉价的健身消费项目,如羽毛球、篮球、游泳等,社会投入不足,基础设施落后,难以满足广大群众的体育消费需求。

(三)体育市场管理不规范、高等体育经营人才匮乏

体育市场管理不规范主要表现在四个方面:一是体育产业管理体制没有理顺,多头管理和无人管理并存,部门式条条管理按照原有体制有强化的趋势,部门分制、地区保护问题严重;二是尚未建立统一、高效的行业监督、预警、评价、统计、考核体系和行业发展、投资、经营的信息系统;三是缺少扶持体育产业发展的明确政策,尤其是在用地、融资、税收、赞助、建立新产业发展基金等方面没有明确的、可操作性的产业扶持政策;四是一些准行政单位用行政手段分割和垄断项目市场,项目市场的壁垒过高、进入的成本过大。

(四)政府体育投资需求不足

政府对体育投入的总量偏少。改革开放以来,随着国民经济的发展,各级政府对体育的投入总量虽在不断增加,但体育在政府财政支出中的比重仅为 4%左右,体育支出在科教文卫体等社会发展领域中的支出只占 2.3%。不仅大大低于经济发达国家,而且比印度等发展中国家还要少。有些地方为数不多的体育经费经常被挤占,还有些地方没有将体育事业经费列入政府财政预算。

二、改善体育需求和供给环境

迈克尔·波特的国家竞争优势钻石模型为我们改善体育需求和供给环境提供了一个很好的思路框架。改善体育需求和供给环境可以从改善生产要素、需求条件环境、企业战略以及政府政策这几方面展开。

(一)提升生产要素质量

根据波特的观点,生产要素不仅指自然禀赋,而且还包括人力资源、知识、资本、基础设施等高级生产要素。对体育产业而言,加强对体育高级人力资源开发是必要的。

广义的体育人力资源是指体育系统内外一切能够推动体育发展的智力劳动者和体力劳动者的劳动能力的总和。狭义的体育人力资源是指体育系统内接受过体育专业培养教育或受过专门体育训练和培训的能够推动体育发展的体育专业人员的劳动能力的总和。因此体育人力资源可分为体育竞技人力资源、体育教练员人力资源、体育裁判人力资源、体育教育人力资源、体育科技人力资源、体育行政管理人力资源、社会体育指导员人力资源、体育经纪人人力资源等八大类。总体而言,相对于 14 亿人口的大国,中国体育人力资源较为稀缺;至 2022 年国家体委系统职工人数达 176 910 人,其中优秀运动员达 47 403 人。

对体育人力资源的开发要从体育人力资源规划、人力资源配置、人力资源激励等方面展开,同时还要采取措施培育体育竞技人才。

(二)改善需求条件

体育消费属于发展型消费和享受型消费,只有当收入达到一定水平时人们才愿意花钱消费体育产品。根据本项目课题组的调查数据,月收入在 6 000 元以上的人群体育消费明显高于月收入在 1 600 元以下的人群。

扩大体育消费必须提高居民收入。目前中国城镇居民家庭人均可支配收入为 11 759.5 元,恩格尔系数为 35.8%,与发达国家相比仍存在较大差距。

目前影响中国居民消费率低的主要原因是社会保障水平低,这与中国人口基数大和经济发展不平衡有关。保障改革拖的时间越长,居民对未来预期的不确定性就越高,消费预期增加,预防性储蓄就越大,导致大众体育需求不足。而完善的社会保障体系之所以有利于居民体育需求的发展,是因为社会保障制度完善后,能减少人们消费的不确定性影响,增加对未来的信心,从而增加对现实的消费需求。体育消费是大众生活消费的一个主要方面,是在满足了基本的生存消费之后追求发展和享受等方面需求的个人消费行为,其消费前提是人们具备一定的经济基础,这只有在人们的收入水平足以支付生存消费,并且有一定剩余后才能变成现实。

(三)企业战略

体育产业的开发、体育市场的拓展、体育经营项目的设置必须以体育消费者的体育消费需求为前提,要根据居民不同年龄、不同职业、不同收入和不同兴趣爱好,开发出多类型和多层次的体育消费品市场,并保证其质量。如体育观赏市场、健身健美市场、体育知识技能培育市场、娱乐休闲市场、多功能高档体育健身休闲娱乐市场(包括融休闲、健身、公关、娱乐及商务于一体的高尔夫俱乐部、网球俱乐部、保龄球俱乐部游艇俱乐部等)。

合理制定体育消费的价格。从转型期中国体育需求的总体特征看,多数居民的消费水平不高。因此,应将体育消费的重点放在低档、满足基本体育需求的项目上,适当开发高档体育项目和产品。市场价格立足在保本基础上低利润运作,以待居民消费热情高涨和国民经济发展、社会保障水平提高,再图更大的利润发展。

(四) 政府行为

政府行为对体育商品供给有很强的影响作用,竞赛表演商品的供给量直接受政府政策的控制。中国职业足球、篮球、排球、乒乓球等项目的竞赛表演供给均由相关的政府管理部门确定,俱乐部、个人对于正式比赛(如职业联赛、挑战赛等)的供给量无权确定。中国政府管理部门对于非锦标类的商业竞赛供给量也有很强的控制能力。因此,俱乐部和个人根据市场需求提供竞赛商品的灵活性受到制约,造成总供给与总需求失衡。政府行为还影响厂商的供给行为,政府鼓励开展体育运动,采取措施推进全民健身运动,国民体育商品需求量上升,厂商会提供更多的商品。厂商在决定供给体育商品的种类上也要分析政策导向。当政策倾向于全民参与性项目时,中低档体育商品供给量上升,一些高档商品也普遍降低了供给价格。

参 考 文 献

[1] 张蕾.体育消费行为研究[M].武汉:武汉大学出版社,2017.

[2] 张蕾.体育消费行为影响因素研究[M].武汉:武汉大学出版社,2016.

[3] 《我国居民体育消费行为研究》课题组.我国居民体育消费行为研究[M].北京:人民体育出版社,2000.

[4] 耿志伟,段斌.职业体育球迷消费行为研究[M].镇江:江苏大学出版社,2020.

[5] 钟天朗.体育经济学概论[M].上海:复旦大学出版社,2004.

[6] 杨剑.自我概念、消费动机对大学生体育消费行为影响的实证研究[M].徐州:中国矿业大学出版社,2007.

[7] 刘东升.体育消费中的象征性行为[M].芜湖:安徽师范大学出版社,2016.

[8] 李刚.城镇居民体育旅游风险知觉消费行为研究[M].北京:经济科学出版社,2017.

[9] 王兆辰.运动服装体育营销对消费者选择行为的影响研究[M].徐州:中国矿业大学出版社,2011.

[10] 杨涛,王芳.体育消费者行为学[M].西安:陕西师范大学出版总社,2018.

[11] 伍兹.消费者行为[M].《消费者行为》翻译小组,译.杭州:杭州商学院图书馆,1984.

[12] 魏嵩寿,黄云清.消费者行为[M].南宁:广西人民出版社,1987.

[13] 周懿瑾.数字化消费者行为[M].西安:西安交通大学出版社,2022.

[14] 张蕾.消费者行为分析实务[M].北京:北京理工大学出版社,2021.

[15] 李志飞.旅游消费者行为[M].武汉:华中科技大学出版社,2019.

[16] 高博.消费者行为分析与实务[M].北京:北京邮电大学出版社,2015.

[17] 陈颖,连波.消费经济与消费者行为研究[M].长春:吉林人民出版社,2021.

[18] 李明,霍华斯,马宏尼.体育经济学[M].叶公鼎,译.沈阳:辽宁科学技术出版社,2005.

[19] 沈红波,曹军.信用卡风险和消费者行为研究[M].上海:复旦大学出版社,2019.

[20] 安泽.消费者行为心理学[M].苏州:古吴轩出版社,2019.

[21] 陈峰.消费者行为心理学[M].北京:中国纺织出版社,2019.

[22] 刘利.基于旅游 App 的旅游消费者行为模式研究[M].北京:中国物资出版社,2019.

[23] 华春芳.网络市场调研与消费者行为分析[M].北京:机械工业出版社,2017.

[24] 高博.消费者行为分析与实务[M].2 版.北京:北京邮电大学出版社,2021.

[25] 彼得,奥尔森.消费者行为与营销战略[M].韩德昌,译.大连:东北财经大学出版社,2000.

[26] 牧之.读美文库 2017 消费者行为心理学[M].南昌:江西美术出版社,2017.

[27] 丁峰,黄一峰.电影消费者行为研究[M].北京:中国电影出版社,2011.

[28] 苏义民,李明.体育经济学教程[M].武汉:湖北人民出版社,2003.

[29] 柴彦威.城市空间与消费者行为[M].南京:东南大学出版社,2010.

[30] 彼得,奥尔森.消费者行为与营销战略[M].8 版.徐瑾,王欣双,吕作良,等译.大连:东北财经大学出版社,2010.10.

［31］信伟.高校体育经济的发展研究［M］.北京:中国经济出版社,2022.

［32］王伦国.现代视角下的体育经济发展研究［M］.长春:吉林人民出版社,2022.

［33］彭圣致.现代体育经济的多维度发展探析［M］.北京:中国经济出版社,2020.

［34］沈克印.中国体育经济伦理研究［M］.武汉:华中科技大学出版社,2016.

［35］刘甲爽.体育经济与赛事管理［M］.北京:中国政法大学出版社,2015.

［36］钟天朗,徐琳.体育经济学教学案例［M］.上海:复旦大学出版社,2014.

［37］张保华.现代体育经济学［M］.广州:中山大学出版社,2004.